本研究成果得到
中央高校基本科研业务费专项资金资助

Power, Cooperation, and Balance
—A Study on Defensive Realism in International Relations Theories

权力 合作 平衡
■ 防御性现实主义理论研究

孟维瞻 著

世界知识出版社

CONTENTS

目 录

引 言 /1
  一 防御性现实主义理论的学理价值 /2
    1. 国际环境演变对防御性现实主义理论的造就 /2
    2. 防御性现实主义:现实主义"历时性"的体现 /5
    3. 本书的研究目的 /10
  二 防御性现实主义研究在美国的兴起 /12
    1. 防御性现实主义的发展历程 /13
    2. 防御性现实主义理论发展史上的"三座高峰" /16
  三 中国防御性现实主义研究现状综述 /19

第一章 总论 /25
  一 对防御性现实主义的误解 /26
    1. 对防御性现实主义概念的三种误解 /26

2. 误解的解决办法:将防御性现实主义理解为"平衡论现实主义" /36
　二　防御性现实主义的流派划分 /37
　　1. 托利弗划分方法的优点与缺陷 /37
　　2. 从国际政治结果理论到国家外交政策理论 /42
　　3. 从方法论整体主义到方法论个体主义 /47
　　4. 从防御性结构现实主义到防御性新古典现实主义 /52
　三　防御性新古典现实主义:现实主义范式的进步 /61
　　1. 从研究层次上理解防御性现实主义 /61
　　2. 防御性新古典现实主义不是纯粹的"国内政治理论" /68
　　3. 防御性新古典现实主义:向"规范"的回归 /72
　　4. 防御性现实主义的辅助性假设 /76
　　5. 理论通约性问题与现实主义范式的进步 /81

第二章　权力论(1) /86

　一　防御性现实主义对现实主义原有假设的有限抛弃 /87
　　1. 关于无政府状态论 /88
　　2. 关于"理性国家论" /89
　　3. 关于"国家同质论" /91
　　4. 关于国家的冲突性偏好 /91
　　5. 关于物质性的权力政治论 /92
　　6. 小结 /94
　二　防御性现实主义对"安全两难"理论的坚持与变通 /94
　　1. 防御性现实主义对"安全两难"的坚持 /95
　　2. 安全两难的"体系诱因"与"单元诱因" /97
　三　防御性现实主义与现实主义的发展方向 /99
　　1. 现实主义发展方向的"两难"处境 /99
　　2. 关于"最小现实主义" /101

3. 防御性新古典现实主义代表着现实主义的发展方向 /103
  四 理解物质主义本体论与认知因素的关系 /107
    1. 防御性新古典现实主义是否颠覆了现实主义 /109
    2. 关于权力与认知关系的四种假设 /111
    3. 现实主义与建构主义"认知"的不同 /118

第三章　权力论(2) /122

  一　进攻性、防御性现实主义之间的争论 /123
    1. 进攻性、防御性现实主义在本体论上的差异 /123
    2. 进攻性、防御性现实主义的其他重要差异 /126
    3. "修正主义国家"的存在性问题 /129
  二　动态差异理论：防御性的"权力转移理论" /130
    1. 动态差异理论的主要成就 /130
    2. 动态差异理论与风险平衡理论的异同 /134
    3. 防御性的"权力转移理论" /136
    4. 另一种结构现实主义："多极相对稳定论" /138
    5. 动态差异理论的缺失 /139
  三　政府中心型现实主义对防御性现实主义的批评 /144
    1. 政府中心型现实主义简介 /144
    2. 扎卡利亚对防御性现实主义解释效度的批评 /146
    3. 扎卡利亚对防御性现实主义"平衡论"的批评 /148
    4. 扎卡利亚对"国内政治理论"的批评 /150
    5. 防御性现实主义与政府中心型现实主义的互补性 /154
    6. 防御性现实主义仍然具有丰富的理论价值 /160
  四　国内动员理论的贡献与缺失 /163
    1. 国内动员理论简介 /163
    2. 柯庆生对1949—1958年杜鲁门与艾奇逊对华决策的分析 /164
    3. 柯庆生对1958年毛泽东在第二次台海危机中决策的分析 /166

4. 国内动员理论的主要结论 /166
   5. 作为防御性新古典现实主义的国内动员理论 /168
   6. 国内动员理论的缺陷和不足 /169

第四章 合作论 /172
   一　防御性现实主义合作理论的实质 /173
   二　相对收益与安全合作：理论上的统一 /175
   　　1."相对收益"与"绝对收益" /175
   　　2.防御性现实主义对相对收益与安全合作关系的修正 /176
   三　关于相对收益的三个修正模型 /180
   　　1.格里科："囚徒困境"的修正模型 /180
   　　2.格拉泽的"安全绝对性"理论和"积累性效应"理论 /181
   　　3.鲍威尔：体系约束力博弈模型 /184
   四　大国合作理论 /188

第五章 平衡论 /191
   一　理解"平衡论现实主义"的基本主张 /192
   　　1."优势论现实主义"与"平衡论现实主义" /192
   　　2.防御性现实主义"平衡论"的发展历史 /196
   　　3.沃尔兹理论中"结构性"与"防御性"的联系 /198
   二　评价沃尔特的威胁平衡理论 /200
   　　1."威胁平衡论"：对"均势自动生成论"的补充 /200
   　　2.制衡的普遍性 /204
   　　3."威胁平衡论"的理论贡献与积极意义 /208
   　　4."威胁平衡论"的缺陷和不足 /211
   三　攻防平衡理论："武力的平衡" /216
   　　1.攻防理论：攻防平衡理论的雏形 /216
   　　2.作为防御性现实主义的攻防平衡理论 /218

3. 埃弗拉的攻防平衡理论 /221
4. 攻防平衡理论的实质 /223
四 从"利益的平衡"到"决心的平衡" /224
1. 施韦勒"利益平衡论"的进步与缺陷 /227
2. 简析鲍威尔的"决心平衡论" /233
五 从分析层次的角度看风险平衡理论 /242
1. 前景理论和风险平衡理论简介 /242
2. 风险平衡理论的分析层次 /245
3. 风险平衡理论对传统防御性现实主义的改进 /248

第六章 案例分析 /251

一 防御性现实主义与"核和平论"的内在逻辑关系 /252
1. 防御性结构现实主义与"有限核传播和平论" /253
2. 埃弗拉对"核革命"的相关论述 /257
二 新孤立主义、"离岸制衡"与美国大战略 /259
1. 沃尔特的"离岸制衡"政策主张 /262
2. 沃尔特与米尔斯海默两种"离岸制衡"政策的比较 /265
3. 新孤立主义:"最低的防御性现实主义" /266
4. "新孤立主义"与"离岸制衡"的非现实性 /269
三 防御性现实主义与东北亚格局:国际政治结果理论的视角 /272
1. 东北亚双层均势格局特点分析 /274
2. 东北亚安全结构中双层均势的互动关系 /282
3. 结构性矛盾与美朝均势诉求的冲突 /285
4. 结论 /287
四 防御性现实主义与东北亚格局:外交政策理论的视角 /288
1. 美朝合作:构筑东北亚合作安全机制 /289
2. 防御性现实主义的派生概念——认知及其对美朝关系的作用 /291

3. 安全两难与朝鲜半岛多边安全合作机制的重建　/292
　　4. "威胁导致的扩张"与"安全驱动的扩张"　/298
　　5. 美朝间的约束机制　/300
　　6. 结论　/302

第七章　反思与结语　/305
　一　防御性现实主义有其深厚的学理基础　/306
　二　本书研究的不足和未来研究的展望　/307
　三　防御性新古典现实主义有利于中国学者提出原创性理论　/308
　四　把握中国国际关系理论创新的突破口　/309

附　录　参考文献举要　/311
　一　中文部分　/311
　　1. 论文　/311
　　2. 专著、编著　/317
　　3. 译著　/320
　二　英文部分　/322
　　1. 经典著作与论文　/322
　　2. 其他相关著作、论文及报刊文章　/325

后　记　/334

FOREWORD
引 言

现实主义能否在21世纪继续担当引领西方国际关系理论的主流范式？也许没有人能够给出权威答案。但多数学者也许会认同这样的看法，传统现实主义的悲观视角与僵化思维，使其难以在新世纪国际关系研究中继续保持其绝对强势地位。现实主义理论本身的发展方向是众多学者不断争论的话题，在当代国际关系现实发生深刻变革的情况下，衡量现实主义创新与否的关键，是看其能否真正提高解释能力。20世纪末悄然兴起的防御性现实主义可能真正代表了现实主义范式的一场更为深刻的变革。也许可以这样认为，现实主义如果能够在21世纪继续保持其支配地位，其发展方向只能是防御性现实主义。

一、防御性现实主义理论的学理价值

1. 国际环境演变对防御性现实主义理论的造就

现实主义学派取代理想主义学派成为国际关系理论的主流，其背景是两次世界大战与美苏冷战。现实主义的提出与发展与20世纪上半期频繁的国际冲突这一特殊的历史环境密不可分。传统的现实主义研究路径的"悲剧视野"，导致现实主义对全球化的漠视和无所作为，它恪守国家中心的立场，强调权力及其精确计算，严格遵循国家利益（特别是以权力规定的利益）至上的逻辑，相信实力导致权力，认为人类弱肉强食的竞争格局不可能发生改变。① 从20世纪70年代起，国际关系开始缓和，国家间的依赖日益明显，合作趋势愈加加强，新现实主义与新自由主义两大范式争论的结果是，现实主义也开始逐渐关注合作，自由主义也开始关注权力。到了90年代，两极格局的解体使国际缓和成为大的趋势，冷战结束后国际结构压力的缓解使单元层次因素对国家的影响显著增加。加之新兴的建构主义从根本上否定无政府状态的冲突逻辑，现实主义进一步陷于守势，其理论背景受到极大削弱。随着国际事务中"全球化"和"碎片化"（fragmentation）过程的加强，国际研究的范围明显超出传统的权力政治学所及。② 在今天，全球政治的发展已经逐步跃出了传统意义上的国际关系范围，除了物质层面的国际关系之外，还产生了非物质层面的关系，

---

① 赵可金、倪世雄：《中国国际关系理论研究》，上海：复旦大学出版社，2007年版，第15页。
② 王逸舟：《探寻全球主义国际关系》，北京：北京大学出版社，2005年版，第362页。

比如思想观念、意识形态、社会制度，等等。①现实主义的主要论点和假设被认为已经"过时了"，充其量只能为"中国威胁论"等寻找理论依据。国际关系背景的改变使现实主义自身必须进行革新，必须祛除其理论中不适应国际关系大背景的旧有成分进而恢复其活力，而只有防御性现实主义（Defensive Realism）代表了这一方向。

尽管非传统安全威胁正在上升，且各国在外交中的经济考虑逐渐超过了政治考虑，但主流国际关系理论仍然是以研究战争与和平为主要学理意义的理论。朱锋曾指出，经济实力并不能自动等同于国际关系中国家的行为能力，也不如军事力量那样可以对国家的国际行为和国际体系的权力格局发挥更为实质性的影响。无论是进攻性现实主义（Offensive Realism）还是防御性现实主义，在对有关国家权力追求、安全目标设定以及均势的建立与破坏等问题的论述中，审视和拥有相对还是绝对优势的军事力量都占有中心位置，而简单经济实力的增加可以构成制衡能力的基础，但难以对国家间的权力分配发生实质性影响。②无论如何，只要国家作为国家关系主要行为体的事实不改变，只要冲突还有可能发生，现实主义就有其存在的学理依据，但其发展方向必须调整。

现实主义是考察战争与和平的最好理论工具，它原本就是站在"实然"的角度讨论如何消灭战争、追求和平的问题的理论，只是与理想主义从"应然"的角度空谈和平不同。尽管传统现实主义皆带有强烈的悲观色彩，但现实主义不等于"强权政治"，它仍然是以实现和平为研究目的的理论。现实主义固然不是理想主义，但也不是没有学术理想的主义。而防御性现实主义则最具

---

① 赵可金、倪世雄：《中国国际关系理论研究》，上海：复旦大学出版社，2007年版，第15页。

② 朱锋："伊拉克战争与国际战略格局的新态势"［载《世界经济与政治》，2003年第11期，第32页］；朱锋："伊拉克战争与国际战略格局"［载阎学通主编：《中国学者看世界·国际安全卷》，北京：新世界出版社，2007年版，第144页］。

有其和平的学术理想,使现实主义迈出了朝向和平的更近一步,使权力哲学冰冷的一面逐渐淡化,恢复了社会科学中原本应有的人本主义。现实主义理论是螺旋上升、不断演进的,而现在和未来能代表现实主义主流发展方向的,只能是防御性现实主义。

防御性现实主义是一个极富持续性的研究领域。冷战结束以后,现实主义的发展特征是流派更加众多,争论更加激烈,尽管只是范式内的争论,但现实主义内部的争论所产生的效果几乎不亚于前五次大的争论。①国际关系学派的前几次争论使国际关系理论在分析单位、认识论、本体论等哲学逻辑层面实现了有限共识,实现了在理性主义研究纲领基础上的"可通约性"。②防御性现实主义并不仅仅是来源于肯尼思·沃尔兹(Kenneth N. Waltz)对现状的关注,更多的是来源于现实主义同其他学派的范式间争论,这是其不断修正、完善自己理论的结果,包括几乎所有现实主义者的共同努力。③例如,在新现实主义同新自由主义的争论中,两大主流学派都越来越节制和中庸并放弃了各自领域内的一些传统议题,双方在理论框架、世界观、认识论和方法论等方面逐渐趋同。④前五次范式争论体现的是范式之间的互补作用,而现实主义内部的争论体现的是现实主义内部各个流派之间的互补作用。从

---

① 沃尔特认为,现实主义本身就包含了许多相互竞争的理论[见 Stephen Walt, "The Progressive Power of Realism" in *American Political Science Review*, Vol. 91, No. 4 (Dec, 1997), p.932];于铁军认为,近年来许多激烈且具启发意义的论争恰恰出现于现实主义阵营内部[参见于铁军:"进攻性现实主义、防御性现实主义和新古典现实主义"(载《世界经济与政治》,2000年第5期,第29-30页)]。

② 胡宗山:《国际关系理论方法论研究》,北京:世界知识出版社,2007年版,第218-219页。

③ 例如,吉尔平的霸权战争论应该算是属于"优势论"的进攻性结构现实主义。但他认为,有关国家是国际关系中的主要行为者的观点并非否认其他个人和集体行为者的存在,国家只是国际关系中最重要的决定因素。[见〔美〕罗伯特·吉尔平著,武军等译:《世界政治中的战争与变革》,北京:中国人民公安大学出版社,1994年版,第18页]。后来的现实主义者还加强了对个人层次、制度因素的讨论分析。

④ 胡宗山:《国际关系理论方法论研究》,北京:世界知识出版社,2007年版,第210、213页。

大的方面说，有必要对防御性现实主义理论群的共性、基本观点进行深入剖析；从小的方面说，有必要讨论每一个理论流派的优劣、利弊，寻找漏洞，为理论创新作准备。

2. 防御性现实主义：现实主义"历时性"的体现

防御性现实主义的发展在一定程度上源于国际关系的缓和及国际、国内政治的互动。国际政治学是从政治学中派生出来的，是政治学在国际关系领域的分支。①人们往往能从一般的政治学中找到国际关系理论各个流派对应的渊源关系。

（1）从政治学定义的角度寻找渊源关系。

例如，以柏拉图、亚里士多德为代表的道德政治观，认为政治的本质问题在于"正义"和"最高而最广的善"。②这种注重规范的政治观，在国际关系理论中的对应范式就是理想主义。而以马基雅维利、马克斯·韦伯（Max Weber）为代表的权力政治观，在国际关系理论中的对应范式就是现实主义。汉斯·摩根索（Hans Morgenthau）认为，国际政治的本质与国内政治的本质是完全相同的，这两种政治都是争夺权力的斗争。③而 20 世纪 70 年代以后崛起的新自由主义则体现了理想主义的规范与现实主义的权力的结合。国际政治与国内政治相辅相成，国际关系的缓和为国家履行其管理职能提供了宽松环境，而国家管理职能的发挥又依赖于国际间交往的深化。基于权力研究的结构现实主义，在试图为国家对外行为提供规范性解释的过程中不断出现漏洞。于是，更加注重规范解释的防御性新古典现实主义就应运而生。

---

① 王逸舟对这种说法进行了深刻的评论与反思［参见王逸舟：《探寻全球主义国际关系》，北京：北京大学出版社，2005 年版，第 361－362 页］。

② 详见浦兴祖：《政治学基础》（第二版），北京：北京大学出版社，2006 年版，第 4 页。

③ 〔美〕汉斯·摩根索著，徐昕等译：《国家间政治：寻求权力与和平的斗争》，北京：中国人民公安大学出版社，1990 年版，第 46 页。

(2) 从国内政治思潮的角度寻找渊源关系

国际关系的现实主义,源于政治学的保守主义,并且其保守色彩更甚于国内政治学,因为国内政治学的保守主义只是强调渐进的、审慎的社会发展,而国际关系中的现实主义却有明显的循环论、宿命论的特征。现实主义从为现状辩护的角度出发,悲观地认为,无政府状态和国家权力的等级制度是国际关系的基本特征;在经久不息、循环往复的国际关系结构中,各国只能"好自为之",依靠自身的能力,取得应有的国际位置和影响;大国当然具有优势,而小国只能受到威胁或依附他人;没有绝对的公平,差距和矛盾永远不会根本消除。①而国际关系中的自由主义是与国内政治学思潮中的自由主义相通的。它强调以合作的方式改善国际关系并抵消传统的政治权力的负面影响。然而,同国内政治学一样,保守主义、自由主义都是相对的。从传统保守主义,到科学保守主义,再到自由保守主义,保守主义在不同的时代保守的内容是不一样的。传统保守主义一般带有怀旧情绪,而自由保守主义则能正视当代社会已经发生的变化,对前工业社会的价值和秩序没有太大的兴趣。如果说传统保守主义保守的对象主要是农业社会中形成和延续下来的传统,那么新保守主义保守的主要对象则是工业社会中形成的一些价值,包括一些自由主义价值。②而自由主义在不同时期恰恰是对不同的保守主义的批评和修正。尽管所有的保守主义都强调实质性传统(substantive tradition)的必要性,贬低理性的作用,但在国际关系领域,现实主义却为国家的行为赋予了理性的内涵,尽管它认为用理性来变革国际关系秩序是不太可能的。国际关系领域中的"保守主义"——即现实主义,也在不同时代有不同的内涵,所"保守"的东西也不是一成

---

① 参见王逸舟:《探寻全球主义国际关系》,北京:北京大学出版社,2005年版,第366-367页。

② 徐大同主编:《现代西方政治思潮》,北京:高等教育出版社,2006年版,第108页。

不变的。在冷战时期，它的权力理论所要解释的是国家间的斗争策略，是冷酷的哲学；而在后冷战时期，尽管它仍然不对合作抱有完全希望，但是理论的演变与改革却是必然的。新现实主义把国际社会状态描绘得过于僵硬，只看到了国际社会没有最高权威的事实，看到了它的静态而没有看到它的未来变化。①但即使是"保守"的现实主义，也只能跟着世界历史前进的车轮，进行不断的理论更新。而防御性新古典现实主义恰恰鲜明地体现了这一方向。

由防御性结构现实主义向防御性新古典现实主义的发展体现了国际关系理论从循环论向进化论的演进。秦亚青认为，从强调循环向强调进化，不断地更加趋向合理，是国际关系理论的沿革历程之一。大多数现实主义都有决定论的循环理论色彩，认为只要国际体系的无政府性质不变，国际体系中的行为体都会围绕权力这一轴心运转；而自由主义、建构主义则突出了人为的力量，关注人的能动性。②防御性现实主义对自由主义与建构主义范式的借鉴，恰恰体现了它处于循环论与进化论之间的过渡阶段，是带有进化论色彩的权力理论。这种"乐观的现实主义"必然在变革国际秩序中体现人的能动作用，从而摆脱循环论的悲观色彩。罗伯特·杰维斯（Robert Jervis）、查理斯·格拉泽（Charles Glaser）和本杰明·米勒（Benjamin Miller）的大国合作理论（Great Power Cooperation Theories）使我们在关注权力的同时，看到了国家之间合作的希望；约瑟夫·格里科（Joseph Grieco）对相对收益与合作关系的论述使我们看到了国家之间摆脱冲突、寻求共赢的可能。斯蒂芬·沃尔特（Stephen Walt）、杰克·斯奈德（Jack Snyder）找出并分析了权力与安全的最佳结合点。所有防御性新古典现实

---

① 倪世雄、许嘉："论冷战后新现实主义面临的挑战"（载《欧洲》，1997年第4期，第30页）。

② 参见秦亚青："现代国际关系理论的沿革"（载《教学与研究》，2004年第7期，第61页）。

主义理论的共性在于它们能够论证出国际关系的常态是"平衡的"、"温和的"和"防御性的",而且都明确给我们提出了如何达到并保持这种平衡状态的方法。尽管其不同的分支,对于如何达到"平衡"也是仁者见仁,智者见智,并且有所补充和发展,但这些方法看上去都是切合实际的。

结构现实主义是从空间维度研究国际关系的理论,而摩根索的现实主义则属于时间维度的典型,前者侧重于现状式的横向分析,后者是纵向分析,关注历史、现状和未来的演绎与协调。①防御性新古典现实主义摆脱了沃尔兹结构理论"共时性"的弊病,强调国际关系的时代性或曰历时性。新自由主义曾批评新现实主义不重视变迁和变革,严重缺乏历史维度。而沃尔兹则对此进行了辩护,认为自己并没有做出非历史主义的假定,这种假定只是创立一种能解决问题的理论的需要。②尽管结构理论的"共时性"有利于建立国际政治的宏理论,使国际关系理论接近于自然科学的"硬科学",但它又抹杀了国际政治的历史渊源和进化发展,忽视了国际系统中的进程。③不同阶段的国际政治有着显著的不同特征,不同的国际政治理论适用于不同的时代,有着显著的时代性。④ 从杰维斯开始,现实主义恢复了动态、进化的国际政治观念,在杰维斯的理论中,结构、行为等可以随着时间的变化得到改变。防御性现实主义理论群产生的大背景是20世纪70年代国际关系的缓和,特别是90年代两极格局解体之后和平与发展成为了时代的主题。

---

① 参见王义桅:《超越均势:全球治理与大国合作》,上海:上海三联书店,2008年版,第42-43页。

② 参见〔美〕罗伯特·基欧汉主编,郭树勇译:《新现实主义及其批判》,北京:北京大学出版社,2002年版,第309-310页。

③ 秦亚青:"权力·制度·文化:国际政治学的三种体系理论"(载《世界经济与政治》,2002年第6期,第10页)。

④ 唐世平:"国际政治理论的时代性"(载《中国社会科学》,2003年第3期,第10页)。

但是，这种历时性并不代表防御性现实主义接受了温特所说的三种无政府逻辑、三种无政府文化。当代现实主义理论依旧承认无政府的第一推动力和国家的理性自助性质，在防御性现实主义那里，现实主义的"硬核"并未改变。然而，这也并不是说当代现实主义依旧拒绝承认认知、制度的作用，只是说认知、制度发挥作用的主要载体依然是权力。自由制度主义将合作的动因看作是国家相互依赖、追求绝对收益的结果，温和建构主义认为合作是在国家交流基础上产生的国际社会共有文化，而防御性现实主义所说的合作则根源于物质权力间的制约机制，因为当代国际社会的物质资源制约机制不支持征服行为，防御性行为占据优势，即使征服一国的领土也难以获得实质性红利。防御性现实主义所认可的合作实际上是国与国"不得不"践行的政策，当代一国难以用武力征服他国的物质资源，这决定了合作是唯一出路。在防御性现实主义那里仍然是物质机制和权力平衡"建构"了合作型的"共有文化"，而非文化建构了权力。

如果想充分了解一个理论流派，只要抓住它的核心术语、主导变量和基本模型即可。①当代现实主义流派众多，而主要变量没有任何变化，都没有脱离对权力的关注，但防御性现实主义却有不同于其他现实主义的独特术语。例如，防御性现实主义的核心术语之一是"制衡"、"平衡"，而进攻性现实主义是"追随"、"优势"。古典现实主义②也关注安全，但防御性现实主义不仅更关注安全，而且合作也成了其重要关键词之一。苏长和将当代的国际社会的性质归纳为：一个有国际制度，也有通过制度安排而

---

① 胡宗山：《国际关系理论方法论研究》，北京：世界知识出版社，2007年版，第265页。
② 国内其他著述中，"古典现实主义"可能用来指称修昔底德、霍布斯、马基雅维利等人的现实主义，而"传统现实主义"指卡尔、摩根索等人的现实主义。但为了方便新、旧古典现实主义的比较以及翻译的准确性，本书所提到的古典现实主义（Classical Realism）一律指卡尔、摩根索、乔治·凯南、基辛格等人的现实主义理论。

形成的公共机构,但是没有强制性权力机构实施和推行制度的制度化的国际社会。①本书第四章将防御性现实主义的合作条件总结为:A. 安全两难不可能完全消除,国家追求自身安全还是难免会引发他国的恐惧;B. 完全积极的合作实现的条件,在于国家间对彼此意图的明晰;C. 即使存在可能的欺骗行为,当代国际关系的常态是防御占据优势,使侵略难于成功,并且国家间的平衡"机制"会遏止扩张行为;D. 通过合作所获得的红利,与通过侵略获得的红利,在实际功用上没有质的区别。

3. 本书的研究目的

本书不是为提出原创性理论而作的,也不是在观察事实的基础上进行的理论演绎,仅仅是对既有理论的叙述与诠释,包括对防御性现实主义理论群中各种不同流派的观点和主张进行理解和比较,等等。就全世界范围的国际关系理论研究来看,鉴于本书属于描述性和诠释性研究,因而其在理论上难以有根本性、实质性的创新,但笔者还是希望本书的研究能够有所进展,有所贡献,特别是希望能够为国内的相关研究尽一点微薄之力。毕竟在国内,对防御性现实主义进行概括性、抽象性总结的科研成果数量不是很多,没有对一种理论的诠释性研究,也就谈不上相关理论的创新。

对于尚处于"学习"阶段的中国国际关系学来说,搞一点关于国际关系纯粹理论的描述性研究,我认为也是不无裨益的。根据王逸舟的调查,在近年来研究得最多的几个国际关系课题大部分与国家的对外政策有关,而关于国际研究的方法论、国外理论思潮以及流派人物介绍等课题只占很小的比重。②即使是理论研

---

① 苏长和:《全球公共问题与国际合作:一种制度的分析》,上海:上海人民出版社,2009年版,第228页。
② 参见王逸舟:《探寻全球主义国际关系》,北京:北京大学出版社,2005年版,第360-361页。

究,中国学者所做的相关研究往往比这个理论本身还要简单,成了典型的"三段式":先分析一下这个学者的思想渊源,再点评一下研究方法,最后说说长处和不足。相关专著、期刊论文、学位论文总是缺乏对具体理论的微观分析。对人家的理论进行批评很容易,但却很难找出出路,更难有创新。纯理论研究对研究者抽象思维的要求更高,必须要科学把握国际关系变化的内在规律。

国际关系理论往往由于太玄奥,研究上较为费脑筋且与实际结合又不强,一般不是国际关系研究者倾向于首选的研究领域。但作为学者,更应该真切地把握住国际关系理论纯粹的学理价值,避免盲目追求理论的实践意义,避免因盲目追求热点而成为过江之鲫。我们承认:提出新理论或研究既有的理论总是难以对国家外交决策产生即时的、直接的贡献。但从长远看,理论的贡献总是最持久的。在现实主义范式中,中国学者讨论较多的主要有权力理论、体系结构理论、冲突与合作理论、均势理论、霸权稳定理论、世界秩序理论、国际周期理论等,而对于现实主义范式的其他理论,如同盟理论、权力转移理论、攻防平衡理论等,中国学者涉足相对较少。[①]笔者撰写一部以研究防御性现实主义理论为主旨的书,也是为了能有限地弥补上述的一些缺憾。

国际关系理论更多体现的是学者的世界观,而非领导人所实行的国家战略。本书撰写的目的不是要为中国外交、战略提供政策建议,而仅仅是挖掘一下防御性现实主义理论的纯粹学理意义。西方的理论在多数情况下并不是为了应用而建立起来的,建立理论不能对本国的外交政策亦步亦趋,过于强调为实际工作而服务,反而抑制了理论的繁荣和发展。[②]理论最重要的是提供"规范",而不是直接服从于政策需要,或者直接提供"政策"选择;理论

[①] 王逸舟主编:《中国国际关系研究:1995-2005》,北京:北京大学出版社,2006年版,第二章(中国的现实主义理论研究部分,潘忠岐整理),第93页。

[②] 任晓:《国际关系理论新视野》"代序",北京:长征出版社,2001年版,第3页

是教会我们如何去思考，而不是提供现成答案。①西方的某项国际关系理论未必需要为外交政策提供指导思想或理论依据，未必需要提出某种旨在改造国际现实的政治主张。②理论与政策尽管是"两张皮"，但这并不完全是坏事。搞学术、搞创新很大程度上就是需要这些"空谈"的东西，"空谈"的效用，即使不能立竿见影，但最终对实际还是具有指导意义的。相反，如果一切以"实效"、"政策"为指挥棒，恰恰会阻碍创新。

二、防御性现实主义研究在美国的兴起

与防御性现实主义相似的称谓有多种，没有优劣之分。例如，斯蒂芬·布鲁克斯（Stephen G. Brooks）用"新现实主义"（Neo-realism）专指进攻性现实主义，用"后古典现实主义"（Postclassical Realism）专指防御性现实主义。③格拉泽以"条件现实主义"（Contingent Realism）来指代防御性现实主义。④斯蒂芬·范·埃弗拉（Stephen Van Evera）则用两个极其抽象的概念"详细划分的结构现实主义"（Fine-Grained Structural Realism）和"错误认知导致的详细划分的结构现实主义"来描述防御性现实主义。此外，防御性现实主义还可描述为"乐观的现实主义"。还有一种称谓，

---

① 朱锋："中国国际关系理论：分析与思考"［载《世界经济与政治》，2003年第3期，第24页］。

② 王缉思："国际关系理论与中国外交研究"［载袁明主编：《跨世纪的挑战：中国国际关系学科的发展》（修订版），北京大学出版社，2007年版，第324页］。

③ Stephen G. Brooks, "Dueling Realisms" in *International Organization*, Vol.51, No. 3 (Summer 1997), pp.445 – 477.

④ Charles L. Glaser, "Realists as Optimists: Cooperation as Self – Help" in *International Security*, Vol.19, No. 3 (Winter 1994 – 1995), pp.52 – 54; Jeffrey W. Taliaferro, "Security Seeking under Anarchy: Defensive Realism Revisited" in *International Security*, Vol.25, No.3 (Winter 2000 – 2001), p.134.

叫做"最小现实主义"①，它是从防御性现实主义损害了现实主义"硬核"的角度而论的，"最小现实主义"的外延与防御性现实主义互不包含，但它的提出主要就是针对防御性现实主义而论的。

1. 防御性现实主义的发展历程

一般认为，"防御性现实主义"这一术语，第一次出现在杰克·斯奈德（Jack Snyder）于1991年出版的《帝国的迷思：国内政治与对外扩张》一书中。当时斯奈德的定义并不清晰，只是将防御性现实主义作为"侵略性现实主义"（Aggressive Realism，即进攻性现实主义）的对立面。当时正值进攻性、防御性现实主义之间的第一次辩论。在一定程度上，防御性现实主义最近几十年的发展就是在同进攻性现实主义的争论中完善的。

防御性现实主义并没有一个完整的独立理论体系，它的观点是多位学者的综合。早在沃尔兹提出结构现实主义时，其理论有两个关键点，是对摩根索古典现实主义的修正，分别为"结构性"和"防御性"。国内的相关文献基本上将沃尔兹看作是防御性现实主义的创始人，随后的防御性现实主义者继承了其理论的"防御性"，同时也没有颠覆其"结构性"。之后，杰维斯在20世纪70年代发表的一些论文中，也从"大国合作"的角度发展了防御性结构现实主义，尽管那时这个术语尚未被提出。

沃尔兹、杰维斯等人的防御性结构现实主义，与其之后的防御性新古典现实主义有着明显的不同，我们必须分清二者在论证方式上的基本区别，尤其是在研究方法论上的本质区别。尽管继承了防御性结构现实主义的基本假设，但防御性新古典现实主义中的"防御性"不是从"结构性"中得出的。防御性新古典现实主义主要有四个立论依据：国际关系中物质性的平衡机制对权力

---

① 关于"最小现实主义"的提法，参见 Jeffrey W. Legro and Andrew Moravcsik, "Is Anybody Still a Realist?" in *International Security*, Vol.24, No.2 (Autumn 1999), p.5 – 55。

的制约、国内政治的完善、相对收益与安全合作在理论上的统一以及物质能力本身重要性的下降。防御性新古典现实主义的两大理论支柱，即为现实主义范式内的"认知理论"和"国内政治理论"，二者实际上分别融合了建构主义范式和自由主义范式。

20世纪80年代末、90年代初，即冷战结束前后，进攻性现实主义与防御性现实主义的一次大辩论悄然开始，这也许是现实主义内部有史以来第一次大的争论。①其中，进攻性现实主义一方的代表为兰德尔·施韦勒（Randall Schweller），防御性现实主义的代表为沃尔兹、沃尔特等。斯奈德尽管没有加入这场辩论，但他的观点是符合防御性现实主义的。此外，斯奈德稍后的格拉泽、罗伯特·鲍威尔（Robert Powell）也加入了防御性现实主义阵营，一同引领了整个20世纪90年代的理论发展。第一次辩论同冷战结束前后国际大环境的变化密切相关。

到20世纪最后几年，进攻性、防御性现实主义的第二次大辩论拉开序幕，双方的旗手分别为约翰·米尔斯海默（John Mearsheimer）与埃弗拉。双方都在各自发表的几篇典型论文基础之上，整理出了各自的学术专著，埃弗拉于1999年完成了《战争的原因》一书，米尔斯海默则在"9·11"事件发生后不久出版了《大国政治的悲剧》，分别成为了各自阵营的经典之作。第二次大辩论将现实主义的前途命运问题搬上了台面。

到本世纪初，杰弗里·托利弗（Jeffery Taliaferro）又独树一帜，将心理学的前景理论与防御性现实主义相结合，为理论的发展提供了新视角。

此外，詹姆斯·多尔蒂（James E. Dougherty）与罗伯特·普法尔茨格拉夫（Robert L. Pfaltzgraff）在《争论中的国际关系理

---

① 现实主义内部的最早分歧可以追随到20世纪70年代乃至更早的关于均势论和霸权论的争论，以奥根斯基、吉尔平为代表的学者认为：权力的不均衡配置更有利于维护世界安全，吉尔平的霸权稳定论便是其中一支。在一定程度上说，这也可以算是进攻性现实主义的一种。不过，这并未成为大规模的范式内辩论。

论》一书中，将英国学派的巴里·布赞（Barry Buzan）、查理斯·琼斯（Charles Jones）和理查德·利特尔（Richard Little）等人也称为防御性现实主义的代表人物，因为他们认为，"要理解国际体系的结构，有必要知道国际的结构里除了政治领域外还有经济、社会和战略等领域。"①例如，布赞认为，当国家感到"安全匮乏"时就会对外扩张，而当感到"安全充足"时就不会寻求扩张，国家对外扩张是出于畏惧和紧张，而不是出于自信或出于对增加资源的欲望；一国的扩张并不是因为它想要扩张，而是因为它不得不扩张。②此外，早期的约翰·赫兹（John Herz）也被视作英国学派中"防御性现实主义"的代表。③可能是因为他是安全两难理论的提出者，而防御性现实主义恰恰是忠诚于安全两难理论的。但本书尚不对英国学派中的"防御性现实主义"做研究。

对于国内文献中常见的"现实主义者"、"新自由主义者"、"进攻性现实主义者"、"防御性现实主义者"等字眼，这些提法都不完全准确。某一个理论可以较为明确地划分到某个类别中，而某一位学者则可能提出过多种理论。国际关系理论不是什么教条、信仰，没有一种范式是永久正确的，在争论中学者难免会改变自己的看法。一个学者可能在多种理论中有所建树，例如杰维斯，既是攻防理论的创始人，又是大国合作理论的倡导者，更在"系统效应"理论上颇有建树，甚至可以被看作是属于建构主义、认知范式的学者。但是，为了表述方便，这些提法也无大碍，只需要了解上述道理即可。此外，防御性现实主义者，与研究防御

---

① 〔美〕詹姆斯·多尔蒂、（小）罗伯特·普法尔茨格拉夫著，阎学通、陈寒溪等译：《争论中的国际关系理论》，北京：世界知识出版社，2003年版，第87页。

② Barry Buzan, People, States and Fear: An Agenda for International Security Studies in the Post Cold War Era, 2nd Edition, Boulder: Lynne Rienner, Hemel Hempstead, Harvester Wheatsheaf, 1991, pp.293–327.

③ 白云真、李开盛：《国际关系理论流派概论》，杭州：浙江人民出版社，2009年版，第151页。

性现实主义的学者是两回事,前者一般是某种理论的提出者,往往会忠实于自己的理论,而后者仅仅是一个研究者。例如巴里·波森(Barry Posen)、杰克·列维(Jack Levy)、吉迪恩·罗斯(Gideon Rose)等都是研究防御性现实主义的学者,而非防御性现实主义者。①这只需在表述中注意即可。

2. 防御性现实主义理论发展史上的"三座高峰"

防御性现实主义理论的发展,主要有两条线索:A. 现实主义对其他范式借鉴过程中的自我完善;B. "优势论现实主义"与"平衡论现实主义"之间的争论。沃尔特于1987年出版的《联盟的起源》引发了现实主义范式内部的第一次辩论。此后斯奈德的《帝国的迷思》又从国内政治的角度支持了防御性现实主义的主张。到1999年,埃弗拉在同米尔斯海默等人辩论的基础上,发表了其集大成的个人专著《战争的原因》。这三部书构成了防御性现实主义的主要代表作,无愧为"三座高峰"。此外,戴尔·科普兰(Dale Copeland)的《大战的起源》、托马斯·柯庆生(Thomas Christensen)的《有用的对手:大战略、国内动员与中美冲突》以及托利弗的《制衡风险:大国在边缘地带的干涉》也是防御性现实主义的代表作,只是受到的关注较少。

(1)《联盟的起源》

在本书中,沃尔特提出了著名的威胁平衡论(Balance-of-Threat Theory),这是对沃尔兹理论的重要修正。本书主要围绕两个主题展开论述:国家之间结盟的原因以及国家选择盟友的参照系。沃尔特认为,国家在进行联盟选择时,虽然会考虑到权力因素,但最主要关注的却是威胁。通过对1955-1979年中东结盟案

---

① 例如,于铁军认为巴里·波森也是防御性现实主义者[参见于铁军:"进攻性现实主义、防御性现实主义和新古典现实主义"(载《世界经济与政治》,2000年第5期,第31页)]。但笔者认为巴里·波森只能算是一位防御性现实主义的研究者,他并没有自己的防御性现实主义原创理论,也并未忠实于这个理论。

例的考察，沃尔特以坚实的数据（在他所考察的 36 个结盟案例中，制衡行为占 87.5%，追随仅占 12.5%①）得出如下重要结论：结盟是制衡威胁的需要，而追随、意识形态、获得他国援助、提升本国影响力、政治渗透都不是导致结盟的主要原因。沃尔特特别指出，制衡发生的概率远远大于追随。与沃尔兹不同，沃尔特认为，在无政府世界上，一国并非必然会仅仅因为他国力量的强大就制衡之，它是否采取制衡行动，取决于对于对方是否有威胁意图的判断。也就是说，国家自发性的政策选择是"制衡威胁"，而非"制衡权力"（balance of power）。②他还把战略选择和对意图的推断加入到了对结构与极的行为（the behavior of poles）之间关系的考虑之中。③

（2）《帝国的迷思》

斯奈德对扩张性大国国内理论联盟的分析被认为是防御性现实主义的一部分。在对"国内利益集团联盟理论"的分析过程中，斯奈德解释了"过度扩展"（overexpansion）这一概念，即大国的力量极度扩展，直到引发势不可挡的反对这个大国的联盟，并对这个大国施加毁灭性的压力的状态。④斯奈德认为，国家过度扩展的根源在于国家对国内利益的曲解，以致国内的一些小型利益集团（small rent-seeking groups）通过欺骗选民来为自己谋利；并且这种普遍的倾向还可能由于这些利益集团对国民意识形态的刻意操控，以及"卡特尔化"（cartelized）的利益集团从中推波助澜而加剧。⑤斯奈德特别指出，对于那些即将或正在进行工业化的

---

① Stephen M. Walt, *The Origins of Alliance*, Ithaca, NY: Cornell University Press, 1987, p.152.

② Ibid.

③ Ibid.

④ Jeffrey W. Legro and Andrew Moravcsik, "Is Anybody Still a Realist?" in *International Security*, Vol.24, No.2（Autumn 1999）, p.23.

⑤ Jack Snyder, *Myth of Empire: Domestic Politics and International Ambition*, Ithaca, NY: Cornell University Press, 1991, pp.12–15.

国家来说，这种功能上的病理更加明显。①从体系层次上说，斯奈德继承了沃尔兹的权力制衡理论（Balance‐of‐Power Theory），认为过度扩张是得不偿失的。斯奈德在"国内利益集团联盟理论"中融合进国内因素的解释，并且将这种研究方法作为对现实主义范式的发展，特别是他认为这属于防御性现实主义的一支，并且与传统的现实主义一脉相承。②

（3）《战争的原因》

在本书中，埃弗拉吸收杰维斯等人的攻防理论（Offense‐Defense Theories），将其发展成为了作为防御性现实主义的攻防平衡理论。埃弗拉通过对国家权力的性质和分布的研究，向我们展示了五种关于战争原因的假设。③包括：A.国家对未来战争的结果持错误的乐观态度；B.国家感受到先发制人所带来的优势（first‐mover advantages）；C.机会窗口与脆弱性窗口（windows of opportunity and vulnerability）的变动；D.有利的资源积累；E.对攻防平衡的信念。以此为大的框架，他又提出了二十三个相关的小的假设。

其中，假设 A 与假设 E 的实质内容是一样的，可以合并为一类。这种导致"使征服被认为是容易的"错误信心的原因，可以是：征服他国成本的降低、对邻国的恐惧、国际合作的困难、军事秘密的普遍泄露以及军备控制对他国实力的削弱等。技术、军事理论、武装的部署、地理、外交以及国内社会因素决定了征服的难易程度。④假设二，指当先发制人能够给进攻行为带来优势

---

① Jack Snyder, *Myth of Empire*: *Domestic Politics and International Ambition*, Ithaca, New York: Cornell University Press, 1991, pp.12 – 15.

② Ibid, p.12, pp. 19 – 20, p.64.

③ Stephen Van Evera, *Causes of War*: *Power and the Roots of Conflict*, NY: Cornell University Press, 1999, p.11

④ Ibid., pp.12 – 29.

的时候，战争容易发生。假设三，指战争容易发生在两国或多国间彼此相对权力发生剧烈变动的时候。假设四，指当侵略国能够夺取或利用受害国资源的时候，战争会较容易爆发，因为征服一个国家所获得的资源会有利于征服下一个国家。①通过翔实的论证，埃弗拉得出了下列重要结论：在当代这五个假设都是有利于防御一方的，进攻难以成功。

埃弗拉重点选取了第一次世界大战（简称：一战）爆发之前的一系列军事、外交史实作为例证分析。指出当时欧洲国家的统治者对进攻占优势的"崇拜"（cult）是导致战争爆发的主要原因。此外，他认为欧洲国家间相对权力的剧烈波动是导致战争爆发的重要原因，这与奥根斯基（A. F. K. Organsky）、加塞克·古格勒（Jacek Kugler）的权力转移理论（Power Transition Theory）、科普兰的动态差异理论（Dynamic Differentials Theory）较为相似。社会团体的相对力量是一种相对变量，并且认知因素对于深化这些社会团体对国内政治的影响起到一种中介变量作用，进而影响国家的对外政策。②在书的结尾，埃弗拉尤其指出了"核革命"对五个假设的影响，论证了"核革命"对当代国际关系稳定的重要作用，从而支持了防御性现实主义的主要论断。

三、中国防御性现实主义研究现状综述

就现实主义理论来说，国内已经翻译的相关经典作品不计其数，我们早已不感到陌生。根据笔者的粗略统计，目前国内学者对现实主义经典作家进行评介，和对现实主义范式进行纯理论研究的专著共有4部，它们是：余意的《爱德华·卡尔国际关系思想研究》（北京：九州出版社，2008年版）、许嘉的《权力与国际

---

① Stephen Van Evera, *Causes of War: Power and the Roots of Conflict*, NY: Cornell University Press, 1999, pp.36 – 72, pp. 80 – 92.

② Ibid., 1999, pp.9 – 10.

政治》（北京：长征出版社，2001年版）①、吴征宇的《肯尼思·华尔兹国际政治理论研究》（北京：当代世界出版社，2003年版）、李永成的《霸权的神话·米尔斯海默进攻性现实主义理论研究》（北京：世界知识出版社，2007年版）。关于介绍现实主义理论以及对现实主义进行纯理论研究的核心期刊论文、学位论文，更是不计其数。其他相关专著还有秦亚青的《霸权体系与国际冲突》（上海：上海人民出版社，1999年版）等。

防御性现实主义与传统的现实主义理论一脉相承，笔者写作此书是基于中国学者对西方国际关系理论已有的研究成果之上。尽管近年来，防御性现实主义理论在国外学界被运用于国际战略分析，取得了较大成就，但在国内关于防御性现实主义的研究成果还极其有限。国内相关专著方面几乎为空白，仅仅在部分著作的部分章节用少量笔墨谈论过。国内关于防御性现实主义的论文，绝大多数见于进攻性、防御性现实主义的比较中，整体上并未超过米尔斯海默在《大国政治的悲剧》中的相关比较论述。国内部分学者对防御性现实主义研究的不足在于"中国化"色彩过于浓重，忽视了对其现实主义理论渊源的分析和对细节的探讨，并且在国内的个别论文和著述中，防御性现实主义出现了某些被误解的情况。

近10年来，防御性现实主义已开始被国内学者用于对安全、合作领域的研究。国内约有将近200篇期刊论文提及了这个术语，对其进行初步或较为深入研究的论文，共有52篇。②但专门对其进行分析、透彻研究的却寥寥无几。在国内，已经有数位以防御

---

① 此书是研究摩根索古典现实主义的专著。

② 在国内已发表论文中，对防御性现实主义进行初步或较为深入研究的，共有52篇。其中，发表在《世界经济与政治》上的相关论文有11篇、《国际论坛》上的有7篇、《外交评论》有6篇、《国际政治研究》有5篇、《国际政治科学》有5篇、《美国研究》有3篇、《欧洲研究》有3篇、《国际观察》有2篇、《现代国际关系》有2篇以及《当代亚太》、《中国人民大学学报》、《太平洋学报》、《同济大学学报》（社会科学版）、《浙江大学学报》（人文社会科学版）、《中国社会科学》、《前沿》、《国际经济评论》各1篇。详见附录。

性现实主义作为其研究领域之一的杰出学者，如于铁军、宋伟、唐世平、余潇枫、刘丰、钟振明、李小华等，他们都为此做出了重要贡献。在国内的相关论文中，于铁军于2000年发表的《进攻性现实主义·防御性现实主义·新古典现实主义：冷战后现实主义理论内部的诸分支》（载《国际政治研究》，2000年第1期）是国内第一部对其进行详细介绍的论文，拉开了防御性现实主义研究的序幕。稍后，李小华在《进攻性现实主义与防御性现实主义的争论及其对中国的启示》（载《世界经济与政治》，2001年第6期）一文中总结了防御性现实主义安全观对中国外交的指导意义。唐世平在《国际政治理论的时代性》（载《中国社会科学》，2003年第3期）中，从理论的时代性角度提出了独到见解。王红军的《防御性现实主义的安全观及其对中国安全战略的启示》（河南大学2004年硕士学位论文）也对此进行了介绍。李永成在《结构理论的两种权力政治逻辑：沃尔兹与米尔斯海默》（载《国际政治研究》，2005年第4期）中从权力和安全的关系角度对进攻性、防御性现实主义进行了区分。钟振明的《防御性现实主义：对国际安全的一种乐观分析》［载《同济大学学报》（社会科学版），2006年第5期］是国内唯一一篇单独研究防御性现实主义的期刊论文。宋伟新近发表的《从国际政治理论到外交政策理论：比较防御性现实主义与新古典现实主义》（载《外交评论》，2009年第3期）也对其进行了深刻的论述，代表了相关研究的较高水平。

此外，在国内的一小部分著作中，其中部分章节也尝试对防御性现实主义进行介绍和简要评介。例如，朱明权在《领导世界还是支配世界？冷战后美国国家安全战略》（天津人民出版社，2005年版）一书中，简要地将追随、制衡分别与进攻性、防御性现实主义联系了起来，对笔者在第五章的研究较有帮助。余潇枫等在《非传统安全概论》（浙江人民出版社，2006年版）一书中，介绍了防御性现实主义的安全观。唐世平在《塑造中国的理想安全环境》（中国社会科学出版社，2003年版）一书中，根据防御性现实主义的理论基础对中国的外交政策提出了切实的建议。此外，在朱锋、罗伯特·罗斯（Robert Ross）主编的论文集《中国崛起：理论与政策的视角》（上海人民出版社，2008年版）中，唐世平从进化论的角度对防御性现实主义进行了独到的阐释，体现了理论的中国化特色。从整体上看，这些研究较为简单，篇幅较短，对其进行系统研究的著作尚未出现。

关于新古典现实主义、防御性现实主义与进攻性现实主义三者之间的关系，目前国内学术界尚无定论。国内大多数相关教材或论文常常将进攻性现实主义、防御性现实主义和新古典现实主义并列起来，认为是三个互不重叠、互不交叉的独立概念。这或许是受到了吉迪恩·罗斯（Gideon Rose）的影响，他将进攻性现实主义、防御性现实主义、新古典现实主义看作是三种完全不同的、彼此竞争的外交政策理论。①有的学者将进攻性、防御性现实主义看作是结构现实主义的两个分支。也有的将进攻性、防御性现实主义看作是新古典现实主义的两个分支。②还有的国内学者在表述中纯粹将防御性现实主义等同于沃尔兹的结构现实主义，或者将进攻性现实主义仅仅看作是米尔斯海默等少数学者的理论，或将新古典现实主义等同于法利德·扎卡利亚（Fareed Zakaria）的政府中心型现实主义（State-Centered Realism），忽略了政府中心型现实主义同样具有的很强的"进攻性"。此外，对于有的理论究竟属于哪一范围，还没有一致的判定，例如有的学者将柯庆生的国内动员理论（Domestic Mobilization）看作新古典现实主义一类③，而这种分类方法忽视了国内动员理论同样具有防御性的色彩。此外，还有的学者认为，进攻性、防御性现实主义的划分

---

① Gideon Rose, "Neoclassical Realism and Theories of Foreign Policy" in *World Politics*, Vol.51, No.1 (Oct., 1998), pp.144–172.

② 〔美〕詹姆斯·多尔蒂、（小）罗伯特·普法尔茨格拉夫著，阎学通、陈寒溪等译：《争论中的国际关系理论》，北京：世界知识出版社，2003年版，第68–150页。此外，在有的著作中，新古典现实主义被分为非必然现实主义理论（contingent realism，或译"条件现实主义"）、进攻性现实主义理论、防御性现实主义理论等（参见李效东主编：《国际军事学概论》，北京：军事科学出版社，2004年版，第122页）。

③ 宋伟完全将防御性现实主义和新古典现实主义看作是两种理论，将柯庆生看作是新古典现实主义者。参见宋伟："从国际政治理论到外交政策理论：比较防御性现实主义与新古典现实主义"（载《外交评论》，2009年第3期，第27页）。

本身就没有什么太大意义。①一般来讲，现实主义可以划分为古典现实主义、结构现实主义和新古典现实主义三大类。而结构现实主义与新古典现实主义，进攻性现实主义与防御性现实主义，前两者与后两者，彼此间互有交叉、互有重叠。本书将整个防御性现实主义理论群划分为防御性结构现实主义和防御性新古典现实主义两类。②本书后文对这个划分方法进行了充分的论证。

防御性现实主义本身不是一个单一的理论，而是以一个理论群的面貌出现的，理论群中分为多个流派。国内对防御性现实主义各个流派已有不同程度的介绍，但彼此并不均衡。其中，国内学者对沃尔兹的防御性结构现实主义的讨论是最多的，而对防御性新古典现实主义诸流派则涉猎极少。关于攻防平衡理论、风险平衡理论的学术论文已有数篇，而专门讨论动态差异理论、国内利益集团联盟理论的论文分别仅一至两篇，对于威胁平衡论、国内动员理论等几乎没有论文对其做过专门研究。鉴于国内已经有学者对防御性结构现实主义、攻防平衡理论、风险平衡理论做了或多或少的相关介绍，本书不再做重复性工作，而对于其他我们较为陌生的理论流派则需进行初步性介绍。

本书通篇所研究的都是作为国际政治结果理论的防御性现实主义，而对于防御性现实主义作为国家外交政策理论的方面来说，笔者认为现在若想进行透彻的研究，还为时过早。防御性现实主义对外交政策的指导作用具有很大程度的宽泛性，难以为当代中国提供具体的外交指导。然而，这并不是说我们只能将其局限在国际政治结果理论的方面。要想在外交政策理论的方面取得突破，

---

① 参见李少军:"如何看待国际关系理论中相互争论的学派?"（载《世界经济与政治》，2003年第4期，第16页）。

② 托利弗曾简要地提到了"防御性的新现实主义"（Defensive Neorealism）与"防御性的新古典现实主义"（Defensive Neoclassical Realism）这两个称谓［见 Jeffrey W. Taliaferro, "Security Seeking under Anarchy: Defensive Realism Revisited" in *International Security*, Vol. 25, No. 3 (Winter 2000 – 2001), pp.143］。笔者在这里也受到了刘丰博士的启发。刘丰认为存在着结构式的防御性现实主义，比如沃尔兹；也存在着新古典式的进攻性现实主义，比如施韦勒［相关内容转自李巍、王勇:"国际关系研究层次的回落"（载《国际政治科学》，2006年第3期，第121页）］。

前提是中国学界、政界先对中国的国家利益进行一番彻底的界定，明确什么是我们的利益，什么是我们的威胁。在没有这个前提的情况下，我们只能从中得出一些既大又空的结论，充其量是混合着不少与防御性现实主义毫无联系的中国传统思想，当然不会产生什么太大的政策指导作用。只有当我们对中国的国家利益观达成共识之后，才能从中探寻出具体的对中国外交的指导作用。

第一章

总　论

从防御性现实主义被介绍到中国算起，至今仅有不到十年时间。其中，国内学者对沃尔兹、沃尔特的理论已经不乏深入分析，但对其他流派却涉及甚少。防御性现实主义的每个流派似乎都构建了较为完整的理论，而防御性现实主义本身却难以构成一个严密的整体。因此，如何合理找到划分防御性现实主义理论的标准，抽象出其理论共性并探究其理论的发展脉络，都是颇有价值的学术任务。即使是在美国学界，单独地、深入地讨论防御性现实主义的学术成果，也尚未推出；国内文献中，这一术语基本上都是出现在同进攻性现实主义的比较中。无论是在对当代国际关系现实的解释能力上，还是在对现实主义范式本身的发展上，防御性现实主义都算得上是进步的理论。

一、对防御性现实主义的误解

防御性现实主义这个术语本身是一个翻译过来的"舶来品",尽管它不是美国学者的专利,中国人也同样有权阐释它、发展它,但中国学者在对其阐述时,往往与本来的防御性现实主义没有太大联系,学习理论与发展理论之间存在明显的断层。

1. 对防御性现实主义概念的三种误解

(1)将防御性现实主义等同于"防御性的现实主义政策"

导致这种误解的原因在于防御性现实主义这个术语本身有使人产生误解的可能,它容易使人仅仅根据其字面意思理解为防御性的军事或外交政策。斯奈德在1991年出版的《帝国的迷思》一书中,最早给出了"侵略性现实主义"和"防御性现实主义"两种提法。[①]事实上,这里所说的"防御性"只是与"进攻性"相对的一个概念。防御性现实主义的确主张国家对外实行防御性的政策,但它的外延远远比"防御"一词要广泛,甚至许多情况下与"防御"毫无联系。作为研究理论的防御性现实主义,不同于防御性政策,也不同于作为外交价值理念的防御性战略思想。从根本上说,防御性政策以及防御性战略思想都不应属于学术理论中的"防御性现实主义"一词的所涉范围,而且与后者完全是不同的概念。我们所研究的防御性现实主义,本来只是现实主义研究范式的一个分支,是对国际问题的一种研究分析方法。不同的范式或者说不同的理论流派都有自己的理论前提和假设,这些理论的类别也应当依其前提假设和论证方式的不同进行划分。

进攻性现实主义主张国家应该追求权力最大化,以消除自身的不安全感,但并未说国家应持续不断地进行对外扩张。同样,防御性现实主义则未必是其字面上的意思——"以防御的方式应

---

① Jack L. Snyder, *Myths of Empire: Domestic Politics and International Ambition*, Ithaca. NY: Cornell University Press, 1991, p.12.

对他国的进攻",它并不一定认为国家都要采取防御性的政策、停止一切扩张活动。防御性现实主义并不否认国家在适当的情况下,即在不损失国家本身安全空间的前提下,可以适当地进行权力扩张。如果国家安全空间不受到损失,能够有限地扩张自己的权力,也完全是有益无害的,只要不使扩张后的权力损害自身的安全即可。例如,沃尔兹就认为,力量太大或者太小都不是好事,他并不否认修正主义国家(Revisionist States)存在的可能,"除了生存动机,国家的目标可能是无限多样化的,可能是雄心勃勃征服世界,或只是希望不被招惹。"①沃尔兹还说,"国家的目标范围是低求生存、高求霸权"②。也就是说,生存才是国家的最高利益,并未说国家不能寻求权力扩张,只是不像进攻性现实主义那样强调进攻带来的收益。同样,进攻性现实主义也不是"侵略者的逻辑",也并不主张国家进行无限的对外扩张。③例如,李永成认为,不应想当然地将米尔斯海默的进攻性现实主义与 G·W·布什的

---

① 〔美〕肯尼思·沃尔兹著,胡少华、王红缨译:《国际政治理论》,北京:中国人民公安大学出版社,1993 年版,第 108 页。

② Kenneth N. Waltz, *Theory of International Politics*, Reading, Mass.: Addison – Wesley, 1979, p.108.

③ John Mearsheimer, *The Tragedy of Great Power Politics*, NY: W. W. Norton, 2001, pp.147 – 152. 米尔斯海默也承认,由于国际体系和巨大水体的阻碍作用,一国最多只能充当地区霸权国,而只有离岸制衡才是最符合地区霸权国利益的政策。米尔斯海默等进攻性现实主义学者对美国当前的进攻性政策持反对意见。典型的例证是,伊拉克战争前,米尔斯海默是反对美国发动战争的学者之一。米尔斯海默与防御性现实主义者沃尔特都是离岸制衡的支持者,都支持美国的有限收缩战略。关于对沃尔特离岸制衡理论的评价,可参阅第六章第二节。

"先发制人"政策联系在一起。①同样,也不能将美国历届政府实行的"遏制政策"完全看作是防御性现实主义的体现。我们不能说这种联系完全没有依据,因为"先发制人"的确是一种"带有进攻性的政策",而"遏制政策"又的确是一种"带有防御性的政策"。但是,我们不能将进攻性、防御性现实主义与"进攻性的政策"、"防御性的政策"相混淆。另外,"遏制政策"早在乔治·凯南(George Kennan)时代就已经提出来了,当时还远没有防御性现实主义的理论架构;而米尔斯海默的进攻性现实主义的提出,只是在字面上客观地迎合了以布什为代表的新保守主义强硬外交政策的需要,并非是新保守主义的理论成果,并且米尔斯海默本人也否定自己属于新保守主义者。

在中国,由于防御性现实主义这个词汇只是翻译过来的,中国学者对其进行的"中国化"诠释有过度的倾向。例如,余潇枫阐述了"隔篱防守"的安全思维与"防御性现实主义"之间的联系②,蒋建忠将邓小平的外交思想看作是"防御性现实主义"③。但这些观点事实上已经与原有的防御性现实主义没有什么联系。理论的"中国化"固然是必要的,但这种过度的"中国化"倾向实际上导致了理论渊源与理论发展之间的断层,不利于我们更好地理解西方国际关系理论背后深刻的哲学思想与方法论。

---

① 以下文献中,"先发制人"与进攻性现实主义被错误地联了起来。参见叶江:"'安全困境'析论:兼谈'先发制人战略'与进攻性现实主义的关系"(载《美国研究》,2003 年第 4 期,第 7 - 21 页);杨运忠、冯金平:《21 世纪美国安全战略与中美关系》,济南:黄河出版社,2004 年版,第 105 页;倪世雄、庄建中:"伊拉克战争后的中美关系"(载倪世雄、刘永涛主编:《美国问题研究》(第 3 辑),北京:时事出版社,2004 年版,第 37 页);孙德刚:《多元平衡与"准联盟"理论研究》,北京:时事出版社,2007 年版,第 416 页;周琪主编:《意识形态与美国外交》,上海人民出版社,2006 年版,第 304 页。关于对进攻性现实主义与"先发制人"的区分,可见李永成:"被误读的米尔斯海默:也谈进攻性现实主义与单边主义的关系"(载《国际观察》,2004 年第 5 期)。

② 参见余潇枫:"安全哲学新理念:'优态共存'"[载《浙江大学学报》(人文社会科学版),2005 年 3 月,第 8 - 9 页]。

③ 参见蒋建忠:"论邓小平国家安全战略的特征"(载《前沿》,2005 年第 4 期,第 6 - 8 页)。

防御性现实主义更应该被称作"平衡论现实主义"。实际上，当今国际社会没有一个国家会实行纯粹的进攻性政策或纯粹的防御性现实主义政策。即使一个国家对另一个国家在某方面实行的是进攻性政策，甚至在整体上实行的是进攻性政策，但是对这个国家行为和动机的研究，以及对相关国际政治结果的研究，仍然是可以以防御性现实主义为架构的，即防御性现实主义同样可以解释持进攻性政策国家的外交决策①，例如本书第六章论述的美朝关系即是如此。防御性现实主义者斯奈德、托利弗事实上都默认了"持进攻性政策国家"的存在，但本书后面介绍到了，他们是在以防御性现实主义来分析这些国家的进攻性政策"。

防御性现实主义不等于防御性的现实主义政策，进攻性现实主义也不等于进攻性的现实主义政策。防御性现实主义和进攻性

---

① 以下是相关学者对美国先发制人政策的详细研究，可以佐证笔者的上述观点。美国的外交政策不可能一味地实行"先发制人"战略，不能对谁都实行"先发制人"战略，在实行"先发制人"战略时不可能一味地追求通过军事方式解决。美国的外交战略将可能主要以威慑遏制为主，逐步加重"先发制人"成分，交替使用单边主义与多边合作、军事打击和经济制裁与政治渗透组合使用。"先发制人"战略不可能完全取代遏制威慑战略成为美国对外战略的核心，它只是对威慑遏制战略的发展，正如"超越遏制战略"并不是取代遏制战略，只是遏制战略在冷战后的一个发展阶段一样。因此，从本质上来说，"先发制人"战略与遏制战略具有共同的理论基础，应该都属于防御性现实主义范畴，只是相对来说更加具有进攻性和扩张性而已。其实，早在冷战时期，美国就曾提出过"先发制人"的军事打击。1962年古巴导弹危机时，肯尼迪总统就曾考虑使用"先发制人"的军事打击。20世纪60年代中期，约翰逊政府也曾有过对中国的核力量进行"先发制人"的行动。只是那个时候，由于核武器的存在及准备"先发制人"打击的都是有核武器的大国因而没有付诸实际行动。而在冷战时期，美国在两大阵营的广大中间地带肆意进行军事打击。如1983年美国出兵格林纳达，实际上已是一次明显的"先发制人"军事打击了。1989年美军对巴拿马发动的武装入侵也是一次"先发制人"的军事打击。因此，冷战时期的遏制战略中也有"先发制人"的军事打击。在美国提出"先发制人"战略后的今天，美国仍将会有遏制战略，"先发制人"战略的提出只是把以前的"先发制人"的军事打击更加理论化，上升到战略高度而已，并不意味着美国真的就以"先发制人"战略全面取代遏制战略。实际上，美国一直是根据对美国威胁的程度、威胁的对象，来灵活决定采取"遏制"、"威慑"，还是军事打击。从这个意义上讲，"先发制人"战略只是美国遏制战略继经历大规模报复性战略、超越遏制战略后的又一个新的阶段（摘自金鑫、辛伟主编：《世界热点问题报告》，杭州：浙江人民出版社，2004年版，第55—56页）。

现实主义是以其理论的假设为分野标准的，主要体现在无政府本体论与国家偏好体系的关系上、权力与安全的关系上以及权力的物质属性程度上。而防御性的现实主义政策和进攻性的现实主义政策则完全是外交行为的范畴，不属于我们现在所讨论的学术理论范畴。不应当把学者的学术世界观与政府的外交思维错误地联系起来。理论上的进攻性和防御性现实主义是分析解决问题的途径，与国家实行的政策无涉。信仰进攻性现实主义的学者，仍然可以以进攻性现实主义为视角，解释一个经常实行防御性政策的国家的外交行为。例如，无论中国实行什么样的和平外交政策，或者是防御性的外交政策，在进攻性现实主义看来，只要中国的实力上升，那么就一定是一个危害美国安全和利益的"修正主义国家"。

(2) 夸大防御性现实主义指导国家外交政策的能力

防御性现实主义理论，主要是用来预测、分析国际关系结果的，当然不排除有解释某项外交政策的能力，或者为外交提供一定的指导作用。但是，在先前国内一些学者的研究中，这种指导作用被过度夸大了。至少我们应该对什么是国际关系理论，什么是指导外交政策的理论有一个比较明确的区分。必须弄清楚哪些外交政策是在理论的指导下做出的，是在什么理论指导下做出的，一种理论与其相似的政策到底有没有关系，还是仅仅是名称上的偶合。

例如，唐世平教授认为，中国已经从毛泽东时代的以进攻性现实主义为战略指导的国家转变为邓小平及其接班人领导下的以防御性现实主义为战略指导的国家，并且区分了进攻性现实主义国家与防御性现实主义国家的不同特点。①唐教授对进攻性、防御性现实主义各自的基本观点进行了十分准确的区分，但笔者对与"战略指导"相关的结论并不表示赞同，也不同意其关于"进攻

---

① 唐世平："从进攻性现实主义到防御性现实主义：对中国安全战略的社会进化论诠释"（载朱锋、罗伯特·罗斯主编：《中国崛起：理论与政策的视角》，上海人民出版社，2008年版，第109－126页）。笔者的相关分析，大部分是针对唐世平教授的这篇文章的，但笔者观点并不仅仅局限于此，针对的是"将理论分析混入政策因素"这一类现象。

性现实主义国家"和"防御性现实主义国家"的提法。

一方面,这种以进攻性、防御性现实主义来对国家进行二分法的定性(类似于基辛格、施韦勒的研究方法),本身就与原本的国际关系理论差之千里。作为理论,其目的是解释、预测国际关系,不同的世界观不可能用来给同一个时代的不同国家定性,也不可能给同一个国家的不同时代定性。当然,也有的国外学者,如格伦·斯奈德(Glenn Snyder)[①]认为,防御性现实主义主要解释维持现状国家的战略,而进攻性现实主义则主要解释修正主义国家的战略;这两种理论也可以分别用来解释一国在不同时期的行为,即一个国家在某些情况下可能趋向于进攻性,而在其他情况下则可能趋向于防御性。[②]但这种看法首先面临着判断国家性质的难题,即凭借什么断定一国是修正主义国家,还是维持现状国家?可以假想,如果从技术上存在这种可能,那么整个国际关系理论存在的哲学基础也将不复存在。这种看似全面、公允的"总结",实际上贬低了国际关系理论的价值。不同的理论,反映的是不同学者的世界观,不同的国际关系理论流派是对整个国际社会的不同看法。一个理论一旦提出,其目的必然是要寻求解释效度的普遍性,试图解释历史的、现实的、不同国家的所有行为,特别是同一个时代所有国家的行为,尽管没有一个理论可以达到这种绝对理想境地。即使是对于那些实行"进攻性政策"的国家,其行为依然可以用防御性现实主义来解释,防御性现实主义对国家行为的判断是适用于所有国家的,本书后面以美朝关系作为案例进行分析;同理,进攻性现实主义也可以解释"防御性现实主义国家"的行为,既然现在的中国是"防御性现实主义国家",

---

[①] 本书凡提及格伦·斯奈德的地方,一律以全称称谓。而单独出现斯奈德时,皆指杰克·斯奈德。

[②] Glenn H. Snyder, "Mearsheimer's World: Offensive Realism and the Sruggle for Security" in *International Security*, Vol.27, No.1 (Summer 2002), p.158. 格伦·斯奈德继续指出,在没有进攻机会时,具有侵略意图的国家也不会无所作为,而是积极地参与防御性的均势联盟,而且均势联盟不仅仅是为阻止侵略而建立的防御性组织,它也可以以进攻性的行为削弱侵略国家。

那么为什么米尔斯海默还要着重以他的进攻性现实主义理论来分析中国呢？无论是进攻性现实主义，还是防御性现实主义，一个理论所要试图解释的，必然是所有国家的行为。不能认为进攻性现实主义只能解释进攻性的政策，也不能认为防御性现实主义只能解释防御性的政策。当然，没有一种理论可以解释一个国家行为的所有方面。

另一方面，我们通常说的进攻性、防御性现实主义，一般来讲，指的是纯理论范畴，指的是不同的理论流派。如果用这种标签给国家定性，那么国际关系中还应该有"理想主义国家"、"建构主义国家"、"女性主义国家"，岂不荒谬？理论流派不同于国家性质，不同于国家的安全战略，也不同于国家的思维模式。对国家性质进行裁决的"标准"，不可能是一国实行的具体战略，那只能"公说公有理，婆说婆有理"。谁也说不清楚一国究竟是什么性质。在米尔斯海默的世界观中，只要中国在体系中的权力上升，就必然是一个危及现存秩序的"修正主义国家"，无论你实行什么战略。

如果将毛泽东、邓小平时代的中国分别看作是奉行进攻性、防御性政策的国家，笔者姑且表示赞同。但前提是我们有意忽略对毛泽东、邓小平二人究竟是不是进攻性或防御性政治家的讨论，对此，我们暂且不谈。笔者也完全同意唐教授关于国家安全战略的进化论的观点。然而，唐教授的观点，显然是将理论与战略二者等同起来了。即使是将毛泽东时代的中国理解为"奉行进攻性现实主义战略的国家"，也是不准确的。毛泽东关于世界革命的观点，以及战争不可避免的"进攻性"战略，与进攻性现实主义没有任何联系，即使中国支持世界各国的革命运动，也并不能说明中国当时正在扩展权力，似乎现实主义范式并不能对此进行解释。此外，尽管和平共处五项原则与防御性现实主义是殊途同归的，我们依然不能认为前者是在后者的"指导"下做出的。如果那样，理论与政策研究就产生了一个循环悖论，既然一项政策总可以用某个"理论"来套用，那么理论又是谁提出的呢？

当然，我们坚信，理论就是为了指导政策的，不然，要理论又有何用？固然，理论的确是用来指导政策的，政策也需要理论的指导。但是，理论的定义相当宽泛，而实际上国际关系学的理论研究领域与外交政策的制定不一定有联系。①事实上，像基辛格、布热津斯基那样精通一定的国际关系理论的外交政策制定者，在历史上是极少的，多数外交决策者没有接触过任何系统的国际关系理论。即使掌握外交权力的决策者，在决策过程中也必须要听取幕僚、智囊的建议，并且他们的幕僚、智囊可能是精通一定的国际关系理论的理论家，那也很难说某一种理论"指导"了外交决策。即使是一个具有国际关系理论专业知识的人，也是在下意识的情况下按其所掌握的国际关系理论原理研究和制定对外政策的。②的确，国际关系理论是对全部或部分国家外交政策规律性、抽象性的总结或预测，但不是所有的理论都能够指导外交政策。托利弗所说的关于新古典现实主义的"外交政策理论"，只能是"解释"外交政策的理论，而不像是"指导"外交政策的理论。直到现在，鲜有证据表明某一项我们知道的哪个国家领导人制定的某项外交决策，是受到了防御性现实主义的指导而做出的。即使是在美国这样的国际关系学界能够较强地引领政界的国家，一个纯粹的学者也不能够直接影响到决策者，一种学术理论需要通过智库或者多层幕僚，才能传递到决策者那里。而且在美国，复杂的国际关系理论必须要通过智库、幕僚转化成一般性的、较浅显的国际评论，才有可能成为供决策者所选择的众多方案中的一种，等理论传递到决策者那里，其理论性早已弱而又弱。

更重要的是，防御性现实主义不是一个能够提出具体外交政策的理论。防御性现实主义的显著特点是，它对国家提出的处方，主要是"国家不应该做什么"，而非"国家应该做什么"。只要国

---

① 阎学通、孙学峰：《国际关系研究实用方法》，北京：人民出版社，2001年版，第158页。
② 同上，第8、159－164页。阎学通这样总结：国际关系理论研究的目的在于解释客观的国际关系现象，侧重于科学性、严谨性，而对外政策研究的目的是服务于国家利益，侧重于简单性、可靠性；国际关系理论研究人员与外交人员的关系就好像是医生与患者的关系。

家不去做不该做的事，它在微观上的政策选择余地是非常大的。如果要想从防御性现实主义中得出一些较为具体的政策，一国首先要对其威胁和利益进行整体的评估。而在当代中国的外交政策中，对于国家整体利益的界定仍然较为宽泛和模糊，若想从防御性现实主义中得出一些具体的理论，提出一些具体的政策建议，实在是很难为的事，这种"战略指导"价值值得商榷。

（3）将防御性现实主义的应用"普适化"

现实主义既包含强国与强国间博弈的理论，也包含强国与弱国间博弈的理论。总体来说，古典现实主义与结构现实主义诸流派侧重于对强－强博弈的研究，而新古典现实主义诸流派则侧重于对强－弱博弈的研究。尽管笔者的这种分类法不是绝对的，甚至可能是谬误的，但从下文中仍然可以看出这种分类的重要意义。

表1 现实主义强－强博弈理论与强－弱博弈理论划分简表

强－强博弈理论	动态差异理论	强－弱博弈理论
	国内动员理论	
	大国合作理论	
	古典现实主义	
	权力制衡理论（沃尔兹）	
	攻防平衡理论	
	威胁平衡理论	
	政府中心型现实主义	

一般来说，所有的防御性现实主义流派倾向于认为，体系中的较大国家在面临其他大国威胁或者在后者权力扩张有损于本国利益的情况下，会选择制衡后者。因此大国的进攻性政策往往会遭遇重大阻碍，扩张难于成功，一国的理想政策是奉行保守的防御性政策，追求自身的安全和在体系中的既有地位。相反，进攻性现实主义者认为，一国在面临他国威胁或者在他国的权力扩张有损于本国利益的情况下，会倾向于选择追随。因此，体系中的

国家，特别是大国所采取的进攻性行为，往往会较少遭遇阻力，不仅成功的可能性很大，而且收益往往非常明显。所以进攻性现实主义者鼓励大国采取扩张性政策，应该追求权力安全的最大化。因此我们可以得出一个简单的结论，即防御性现实主义认为制衡多于追随，进攻性现实主义认为追随多于制衡。

当代国际关系理论主要产生于美国，而所有的美国国际关系学者都爱将自己打扮成政府决策的咨询师，百家争鸣的目的也是为了影响政府的决策，至少给决策者以启示。因此上述二分法也是以美国的立场作为出发点的，或许对于二流国家，这种二分法也能适用。而对于小国来说，所有理论开出的"处方"则与其初衷截然相反。托利弗将现实主义划分为"国际政治结果理论"和"国家外交政策理论"。如果将国际关系理论完全看成是大国关系的理论，那么国际关系中的许多事实则难以解释；如果将国际关系理论完全看成是为大国政策服务的理论，那么国际关系理论的研究价值又将大打折扣。问题的要害是，强－弱博弈理论对大国政策的解释以及开出的处方，往往是和小国正好相对的。毫无疑问，大国的政策往往是主动的，可以较为自主地做出选择，而当小国面临大国的进攻性政策时，则较为被动。当小国面临强国的入侵，至少是威胁的时候，如果小国根据防御性现实主义对大国外交开出的处方，选择联盟、制衡和对抗，那么此时这种对策恰恰是一种进攻性的现实主义政策。相反，如果权力小的国家选择追随权力大的国家，或者受威胁国选择追随威胁国，那么此时小国的对策恰恰是一种防御性的现实主义政策。①从这里我们也可以看出将防御性现实主义同防御性政策等同起来的荒谬性。

---

① 例如，沃尔特的分析与笔者相似，他曾指出，"追随"有两种动因，一是绥靖式的追随，二是以分享胜利果实为目的的追随。在第一种情况下，通过与拥有优势的国家结盟，追随强者的国家可以将强国引向别处，以免遭到攻击，这种追随是出于防御理由，是在面临潜在威胁时采取的一种维护独立的手段。在第二种情况下，追随者不一定是小国，而这种追随是出于进攻原因的，目的是分享胜利果实，如1940年墨索里尼对法国宣战，和1945年苏联加入对日宣战〔参见〔美〕斯蒂芬·沃尔特著，周丕启译：《联盟的起源》，北京：北京大学出版社，2007年版，第19－20页，有删节〕。

2. 误解的解决办法：将防御性现实主义理解为"平衡论现实主义"

在进攻性现实主义与防御性现实主义这两个术语中，"进攻性"和"防御性"的提法都容易使人产生误解。因为"进攻性"往往使人产生与"发动战争"有关的联想，事实上"进攻性"未必与"攻击性"有直接联系。同样，"进攻性现实主义"也并不是一种主张国家应该以发动战争来扩张权力的理论，例如米尔斯海默就倡导美国实行"离岸制衡"的非"攻击性"战略。即使是扩张权力，也未必通过战争的方式来实现。准确地讲，进攻性现实主义应该被叫做"优势论现实主义"，而防御性现实主义应该被叫做"平衡论现实主义"。笔者提到的这两个称谓受到了列维与埃弗拉的启发，他们将结构现实主义分为了两类：A. 认为，国家或国家集团之间权力的非均衡配置要比均衡配置更加安全；B. 认为权力的均衡配置比非均衡配置更加安全。[①]前者说的是进攻性结构现实主义，后者是防御性结构现实主义。实际上，两者的适用范围均可向进攻性、防御性新古典现实主义延伸。在"优势论现实主义"中，罗伯特·吉尔平（Robert Gilpin）的霸权战争论（Hegemonic Theory of War）认为霸权体系下世界更加安全，而米尔斯海默则认为没有一个国家能取得世界霸权。"平衡论现实主义"基本可以等同于防御性现实主义，它不仅坚信权力的平衡状态是安全的，而且这种权力的平衡是有办法达到的，特别是当代国际关系的常态是平衡的。沃尔兹以后的沃尔特、鲍威尔、埃弗拉、托利弗又对此进行了补充，认为平衡，不仅仅是"权力的平

---

① 关于权力的均衡配置与非均衡配置谁更安全的争论，参见 Stephen Van Evera, *Causes of War: Power and the Roots of Conflict*, NY: Cornell University Press, 1999, pp.6 – 10; Jack S. Levy, "The Causes of War: A Review of Theories and Evidence" in Philip E. Tetlock, Jo L. Husbands, Robert Jervis, Paul C. Stern, and Charles Tilly, eds., *Behavior, Society, and Nuclear War*, NY: Oxford University Press, 1989, pp.231 – 232, 240 – 243。关于均衡更安全的理论，参见 Geoffrey Blainey, *The Causes of War*, NY: The Free Press, 1973, pp.109 – 114。关于非均衡更安全的结论，参见 John Measheimer, "Back to the Future: Instability in Europe after the Cold War" in *International Security*, Vol. 15 (Summer 1990), pp.18 – 19。

衡",而且还包括"威胁的平衡"、"武力的平衡"、"决心的平衡"和"风险的平衡"在内的各种方式。这些都是达到稳定的、安全的平衡状态的手段。这些发展了的、多样性的"平衡论现实主义"就是后来的防御性新古典现实主义理论群。

二、防御性现实主义的流派划分

本节主要通过对几种划分防御性现实主义的方法进行比较，总结出了一个较为合适的划分标准，即以研究层次的不同来展示理论的演变过程，或者说是以方法论作为界定防御性现实主义流派的标尺。与此相比，防御性结构现实主义不是纯粹的国际政治结果理论，防御性新古典现实主义也不是纯粹的外交政策理论，它们不能被等同起来。但无论是哪一种防御性现实主义，它们都更明显地表现为国际政治结果理论。

1. 托利弗划分方法的优点与缺陷

格伦·斯奈德指出，防御性现实主义并非是单一的理论，在当前的国际关系领域中，至少存在两支"结构现实主义"，可能有三种"进攻性现实主义"，有若干类"防御性现实主义"。[1]但格伦·斯奈德并未提及具体的划分标准。

一些代表性学者的论著不可能简单地划归到现实主义理论的某一分支。例如，学术界往往认为沃尔兹的结构现实主义是防御性现实主义，但沃尔兹本人反对给他的结构现实主义加上"进攻的"或者"防御的"这样的帽子。他并不否认"持扩张性政策的国家"存在的可能，认为国家除了生存动机，目标可能是多样性的，可能是要主宰世界，也可能只是希望不被招惹；即使是同一个国家，它对现状的满意程度也是变化的，国家维持生存的手段是多样的，采取进攻还是防御的战略随时间和条件而定。[2]当防御

---

[1] Glenn H. Snyder, "Mearsheimer's World – Offensive Realism and the Struggle for Security: A Review Essay" in *International Security*, Vol. 27, No. 1, 2002, pp.149 – 150.

[2] Kenneth N. Waltz, *Theory of International Politics*, Reading, Mass.: Addison – Wesley, 1979, p.170 – 182.

性现实主义发展到杰维斯、埃弗拉的攻防平衡理论时,他们所研究的"结构"的范围已经远远比沃尔兹的"体系层次"大大缩小,其模型只是两个国家之间的"结构"关系。而到了斯奈德的国内利益集团联盟理论和托利弗的风险平衡理论,结构已经很淡化,更侧重于国家层次的分析。

划分当代现实主义理论的两大要素是对进攻性现实主义与防御性现实主义的区分,和对结构现实主义与新古典现实主义的区分。尽管沃尔兹反对给现实主义加上"进攻性"或"防御性"的帽子,但区分进攻性和防御性现实主义依然相对容易,学界不易产生分歧。例如,沃尔兹的"安全第一"原则与"现状倾向"是所有防御性现实主义默认的教条。斯奈德曾这样评价:

> 我认为沃尔兹基本上是一位防御性现实主义者,因为他把均势描述成无政府状态的后果,当其发生作用时,最强大的和最具进攻性的国家将遭到由受其威胁的较弱小的国家所组成的联盟的惩罚。这是防御性现实主义的基本洞见,并且这一洞见正是来自于沃尔兹。但沃尔兹的表述是模糊的,因为他也谈到无政府状态本身造就了国家进攻的诱因。如果单从字面上来理解,这将导向米尔斯海默进攻性现实主义的方向。沃尔兹本人反对越南战争,沃尔兹的政治学与防御性现实主义的政治学非常相似。他的理论基本上是一种防御性现实主义理论。[1]

因此,区分结构现实主义与新古典现实主义成了对整个现实主义理论进行划分的关键。托利弗认为,进攻性、防御性现实主义的分歧跨越了新现实主义与新古典现实主义的区别,即进攻性现实主义和防御性现实主义都可能表现出新现实主义和新古典现实主义的不同倾向。[2]以下三个图表均与现实主义流派的分类相关。

---

[1] 〔美〕杰克·斯奈德、于铁军:"杰克·斯奈德访谈录"(载《国际政治研究》,2007年第4期,第130页)。

[2] Jeffery W. Taliaferro, "Security Seeking under Anarchy: Defensive Realism Revisited" in *International Security*, Vol.25, No.3 (Winter 2000-2001), p.128-161.

表 2　托利弗的现实主义分类标准①

要解释的对象	对无政府状态的假定	
	防御性现实主义（只有在特定条件下，国际体系才可能成为国家扩张的诱因）	进攻性现实主义（国际体系始终是国家扩张的诱因）
新现实主义：这是解释国际政治结果的理论（例如大国战争的可能性、联盟的持续性和国际合作的可能性）	沃尔兹权力制衡理论，科普兰动态差异理论，杰维斯、格拉泽和米勒的大国合作理论	吉尔平霸权战争论，奥根斯基与古格勒的权力转移理论，施韦勒的进攻性现实主义理论，米尔斯海默的大国政治理论
新古典现实主义：这是解释单个国家外交政策的理论（例如国家的作战方式和军事部署、结盟的偏好、对外经济政策、奉行缓和还是强硬的对外政策等等）	沃尔特威胁制衡理论，柯庆生国内动员理论，埃弗拉、格拉泽、考夫曼的攻防平衡理论，斯奈德的国内利益集团联盟理论	扎卡里亚的政府中心型现实主义，威廉·沃尔福斯（William Wohlforth）的霸权对外政策理论（Hegemonic Theory of Foreign Policy）

图 1　现实主义分类图②

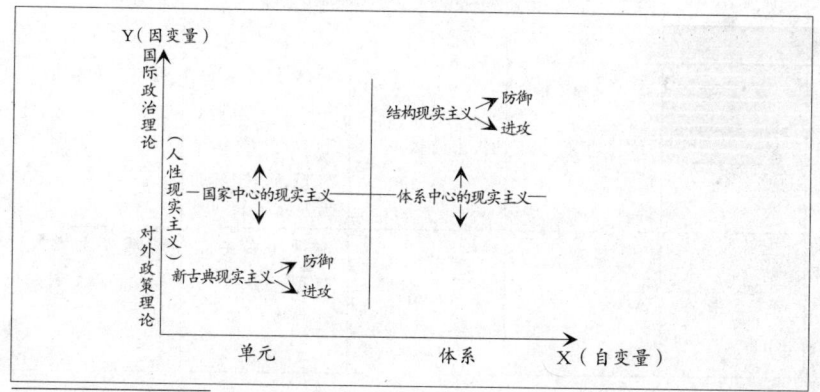

① Jeffery W. Taliaferro, "Security Seeking under Anarchy: Defensive Realism Revisited" in *International Security*, Vol.25, No.3 (Winter 2000–2001), p.135. 其中国内利益集团联盟理论未出现在托利弗的列表中，为笔者增加。

② 本表引自刘丰、张睿壮："现实主义国际关系理论流派辨析"（载《国际政治科学》, 2005 年第 4 期，第 130 页）。

表3　　　　　　　　　　现实主义分类表①

分类	结构现实主义		新古典现实主义	
	防御性现实主义	进攻性现实主义	防御性现实主义	进攻性现实主义
理论目的	解释国际关系结果		以解释国际关系结果为主,以指导国家外交政策为辅	
分析层次	体系		体系-单元(以单元为主)	
方法论	整体主义		个体主义	
无政府状态	霍布斯式的		良性的、温和的	模糊的
单元属性	没有差异		有差异,地理、技术、认知等方面的差异有重要影响	有差异,存在"修正主义国家"与"维持现状国家"的区分
权力	手段而非目的,国家应追求适度的权力	既是手段也是目的,国家应追求权力最大化	手段而非目的,国家应保持攻防平衡、避免过度扩张	既是手段也是目的,国家应把握机会、扩张权力
对国家行为方式的判断	维持均势	谋求霸权	保持平衡(包括权力、威胁、利益、决心、风险的平衡)与促进合作	寻求机会扩张
研究方法	演绎	演绎与例证	演绎(主要)、归纳、历史例证共用	演绎(主要)、归纳、历史例证共用

---

①　本图是在刘丰、张睿壮的研究基础上修改而成的[参见刘丰、张睿壮:"现实主义国际关系理论流派辨析"(载《国际政治科学》,2005年第4期,第125页)]。关于方法论、研究方法的内容是笔者另加的,其他还有部分补充。

对于区分结构现实主义与新古典现实主义的标准是一个仁者见仁、智者见智的看法。托利弗认为,对新现实主义与新古典现实主义的界定标准是二者解释对象的不同。前者是解释国际政治结果的理论,后者是解释单个国家外交政策的理论。而斯奈德的观点则不同,他是以理论思维框架的严密与松散作为分类的标准。一般来说,沃尔特的威胁平衡理论被看作新古典现实主义,而斯奈德以他自己的标准将其划归在新现实主义一类中。

在我看来,使新现实主义者与其他流派的现实主义者区别开来的不是进攻抑或防御,而是要看这位现实主义者是否试图保持沃尔兹新现实主义理论的演绎逻辑。例如,沃尔特是一个防御性现实主义者。但他却是一名防御性的新现实主义者,因为他努力保持沃尔兹的基本的演绎逻辑。他自己的"威胁平衡理论"最好被看做是对沃尔兹理论的发展,或者说是对这一理论的澄清抑或调整。相反,新古典现实主义者,不管他们是进攻性的还是防御性的,都与沃尔兹的理论拉开了距离。他们不情愿把国际体系中的无政府逻辑置于如此之高的位置。他们更愿意用一种比较松散和一般的方式来讨论权力政治,以及通过国内政治而表现出来的战略观念的发展。沃尔兹和沃尔特的新现实主义试图保持一种以国际无政府结构为论证起点的严密的演绎理论,而新古典现实主义的思维框架则比较松散。新古典现实主义也关注国际层次上的权力政治,但并没有一个具有严密的演绎逻辑的理论框架。它还以一种折衷的方式来讨论国内的政治意识形态塑造国际层次上的权力政治思维的问题。①

尽管如此,本书既不同意斯奈德将新古典现实主义界定为

---

① 〔美〕杰克·斯奈德、于铁军:"杰克·斯奈德访谈录"(载《国际政治研究》,2007年第4期,第131页)。

"缺乏严密的演绎逻辑的理论框架的理论",也不同意托利弗将新古典现实主义单纯看作是"解释单个国家外交政策的理论"。其实,托利弗本人也认为,许多理论都横跨了新现实主义和新古典现实主义,这些理论既寻求对体系结果的解释,也对特定国家的外交政策进行解释,例如施韦勒的利益平衡论(Balance - of - Interest Theory)、戴尔·科普兰(Dale Copeland)的动态差异理论和米尔斯海默的大国政治理论,它们既包括对有关于战争可能性的假设的研究,也包括对大国外交、军事战略的研究。①正因为如此,本书不同意将"解释对象"作为划分新现实主义与新古典现实主义的标准。

2. 从国际政治结果理论到国家外交政策理论

(1) 国际政治结果理论与外交政策理论的区别

沃尔兹曾对"国际政治理论"和"外交政策理论"进行了区分,认为结构现实主义是一种国际政治理论。国际政治理论解释的是,面对相同的体系压力时不同国家之间的互动所产生的国际结果,包括战争、合作以及联盟等,但是它不能解释体系中的单元怎样有效地应对这些压力;而对外政策理论主要考察不同国家对相似体系压力的不同反应。②托利弗将新古典现实主义看作是单纯的研究单个国家外交政策的理论,即"外交政策理论"。③但是,将上述标准运用到对新现实主义与新古典现实主义的分野中,是值得商榷的。如果按照托利弗这种划分方法,只有一种解释能够说得通,即他完全重新定义了新古典现实主义的概念,将新古典

---

① Jeffery W. Taliaferro, "Security Seeking under Anarchy: Defensive Realism Revisited" in *International Security*, Vol. 25, No. 3, 2000 - 2001, p.135 - 138. 转引自刘丰、张睿壮:"现实主义国际关系理论流派辨析"(载《国际政治科学》,2005 年第 4 期,第 124 页)。托利弗将进攻性现实主义学者施韦勒的"利益平衡论"归入了新现实主义,但是以研究层次和认识论作为标准,应将其归入到新古典现实主义。

② Kenneth N. Waltz, *Theory of International Politics*, Reading, Mass.: Addison - Wesley, 1979, pp.71 - 73.

③ Jeffrey W. Taliaferro, "Security Seeking under Anarchy: Defensive Realism Revisited" in *International Security*, Vol.25, No.3 (Winter 2000 - 2001), p. 132.

现实主义狭隘地定义为"研究单个国家外交政策的现实主义"。而与此不同,新古典现实主义,这个术语最初被提出来,是基于两种考虑:A.因为它从新现实主义对体系层次的关注,回落到了对国家层次的关注,这是向古典现实主义的回归;B.因为它并未抛弃对体系层次的关注。如果说新现实主义理论是通过强调国际体系层次而在古典现实主义的基础上建立起来的,那么新古典现实主义理论就是在单位层次上进一步更新、修正和完善了古典现实主义理论。①

根据理论的服务目的不同,人们可以将现实主义分为国际政治结果理论和外交政策理论。对国际政治结果理论和外交政策理论进行区别,不是很难的事情:前者往往是对国际关系的一种分析和描述,往往是根据经验总结出来的,或者是根据归纳-演绎法推导出来的,属"实然"范畴,并且其目的是为解释国际现象提供一种分析途径;而后者往往是一种政策的主张,属"应然"范畴,可以比作处方,它不一定要与当代各国的现行政策相符。然而,同一个理论,往往既有研究理论的成分,也有外交政策的成分。例如,沃尔兹对结构的分析,属于研究理论范畴,而他所主张的国家对安全的首要关切,则显然属于一种政策主张。防御性新古典现实主义既有明显不同于前人的、独立的分析方式和结论,也有很多政策性主张。这决定了任何理论都不是纯粹的国际政治结果理论或外交政策理论,因此用这个标准划分结构现实主义和新古典现实主义,存在很大疑问。

国家外交政策理论往往通过自己的基本假设和研究推导,找出一种能够让各国决策者看到有利于自己国家的政策方式,其目的是"教育"那些决策者。更准确地说,现实主义理论中这种政策和主张的成分,已经在一定程度上与现实主义脱钩了,因为现实主义本身研究的就是国际关系中的"实然"的东西,而理论家们的政策主张往往又与各国外交决策者们所实行的政策并不相符,这时现实主义往往陷入到一种"悖论"的境地。但理论本身就是

---

① 〔美〕詹姆斯·多尔蒂、(小)罗伯特·普法尔茨格拉夫著,阎学通、陈寒溪等译:《争论中的国际关系理论》,北京:世界知识出版社,2003年版,第98-99页。

为解决现实问题服务的,越是当代的现实主义理论家,往往越重视对国家决策者的"教育",这一点也是不可避免的。

作为国际关系理论的研究者和学习者,我们必须注意,作为研究理论的现实主义和作为外交政策的现实主义必须明确区分,不能混淆。许多中国学者将政策和理论混为一谈,盲目地用西方国际关系理论来分析、解释一国的外交政策,或者提出各种政策建议。我们承认这是对理论发展的一个方面,但对于将理论用于对外交政策的分析时,其与原有国际政治结果理论之间的连贯性却容易为部分中国学者所忽视。例如,防御性新古典现实主义本身也是结果理论,不等于防御性的现实主义政策。许多国内文献中的"防御性现实主义",与国际关系理论中的防御性现实主义没有多少连贯性。

施韦勒、格拉泽与吉迪恩·罗斯认为,新现实主义和新古典现实主义的区别在于二者试图解释的现象不同,或者说二者试图解决的独立变量不同。从这个意义上说,二者是互补的,每一方都能够解释对方不能解释的现象。[1]托利弗认为,新现实主义理论所解释的是国际关系的结果,即只能是国际体系中两个或更多个行为体之间互动所产生的现象;但新现实主义不能够对单个国家的外交行为进行预测,不能够解释当一个国家在特定环境下会做什么。[2]沃尔兹认为,严格的体系理论可以告诉我们"行为体被施加的怎样的压力,以及体系中一个国家面对各种结构的可能性",但是并不能告诉我们"体系中的单元怎样应对,以及怎样有效地应对这些压力和可能性"。[3]

对于国际政治结果理论,沃尔兹严格区分了国际政治与外交政策,并且对构建一种具有全面解释力的理论持怀疑态度。在他

---

[1] Randall L. Schweller, "New Realist Research on Alliances: Refining, Not Refuting, Waltz's Balancing Proposition" in *The American Political Science Review*, Vol.91, No.4 (Dec., 1997), pp.927–930; Gideon Rose, "Neoclassical Realism and Theories of Foreign Policy" in *World Politics*, Vol.51, No.1 (Oct., 1998), pp.144–172.

[2] Kenneth N. Waltz, "International Politics Is Not Foreign Policy" in *Security Studies*, Vol.6, No.1 (Autumn 1996), pp.54–57.

[3] Ibid.

看来，国际政治理论解释的是国际关系领域内反复出现的少数重大事件，例如战争的不断发生。①对于外交政策理论，托利弗和扎卡利亚认为，新古典现实主义只能预测单独国家对体系压力的反应（如国家的大战略、军事、经济、联盟政策以及危机处理的方式），而不能够预测国际体系中各个国家的战略对整个国际体系中造成的合成的（aggregate）结果。②斯奈德强调，沃尔兹的"国际政治理论"并不是一种对外政策理论，你可以运用这种理论来理解某些非常普遍的、非常宽泛的模式，如为什么战争总会爆发，但你无法运用这种理论来解释为什么某一特定国家在某个特定时间所做的事，要做到这一点，你需要一种对外政策理论。③沃尔兹曾指出，沃尔特的威胁平衡理论并非一种现实主义国际政治理论，而是一种对外政策的描述或应用，只有在由国际政治理论转向对外政策应用时，才须考虑诸如决策者对威胁的评估之类的因素，这只是把一个一般理论变成了一种对特殊性的解释。④

刘丰认为，沃尔兹的结构现实主义属于宏理论⑤的范畴，其目的是建构严格的科学哲学意义上的理论，他的理论所要解释的

---

① 〔美〕肯尼思·沃尔兹著，胡少华、王红缨译：《国际政治理论》，北京：中国人民公安大学出版社，1992年版。

② Zakaria, *From Wealth to Power: The Unusual Origins of America's World Role*, Princeton, N. J.: Princeton University Press, 1998, pp.14-18; Jeffery W. Taliaferro, "Security Seeking under Anarchy: Defensive Realism Revisited" in *International Security*, Vol. 25, No.3, p. 133.

③ 〔美〕杰克·斯奈德、于铁军："杰克·斯奈德访谈录"（载《国际政治研究》，2007年第4期，第131页）。

④ Kenneth Waltz, "Evaluating Theories" in *The American Political Science Review*, Vol.91, No.4（Dec., 1997）, p.916.

⑤ 刘丰认为，结构现实主义与新古典现实主义的区别在于前者是宏理论，后者是局部理论；前者是体系理论，后者是非体系理论。宏理论旨在解释具有普遍意义的国际现象及其规律，而不考虑具体事例中的细节区别；而局部理论并不着眼于系统范围的普遍规律，而是用尽可能少的变量解释有限的现象和特定的行为模式。体系理论的解释变量来自于体系层次，而非体系理论从国家和个人等层次寻求原因。对一种分析层次的选择并无优劣之分，主要取决于理论家所要解释的问题。通常解释一般规律的理论需要从体系层次寻找最具有解释力的变量，而解释特定行为的理论则倾向于做微观考察。

只是国际关系现象中最具有规律性的一部分。刘丰认为,其他的现实主义理论家并不致力于建立沃尔兹式的宏理论,而是从事解释具体行为的局部理论。比如沃尔特、斯奈德、施韦勒等人有关国家采取制衡、追随等政策的争论,埃弗拉、米尔斯海默等在国家行为的防御性与进攻性方面的分歧。这些具体问题在沃尔兹看来是外交政策理论的范畴,它需要增加更多的经验内容,也依赖于微观层次的差异。①

韦宗友给出了一个较好的类比方法。摩根索、沃尔兹的理论主要是对国际关系进行"宏大的"、连续性的把握,而沃尔特、施韦勒等人的理论较为具体。如果我们把国际关系的历史看作一本书,那么沃尔兹的理论恰似该书的目录,而沃尔特、施韦勒等人的理论与史实则是该书的详尽内容。②可以这样总结,结构现实主义是在解释国际关系的规律性,而新古典现实主义则重点分析为什么相同国家在不同情况下对外政策会有不同,以及为什么不同国家在相同情况下对外政策会有不同。

(2) 托利弗对新古典现实主义的定义缺陷

托利弗曾将新现实主义等同于国际政治结果理论,将新古典现实主义等同于国家外交政策理论。③ 但本书认为这种分类标准没有太多可操作性。例如,宋伟认为:

> 防御性现实主义都着眼于解释结构现实主义面临的难题,但是,这并不意味着它仅仅针对外交政策。防御性现实主义的确可以称为外交政策的理论,但却是建立在国际政治的一般性理论基础之上的。防御性现实主义虽然力图解释霸权国和大国的外交政策,但这恰恰是国

---

① 刘丰:"如何看待现实主义理论内部的论争"(载《世界经济与政治》,2004年第7期,第34页)。

② 参见韦宗友:"制衡、追随与不介入:霸权阴影下的三种国家政策反应"(复旦大学博士学位论文,2004年4月,第36–37页);韦宗友:"制衡、追随与冷战后国际政治"(载《现代国际关系》,2003年第3期,第61页)。

③ Jeffrey W. Taliaferro, "Security Seeking under Anarchy: Defensive Realism Revisited" in *International Security*, Vol. 25, No. 3 (Winter 2000–2001), p. 135.

际体系的结构使然。正是在单极结构之下，霸权国和二流大国都有了比两极结构之下多得多的活动空间，也才使得霸权国自身的观念和内部政治变得如此重要。因此，不能因为现实主义理论在外交政策方面的新发展，而贬低国际体系理论的重要性。①

新古典现实主义本身也是结构理论的新发展，它能提出一整套独立的、不同于传统的现实主义的分析模式，一样能够解释和预测国际关系的结果。一般来讲，国际政治的外延包含外交政策，外交政策的外延要小于国际政治。②从逻辑上看，防御性新古典现实主义的研究范畴也是国际政治的一部分。

应该说，所有的进攻性、防御性现实主义都更多地表现为国际政治结果理论，或者是解释外交政策结果的理论，而非指导外交政策的理论。研究层次上的区别才是新现实主义与新古典现实主义的区分标准所在。相比之下，将新现实主义等同于国际政治结果理论，以及将新古典现实主义等同于外交政策理论，都是欠佳的。最合适的方法是前面提到的以研究层次的差异，或方法论的差异作为划分标准。

3. 从方法论整体主义到方法论个体主义

本书认为，新现实主义与新古典现实主义的区别既非取决于斯奈德所说的思维逻辑的严密与否，亦非取决于托利弗所说的二者解释对象（即国际政治结果理论和外交政策理论）的差异。本书青睐于将分析层次作为结构现实主义与新古典现实主义分野的根本标准。更准确地说，方法论的差异是区分防御性结构现实主义与防御性新古典现实主义最有效的标准。结构现实主义主要是

---

① 宋伟：" 从国际政治理论到外交政策理论：比较防御性现实主义与新古典现实主义"（载《外交评论》，2009 年第 3 期，第 27 页）。

② 参见 K. J. Holsti, *International Politics: A Framework for Analysis*, 6th ed., Englewood Cliffs: Prentice Hall, 1992, pp. 9 – 10.

以体系作为研究层次，新古典现实主义必须明显将国家层次变量作为其主要研究对象之一的理论，尽管大部分新古典现实主义结合了体系与国家双重研究层次，但其方法论都是个体主义的。

在对现实主义范式的整体划分上，可以从分析层次，或方法论的差异入手，将现实主义分为国家现实主义（如摩根索的古典现实主义）、体系现实主义①（如沃尔兹的防御性结构现实主义，米尔斯海默的进攻性结构现实主义）和体系-国家现实主义（即将国家层次分析与体系层次分析结合起来的现实主义，如施韦勒的进攻性新古典现实主义，杰维斯、埃弗拉等人的攻防平衡理论，斯奈德的国内利益集团联盟理论，扎卡利亚的政府中心型现实主义和托利弗的风险平衡理论）。国家现实主义主要指摩根索等人的古典现实主义，虽然国家、体系层次划分较为模糊，但更重视国家层次的分析，坚持方法论个体主义，把单元层次因素放在解释国际政治的第一位。体系现实主义一般指结构现实主义，它明确将国际体系的无政府状态作为第一位因素，忽略国内政治和国家属性，"将国内政治排除在其研究之外"②。体系-国家现实主义重视国际体系的决定性影响作用，但也将国内政治作为干扰变量纳入自己的分析框架，试图将结构层次和单元层次结合起来，尤其重视体系压力是如何通过决策者认知（即"被感知的国家意图"）和国内其他因素来对国家外交政策产生影响的。

尽管新古典现实主义实现了国际关系理论研究层次的回落，但将新古典现实主义简单地看作是以单元为分析层次的理论，显得有点武断。最好应该这样表述：新古典现实主义是体系层次分析与单元层次分析相结合的理论，部分继承了新现实主义的整体

---

① 国家中心和体系中心现实主义借用了吉尔平的说法。参见罗伯特·吉尔平著，杨宇光、杨炯译：《全球政治经济学》，上海人民出版社，2003年版，第1章。在这里本书还借鉴了刘丰、张睿壮的部分分类方法，参见刘丰、张睿壮："现实主义国际关系理论流派辨析"（载《国际政治科学》，2005年第4期）。

② 〔美〕法利德·扎卡利亚著，门洪华、孙春英译：《从财富到权力》，北京：新华出版社，2001年版，第39-40页。

主义方法论，但以单元层次分析为主。①多尔蒂与普法尔茨格拉夫认为，防御性现实主义和新古典现实主义的区别是：前者认为，体系因素要通过国内（单位层次）因素发挥作用；而后者认为外交政策是由体系因素决定的。②通过笔者的分析，可以看出这种分类方法其实没有太大意义。因为防御性现实主义和新古典现实主义不是两种完全不同的理论，对于二者，体系因素都是决定作用，而且国内因素的影响都不容忽视。此外，沃尔兹以后的现实主义都认为，在国际体系处于无政府状态下，各国之间的权力对比构成了决定国际政治结果的最关键因素，而什么因素是结构上的，什么因素是单元上的，很多时候本身就非常模糊。即使在新古典现实主义的内部，各派理论对体系、单元二者孰轻孰重的问题上，也意见不一。例如埃弗拉、沃尔特相对重视体系层次，而扎卡利亚、柯庆生、斯奈德、施韦勒、托利弗则相对重视个人因素或国内因素。多尔蒂、普法尔茨格拉夫等人认为，多数新古典现实主义的著作注重从国际和国内两个层次去看待安全问题，其基本假设是，安全是国际体系和国家两个层次之间的复杂互动结果。③

前面所说的体系－国家现实主义还可以分为两种：A. 以体系为中心的、但以个体主义为方法论的现实主义，它把体系结构因素看成首要自变量，但单纯的体系压力无法精确地阐释国家对外行为的细节，因此还需要寻找一个次要的变量，即国内变量，如

---

① 胡宗山认为，新古典现实主义比较中和，它重视国际体系的决定性影响作用，但也将国内政治作为干扰变量纳入自己的分析框架，尤其重视体系压力是如何通过决策者认知来对国家产生影响的，以图提出新的分析框架。（见胡宗山：《国际关系理论方法论研究》，北京：世界知识出版社，2007年版，第241页）。刘永涛认为，防御性现实主义（指防御性新古典现实主义——笔者注）指出，处于相似结构地位中的诸国家并非总是采取相似的行动。在国际体系（作为独立变量）和国家行为（作为依赖变量）之间，还存在着作为中介变量的国家军事技术或其他因素（见刘永涛：《安全政治视角的新拓展》，北京：长征出版社，2002年版，第30页）。

② 〔美〕詹姆斯·多尔蒂、（小）罗伯特·普法尔茨格拉夫著，阎学通、陈寒溪等译：《争论中的国际关系理论》，北京：世界知识出版社，2003年版，第98页。

③ 同上，第98－99页。

攻防平衡理论①。B. 以国家为中心的还原理论，采取纯粹的方法论个体主义，强调对国内因素的研究，但体系因素又是其必要的逻辑前提，只不过对于权力保持一定的国家来说，体系因素基本上被看作常数。

从本质上说，方法论的差异决定了由结构现实主义到新古典现实主义的"理论革命"。当然，这里所说的个体主义、整体主义，都是方法论意义上的，不同于本体论意义上的个体主义、整体主义。例如，结构现实主义，从本体论意义上是个体主义，而从方法论意义上是整体主义。阿什利（Richard Ashley）认为，对新现实主义来说，国家在本体上是优先于国际体系的，国际体系源于各个独立国家之间的相互作用，没有国家的概念，就不能描述国际体系的结构。②而新古典现实主义在本体论上意义依然是个体主义，方法论意义上也是个体主义。③新古典现实主义的发展仅仅在于其方法论的个体主义化。

结构现实主义在方法论上是整体主义，而防御性新古典现实主义是个体主义。沃尔兹分析方法的整体主义倾向十分明显，是因为他强调体系结构对国家单元的决定作用。④防御性新古典现实主义则以个体主义为方法论，它研究的主要是单元层次，主要是体系压力是如何通过单元起作用的，作用途径的重要性十分突出。在沃尔兹那里，整体主义的视角使得结构成为理论的唯一变量，

---

① 虽然攻防平衡理论以个体主义为方法论，但它研究的至少是两个个体之间的关系。

② Robert Keohane, *Neorealism and Its Critics*, New York: Columbia Univeirity Press, 1986, pp. 268–271. 关于个体主义本体论的论述，还可参见 Kenneth N. Waltz, *Theory of International Politics*, NY: The Mcgraw-Hill Companies, Inc, 1979, p. 91.

③ 参见 Kenneth N. Waltz, *Theory of International Politics*, NY: The Mcgraw-Hill Companies, Inc, 1979, p. 91; Robert Keohane, *Neorealism and Its Critics*, NY: Columbia Univeirity Press, 1986, pp. 268–271. 国际关系三大主流范式在本体论上都是个体主义，温特的温和建构主义在本体论上是个体主义、理念主义的，在方法论上是整体主义的，认识论上是理性主义的。

④ 胡宗山:《国际关系理论方法论研究》，北京：世界知识出版社，2007年版，第236–237页。

表4　　　　　　　现实主义诸理论的研究层次之明细表

项目	单纯的体系现实主义	体系为研究中心 体系－国家现实主义①	国家为研究中心	单纯的国家现实主义
体系理论/还原理论	体系理论		还原理论	
方法论	整体主义		个体主义	
古典现实主义				摩根索古典现实主义
结构现实主义	沃尔兹的防御性结构现实主义，米氏进攻性结构现实主义，杰维斯、格拉泽、米勒的大国合作理论，吉尔平的霸权战争论，科普兰的动态差异理论等			
新古典现实主义（包括防御性新古典现实主义诸流派、进攻性新古典现实主义诸流派）		杰维斯、埃弗拉、格拉泽的攻防平衡理论，沃尔特的威胁平衡理论等	扎卡利亚的政府中心型现实主义，柯庆生的国内动员理论，斯奈德的国内利益集团联盟理论，施韦勒的进攻性新古典现实主义，托利弗的风险平衡理论等	

① 国家－体系现实主义虽然也把体系结构因素当作重要分析变量，但它不像新现实主义那样强调国际体系力量结构的决定性作用，而是更为看重从单元层次关注国家间的相对权力的变化。

实现了理论的简约。①而防御性新古典现实主义理论又从个体主义的视角，增加了一个个彼此不同的小的假设和小的变量，填补沃尔兹理论中的空隙，实现不同角度的修正。

不过，这一点在表述上存在不同观点，苏长和将沃尔兹的结构现实主义依然看作是方法论个体主义，理由是他将个体主义作为分析的起点，所谓的结构并不具有独立的作用能力，结构的作用最终取决于单位，只有英国学派的"国际社会"理论才是方法论集体主义。②本书依然采纳李少军、胡宗山的观点，将以个体主义作为分析起点的理论都看作是本体论个体主义，而方法论仅是针对分析路径而言的③。

4. 从防御性结构现实主义到防御性新古典现实主义

通过前面的比较论证，我们看到了，将研究层次或方法论作为区分结构现实主义与新古典现实主义的标准，较易操作。在此基础上，我们可以进一步区分防御性结构现实主义与防御性新古典现实主义的基本差异。

新古典现实主义的研究路径并非完全是向古典现实主义的回归，而是将体系分析与单元分析相结合，结构变量与国内变量相结合，特别是在不同的国内层次变量的基础上，谋求比纯粹的体系分析更有效的解释力度。防御性新古典现实主义，就是在一定的国内层次变量的基础上，对防御性现实主义的共同命题——国家对安全的首要关切——进行论证。当然，防御性新古典现实主义也不是仅仅局限于国内层次变量，而是在尽量不破坏防御性结构现实主义原有假设的前提下，寻求对国际关系现象更有效的解释力度。

---

① 胡宗山：《国际关系理论方法论研究》，北京：世界知识出版社，2007年版，第274页。

② 参见苏长和：《全球公共问题与国际合作：一种制度的分析》，上海：上海人民出版社，2009年版，第21－25、39页。

③ 参见李少军：《国际关系学研究方法》，北京：中国社会科学出版社，2008年版，第14－15页。

(1) 防御性结构现实主义与防御性新古典现实主义对国际无政府状态的界定有微妙差异，后者拒绝抽象地讨论无政府状态的特定内涵

古典现实主义和进攻性结构现实主义强调国际体系的霍布斯主义性质，安全的稀缺性迫使国家不得不以扩张权力来获取安全，由此展开的激烈竞争导致安全两难的产生，进而引发冲突和战争。沃尔兹的防御性结构现实主义则认为无政府状态虽然会导致安全两难的产生，但安全两难并不等于冲突，无政府不是国家冲突的诱因，无政府状态是良性的，只要维持均势就可以实现和平。

与以上传统的现实主义不同，新古典现实主义诸流派则认为无政府状态与国家政策没有必然联系，一个国家是实行进攻性政策，还是防御性政策，关键是看国内层次上的各种中介变量。具体地说，进攻性新古典现实主义强调，国家间是否形成冲突或合作，要看国内环境的具体情况，即特定时期国家间关系和外交政策行为等因素，例如政府中心型现实主义尤其强调政府在谋取国家利益和提高国际影响力中的核心作用，它的理论明显鼓励带有选择性的优势政策。施韦勒的利益平衡论本身并不带有进攻性或防御性的性质，但施韦勒更强调国家具有主动追求利益回报的进攻性动机。而防御性新古典现实主义则认为当代国际无政府状态的常态应该是良性的，尽管这不是一种恒久的性质。这种良性常态既不是源于温特所说的国际社会文化，也不是源于制度和规范，而是当代国际、国内实体环境造就的，国家盲目扩张往往会失败，即使成功也不会得到实质性收益。是无政府状态下物质机制和权力平衡"建构"了合作型的"共有文化"，而非文化建构了权力。

(2) 防御性结构现实主义与防御性现实主义最明显的特点是，前者相对悲观，而后者认为安全是充裕的

如果说沃尔兹的防御性结构现实主义依然"没有对无政府状态促使国家采取审慎的防御性行为这一点给予足够的重视"[①]，依然未根本扭转现实主义对国际关系固有的悲观主义哲学，依然未

---

① 〔美〕杰克·斯奈德、于铁军："杰克·斯奈德访谈录"（载《国际政治研究》，2007年第4期，第128页）。

提出缓解安全两难的有效方法,那么防御性新古典现实主义则"促进了新现实主义和新自由制度主义理论的融合,它放弃了很多古典现实主义理论中固有的悲观成分"①,并且从技术上为"乐观的现实主义"提供了更多的理论证明。②有些学者对当代现实主义的划分方式容易引起研究上的混乱。例如,斯蒂芬·布鲁克斯(Stephen Brooks)将当代的现实主义分为"新现实主义"(Neorealism)和"后古典现实主义"(Postclassical Realism)两类。③前者包括沃尔兹的结构现实主义和米尔斯海默的进攻性现实主义,后者包括罗伯特·吉尔平(Robert Gilpin)的霸权战争论以及防御性现实主义。虽然布鲁克斯"新现实主义"的范围比习惯上的新现实主义范围要小得多,难免会引起研究上的混乱,但这种划分本身却有可鉴之处,特别是从这种分析中,可以较为明显地分析防御性结构现实主义与防御性新古典现实主义的微妙差别。布鲁克斯认为,这样划分的理由是,在属于后者的一系列理论中,都存在着和沃尔兹新现实主义明显不同的假设,即两者内部各种理论的假设是一致的,而两者却对"国家在特定环境下是怎样'自助'的"这一问题上持明显不同的假设。④具体而言,布鲁克斯的"新现实主义"认为,国家的行为是由冲突的可能性(possibility of conflict)塑造的,因此国家总是以一种最坏的可能性视角(worst-case perspective)来看待国际冲突,对国际冲突做最坏的打算,国家总是更加重视短期的军事准备(short-term military preparedness)而非长久的目标;而"后古典现实主义"则不然,它认为国家总是会对安全威胁(即他国的侵略)进行概率评估(assessments of probability),并据此决策,因此国家认为长久的目

---

① 〔美〕詹姆斯·多尔蒂、(小)罗伯特·普法尔茨格拉夫著,阎学通、陈寒溪等译:《争论中的国际关系理论》,北京:世界知识出版社,2003年版,第98-99页。

② 根据澳大利亚学者格雷克·斯奈德(Craig A. Snyder)的观点,防御性新古典现实主义并未否定国际体系在国际政治模式形成过程中的重要性,但它基本上放弃了悲观主义论调,也不再强调人类恶的本性。参见〔澳大利亚〕格雷克·斯奈德等著,徐纬地等译:《当代安全与战略》,长春:吉林人民出版社,2001年版,第80页。

③ Stephen Brooks, "Dueling Realisms" in International Organization, Vol.51, No.3 (Summer 1997), pp.445-446.

④ Ibid., pp.445-446.

标不一定要从属于短期的安全需要，应该按时段进行合理平衡（intertemporal trade-offs）。①此外，"新现实主义"和"后古典现实主义"还有一点分歧，即对权宜的军事准备对国家的重要性与经济的重要性孰轻孰重的分歧。②"新现实主义"诸流派都认为，当两者发生矛盾的时候，前者的重要性一定超过后者；而"后古典现实主义"各个流派都认为，理性的政策制定者可以对这个临界点进行权衡，尤其是当经济上的潜在净利（Net Gains）与安全损失的概率明显相关的时候。换句话说，即国家在安全利益不紧迫的情况下可能追求长期的经济发展目标。

尽管布鲁克斯的分类标准并非通行，但这给我们清晰地展现了新、老防御性现实主义之间的重要区别。可以看出，沃尔兹的防御性结构现实主义（从属于布鲁克斯所说的"新现实主义"）与防御性新古典现实主义（从属于布鲁克斯所说的"后古典防御性现实主义"）的一个重要区别是前者相对悲观，更加强调威胁的可能性，重视安全和生存的紧迫性；而后者认为安全不是稀缺的，而是充足的，因为它将国内因素纳入到理论假定中，认为产生战争的根源在国内因素。在当代，战争发生的机制已经很微弱，侵略得不偿失，即使是那些富有侵略性的国家，防御性新古典现实主义也认为已经找到了防止战争的处方，而国家间合作的空间已非常广阔。斯奈德认为，沃尔兹的理论横跨了进攻性与防御性现实主义两个阵营。③相对于米尔斯海默，沃尔兹是防御性现实主义者，而相对于防御性新古典现实主义者，沃尔兹则显得稍为悲观。

（3）防御性结构现实主义的"规范"色彩相对浓厚，而防御性新古典现实主义注重对"实然"的分析，反对以无政府状态的特定内涵为依据来一刀切地判断所有国家的具体行为

沃尔兹认为，国家的许多行为同摩根索所说的"最大限度地

---

① Stephen Brooks, "Dueling Realisms" in *International Organization*, Vol.51, No.3 (Summer 1997), p.446.
② Ibid., p.446.
③ 〔美〕杰克·斯奈德著，于铁军等译：《帝国的迷思：国内政治与对外扩张》，北京：北京大学出版社，2007年版，第13页。但本书认为，还是将其看作是防御性现实主义为佳。

取得权力的欲望是根植于人性之中的客观法则"存在着矛盾。①同这种把权力看作目的本身的观点相反,新现实主义者把权力看作是一种可以合理地利用的手段,国家拥有的权力太多或太少都会面临危险,明智的政治家只寻求拥有适当的权力。②沃尔兹认为,在危机关头,国家主要关注的不是权力而是安全,这一点是对现实主义理论的重要修正。③在沃尔兹的视野中,体系内全部都应该是维持现状国家,只有维持现状才最符合国家利益,这源于大多数结构现实主义者建立的无政府性质与国家行为偏好之间的绝对联系,但这无法解释一些侵略国拒绝接受这种"规范"的原因。防御性新古典现实主义则大不相同,多数防御性新古典现实主义依然将体系中的所有国家都看作是"维护现状"性质的,但没有否认有的国家会持进攻性政策,或最大化地追求权力,并且不同的理论找出了关于这种行为的不同诱因。例如,攻防平衡理论认为,当一国看到自己的进攻比他国的防守占据优势的时候,这种优势就成为了扩张的诱因;威胁平衡论认为,当一国认为他国对自己构成威胁时,就会寻求以联盟方式扩张自身权力,从而抵消这种威胁;风险平衡理论认为,当国家在经历损失和痛苦,或者尚未在心理上从历史遭遇中调整过来的时候,就更容易去扩张版图。④归纳起来,防御性新古典现实主义并没有否认追求权力为首要目标的国家存在的可能性,而是说当代国际关系的常态应该是防御性的,即从当代国际关系的常态中,很少能找出使国家扩张

---

① 〔美〕肯尼思·沃尔兹撰文,马殿军译:"现实主义思想与新现实主义理论"〔载袁明主编:《跨世纪的挑战:中国国际关系学科的发展》(修订版),北京:北京大学出版社,2007年版,第162页〕。

② 同上,第163页。

③ 沃尔兹总结到,新现实主义在四个方面与古典现实主义分道扬镳,这是其中一个方面。具体参见〔美〕肯尼思·沃尔兹撰文,马殿军译:"现实主义思想与新现实主义理论"〔载袁明主编:《跨世纪的挑战:中国国际关系学科的发展》(修订版),北京:北京大学出版社,2007年版,第163页〕。

④ 王鸣鸣:"外交政策分析:学科发展与前沿问题"(载王逸舟主编:《国际政治理论与战略前沿问题》,北京:社会科学文献出版社,2007年版,第122-123页)。

权力的诱因,而没有承认国家永远不是进攻性的。① 有人认为这是一种"中程理论"(middle-range theory),它对沃尔兹的普遍性理论增加了限定条件,以考察国家特定状态下的特定行为。② 不管怎么说,防御性现实主义依旧"反对把国家采取进攻性政策来保卫自己看作是一种必然"。③

(4) 新、老防御性现实主义都认为,体系内所有国家都是"维持现状"性质的。

防御性结构现实主义的"防御性"是从"结构性"直接推导而来;而防御性新古典现实主义则认为"现状"性质国家的常态是持"防御性"政策的,而其具体行为要受到体系、单元双层次因素的影响。

在所有防御性新古典现实主义理论那里,国家依然都是"维持现状"性质的。但它们认为,无政府状态本身并没有特定的"防御性"内涵,因此国家的性质不是由体系固有的性质规定的。

在防御性新古典现实主义看来,所有国家本质上的性质都是"维持现状"的,并不存在真正意义上的"修正主义国家"。但这里所说的国家"维持现状"的性质,并不等于说国家会恒久地实行"现状政策"或"防御性政策"。"现状"性质的国家在一定条件下也会持"进攻性"或"扩张性"政策,甚至盲目扩张、大肆侵略。这只是说"现状"性质国家的常态都是持"防御性"政策的,因此国际体系的常态也是"防御性"的。具体来说,决定"现状"性质国家持"防御性"还是"进攻性"政策的条件可以分为两层:从体系层次上来说,取决于"对结构的详细划分",或曰"结构调节因素"所发挥的作用;从单元层次上说,取决于

---

① 这也是包括进攻性新古典现实主义在内的所有新古典现实主义的共同主张,它们都认为,为了达到权力或安全的目标,国家可以采取各种不同的政策。如施韦勒对不同性质国家行为的描述。防御性新古典现实主义学者虽然承认"持进攻性政策国家"的存在,但不代表它们是"修正主义国家"。而且从其论述中可以看出,国家关系的常态应该是防御的,国家也应该以防御性政策获得利益最大化。

② 参见王栋:"双重超越的困境:中国国际关系理论与政策刍议"(载《国际政治研究》,2009年第3期,第19-20页)。

③ 参见〔美〕杰克·斯奈德、于铁军:"杰克·斯奈德访谈录"(载《国际政治研究》,2007年第4期,第128页)。

国家对权力平衡、威胁平衡、武力平衡、利益平衡、决心平衡、风险平衡中一方面或多方面的认知和判定,以及国内政治的影响。本质上说,"进攻性"政策是由"不完全理性"造成的。从体系层次研究"现状"国家不同外交政策的代表学者,主要是埃弗拉、沃尔特,从单元层次研究的主要有沃尔特、鲍威尔、托利弗、斯奈德,等等。

就体系层次来说,"结构调节因素"是影响国际结构(即权力分配)所起作用的重要变量,单纯的、粗糙的权力结构必须要首先通过"结构调节因素"才能影响到国家的特定外交行为。仅从国际结构入手,得不出国家是修正主义还是维持现状的结论,也不能判断国家在面临威胁时是采取制衡还是追随的对应措施。正因为如此,埃弗拉将他的防御性现实主义称作"详细划分的结构现实主义"(Fine – Grained Structural Realism)。埃弗拉的防御性现实主义,对何种情况下国际结构所能起到的具体作用进行了精确化和细分。例如,攻防平衡理论就指出,同样的国际结构在不同的攻防状态下可能产生不同的效果。①同样,沃尔特理论中的"威胁"同样可以看作是一种"结构调节因素",即他国权力的扩张对本国利益的影响,要通过他国是否对本国构成"威胁"这个"结构调节因素"来决定。

就单元层次来说,"现状"性质国家的"非现状行为",是由国家决策的"不完全理性"导致的。在"完全理性"的条件下,国家必然会严格地执行"防御性政策"以维护现状,保持自身在国际体系中的地位。但多种因素制约了国家决策"完全理性"的发挥,例如国内利益集团联盟对国家外交政策的"绑架",以及领导人的错误认知。防御性新古典现实主义者试图寻找这些导致"不完全理性"的原因,从而发展出了现实主义范式中的认知理论、国内政治理论,它们都是对现实主义范式的发展,而非背叛。对于分析领导人的认知因素,不同的学者有不同的见解,彼此并不通约,但每个流派都体现了不同的方面,因此是互补的。本书

---

① 宋伟:"国际结构与国家行为:'内斗的现实主义'"(载《外交评论》,2007年2月,第53页)。

第五章介绍了分析领导人"认知"的不同标准,这些不同的"平衡"因素都必须通过认知因素发挥作用。国内政治也是不容忽视的一个方面。防御性新古典现实主义更多地把国际行为的模式转变视为权力结构变化条件下的"决策过程",对于国内政治究竟在多大程度上影响国家的目标期待、利益估算、国家性质、知觉和对国际制度的认同,它通过引进国内政治的变量来考察和分析国家在权力变更过程中国际行为的转变。①

(5) 在研究方法上,沃尔兹擅长使用演绎和逻辑推理,而防御性新古典现实主义诸流派都是建立在理论演绎基础上的历史例证

准确地说,防御性新古典现实主义是将古典现实主义注重归纳的研究方法,与新现实主义注重演绎的研究方法结合了起来,但理论的演绎仍是构建、发展新理论的关键所在。②例如,沃尔特重点分析了中东国家间"合纵"与"连横"的演变历史,埃弗拉对一战爆发前攻防态势的演变最感兴趣,斯奈德通过对1868-1945年的日本扩张进行探讨来阐述他的"国内利益集团联盟理论",等等。总之,沃尔兹之外的其他防御性现实主义者,喜欢通过历史尤其是攻防平衡及联盟历史来说明其国家的防御性观点。③

沃尔兹的结构理论基本上全是抽象的综合法,而大多数防御

---

① Thomas J. Christensen and Jack Snyder, "Chain Gangs and Passed Bucks: Predicting Alliance Patterns in Multipolarity" in *International Organization*, Vol.44, No.2 (Spring 1990), pp.137 – 168; Charles L. Glaser, "The Security Dilemma Revisited" in *World Politics*, Vol.50, No.1, Fiftieth Anniversary Special Issue (Oct., 1997), pp.171 – 201; Charles L. Glaser, "Realists as Optimists: Cooperation as Self – Help" in *International Security*, Vol.19, No.3 (Winter 1994 – 1995), pp.50 – 90; Thomas J. Christensen, "Perceptions and Alliances in Europe, 1865 – 1940" in *International Organization*, Vol.51, No.1 (Winter 1997), pp.65 – 97; Fareed Zakaria, "Realism and Domestic Politics: A Review Essay" in *International Security*, Vol.17, No.1 (Summer 1992), pp.177 – 198.

② 沃尔兹认为,现实主义主要是归纳,而新现实主义侧重于演绎。参见〔美〕肯尼思·沃尔兹撰文,马殿军译:"现实主义思想与新现实主义理论"〔载袁明主编:《跨世纪的挑战:中国国际关系学科的发展》(修订版),北京:北京大学出版社,2007年版,第159页〕。

③ 胡宗山:《国际关系理论方法论研究》,北京:世界知识出版社,2007年版,第241页。

性新古典现实主义学者则习惯于分析法,在归纳出理论之后,都用一定数量的历史案例来验证自己的观点。但防御性新古典现实主义的分析方法,与纯粹的归纳-个体主义又不同。一方面,防御性新古典现实主义都是有充分的理论基础的,主要是沃尔兹的结构理论基础,尽管这里既包括对沃尔兹结构理论的逻辑支持、发展,也包括修正与反对,但都属于演绎的过程;另一方面,它也不乏对单个行为体以还原法进行归纳总结,但大部分历史案例是在建立理论之后,为适应理论的需要而寻找的,理论检验后于理论构建,几乎所有流派的案例分析都是在理论构建之后。所有的防御性现实主义都一致地将体系压力看作是国家行为的原动力,而国家行为的原动力并不在单元层次,只不过体系要通过单元起作用。应该说,防御性新古典现实主义既有演绎实证,也有归纳实证,准确地说,演绎实证还要比归纳实证更多,依然占据主要地位。具体请参见如下表格。

表5　　防御性现实主义诸流派的主要论证方法

论证方法	理论流派	案例举例
单纯的演绎实证	沃尔兹的结构现实主义	
演绎实证(最主要)、归纳实证、微型案例	杰维斯、格拉泽的合作理论	
演绎实证(最主要)、归纳实证、中型案例	埃弗拉的攻防平衡理论	一战前攻防平衡的变化
	科普兰的动态差异理论	历史上七次体系规模的大战
	斯奈德的国内利益集团联盟理论	德、苏、美、英等国扩张史
演绎实证(最主要)、归纳实证、大型案例	沃尔特的威胁平衡理论	冷战时期中东国家的联盟史
	柯庆生的国内动员理论	1947-1958年的中美关系

三、防御性新古典现实主义：现实主义范式的进步

1. 从研究层次上理解防御性现实主义

结构现实主义毫无疑问是体系理论，新古典现实主义则有向还原理论回归的趋势，但这并不是说以单元为主要研究层次的还原理论等同于外交政策理论。体系理论与还原理论的关系，不等同于国际政治理论与外交政策理论之间的关系。托利弗等人没有注意到，许多防御性新古典现实主义流派虽然具有明显的还原理论的性质，但还是能够解释国际政治的结果，因此也明显具有国际政治结果理论的特点。

防御性新古典现实主义设法融合了结构现实主义理论的优点，大部分防御性新古典现实主义理论仍然是国际政治结果理论。一方面，新古典现实主义进一步发展了外交政策的理论，并不意味着新现实主义不能提出自己的外交政策理论；只能说，由于传统的现实主义是普遍性的国际政治思想和理论，从它们发展而来的外交政策学说也相对粗糙，得不出特别具体的国家行为假设。① 另一方面，更重要的是，在已有结构理论的基础上，防御性新古典现实主义依然是解释国际政治结果的理论。根据 K·霍尔斯蒂（K. J. Holsti）的定义，国际政治的外延包含外交政策，外交政策的外延要小于国际政治。② 因此防御性新古典现实主义的研究范畴也是国际政治的一部分。这里有四点值得关注。

（1）防御性新古典现实主义的分析单位与沃尔兹理论相似，以对大国的分析为主，是对结构理论的继承

沃尔兹认为，由于结构的制约而使国家在功能上呈现出相似

---

① Colin Elman, "Horse for Course: Why not Neorealist Theories of Foreign Policy?" in *Security Studies*, Vol.6, No.1 (Autumn 1996), pp.7 – 53. 转引自宋伟："从国际政治理论到外交政策理论：比较防御性现实主义与新古典现实主义"（载《外交评论》，2009 年第 3 期，第 27 页）。

② 参见 K. J. Holsti, *International Politics: A Framework for Analysis*, 6th Edition, Englewood Cliffs: Prentice Hall, 1992, pp.9 – 10.

性，国与国之间的主要差异是根据它们的能力来限定的。①防御性新古典现实主义仍然继承了结构理论。托利弗认为，几乎所有的现实主义者都认为，国际体系基本上是国家对外行为的原因（虽然不是全部原因），物质权力决定了国际舞台上所发生的一切变化的广泛参数。从长远看，国际关系的结果是与国家间相对物质能力（material capabilities）的分布相一致的；从短期看，防御性新古典现实主义希望在物质能力（包括粗略的权力分配与结构调节因素）与国家的外交政策之间，建立起间接的因果联系。②

斯奈德的国内利益集团联盟理论区分了不同国家的工业化进程对外交政策的影响，托利弗的风险平衡理论区分了风险与收益之间的变化对外交政策的影响。虽然它们研究的都是国内政治或领导人的决策模式，但这并不能否认它们对结构理论的遵循。根据亨廷顿对民主化进程及威权作用的分析，我们可以看出斯奈德说的卡特尔化现象在发展中国家非常普遍，而这些发展中国家几乎不可能拥有扩张的能力，因此斯奈德的处方不是针对这些弱国、小国的。托利弗的风险平衡理论研究的也是大国的扩张行为，我们仍然可以找到权力结构这个理论前提。

沃尔兹以后的许多现实主义者都倾心于对大国行为的研究。尽管他们当中的许多学者批评过沃尔兹，但都明显受到了结构理论的影响。他们将体系内的大国作为其理论的主要研究对象，因为对大国国内政治和对外政策的研究，就是对国际权力结构研究的重要组成部分。因此对大国的研究也就是国际政治结果理论的核心部分。然而，在对结构的研究上，防御性新古典现实主义又

---

① 〔美〕肯尼思·沃尔兹撰文，马殿军译："现实主义思想与新现实主义理论"〔载袁明主编：《跨世纪的挑战：中国国际关系学科的发展》（修订版），北京：北京大学出版社，2007年版，第163页〕。

② Jeffrey W. Taliaferro, "Security Seeking under Anarchy: Defensive Realism Revisited" in *International Security*, Vol.25, No.3 (Winter 2000 – 2001), p.155.

淡化了对"极"的稳定性的争论①，这使其又不是纯粹的结构理论，取而代之的是对与单元层次关联较为紧密的"结构调节因素"（structural modifier）的关注。

表6　　　沃尔兹及其以后的现实主义的分析单位

理论流派		分析单位
防御性现实主义	结构现实主义（沃尔兹）	大国/国家
	动态差异理论	大国
	大国合作理论（杰维斯、格拉泽）	大国/国家
	威胁平衡论	大国/国家
	国内动员理论	国家
	攻防平衡理论	国家
	国内利益集团联盟理论	大国
进攻性现实主义	霸权战争论	大国/国家
	利益平衡论	国家
	米氏进攻性现实主义	大国
	政府中心型现实主义	大国

（2）防御性新古典主义诸流派均未抛弃对体系的研究

在防御性新古典现实主义的诸多流派中，尽管有的主要表现为以个体主义方法论为指导的体系理论（如攻防平衡理论、威胁平衡理论），有的主要表现为以个体主义方法论为指导的还原理论（如国内利益集团联盟理论、国内动员理论、风险平衡理论），但这两种理论都未抛弃对体系的研究。

防御性新古典现实主义对结构理论的继承，避免了过度削弱自身的预测能力。沃尔兹的结构理论预测能力较强，是对国际政

---

① 此前的现实主义，注重对"极"的稳定性讨论，如摩根索支持"多极稳定论"。结构现实主义者对此尤为关注，如沃尔兹倡导"两极稳定论"，科普兰支持"多极稳定论"。吉尔平是"霸权稳定论"的拥护者，而米尔斯海默对美国的建议实际上是"霸权稳定论"的变体。

治体系层次的宏观把握，而防御性新古典现实主义向还原理论回归的趋势，难免可能要削弱这种预测能力。并且，大多数新古典现实主义者都倾向于使用历史案例的分析方法，其中预测能力并不十分可靠的惯性预测法和相似性预测法较为流行。而防御性新古典现实主义对结构理论的有限继承，不仅避免了其理论预测能力的过度削弱，还使其更精确，使宏观和微观相结合。因此防御性新古典现实主义也具有国际政治理论的特点。防御性新古典现实主义在坚持结构逻辑的前提下，重新引进国家层次的因素，既有利于界定国家身份、判断国家利益、预测国家外交行为，也方便预测体系中单位间互动的结果，便于单位间的类比。

沃尔兹总结到，新现实主义认为，单位层次上的原因和结构层次上的原因是相互影响的，只有结构的影响加上传统现实主义关于单位层次的解释才能够理解国际政治，如果一种理论能同时顾及单位层次和结构层次上的原因，那么这种理论就能够对一个体系中发生的变革与延续做出解释。[①]也就是说，新现实主义者不是结构决定论者。[②]就此而言，新古典现实主义本身并不具备理论的"革命性"，新现实主义与新古典现实主义的研究纲领并无差异，只不过侧重点不同。尽管在本体论上，现实主义从未倒向整体主义，但单一的方法论个体主义、整体主义都难以较为满意地解释国际关系，新古典现实主义正是将方法论个体主义、整体主义二者结合了起来。单独指责新现实主义缺乏单位层次上的研究，与单独指责新古典现实主义缺乏体系层次的研究，都是缺乏道理的。

（3）防御性新古典现实主义弥补了沃尔兹结构理论中"结构－能动者双向互构"的先天不足，使自己具有更强的解释力

现实主义的批评者认为，防御性现实主义添加国内层次变量

---

① 〔美〕肯尼思·沃尔兹撰文，马殿军译："现实主义思想与新现实主义理论"〔载袁明主编：《跨世纪的挑战：中国国际关系学科的发展》（修订版），北京：北京大学出版社，2007年版，第158—161页〕。

② 〔美〕詹姆斯·多尔蒂、（小）罗伯特·普法尔茨格拉夫著，阎学通、陈寒溪等译：《争论中的国际关系理论》，北京：世界知识出版社，2003年版，第103页。

的方式使现实主义成为了一种不能预测国际结果的、只能局限在外交政策方面的理论。①瓦兹奎斯（John Vasquez）认为，这使现实主义的研究纲领沦为退步的反常解释工具。②但外交政策理论本身也是国际政治结果理论的一部分，只要良好地将体系、单元双层次结合起来，其理论就有较强的解释、预测能力。

多尔蒂与普法尔茨格拉夫认为，全面的国际关系理论必须假设：源于国际体系结构层次的行为和单位层次的反应类型之间是有关系的。而沃尔兹的理论没有解释结构变化的原因。③他们引用了约翰·刘易斯·加迪斯（John Lewis Gaddis）的观点：如果国际体系结构影响行为体之间的实力分配，如果实力分配的变化导致结构变化，那么，实力分配变化不正是体系内国家实力变化的结果吗？④就连沃尔兹本人也强调，对新现实主义者来讲，只有把结构和单位层次上的原因和结果区分开来，才能有效地对相互作用的国家开展研究。⑤秦亚青认为，体系理论将国际体系作为客观的社会实在，实际上是将体系与体系单位作为可以分而处理的两种客观事实，体系和行为体应该是互构的，行为体的能动作用是不可忽视的因素；但是沃尔兹的结构主义由于强调体系的客观性，

---

① 部分内容参见黄海涛："国际关系理论评价问题浅析：以'科学研究纲领方法论'的视角"（载中国国际关系学会编：《评价国际关系理论：积累与进步》，北京：世界知识出版社，2008 年版，第 39 页）。

② John A. Vasquez, "The Realist Paradigm and Degenerative versus Progressive Research Programs: An Appraisal of Neotraditional Research on Waltz's Balancing Proposition" in *The American Political Science Review*, Vol.91, No.4（Dec., 1997），pp.899 – 912。

③〔美〕詹姆斯·多尔蒂、（小）罗伯特·普法尔茨格拉夫著，阎学通、陈寒溪等译：《争论中的国际关系理论》，北京：世界知识出版社，2003 年版，第 97 页。

④ 参见 John Lewis Gaddis, "International Relations Theory and the End of the Cold War" *in International Security*, Vol.17, No.3（Winter 1992 – 1993），p.34；〔美〕詹姆斯·多尔蒂、（小）罗伯特·普法尔茨格拉夫著，阎学通、陈寒溪等译：《争论中的国际关系理论》，北京：世界知识出版社，2003 年版，第 100 页。

⑤〔美〕肯尼思·沃尔兹撰文，马殿军译："现实主义思想与新现实主义理论"〔载袁明主编：《跨世纪的挑战：中国国际关系学科的发展》（修订版），北京：北京大学出版社，2007 年版，第 158 – 161 页〕。

因而忽视了这种互构。①在沃尔兹的理论中没有为独立于体系结构的外交政策的制定留下空间，领导人是国家体系的结构及其决定论逻辑的囚徒，他们在实施外交政策时，必须听命于这种结构逻辑。②

而作为理论的发展，防御性新古典现实主义由于抛弃了"理论不应该包括不同分析层次的解释性变量（Explanatory Variables)"③的教条，在体系的基础上重新对国家层次给予应有的关注，因此也就部分恢复了这种双向互构。事实上，若想从古典现实主义的基础上直接建立体系与单位间的互构关系，几乎是不可能的，这种互构必须建立在既有的结构理论的基础之上。古典现实主义对层次的区分较为混乱，没有结构理论先做好区分的基础，就不可能最终实现两个层次间的互构。而防御性新古典现实主义既不是将现实主义变回到一种层次混乱的理论，也不是"传统国内政治理论的重复"④。古典现实主义与新古典现实主义之间，是否定之否定的辩证发展关系。

然而，需要强调的是，这种双向互构仅仅是部分的，而非完全的。因为在所有的防御性现实主义理论中，并没有任何理由说明国际、国内因素有直接的因果关系。即使这种互构是相对于沃尔兹理论的进步，但只能说二者都是同时作用于国家决策者的，二者之间并未真正"互构"，二者彼此并未呈现"双向互构"的"共时性"层次路径。对此，下一节有相关叙述。埃弗拉、沃尔特对心理和认知因素的引入，以及斯奈德的国内利益集团联盟理

---

① 秦亚青："权力·制度·文化：国际政治学的三种体系理论"（载《世界经济与政治》，2002年第6期，第10页）。

② 〔加拿大〕罗伯特·杰克逊、〔丹麦〕乔格·索伦森著，吴勇、宋德星译：《国际关系学理论与方法》，天津：天津人民出版社，2008年版，第107页。

③ Kenneth N. Waltz, *Theory of International Politics*, Reading, Mass.: Addison-Wesley, 1979, p.75.

④ 扎卡利亚认为，防御性现实主义只是传统国内政治理论的重复，参见 Fareed Zakaria, "Realism and Domestic Politics: A Review Essay" in Brown, Lynn-Jones, and Miller eds., *The Perils of Anarchy*, Cambridge, Mass.: MIT Press, 1995, p. 463; Fareed Zakaria, *From Wealth to Power: The Unusual Origins of America's World Role*, Princeton, NJ: Princeton University Press, 1998, pp. 32–33, 181–183.

论，都没有解释国内结构转换是如何影响国际结构的，因此体系层次对国家外交行为的单向"顺时性"建构仍然占据主导地位。

建构主义也强调行为体与结构的社会互构关系，但是它更加看重观念对结构的建构作用，体系层次与单元层次是彼此"共时性"建构的。而防御性新古典现实主义始终坚持个体主义的本体论，研究基点依然是单个国家的权力，倡导个体主义为主的认识论，将温特所说的国际社会理念看作是约定的常数，更强调行为体对结构中规范的塑造作用。

(4) 防御性结构现实主义关注"极"的稳定性，防御性新古典现实主义关注与单元层次联系较紧密的"结构调节因素"

所有的防御性新古典现实主义仍然将国际结构（即权力分配）看作国家行为的原因而非结果。防御性结构现实主义所关注的体系权力分配，就是大国之间权力的分配，所以它侧重对大国关系的理论研究。而防御性新古典现实主义，虽然研究的对象主要是大国，有结构理论的性质，但其缺乏对"极"的关注与讨论。

现实主义的演变趋势是越来越淡化对国际体系模式的研究，即逐渐对"极"的数量和稳定性失去兴趣。而到了新古典现实主义诸流派出现时，人们已很少见到对"极"的稳定性的争论。这也是为什么新古典现实主义摘掉了"结构现实主义"帽子的原因，以及为什么"将防御性现实主义看作是结构现实主义的一支"的说法并不准确的原因。与防御性结构现实主义相比而言，"结构"已经不是防御性新古典现实主义的主要研究兴趣，取而代之的是"结构调节因素"。结构只能规定国家间大致的权力分配，唯有"结构调节因素"才与单个国家实行特定的外交或军事战略的相对能力有关。[1]攻防平衡理论以及威胁平衡论，实际上都是对沃尔兹单纯的对权力研究的修正转到对"结构调节因素"的关注上来。此外，"极"与结构也无法从理论上同安全两难建立起直接的联系，而"结构调节因素"不仅是更好地研究安全两难

---

[1] Jeffrey W. Taliaferro, "Security Seeking under Anarchy: Defensive Realism Revisited" in *International Security*, Vol. 25, No.3 (Winter 2000–2001), p. 137.

机理的工具，还有可能为减轻安全两难提供有效处方。

2. 防御性新古典现实主义不是纯粹的"国内政治理论"

扎卡利亚认为防御性现实主义过于依赖对国内因素的重视，只是"对传统国内政治理论的重复"。①与此类似，勒格罗（Jeffrey Legro）和莫拉弗茨克（Andrew Moravscik）等现实主义的范式批评者认为，斯奈德等人的现实主义与典型的自由主义已经没有什么区别，完全是从左翼自由主义者（left‐liberal）和社会民主主义学者（Social Democratic）那里学来的；它的核心假设与民主和平论已几乎没有什么区别。②斯奈德的这种混乱分析方法使现实主义变成一个囊括所有国际关系分析范式的大杂烩。③同样，在对关于冷战后西欧和平的论述中，埃弗拉也掺入了大量的古典自由主义式的解释，如他认为经济现代化、政治民主化、国民对政府的支持、教育的普及、广泛的福利体统都已经成为可以避免战争的因素，而这些都是潜在的自由主义范式。④埃弗拉认为，公众之所以对战争问题产生误解，是因为他们受到了国家领导人、政治官僚以及吹鼓手（propagandists）的欺骗，这是国家层次上对信息的歪曲。⑤勒格罗等认为这是强行移植了认知范式的假设。⑥

事实上，防御性现实主义认为，安全两难仍然会存在于两个民主国家之间的关系中，或者有一方是民主国家的关系中，即它依旧反对民主和平论的主张。即使是民主国家，在安全两难的状态下，也不一定会成功地发出良性的表达其真实意图的信号，尽管其政治决策是透明的。托利弗认为，民主国家在这方面不一定

---

① Zakaria, *From Wealth to Power: The Unusual Origins of America's World Role*, Princeton, NJ: Princeton University Press, 1998, pp. 32–33, pp. 181–183.

② Jeffrey W. Legro and Andrew Moravcsik, "Is Anybody Still a Realist?" in *International Security*, Vol.24, No.2 (Autumn 1999), p.24.

③ Ibid., p.24.

④ Ibid., p.34.

⑤ Ibid., pp.9–10.

⑥ Ibid., p.34–35.

比专制国家占据优势,因为民主国家国内政治的多样性(例如复杂的政党和利益集团存在)会使其发出关于国家意图的复杂的信息。托利弗列举了很多相关史实,证明民主国家间潜在的对手有可能误判对方仅仅追求安全的意图,或者民主国家有可能不能有效地传递其真实意图。①例如,1941年的日本就是误判了作为民主国家的美国实际上只是追求安全的意图,尽管美国的政治体制是透明的;冷战时苏联对美国的误判也是如此;而印巴冲突则发生在两个民主国家之间。

与"国内政治理论"这种带有贬义的评价不同,本书认为防御性新古典现实主义不仅完整地结合了体系、单元两个层次,而且还归纳出了一条尽管不成熟、但已初见成效的跨层次分析路径。这种新的跨层次分析路径使新出现的现实主义理论吸收了现实主义发展史上各个流派的优点,建构出了富有规律性的理论框架。

托利弗认为,所有的现实主义均把国际体系和物质权力看作是决定国际关系一切变化的广泛参数。②这完整地沿袭了沃尔兹的结构理论。目前现有的防御性新古典现实主义理论均遵循着"国际政治→国内政治→国际政治(对外政策)"的研究路径,即关注的是国内-国际跨层次互动的"顺时性"(sequentially)分析,而非"共时性"(simultaneously)分析。③可以这样粗略地理解:在"顺时性"分析中,体系因素与国家因素的作用有一个时间上的先后顺序,尽管二者本身不一定具备因果关系,但国家因素所起的作用一定会多少受到体系因素的影响,然后二者再一同对领导人决策发挥作用;而"共时性"则强调两个层次因素的同时作

---

① Jeffrey W. Taliaferro, "Security Seeking under Anarchy: Defensive Realism Revisited" in *International Security*, Vol.25, No.3 (Winter 2000 – 2001), p.152.

② Ibid., p.155.

③ 关于国际-国内跨层次互动的"顺时性"与"共时性"研究路径,详见吴其胜:"国际关系中的跨层次研究"(载中国国际关系学会编:《评价国际关系理论:积累与进步》,北京:世界知识出版社,2008年版,第61页)。前者只是将国内政治看作国际体系与国家行为之间的干预变量,后者强调国内、国际政治之间的互动是同时进行的。

用,允许存在国内因素不以体系为变量而独立发挥作用的可能。理解了这个区别,对于我们继续研究防御性现实主义具有重要意义。

进攻性现实主义者施韦勒对国家意图的二分法,是典型的"共时性"分析,对于以国际安全为基本研究领域的现实主义来说,这也许是唯一的一个严格的"共时性"理论,也是新古典现实主义中唯一一个严格的国内政治理论。一方面,施韦勒区分了国际体系中的强国和弱国,这明显保留了结构理论的痕迹。另一方面,他对单元层次上国家性质和意图的关注,要超过对体系的关注,更强调国家性质本身对国际体系的作用,一国是"现状国家"还是"修正国家"与体系因素没有关系,这时体系与国家因素是同时起作用的。而同为进攻性现实主义者的米尔斯海默则鲜明地保留了"顺时性"分析,认为体系因素占据因果链条中的首要地位,权力上升的大国无论实行什么政策必然是危及现有国际秩序的"修正主义国家"。

严格地说,防御性现实主义都是遵循"顺时性"分析的理论。这也许是一种巧合,但并不代表防御性现实主义与"顺时性"分析有必然的内在联系,防御性现实主义将来也有可能提出"共时性"的理论。但这也未必是现实主义的发展方向,就目前来说,这种"顺时性"的层次分析路径已经趋于完善了,因为它避免了古典现实主义研究层次上的混乱状态。

在明确了所有防御性现实主义"顺时性"分析的特点之后,我们可以看出,弗兰克尔用"现实主义不接受一瞬即逝的信念和观念"这一论点来批评防御性现实主义是站不住脚的。因为大多数防御性现实主义(除国内利益集团联盟理论和国内动员理论)所持的层次分析路径完全一致。

图2　　　防御性现实主义的第一种层次分析路径

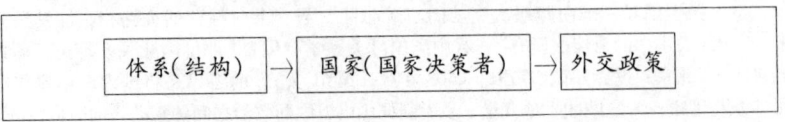

沃尔兹之后的所有防御性现实主义，研究的都是"国家如何思考"这个问题，探寻的是国家对体系反应的规律。即使是沃尔兹的现实主义，"国家"也是要进行思考的，我们这里所说的"国家"，完全可以等同于国家外交的决策者，或拥有最高决策权的集团。国家的认知其实就是决策者的认知。虽然杰维斯、埃弗拉、沃尔特等人引入了决策的心理因素和认知因素，但这并不是对传统的现实主义的违背。如果一定要说当代现实主义破坏了其自身"硬核"，那么这种"硬核"其实早在沃尔兹的结构理论中就已经被破坏了。

斯奈德的国内利益集团联盟理论、柯庆生的国内动员理论，与以上防御性现实主义的研究层次路径略有不同。在上面第一种研究层次路径中，国家的"黑箱"仍然没有被打开，尽管注重对认知、心理的研究，但它们都和沃尔兹一样，研究的是国家对体系机械的反应。而以斯奈德、柯庆生为代表的第二种路径则重视对国内因素的研究，打开了国家的"黑箱"。斯奈德认为，即使是添加了认知因素来解释国际关系，仍然缺乏可信度。因为这无法说明，为什么在工业化时代，与扩张不足的错误相比，大国过度扩张的错误要普遍得多，以及为什么某些国家即使是在有清晰证据显示已经出现过度扩张的情况下，也仍然不收缩自身的力量，最终陷于不可收拾的境地。①

国内利益集团联盟理论与国内动员理论的共同特点是，对于权力一定的国家来说，体系（结构）因素是一个固定的常数，因此尽管体系因素是国家外交决策的根本原因，但在研究上却是可以忽略的。另外，国内因素并不能成为连接体系压力与领导人之间的中介变量，而只是干预变量，体系压力与决策之间的联系是直接的。此外，政府中心型现实主义也是如此，三者的研究路径可归纳如下图所示。

---

① 于铁军："大国过度扩张的国内政治机理"（载王缉思、袁明、陈志瑞主编：《北大国际论丛2008》，上海：上海人民出版社，2008年版，第457页）。

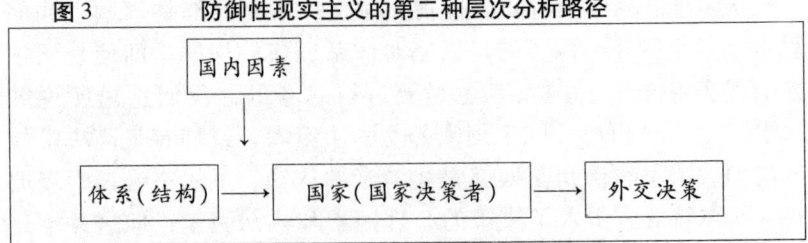

图3　　防御性现实主义的第二种层次分析路径

斯奈德、埃弗拉、柯庆生的国内理论并不否认"持进攻性政策国家"的存在，只是他们更倾向于从国内层次探寻扩张的诱因。然而，对于斯奈德的国内利益集团联盟理论，之所以不能将其等同于共和自由主义（即民主和平论）式的纯粹的国内政治理论，是因为体系因素，即一国在体系中所处的位置，仍然是决定其外交政策的根本前提。斯奈德的研究对象是大国，即大国的过度扩张行为。斯奈德说的卡特尔化现象在发展中国家非常常见，而这些发展中国家几乎不可能拥有扩张的能力，因此斯奈德的处方不是针对这些小国的。如果没有结构理论的前提，就不会有这种以认知或国内因素为主要研究对象的方法上的创新。而对于国内动员理论，其本身研究的就是两个国家的关系，因此更不是纯粹的国内政治理论。

3. 防御性新古典现实主义：向"规范"的回归

早期的现实主义者，如卡尔、摩根索，希望能够得出一些减少战争、保证和平的处方，而沃尔兹则对此不感兴趣，仅试图从技术上维持现有势力均衡。防御性新古典现实主义则重新试图从技术上、环境上探索建构和平关系的可能，这显然要还原古典现实主义规范的色彩。①修昔底德、马基雅维利等古代的现实主义理论家，以及卡尔、摩根索等古典现实主义者，强调现实主义的规

---

① 胡宗山：《国际关系理论方法论研究》，北京：世界知识出版社，2007年版，第118－119页。

范方面，关注点是国家安全和国家生存这些核心的政治价值；而从沃尔兹开始的新现实主义，普遍追求对世界政治结构与过程的社会科学分析，认为规范和价值是主观的、不科学的。①沃尔兹通过将现实主义发展到自然科学式的"纯科学"理论，来剔除古典现实主义中仍然存留的"理想主义"成分——规范。但是，他看重国际秩序，表明其理论的支撑还是规范，他使用的基本假设以及他所关注的基本国际议题都是规范性的。然而，沃尔兹同摩根索不同，他是把价值当成是给定的和一定会碰到的。②当现实主义者呼吁国家领导人改变行为模式的时候，他们的理论就变成一种规范理论，就不能充分解释为什么有时候政治领导人的外交决策并不符合现实主义信条。③

沃尔兹理论中的"防御性"成分就体现了这种"暗含的"规范性假设，即关于国家"应该干什么，不应该干什么"的内容。例如，他认为，国家的首要关切不是谋求权力最大化，而是维护在体系中的地位。此外，尽管国家有利用他国的软弱和虚弱获取权力的动力，而且当时机成熟时这样的行动也的确有良好的战略意义，但倘若大国行动起来咄咄逼人，则潜在的受难者通常会采取行动来联合制衡进攻者，并会千方百计地挫败其获取额外权力的努力。④他还认为，如果国家拥有太少和太多的权力，都会面临风险，过多的权力可能促使其他国家联合起来对抗自己，聪明的

---

① 参见〔加拿大〕罗伯特·杰克逊、〔丹麦〕乔格·索伦森著，吴勇、宋德星译：《国际关系学理论与方法》，天津：天津人民出版社，2008年版，第82、85、130页。所谓规范就是"道德应该"及其相近内容〔参见高尚涛：《国际关系的权力与规范》，北京：世界知识出版社，2008年版，第69页〕。规范也可理解为"行动准则"，相对于行为体在实际中采取的行动。〔参见〔美〕詹姆斯·多尔蒂、（小）罗伯特·普法尔茨格拉夫著，阎学通、陈寒溪等译：《争论中的国际关系理论》，北京：世界知识出版社，2003年版，第104页〕。

② 〔加拿大〕罗伯特·杰克逊、〔丹麦〕乔格·索伦森著，吴勇、宋德星译：《国际关系学理论与方法》，天津：天津人民出版社，2008年版，第110页。

③ 〔美〕詹姆斯·多尔蒂、（小）罗伯特·普法尔茨格拉夫著，阎学通、陈寒溪等译：《争论中的国际关系理论》，北京：世界知识出版社，2003年版，第103页。

④ Kenneth Waltz, *Theory of International Politics*, Reading, Mass.: Addison–Wesley, 1979, p. 126.

政治家只会努力谋求适度的权力。①

现实主义本身并不缺乏对规范的关注,并非与规范等观念要素不相容,只是它在走向"科学化"过程中对"不可测量"的因素做出了人为的割舍,这导致了新现实主义理论解释能力的先天不足。②防御性新古典现实主义学者就此进行了反省。例如,斯奈德通过反思以前的现实主义,对大国战略迷思的国内政治起源做出了新的理解:按照现实主义的解释,自国际无政府状态中产生的均势应该是惩罚而不是奖励侵略,因此,通过扩张而获取安全的战略便违背了现实主义者自己所表述的国际政治的基本原理。③一方面,沃尔兹单纯地从其"科学化"的结构理论进行推导,认为"体系促使国家去追求的目标是安全,增加的权力也可能不服务于该目标"④,但国际关系的事实却并非完全如此,因此他给出的建议又显得具有"理想主义"的规范化。这是一个显而易见的矛盾。一方面,防御性新古典现实主义依然将体系内所有国家看作是"维持现状"者,只是承认了"现状"性质的国家也可能会持"进攻性政策";另一方面,防御性新古典现实主义更加以"实然"的态度分析国际关系运行机制,并强化了理论中"规范"的成分。这使得防御性现实主义不仅延续了现实主义的基本特点,还使其"规范"更有说服力。

如果我们认为沃尔兹理论中规范的成分上有缺陷,那么我们要做的就是如何更令人信服地论证"体系促使国家追求安全"。这就是防御性新古典现实主义的"安全论"与"平衡论"中所要

---

① Kenneth Waltz, *Theory of International Politics*, Reading, Mass.: Addison – Wesley, 1979, p.126;〔美〕肯尼思·沃尔兹著,胡少华、王红缨译:《国际政治理论》,北京:中国人民公安大学出版社,1992 年版,中文版序言第 2 页。

② 高尚涛:《国际关系的权力与规范》,北京:世界知识出版社,2008 年版,第 43 页;事实上,现实主义始终强调"审慎的权力"与"明智的利益"[张睿壮:"现实主义的持久生命力"(载《世界经济与政治》,2004 年第 7 期,第 30 页)]。

③ 〔美〕杰克·斯奈德著,于铁军等译:《帝国的迷思:国内政治与对外扩张》,北京:北京大学出版社,2007 年版,第 8 – 9 页。

④ Kenneth Waltz, *Theory of International Politics*, Reading, Mass.: Addison – Wesley, 1979, p.126.

解决的问题。防御性新古典现实主义最终是要给国家开出更合理、更有效的"处方"。进攻为什么难于成功？为什么安全合作是最佳选择？国家间的紧张为何有时是虚幻的？等等。这样可以解释现实主义以前难以解释的问题，如欧洲安全合作与一体化等。格里科认为，随着新现实主义分析方法的进一步完善，研究合作问题就不可能有太大的困难。①这样，理论与规范也就不再分离，重新得到了统一。

防御性现实主义的政策意义是，只有对导致决策者在温和的无政府国际体系中做出误判从而盲目扩张权力的原因进行合理分析，才能真正教育决策者正确地执行防御性战略。也许这种"规范"和"教育"的确已经很接近于理想主义了，混淆了"应然"与"实然"。扎卡利亚认为，好的理论可以解释世界如何运行的规律，而不是应该如何运行的原理，防御性现实主义将国际体系对国家的影响与他们认为的国家应该从该体系运行获得的教训混淆在一起，认为国家一定会从历史中得到某些教训。②扎卡利亚这样讽刺：我们在该思想流派中发现了一些现实主义传统上嘲讽的理想主义假设，国家容易满足，国家完全可以从过去得到'正确'的教训，国家扩张不是正常状态，而是国内混乱的结果；我们不禁怀疑，如果军事官僚政治的疾病得到医治，卡特尔化被清除，防御性现实主义是否会预测国家将促成永久的和平？③

然而，不可否认的是，防御性新古典现实主义学者虽然重新接受了传统的现实主义批评过的"理想"成分，但这种规范仅仅局限于权力，他们所关注的规范仍然没有涉及道德、国际法、国

---

① Joseph Grieco, "Realist International Theory and the Study of World Politics" in M. W. Doyle and G. J. Ikenberry eds., *New Thinking in International Relations*, Boulder: Westview Press, 1997, pp. 163-202. 转引自〔加拿大〕罗伯特·杰克逊、〔丹麦〕乔格·索伦森著，吴勇、宋德星译：《国际关系学理论与方法》，天津：天津人民出版社，2008年版，第127页。

② 〔美〕法利德·扎卡利亚著，门洪华、孙春英译：《从财富到权力》，北京：新华出版社，2001年版，第43-44页。

③ 同上，第44页。

际舆论之类的超出现实主义范畴的规范作用。同包括沃尔兹在内的所有现实主义者一样,他们关注的规范依然是教育国家决策者"应该如何最有效地使用权力",而保证安全则是"最有效使用权力"的根本策略,和平的实现只能源于稳定的权力关系,这完全没有违反现实主义原有的"硬核"。

4. 防御性现实主义的辅助性假设

在拉卡托斯所提出的"科学研究纲领"(scientific research program)中,其理论体系包括"硬核"(hard core)和"保护带"(protective belt)两部分。"硬核"由理论体系中最重要的概念和定律构成。"保护带"主要指围绕在"硬核"周围的辅助性假说。拉卡托斯认为科学研究纲领具有两种功能,即反面启发法(negative heuristic)和正面启发法(positive heuristic)。前者是通过增加或修改保护带的辅助性假说,避免不利的观察实验直接针对硬核;后者是主动发现新的规律,解释新的现象。当理论与观察结果相冲突时,学者要么提出辅助性假说,避免科学理论被观察实验所证伪,要么干脆忽略这些反常现象,转而研究其他问题。[①]简而言之,辅助性假设,就是当一种理论不能解释例外情况时的修补。托利弗认为,防御性现实主义提出了一系列辅助性假设(auxiliary assumptions),用来解释体系层次上的变量如何对国际关系结果以及国家政策产生作用。[②]其中前两个辅助性假设,与导致国家间战争与合作的诱因(incentives)相关;后两个则用来定义外部压力与单个国家实际外交行为之间的联系。

(1) 辅助性假设一:安全两难难以摆脱,但提升军备也无益

这是多数防御性现实主义者的共同观点。防御性现实主义认为,单纯的军备提升不会有效增加其安全,尽管安全两难是存在

---

① 转引自李少军:《国际关系学研究方法》,北京:中国社会科学出版社,2008年版,第92页;王巍:《科学哲学问题研究》,北京:清华大学出版社,2004年版,第26-28页。

② Jeffrey W. Taliaferro, "Security Seeking under Anarchy: Defensive Realism Revisited" in *International Security*, Vol.25, No.3 (Winter 2000-2001), pp.136-146.

的，但一国刻意地以降低他国安全的方式，来增加自己的安全得不偿失。格拉泽认为，一国对安全的追求在很多情况下反而会导致其军事能力的减弱，自助行为往往会导致对手以自卫为由寻求扩张，一国的军备提升与联盟政策都会导致对手更加坚信其危险性。一国在军备上的提升，实际上是对其有限资源的浪费，因为其对手会轻易达到或超过其军备水平，从而使军备提升毫无用处，那些试图以提升军备来寻求安全的国家，往往最后变得反而更不安全。①

（2）辅助性假设二："结构调节因素"对战争与合作所起到的作用要超过纯粹的权力分配因素

格伦·斯奈德与托利弗认为，由安全两难发展到冲突与战争，需要除单纯的权力分配以外的其他物质因素的作用才会实现。他们将军事技术、地理位置、资源控制力、国际经济压力、地区军事平衡，以及一国动用资源征服另一个国家的难易程度和其他物质性因素统称为"结构调节因素"，认为它会起到增加和减少冲突的作用。②防御性现实主义认为，安全两难未必经常导致冲突，现代科学技术、军事力量的发展都使攻防平衡更向防御倾斜。当一国周边环境时常处于非紧张状态时，国家倾向于追求长远的绝对收益。总之，结构调节因素可以在总体权力分配基础上增加或减少冲突。

埃弗拉提出了"详细划分的结构现实主义"（Fine-Grained Structural Realism）和"受认知因素影响的详细划分的结构现实主义"两个概念，前者从攻防平衡的角度来确定战争的原因；后者

---

① Charles Glaser, "The Security Dilemma Rivisited" in *World Politics*, Vol. 50, No. 1, Fiftieth Anniversary Special Issue (Oct., 1997), pp. 171–201; Jeffrey W. Taliaferro, "Security Seeking under Anarchy: Defensive Realism Revisited" in *International Security*, Vol. 25, No. 3 (Winter 2000–2001), p.136.

② Glenn D. Snyder, "Process Variables in Neorealist Theory" in *Security Studies*, Vol. 5, No.3 (Spring 1996), pp. 167–192; Jeffrey W. Taliaferro, "Security Seeking under Anarchy: Defensive Realism Revisited" in *International Security*, Vol. 25, No. 3 (Winter 2000–2001), p.137.

则通过国家对详细划分的国际权力结构的错误认知来确定战争原因,包括对进攻性力量、先发制人等因素的夸大,即"当国家相信征服是容易的时候,战争就更有可能发生"。①格伦·斯奈德与托利弗对此进行了发展,认为由安全两难发展到冲突与战争,需要除单纯的权力分配以外的其他物质因素的作用才会实现。他们将这些物质性因素称为"结构调节因素",认为它会起到增加和减少冲突的作用。②

值得强调的是,"结构调节因素"容易使人产生一种误解,即将"结构调节因素"看作是单元层次上的因素,因此"结构调节因素"反映的是单元层次对体系层次的影响。③但实际上所谓的"结构调节因素"仍然指的是结构上的因素,正因为如此,这个术语可以理解为"结构层次上的调节因素",而非"调节结构的因素"。前面说到,埃弗拉的攻防平衡理论包含两个要素,即结构上的攻防平衡和单元层次上的认知。虽然埃弗拉也提到了观念上的攻防平衡,但根据前面的界定,只有物质上的攻防平衡才算是"结构调节因素",这是体系层次范畴的,而观念上的攻防平衡只能算是单元层次范畴。当我们引入了"结构调节因素"的概念,就会使这个理解更为准确,因为攻防平衡虽然是结构上的因素,但并不是国家在国际体系中的位置,而仅仅是两个国家的权力(军事力量)对比,将攻防平衡看作是"结构调节因素",避免了其与传统上对体系、结构的理解所产生的矛盾。此外,"结构调节

---

① 〔美〕斯蒂芬·范·埃弗拉著,何曜译:《战争的原因》,上海:上海人民出版社,2007年版,第8-9页。

② Glenn D. Snyder, "Process Variables in Neorealist Theory" in *Security Studies*, Vol. 5, No. 3 (Spring 1996), pp. 167–192; Jeffrey W. Taliaferro, "Security Seeking under Anarchy: Defensive Realism Revisited" in *International Security*, Vol. 25, No. 3 (Winter 2000–2001), p. 137.

③ 例如,韦宗友认为:沃尔特的理论关注的是国家特性,即"单元特性"。具体请见韦宗友:"制衡、追随与不介入:霸权阴影下的三种国家政策反应"(《复旦大学博士学位论文》,2004年4月,第31页)。但这是一种错误看法,因为所谓的"威胁",依然是结构层次的,属于"结构调节因素"的外延,沃尔特理论与国家性质毫无关联,所有防御性现实主义认可的都是结构对国家行为的"顺时性"建构。

因素"具体限制了结构发生作用的范围,从理论上认可了同样结构下国家行为细节的多样性,即将权力结构产生的作用进行了"详细划分"。

格伦·斯奈德与托利弗对"结构调节因素"外延的描述,都至少与两个国家相关。如地理位置、地区军事平衡,特别是一国动用资源来征服另一个国家的难易程度。即使是军事技术、资源控制力和国际经济压力,也是存在于两个或两个以上国家之间的比较中。只与单个国家相联系的因素,例如对攻防平衡的认知,不被看作是"结构"上的调节因素。但是,领导人的观念(即单元层次上的因素)在国家决策中,也是会起到关键作用的。"结构调节因素"对单个国家外交政策所造成的影响,同样不是直接的,必须要经过"领导人的观念"这一环节。因此,可以这样总结,在埃弗拉所描述的防御性现实主义中,从结构因素到国家的外交决策,必须要经历两个中间环节,一个是"结构调节因素",另一个是"决策者的观念"。

这样,防御性现实主义所归纳出的从体系压力到国家决策的完整路径,如下图所示。

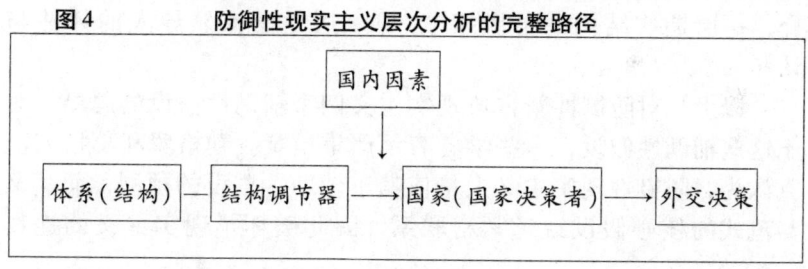

图4　　　防御性现实主义层次分析的完整路径

(3) 辅助性假设三:物质能力依然对国家外交产生影响,但要通过认知中介

托利弗认为,当相对权力对比发生突然的、暂时的、不确定的变化的时候,领导人所接受的往往是模糊的,甚至是相互矛盾的信息。因而领导人在此以前已经形成的信念体系,如对对手的

印象与总体评估,以及情报收集过程中存在的认知偏见,都会产生巨大作用。此外,当相对权力对比平稳的时候,也不能忽视认知的作用。①前面提到的"结构调节因素"虽然可以起到中介作用,但它对国家决策的影响也不是直接的,而是要通过认知因素这个"第二中介"的作用(关于对认知因素的中介作用的讨论,详见第二章·四)。

(4) 辅助性假设四:国内政治会扩大或缩小体系诱因的作用

托利弗认为,防御性新古典现实主义指出了在什么情况下,国内政治因素会对国家决策产生重要或不重要的作用。当外部威胁逼近时,核心决策者一个人对形势的评估,就会对决策产生重要作用;而在一般情况下,即当外部威胁并不明显的时候,领导人就难以调动国家资源,来为其决策服务。②此外,领导人的动员能力,也会限制其调整外交政策以适应外部环境改变的能力。③柯庆生的国内动员理论,就对此进行了很好的论述。

防御性结构现实主义认为结构上的无政府状态,直接作用于国家的外交政策,国家的位置与政策都是由结构所决定和规定的。而防御性新古典现实主义认为从结构到国家政策,存在着双层中介,一层是"结构调节因素",另一层是国家领导人的评估与认知。

以上是对防御性新古典现实主义四个辅助性假设的总结,对于这些辅助性假设,一些学者表示严重质疑。勒格罗和莫拉弗茨克认为,防御性现实主义大量依赖于辅助性假设的预测,而其又与范式的核心假设缺乏紧密联系,因此破坏了现实主义的连贯

---

① Jeffrey W. Taliaferro, "Security Seeking under Anarchy: Defensive Realism Revisited" in *International Security*, Vol. 25, No. 3 (Winter 2000 - 2001), pp. 141 - 142.
② Ibid., p. 142.
③ Ibid., p. 142.

性。①扎卡利亚也认为,防御性现实主义的理论既过于广泛,又过于狭隘。②笔者这样理解,"广泛"指防御性现实主义借鉴了其他范式的观点,被指破坏了现实主义"硬核",偏离了对权力的关注;所谓"狭隘",是指其解释效度的有限,一碰倒违反其结论的国际现象,就以"辅助性假设"将其归结为国内层次的因素,从而难以证伪,这样的理论看似解释力强,但其效度却很有限,没有实际应用价值。扎卡利亚认为,这是防御性现实主义狭隘性的表现。"由于出现许多关键性的例外,其理论支持者不得不提出各种各样的辅助性假设。"③但是,根据后文的归纳,我们仍然可以将防御性现实主义理论群看作是现实主义范式的进步。

5. 理论通约性问题与现实主义范式的进步

由防御性结构现实主义到防御性新古典现实主义的转变,体现了由结构现实主义所主导的严格分析法到有限的全面分析法的转变趋势。而在每一个防御性新古典现实主义流派中,又体现了在结构主义的基础上对严格分析法的再构造。几乎每一个防御性新古典现实主义流派都在导致国际关系发生变化的根本原因之上又提出了一种次重要原因。这里的根本原因指体系层次上国家权力的对比,结构与国家行为分别是严格分析法中的自变量与因变量;而次重要原因指单元层次上的因素。每个现实主义流派其实都是在以不同的视角对国际关系的结果进行解释。齐皓认为,在基本的理论框架内,对具体问题的研究,体现了理论的纵向发

---

① Jeffrey W. Legro and Andrew Moravcsik, "Is Anybody Still a Realist?" in *International Security*, Vol. 24, No. 2 (Autumn 1999), p. 9; Imre Lakatos, "Falsification and the Mothodology of Scientific Research Programs" in Imre Lakatos and Alan Musgrave, eds., *Criticism and the Growth of Knowledge*, Cambridge: Cambridge University Press, 1970, pp. 131 – 132.

② 〔美〕法利德·扎卡利亚著,门洪华、孙春英译:《从财富到权力》,北京:新华出版社,2001年版,第35页。

③ 同上。

展。① 防御性现实主义诸流派体现的是，从纯理论范式到对具体问题的关注，作为一个整体，它是从不同的视角对现实主义的深化。

结构现实主义主要体现的是理论的简约性。沃尔兹的结构理论开辟了国际关系宏大理论的时代，追求国际关系理论的"元叙述"。而其他的结构理论，如吉尔平提出的霸权衰弱论、霸权战争论，杰维斯、格拉泽提出的大国合作理论，以及两种权力转移理论（奥根斯基进攻性的权力转移理论、科普兰的防御性"权力转移理论"），都试图在对沃尔兹理论进行修正的基础上，构建另外的"元叙述"，力图实现普遍性。与此不同，防御性新古典现实主义作为一个理论群，具有多元化、具体化、零碎化的特征。不同的防御性新古典现实主义流派，实际上都是在结构现实主义简约性的宏理论的基础上，以不同的视角进行"具体问题具体分析"，对国际关系结果与国家政策进行不同视角的、多元的解释。尽管现在没有任何理由证明防御性新古典现实主义已经向后现代、后实证主义转变，但不可否认，包括现实主义在内的国际关系理论发展的大趋势是多元化。一方面，越来越多的理论在不断出现，理论流派多元化；另一方面，每个范式也吸收了其他不同范式的观点，不再坚持其原先的固有偏见，即每个范式也变得多元化了。新古典现实主义学者提出每个流派的目的，只是希望解释国际关系的某一方面。例如，攻防平衡理论是从战争的角度解释国际关系，国内动员理论、国内利益集团联盟理论是从国内因素入手解释国际关系。虽然都是现实主义，但研究的范围却完全不同。正是这个原因，防御性现实主义没有形成一个单一的理论，反而具有多元化、零碎化的特征，更没有更新或取代传统现实主义这个大的范式。此外，强调权力的非物质性，以及结构与行为体的互构，并未使原有的现实主义范式因"反常"而发展成为"科学危机"。相反，各种不同的分析视角与现实主义最基本的"硬核"相结合，会使现实主义范式理论更加丰富多彩，更具生命力。现实主义如果只有几条干巴巴的原则，没有不同层次的局部理论作

---

① 齐皓："国际关系研究的知识积累阶段：从理论革命到实证研究"（载中国国际关系学会编：《评价国际关系理论：积累与进步》，北京：世界知识出版社，2008年版，第61页）。

为支撑，恐怕也称不上什么系统的理论。①尽管各个流派在根本假设、基本变量上是不一样的，各个范式间难以形成根本上的通约，但这并不代表各流派之间不能借鉴和学习，每个流派可以尽量设法扩大其解释范围。

纵观国际关系理论的发展史，各范式之间的发展趋势是相互"同化"，渐趋合流。而"具有丰富的历史遗产并建立在破裂的基础（fractured foundation）之上"②的现实主义，其内部则是彼此"异化"的，现实主义各流派分别创立了自己的一套小的"假设"。与国际关系理论范式间的趋同倾向不同，防御性现实主义诸流派又造就了现实主义范式内部的一个个小的"理论岛"。诸流派均遵循了现实主义关于无政府、理性国家、权力的基本假设，但又在此基础上提出了一个个小的假设，衍生出不同的解释路径。对于这些小的"理论岛"之间如何通约，又成了重要问题。也许是永远无法进行通约的，但也没必要一定要进行通约，沃尔兹就曾对构建一种具有全面解释力的理论持怀疑态度。虽然这些"理论岛"具有相同的硬核，但是也难以将其简单地拼凑到一起，现在说"将现实主义拧成一起"③还为时太早。我们认为每个理论都只能解释某一个方面，在结构理论的宏观指导下以某种视角研究某一个方面。所有现实主义流派的基本观点、主导变量均是一致的，无政府状态、理性国家、权力中心论都没有改变，其分歧仅仅体现在分析视角、逻辑路径上，是从不同的视角、以不同的逻辑解释相同的现象，或不同的现象，彼此互补。例如，斯奈德的国内利益集团联盟理论解释的是体系压力与国内利益集团对外交决策者的共同影响作用，威胁平衡理论解释的是体系压力与外部因素中的威胁方面对决策者的影响作用，风险平衡理论解释的是体系压力通过决策者自身的因素产生的影响作用。

---

① 王逸舟主编：《中国国际关系研究：1995-2005》，北京大学出版社，2006年版，第十七章（国际关系研究"中国化"的论证，石斌整理），第543页。
② 〔美〕詹姆斯·多尔蒂、（小）罗伯特·普法尔茨格拉夫著，阎学通、陈寒溪等译：《争论中的国际关系理论》，北京：世界知识出版社，2003年版，第100页。
③ Glenn H. Snyder, "Mearsheimer's World – Offensive Realism and the Struggle for Security: A Review Essay" in *International Security*, Vol. 27, No.1, 2002, p.173.

根据拉卡托斯的"精致证伪理论",只有当一个新理论的解释范围可以完全包括旧理论,并且超越旧理论的解释范围的时候,新理论才是进步的。①但是这里将其用于对防御性新古典现实主义的分析,却出现了一个矛盾。一方面,这些理论群中的每一个流派,都是为了解释沃尔兹结构理论所不能解释的问题,另一方面,每个理论的解释范围事实上反而还不如沃尔兹的理论。这是进步了还是退步了?因此,要想使防御性新古典现实主义勉强成为一个比沃尔兹结构理论进步的理论体系,我们只能将其看作是一整套发展了的理论,因此对其理论群的研究非常重要。此外,要说防御性现实主义有统一的、独立的研究纲领,也是非常牵强的,即使将其统一起来,我们会发现其"硬核"与沃尔兹理论没有任何差别。

图5　　防御性新古典现实主义理论群解释范围示意图②

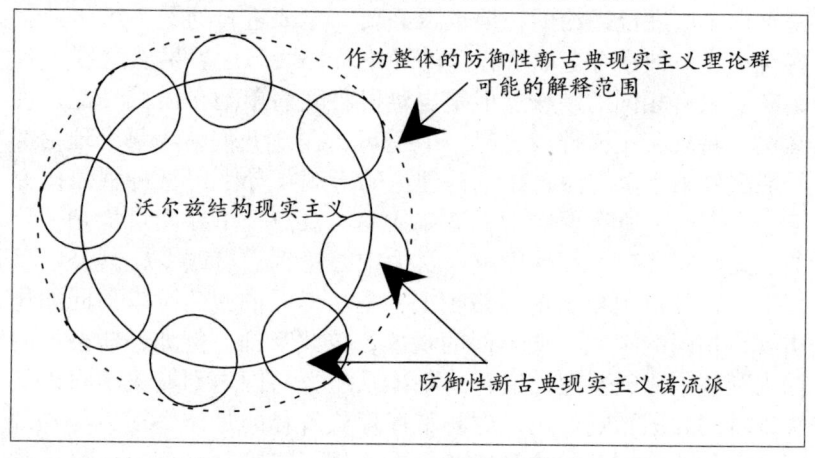

---

① Imre Lakatos, *The Methodology of Scientific Research Programs*, Vol. 1, London: Cambridge University Press, 1978, p. 32。

② 该图中央的实心圈代表沃尔兹结构现实主义的解释范围;每个小圈代表防御性新古典现实主义诸流派的解释范围,较为单一、零散;最外面的大圈代表作为整体的防御性新古典现实主义理论群可能的解释范围。从该图,我们可以看出,每个防御性新古典现实主义流派都是在为沃尔兹理论增添"辅助性假设"的过程中完成的,而每个流派的实际解释范围反而并不如后者。但是从整体上看,作为一个理论群,它将是一个进步的理论。

结构现实主义建立的是一种宏大理论，而防御性新古典现实主义则寻求对国际关系有限规律的解释。虽然宏大理论整体上概括性强，但并不适合用来解释具体问题。由于国际政治复杂性的影响，基于严格分析法的简约理论，难以用一种单一变量达到万能的效果。因此，新发展的现实主义不会是一个单一的理论，而是一个理论群，包含了各种不同的视角。现实主义理论的多元化发展趋势，已经成为必然。

第二章

权力论（1）

防御性现实主义在保持对权力关注的基本前提下，转换其悲观的视角，变革传统现实主义的悲观结论，不能不说是权力理论的一次重要革新。常人能够较为容易地从当代国际关系的现实中，看出强调"你争我夺"的传统权力哲学的滞后性，但从现实主义范式的框架内构建新颖的理论绝非易事。防御性现实主义诸位学者，在坚持无政府状态论、物质主义本体论和权力结构理论的前提下，以"结构调节因素"为分析工具，构建了两大新的理论支柱——认知理论和国内政治理论。防御性现实主义的理论创新，不是对现实主义范式连续性的破坏，而是现实主义范式对新时期国际关系变化的积极回应，这也是实现现实主义理论创新与进步的不可改变的方向。

一、防御性现实主义对现实主义原有假设的有限抛弃

现实主义、自由主义和建构主义,这三大主流国际关系理论范式,其发展的共同特点是,认为国际关系的现实越来越"温和"了,即"无政府"的无序性越来越弱化了。新自由主义固然无需赘述;建构主义否定了无政府状态是国际关系第一推动力的观点,并认为国际体系的文化是国家行动者建构的,国家行动者有着至关重要的能动性,因此使我们朝着建构理想的国际社会而努力,被认为具有理想主义色彩[1];现实主义虽然以对国际政治的悲观看法而著名,但从古典现实主义,到包括沃尔兹、吉尔平理论在内的结构现实主义,再到防御性新古典现实主义主义,现实主义大的趋势就是在坚持无政府状态的前提下,逐渐承认国家合作的可能性,并提出越来越切合实际的合作方法。[2]我们必须思考的问题是,防御性现实主义究竟是抛弃了现实主义的什么核心假设,才导致它得出了不同于富有"悲观性"的传统的现实主义的结论?

勒格罗和莫拉弗茨克所认可的现实主义三大基本假设为:单一国家的理性行为体属性、国家偏好的冲突性性质、国际结构的物质能力第一性。[3]因此我们将对无政府状态论、国家的理性特点、国家单一行为体论、冲突性偏好以及"物质能力第一位"五个因素进行分析,来探寻究竟是因为缺少或弱化了哪个基本假设,

---

[1] 秦亚青认为建构主义具有一定的理想主义色彩,参见秦亚青:"国际体系的无政府性"(载《美国研究》,2001年第2期,第143-144页)。

[2] 现实主义在20世纪90年代以后的发展过程中,只有米尔斯海默等少数学者重新回到了现实主义的极端性质,而施韦勒、扎卡利亚等进攻性新古典现实主义者,也不再坚持"无政府状态"的霍布斯性质。

[3] 唐小松对勒格罗等人关于现实主义"原教旨"的论述进行了详细整理,参见唐小松:"论现实主义的发展及其命运"(载《世界经济与政治》,2004年第7期,第9-10页)。

使防御性现实主义具有了不同于传统的现实主义的"温和性"与"乐观性"。只有当防御性现实主义明显背离了现实主义以前的某个假设,且有向其他范式的相应假设靠拢的趋势的时候,我们才会从原因上加以考虑。而对于那些现实主义同其他范式共同具有的假设,我们不必多加考虑。

1. 关于无政府状态论

研究防御性现实主义,首先要对无政府状态的相关内容进行讨论。无政府状态是国际关系的本体问题,而本体论是一切国际关系理论研究的起点,同样也是研究防御性现实主义的前提。①所有的现实主义都承认无政府状态论,强调无政府状态对国家行为的严格限制作用,以及承认国家行为动机中对生存的担忧②。多数防御性现实主义者虽然坚持了无政府状态和安全两难假设的真实性,但是对其有所软化,因为毕竟国际社会的发展历程,是无政府状态由失序向有序的进化,这种进化直接决定了身处其中的国家的理性偏好:无政府失序状态下,国家易具冲突性偏好;无政府有序状态下,国家易具合作性偏好。作为背景常量来说,无政府状态这个假设本身并未被抛弃,只是否认了无政府状态与安全两难、冲突偏好之间的绝对联系。

杰维斯认为,当可以区分防御性武器和进攻性武器时,以及当防御对于进攻有明显的优势时,一国安全水平的大幅度上升只会轻微伤害其他国家的安全,维持现状国家可以享受高水平的安全,在很大程度上摆脱自然状态。③格拉泽的"条件现实主义"认

---

① 关于国际理论本体论研究的重要性,参见李义虎:"关于国际关系理论的本体论问题"(载梁守德主编:《国际政治新视角》,北京:中国社会出版社,2005年版,第32-34页)。

② 关于现实主义强调无政府状态对国家行为的严格限制作用,以及承认国家行为动机中对生存的担忧〔〔美〕大卫·A·鲍德温主编,肖欢容译:《新现实主义和新自由主义》,杭州:浙江人民出版社,2001年版,第4-5页〕。

③ Robert Jervis, "Cooperation Under the Security Dilemma" in *World Politics*, Vol. 30, No. 2 (Jan., 1978), p.187。

为，安全两难不一定就是冲突，国际制度可以把安全两难的影响降到最低程度①；沃尔特、斯奈德都提出了国家避免陷入他国联合制衡自己的不利局面，以追求国家间的和平；国内动员理论则描述了威胁的虚幻状态。总之，在防御性现实主义者看来，国家间的安全与合作不是源于无政府状态本身性质的变化，而是由于无政府状态下国家间物质制约机制对冲突的限制作用的结果。

2. 关于"理性国家论"

托利弗认为，现实主义与"理性范式"之间的联系本身就是模糊的、缺乏根据的：一方面，即使是在摩根索的理论中，也有非理性范式的东西；另一方面，理性范式并非现实主义的专利，新自由主义更加重视理性。②沃尔兹也认为，他的权力制衡理论"并不需要理性上的假设"。③然而，不可否认，对于属于理性主义范式的防御性现实主义，国家仍然被看作是具有理性人特点的理性行为体。理性选择模式（rational choice model）的出发点正是国家中心学说，以及国家利益、自助和无政府状态等观念。④但是，这里国家的"理性"仍然有三个变化：A. 现实主义由无政府状态论和理性行为体论所推导出的国家冲突性偏好，不断受到削弱，达到理性目标的手段也不再是单纯的通过冲突；B. 国家理性行为的优先目标发生了变化，不再是寻求权力最大化，而是保证安全；C. "理性国家论"与"国家同质论"相脱钩⑤，尤其是在

---

① Charles L. Glaser, "Realists as Optimists: Cooperation as Self – Help" in *International Security*, Vol. 19, No. 3 (Winter 1994 – 95), pp. 51 – 56.

② Jeffrey W. Taliaferro, "Security Seeking under Anarchy: Defensive Realism Revisited" in *International Security*, Vol. 25, No. 3 (Winter 2000 – 2001), p. 156.

③ Kenneth Waltz, *Theory of International Politics*, New York: McGraw – Hill, 1979, pp. 74 – 77, 127 – 128.

④ 王鸣鸣：《外交政策分析：理论与方法》，北京：中国社会科学出版社，2008年版，第42页。

⑤ 胡宗山认为，"越是认同理性国家，就越会认同单一国家"。胡宗山：《国际关系理论方法论研究》，北京：世界知识出版社，2007年版，第210、213页。但这种看法应仅限于沃尔兹的结构现实主义。

防御性新古典现实主义那里，国家决策的理性还包括国内条件的制约和领导人对国内因素的考虑，国家依然是理性的，只是国内结构的不同使"国家同质论"受到质疑。

沃尔兹借鉴了微观经济学中的"经济人假设"，将国家设想为具有稳定偏好体系的行为体，这里的偏好体系即指国际结构的选择。按照结构的选择，所有国家都会将维护本国在国际体系中的地位作为根本的利益。沃尔兹从具有"完全理性"的行为体的利益偏好体系出发，认为"国家终极关切（ultimate concern）的不是权力，而是安全，国际政治中的理性更多地体现为降低风险、保证生存"[①]。意即权力追求要适度，是否扩张权力、扩张多少权力，要以不危及本国的安全为前提，这是"完全理性"所达到的理想状态。

而防御性新古典现实主义者，实际上是承认了新古典经济理论中"有限理性"[②]的假设，重点分析国内政治因素对国家决策的干扰作用，以及领导人决策过程中的外部环境约束条件。从结论上看，新、旧防御性现实主义者的基本结论大致相似，但分析途径却有很大不同。沃尔兹的"防御性"是直接从"结构性"推导而出的，国家是"完全理性"的，而防御性新古典现实主义者则承认国家决策不能总是符合最佳理性选择这一客观事实，并且试图告知决策者如何克服这些干扰因素，避免各种有损于国家利益的行为。防御性新古典现实主义者实际上仍然是在建构一套"防御性"的偏好体系，这与沃尔兹无异，如埃弗拉从正面论证了当代国际环境有利于防御，斯奈德从反面分析了过度扩张的教训。更重要的是，他们重点分析了理性之所以"不能完全"的具体国内环境约束条件。

---

① Kenneth Waltz, "The Origins of War in NeorealismTheory" in *Journal of Interdisciplinary History*, Vol. 18, No. 4, The Origin and Prevention of Major Wars (Spring 1988), p. 616; Kenneth Waltz, "Force, Order and Justice" in *International Studies Quarterly*, Vol. 11, No. 13 (September 1967), pp. 278–281.

② 关于"有限理性"的假设，参见〔美〕赫伯特·西蒙著，杨砾等译：《现代决策理论的基石》，北京：北京经济学院出版社，1989年版。

3. 关于"国家同质论"

这一点指关于"原子式国家"的基本假设和国家"黑箱化"的研究方法，如沃尔兹所描述的，所有的国家都只是在能力上有区别，意识形态、国内政治没有影响，即"撞球模式"（billiard ball）。防御性新古典现实主义对此表示质疑，通过将国内因素重新引入到对外交政策的分析中，基本否定了国家"黑箱化"的基本假设。此外，尽管所有的防御性现实主义都对国际组织的作用持保留态度，远未达到制度主义的程度，但杰维斯、格拉泽、格里科等都有制度主义的倾向。一方面，各大主流范式仍以对国家的研究为主，达成了一种默契；另一方面，包括现实主义在内的各大范式都逐渐认识到了非国家行为体的作用。

4. 关于国家的冲突性偏好

现实主义与自由主义都将国家假设为理性行为体，因此将国家看作是人格化的、具有一定利益偏好的理性决策者，可以独立思考，对其偏好进行排序并做出选择。摩根索和沃尔兹认为，现实主义理论中的权力源于国家偏好固定不变这一假定，不接受观念、规则、制度克服权力政治的观点。① 而与现实主义一样坚持理性行为体论的新自由主义，却认为行为体的理性选择偏好体系应是倾向于合作并建立国际制度以维护安全。

根据理性主义认识论，行为者是否进行理性选择在于其是否严格遵从最大化目标收益（goal optimization）的原则，但是这种最优决策总是难以实现的，因此只能退而求其次，寻求满意方案（satisfactory alternatives）。其中，要求国家能够做出以寻求满意方案为目的的理性选择的一个重要原因，就是一国所追求的目标必

---

① Hans Morgenthau, *Politics among Nation: The Struggle for Power and Peace*, 5th ed., NY: Knopf, 1973, pp.2 – 12; Kenneth Waltz, *Theory of International Politics*, New York: McGraw – Hill, 1979, p.18. 转引自唐小松："论现实主义的发展及其命运"（载《世界经济与政治》，2004 年第 7 期，第 10 页）。

须与其他各国追求的目标达到最优的契合。①

此外，尽管新现实主义与新自由主义都认同理性原则，但二者对既定环境因素却有不同认识，因此对什么是理性行为有不同的认识，建构主义正是从社会事实的建构出发，批评了理性主义把国际环境视为客观既定因素的观点。冷战结束后国际环境发生了重大的变化，尽管不重视国际组织的作用，但现实主义也还是承认规范的制约作用，仅从现实主义的个体主义本体论出发，违背规范一定会受到惩罚，而且得不偿失，因此现实主义关于冲突性偏好的理论也难于继续维持。②沃尔兹以后的现实主义的特点之一，是否认国家扩张的必要性，并且理论常常具有"规范"的性质。进攻性、防御性现实主义（前者包括摩根索古典现实主义，后者包括沃尔兹新现实主义）的区别也在于，二者虽然都给国家预先假定了一套偏好体系，但前者是"冲突性偏好"，后者却是"合作性偏好"。防御性现实主义并未像建构主义那样否定无政府状态的"第一性"，但却否定了无政府状态与"冲突性偏好"的必然联系。

5. 关于物质性的权力政治论

弗兰克尔等学者认为，现实主义的核心是控制世界的物质资源，权力仅限于物质资源范畴。③罗伯特·基欧汉（Robert Keohane）认为，新现实主义将国家看作是国际体系的本源，国家在本体上是优先于国际体系的。④亚历山大·温特（Alexander Wendt）认为，新现实主义把国际体系看成了一种物质性的存在

---

① 王鸣鸣：《外交政策分析：理论与方法》，北京：中国社会科学出版社，2008年版，第58－59页。

② 李少军：《国际关系学研究方法》，北京：中国社会科学出版社，2008年版，第92页。

③ Benjamin Frankel, "Restating the Realist Case" in Benjamin Frankel, ed., *Realism: Restatement and Renewal*, London: Frank Cass, 1996, pp.xii – xiv.

④ Robert Keohane, *Neorealism and Its Critics*, NY: Columbia University Press, 1986, pp. 268 – 271.

(即物质主义本体论),这种物质性的存在从根本上来源于国家个体的行为表现(即个体主义本体论)。①但是,即使我们假设物质主义是个体主义的充分条件,并不意味着前者是后者的必要条件。防御性新古典现实主义依然将国家(有的流派只研究大国)作为分析单位,几乎没有提到过国际组织的作用。防御性新古典现实主义中,所有的合作理论都以国家为研究单位,它所研究的安全、合作,都是从一个国家对另一个国家安全的角度来说的,包括对国家作用的讨论,以及对国家受益的分析。

传统的现实主义将权力等同于物质能力,这种纯粹的物质主义权力,混淆了国际政治与国内政治中关于权力的界定。防御性新古典现实主义否定了权力政治论与物质主义的必然联系,认知、制度也可以算是权力的一部分。一方面这来自于新现实主义与新自由主义的争论,现实主义以此对自己的权力观进行了纠正;另一方面来自于现实主义内部的自我批评与修正。本章·四将以沃尔特的"威胁平衡论"为例进行详细分析。

此外,防御性新古典现实主义已经接受了观念与制度的因素,弱化了物质的重要性。如沃尔特、格拉泽等人对威胁与合作之间关系的论述,显然部分接受了认知范式;格里科、格拉泽对相对收益与合作关系的论述,显然具有制度主义倾向。斯奈德甚至直接坦白,"自由主义和防御性现实主义是相容的,因为我认为自由民主国家的对外政策一般来说是最符合现实的。"②虽然防御性新古典现实主义弱化了对物质的关注,但并未否认国际结构中物质能力的首要地位,虽然引进了认知、制度等非物质因素,但并未

---

① 一般对一个理论本体论的讨论,包括要判断它是物质主义的,还是理念主义的以及它是个体主义的,还是整体主义的。基欧汉认为,个体主义把整体理解为国家个体欲望、需求、信念和行动的集合结果,认为个体先于整体而存在;而整体主义则从整体的观点审视个体,认为整体先于个体而存在(参见 Robert Keohane, Neorealism and Its Critics, NY: Columbia University Press, 1986, pp. 268 - 271;高尚涛:《国际关系的权力与规范》,北京:世界知识出版社,2008 年版,第 8 - 9 页)。

② 〔美〕杰克·斯奈德著,于铁军等译:《帝国的迷思:国内政治与对外扩张》·译序,北京:北京大学出版社,2007 年版,第 23 页。

放弃物质主义本体论。因为制度并非不是物质主义本体，认知也只是权力与国家决策之间的中介，本书后面有详细叙述。

6. 小结

综上所述，防御性新古典现实主义之所以变成了"温和的"、"乐观的"现实主义，是因为它：A.不否定无政府状态论，但否定无政府状态与理性国家冲突偏好之间的绝对联系，认为安全两难不一定导致冲突偏好；B.接受了意识形态、国内政治对国家外交行为的影响作用，国家并非被"原子化"；C.在坚持物质主义本体论的前提下引进了观念、制度等因素，从而否定了权力政治论与物质主义的必然联系。防御性现实主义正是在修正了现实主义的基本假设，并且引入新的辅助性假设的过程中进行理论构建的。

总之，防御性现实主义尽管依然承认国家权力对合作的主导作用，国家安全对经济的优先作用，以及国家能力对意图的基础性作用。但是在下列方面又出现了变化：接受国内政治的作用，意味着可以通过改变诱发国家对外扩张的国内机理，来减少国家之间的冲突；接受制度因素，意味着国家间物质能力的零和博弈变得稀少，合作不仅"双赢"，而且有可能；接受认知因素，意味着承认了非物质因素的调节作用，认知本身也有变化的可能，因此冲突性未必是国际关系的主要特征。这是现实主义同其他范式争论和其自我完善的结果，更是国际大环境的变化根本性作用。

二、防御性现实主义对"安全两难"理论的坚持与变通

安全两难的存在前提是，一国对另一国意图的不确定。如果一国能够确定另一国对自己构成了实质性威胁，或者完全不构成实质性威胁，安全两难也就不存在了。安全两难只能存在于两个"维持现状国家"之间，如果二者中有一个国家是"修正主义国家"，则彼此的安全两难将不复存在。而所有的防御性现实主义流

派皆认为，国家的本质性质总是"维持现状"的，不管它是实行"进攻性"还是"防御性"政策。

防御性现实主义认为，安全两难不会由于一国有能力确定另一国的绝对恶性意图而不存在，也不会由于一国确定另一国的绝对良性意图而消失，无论安全两难是来源于"体系诱因"还是"单元诱因"。格拉泽将其总结为，安全两难只能缓解，不能消除。①防御性现实主义对安全两难的这种观点，决定了它的立场介于防御性现实主义和自由制度主义之间。例如，杰维斯认为，安全两难并非完全是不可避免的，历史上大部分时期的实际情况是，由于防御比进攻更具优势，而且一方力量的上升对安全的增加程度要大于它对他国安全的减轻程度，因而尽管存在安全两难，但国家间仍然会采取包容性的安全政策，现状国家即使有威胁，其程度也是有限的。②

1. 防御性现实主义对"安全两难"的坚持

从米尔斯海默等部分进攻性现实主义学者的观点看，安全两难是不存在的，因为国家间彼此能够清楚地明确他国的意图。在施韦勒对沃尔兹安全两难与均势理论的批评中，他指出，"如果所有国家都追求安全，那么安全两难也就不存在了。"③此意可以进行如下解释：如果按照沃尔兹所说的，一个体系中全部是维持现状的国家，那么每个国家对其他国家的意图就很清楚了，因此也就谈不上制衡了。此外，施韦勒还补充到，如果所有国家都是维持现状的，即侵略者不存在了，那么安全两难基于'不确定'之

---

① Charles L. Glaser "Realists as Optimists: Cooperation as Self – Help" in *International Security*, Vol. 19, No. 3 (Winter 1994 – 1995), pp. 143 – 146; Stephen M. Walt, *The Origins of Alliances*, Ithaca and London: Cornell University Press, 1987, Chapter 6.

② Robert Jervis, "Cooperation Under Security Dilemma" in Phil Williams, ed., *Classic Readings of International Relations*, Beijing: Peking University Press, 2003, pp. 239 – 245. 笔者认为，这里的"不可避免"应改为"不可减轻"才更准确。

③ Randall Schweller, "Neorealism's Status – Quo Bias: What Security Dilemma" in *Security Studies*, Vol. 5, No. 3 (Spring 1996), pp. 117 – 119.

上的对战争与制衡的解释，就会恰恰违背现实主义的基本信条，即国家间利益的矛盾是普遍存在的，而非来自错误理解或错误认知。①

对于施韦勒的评论，托利弗持怀疑态度，但托利弗也没有给出明确论证。笔者揣测，大概的意思是：不能根据国家外在的政策，来判断其实际的政策。一国可能表现为"修正主义国家"或维持现状国家，但这可能只是伪装，实际上可能执行了正相反的政策。格拉泽就认为，所有国家的决策都处于"黑箱"（Black Box）中，对于各个国家内部的不同，"黑箱"无法给以显示，"黑箱"只能告诉国家政策选择中那些可以看到的、已经发生的结果。一国的决策不会依赖于另一个国家的内部特征，例如另一个国家的政治、经济体系，而只能以那些可以看见的外交政策的结果，作为其决策的部分根据。②笔者认为，简而言之，他国的政策是"人心隔肚皮"的，一国只能知道另一国政策的结果，而不知对方想的什么。托利弗也认为，"当一国面临安全两难时，即使是其他国家的那些有可能提高自身安全的政策，也会给自己带来模糊的信息；并且他国现行的政策不代表其将来的政策，一国对他国将来的政策认识永远是模糊的。"③言外之意，就是说，他国的"善意"可能仅仅是表象，至于他国内心里究竟想的什么，另一国是很难猜到，很难琢磨的。即使是所有的国家都是仅仅维持现状，由"不确定"引起的安全两难还是存在的。托利弗还补充到，也可能出现与上面的描述正好相反的情况，有的国家可能会以色厉内荏的形式进行"安全驱动的扩张"。

此外，我们从多位现实主义学者的论述中可以看出，安全两难的存在，以及冲突和战争的发生并不一定与他国的政策取向有

---

① Randall Schweller, "Neorealism's Status–Quo Bias: What Security Dilemma" in *Security Studies*, Vol. 5, No. 3 (Spring 1996), pp. 117–119.

② Charles L. Glaser, "The Security Dilemma Revisited" in *World Politics*, Vol. 50, No. 1, p. 195.

③ Jeffrey W. Taliaferro, "Security Seeking under Anarchy: Defensive Realism Revisited" in *International Security*, Vol. 25, No. 3 (Winter 2000–2001), pp. 144–145.

关,只要两国相对权力对比发生变化,就有可能引发两国关系的矛盾,甚至冲突与战争,例如,两种权力转移理论(指科普兰和奥根斯基两人的权力转移理论)就持如此观点。托利弗与埃弗拉认为,20世纪40年代末、50年代初美国的扩张性政策以及预防性战争,就是源于美国对自己优势丧失的预期。①

施韦勒对沃尔兹的批评,实际上混淆了"实然"与"应然"的区别。沃尔兹所说的"维持现状"并不认为现实中所有国家都是实际维持现状的,并没有否认扩张性国家的存在。他只是说国家应该以追求自身安全为目标,因为国际体系缺乏引起扩张的诱因,并且只有追求安全才符合国家的利益。沃尔兹对国际关系的描述并没有存在一种"维持现状的偏见"(status-quo bias)。而对于之后的防御性新古典现实主义来说,体系内的国家依然全是"维持现状"的,只不过由于"不完全理性"的作用,国家的实际外交行动往往会与最佳需要不符。

2. 安全两难的"体系诱因"与"单元诱因"

与防御性结构现实主义相比,防御性新古典现实主义的一个重要特点就是,它比前者更加重视各国国内因素对国际关系的影响,承认认知因素对国际关系演变产生的巨大作用。新古典现实主义的一个重要创新,是将结构因素与国内因素,特别是决策者的心理认知结合起来,以求二者同时解释安全两难的产生。防御性新古典现实主义重视导致安全两难的体系、国内的双重作用,特别是恢复了国内层次上对安全两难的"人性论"解释。②而防御性新古典现实主义对安全两难的国内因素解释,早已超越了纯粹的"人性"因素。杰维斯曾笼统地指出,作为重要决策者和政策

---

① Jeffrey W. Taliaferro, "Security Seeking under Anarchy: Defensive Realism Revisited" in *International Security*, Vol. 25, No. 3 (Winter 2000 - 2001), p. 145; Stephen Van Evera, *Causes of War: Power and the Roots of Conflict*, Ithaca: Cornell University Press, 1999, Chapter 4; Jack Levy, "Declining Power and the Preventive Motivation for War" in *World politics*, Vol. 40, No. 1 (Oct., 1987), pp. 82 - 107.

② 有关于安全两难的"人性论"解释,详见李永成:《霸权的神话·米尔斯海默进攻性现实主义理论研究》,北京:世界知识出版社,2007年版,第123-124页。

执行人的个人作用是不容忽视的,由于信息的不完全,意图的认知必定存在一定的局限,所以难免出现错误知觉,从而导致了战争。①而其他更多的防御性新古典现实主义者则是以"可知论"的精神,从技术上判断、衡量产生安全两难的国内因素,如从风险平衡的角度测量安全两难的强弱,或者从国内利益联盟、国内动员需要的角度探究起因,尤其是寻找、分析那些使决策者产生错误心理认知的国内因素,从而教育决策者避免推行过度扩张政策。

我们不能将安全两难的"体系诱因"绝对化,至少要认识到产生安全两难的单元层次上的因素。将安全两难的诱因完全看成是体系层次的,就会导致我们既不能认清历史上一些冲突的原因和本质,也不能预测当代国际关系的变化。防御性现实主义及其理论基础——安全两难,只适合于分析没有修正主义国家存在的国家间关系,而在存在修正主义的两个或多个国家间的关系中,其解释力则大大削弱。必须承认,在许多情况下野心国、侵略国,或曰修正主义国家是存在的。他们的扩张行为不能算作"威胁导致的扩张"或"安全驱动的扩张",而是赤裸裸的侵略。一方面,防御性现实主义习惯于将其扩张原因归咎于国内政治的病理;另一方面,防御性现实主义者总是试图将一些国家赤裸裸的侵略行为解释成为安全两难"体系诱因"的结果,或将这种侵略解释成为"安全驱动的扩张"。这对我们认识国际关系的历史与现实,难免会造成一定的消极影响。

例如,在托利弗批评施韦勒关于修正主义国家的理论的时候,就把日本对中国的侵略,看作是日本为寻求安全而进行扩张的结果:"日本将实现经济资源的自给看作是保卫帝国安全的最好方式;日本本土自然资源的缺乏,使其容易遭受美、苏、荷、英等国的袭击,因此日本必须要通过扩张,以利用中国满洲的自然资源,来充实它自己的安全感;日本对其自身脆弱性的感知,以及其对来自苏联与西方国家攻击的感知,决定了其政策的制定。"②

---

① 〔美〕罗伯特·杰维斯著,秦亚青译:《国际政治中的知觉与错误知觉》·译者前言,北京:世界知识出版社,2003年版,第8页。
② Jeffrey W. Taliaferro, "Security Seeking under Anarchy: Defensive Realism Revisited" in *International Security*, Vol.25, No.3 (Winter 2000–2001), pp.147–148.

而之后托利弗又将日本对荷属东印度的侵略,以及对美国的进攻,看作是1937年卢沟桥事变后日本经济紧张,对美、英、荷依赖增强,从而导致关系恶化的结果。"日本对脆弱性以及机会窗口消失的感知增强了,驱使其敢冒风险。"①托利弗由于对历史缺乏正确的把握,因而陷入了循环论证的窘境。但是,有一点不可否认,就是日本的确由于缺乏经济资源而感到了自身权力的"脆弱性",托利弗的这一点分析恰到好处。但遗憾的是,托利弗没有指出这是造成安全两难的"单元诱因"。这也可能是他的一个"隐含结论",即一国对自身权力"脆弱性的感知"②,也是产生安全两难的动因,而对他国威胁的意图可以不置可否。笔者将其称之为产生安全两难的"单元诱因",它不完全是巴特菲尔德(Herbert Butterfield)式的人性论解释,而是基于一国内部因素而引发的导致对他国的恐惧,这与赫兹从结构的视角解释安全两难相对。

在安全两难的"体系诱因"方面,沃尔兹强调无政府状态是导致安全两难的唯一因素;动态差异理论则从"权力转移"的角度对引发安全两难的结构性诱因进行探索。而防御性新古典现实主义则发展和补充了安全两难的"单元诱因"。例如杰维斯将无政府状态和决策者的错误认知,看作是导致安全两难的两个因素;斯奈德则是从国内利益集团绑架国家决策的角度进行深入挖掘的。

三、防御性现实主义与现实主义的发展方向

1. 现实主义发展方向的"两难"处境

以瓦兹奎斯为代表的对现实主义"纲领退化"的批评,与以勒格罗和莫拉弗茨克为代表的对现实主义"硬核"破坏现象的批评,正好形成了对现实主义批评的两个相对立方向。

前者针对的是吉尔平、施韦勒等人的"优势论现实主义"

---

① Jeffrey W. Taliaferro, "Security Seeking under Anarchy: Defensive Realism Revisited" in *International Security*, Vol. 25, No. 3 (Winter 2000–2001), p. 148.

② Ibid., pp. 147–149;当然,笔者观点的正确与否还有待论证。

(亦也即进攻性现实主义),之后出现的米尔斯海默的理论也可纳入其批评范围,尽管米氏的理论诞生于其批评之后。瓦兹奎斯借用了拉卡托斯的"科学研究纲领"其言外之意可能是,现实主义若不想沦为"退步的反常解释的工具"①,应该至少与其既有的"平衡论"保持连贯,即设法论证均势的普遍规律性,这样或许才有可能保持从沃尔兹开始的"平衡论现实主义"纲领的连贯性。

后者的矛头直指防御性新古典现实主义,认为防御性新古典现实主义破坏了现实主义最基本的"硬核"②,从而成为"最小现实主义",这主要是因为防御性现实主义较为重视对国内政治、精英认知和国际制度等因素的分析。按照这种逻辑,当代新提出的现实主义流派中,只有米尔斯海默等少数人的"最大现实主义"才完整继承了现实主义最基本的"硬核"。因此,按照后者的观点,现实主义的发展方向应该是"优势论现实主义",也即进攻性现实主义。

以上两种批评实际上给现实主义的发展带来了"两难"的境地。例如,如果现实主义的发展遵循了后者的建议,即保持其基本"硬核",那么现实主义就不会有任何发展。即使有所发展,也当属米尔斯海默的进攻性现实主义,因为它同摩根索古典现实主义的观点较为类似,基本没有违背现实主义"硬核"。但是,这正是前者所要批评的。此外,进攻性现实主义对原有现实主义的这种极端化、"原教旨"化的调整,实际上不仅没有任何创新,

---

① John Vasquez, "The Realist Paradigm and Degenerative versus Progressive Research Programs: An Appraisal of Neotraditional Research on Waltz's Balancing Proposition" in *The American Political Science Review*, Vol. 91, No. 4 (Dec 1997), pp. 900 – 912.

② 有关于现实主义"硬核"的论述,参见 Jeffrey W. Legro and Andrew Moravcsik, "Is Anybody Still a Realist?" in *International Security*, Vol. 24, No. 2 (Autumn 1999), pp. 5 – 55; Colin Elman, "Horses for Courses: Why Not Neorealist Theories of Forrign Policy?" in *Security Studies*, Vol. 6, No. 1 (Autumn 1996), pp. 18 – 21; Randall Schweller, "New Realist Research on Alliances: Refining, Not Refuting, Waltz's Balancing Proposition" in *American Political Science Review*, Vol. 91, No. 4 (Dec. 1997), pp. 927 – 930.

反而更是理论的退步。①具有讽刺意味的是，拉卡托斯的"科学研究纲领"同样可以被用作证明进攻性现实主义是一种退化的"研究纲领"，它在辅助假说部分所提出的命题不是拓展了理论的视野，而是缩小了理论的区域，是一种"理论的反动"。②

这两种方向截然不同的批评，给我们提出了严峻的问题，究竟什么样的新的现实主义，才是既符合"科学研究纲领"的，又不破坏现实主义"硬核"的？这样的新型现实主义存在吗？防御性现实主义是否能够代表现实主义的发展方向？

2. 关于"最小现实主义"

现实主义的发展史，本身就是一部不断自我修正的历史。现实主义的自我发展和自我修正带来了双重作用，一方面，它的解释力的确在不断增强，解释范围也在不断增大；另一方面，这些修正过程是以借鉴其他研究范式，从而弱化现实主义"硬核"为代价的。防御性现实主义常被批评为削弱了权力的物质属性，破坏了现实主义的基本假定和"硬核"。防御性现实主义在引入认知等中介变量的过程中，堕落成为了制度主义、认知主义，从而使现实主义的发展缺乏连贯性，成为了一个大杂烩。③一个不可回避的问题就是，就现实主义范式内部来说，现实主义是应该坚定维护其"原教旨"，还是应该在坚持其基本假设的前提下借鉴其他范式中的合理成分？就其外部来说，防御性现实主义的辅助性假设是增强了现实主义本身的解释力，还是弱化了自己的生命力？这些成了值得认真思考的话题。

勒格罗和莫拉弗茨克认为，现实主义的原教旨有三点：单一国家的理性行为体属性、国家偏好的冲突性性质、国际结构的物

---

① 许嘉：《美国国际关系理论研究》，北京：时事出版社，2008年版，第588 - 589页。许嘉认为，这种原教旨化破坏了现实主义理论原有的弹性。

② 赵可金："进攻性现实主义的理论逻辑及其批判"［载《复旦学报》（社科版），2004年第5期，第134 - 138页］。

③ 更多内容参见 Jeffrey W. Legro and Andrew Moravcsik, "Is Anybody Still a Realist?" in *International Security*, Fall 1999。

质能力第一性。①他们将不包括沃尔兹的防御性现实主义,称为"最小现实主义",主要指只坚持"无政府状态"和"理性国家论"的现实主义,"最小现实主义"至少抛弃了一个现实主义的原有假设。②他们认为"最小现实主义者"严重背叛了现实主义,因为最小现实主义者抛弃了"物质能力对国家首要地位"的假定,反而给国际结构加入各种国内国际的因素,并将国家对权力的"信念"和"知觉"看成决定国家行为的关键变量,沦为非现实主义范式的拥护者,堕落为制度主义和认知主义。③他们认为,防御性现实主义者斯奈德、格里科和埃弗拉,以及新古典现实主义者扎卡利亚和施韦勒都是"自封的"现实主义者(self - styled realist)。④甚至有的防御性现实主义者主张现实主义只需要承认"理性"和"无政府"的两个前提即可。⑤沃尔特对此持不同观点:"事实上,现实主义是包含了许多相互竞争理论的广泛研究工程。现实主义者承认一些一般性的假设,例如,国家是关键的行为体,

---

① 唐小松对勒格罗等人关于现实主义"原教旨"的论述进行了详细整理,参见唐小松:"论现实主义的发展及其命运"(载《世界经济与政治》,2004年第7期,第9-10页)。

② Jeffrey W. Legro and Andrew Moravcsik, "Is Anybody Still a Realist?" in *International Security*, Vol. 24, No. 2 (Autumn 1999), p. 5 - 55。

③ Benjamin Frankel, ed., *Realism: Restatement and Renewal*, p. xiii; Michael E. Brown, Sean M. Lynn - Jones, and Steven E. Miller, eds., *The Perils of Anarchy: Contemporary Realism and International Security*, Cambridge, Mass.: MIT Press, 1995; John Vasquez, "The Realist Paradigm and Degenerative versus Progressive Research Programs: An Appraisal of Neotraditional Research on Waltz's Balancing Proposition" in *The American Political Science Review*, Vol. 91, No. 4 (Dec., 1997), pp. 898 - 900; Jeffrey W. Legro and Andrew Moravcsik, "Is Anybody Still a Realist?" in *International Security*, Vol. 24, No. 2 (Autumn 1999), p. 5 - 55;"最小现实主义"的提法并不是毫无意义的。至少它们对何种情况下国际结构所能起到的作用进行了精确化和细分。例如,防御性现实主义的"攻防平衡"理论就指出了,同样国际结构在不同的攻防状态下可能产生不同的效果。宋伟:"国际结构与国家行为:'内斗的现实主义'"(载《外交评论》,2007年2月,第53页)。

④ Jeffrey W. Legro and Andrew Moravcsik, "Is Anybody Still a Realist?" in *International Security*, Vol.24, No.2 (Autumn 1999), p.23。

⑤ Joseph Grieco, "Realist International Theory and the Study of World Politics" in *New Thinking in International Relation Theory*, eds., Michael Doyle and G. John Ikenberry, Boulder: Westview Press, 1997, pp.166 - 168。

国际体系是无政府的，实力在政治生活中具有中心地位。"①

勒格罗和莫拉弗茨克认为，防御性现实主义对精英认知（elite perception）、信念体系（belief system）以及制度等外生变量（exogenous variation）的引进，已经使其违背了现实主义范式。他们假设，如果认知与信念因素在"手段－目的"的关联中起到很重要的逻辑作用，那么当决策者被给以足够的信息，而决策者却没有对物质权力进行正确的反应的时候，我们就可以认为权力仅仅是众多重要因素中的一种，甚至可能是第二重要的（言外之意就是说，物质权力已经不是最重要的因素）。因此，现实主义的简约性与连贯性就被破坏了。他们认为，虽然防御性现实主义试图在二者之间建立联系，但这只是强行移植了认知范式的假设，其结果是强化了社会信念对结构上"手段－目的"之间关联的作用，也夸大了认知对外在环境的作用。②

3. 防御性新古典现实主义代表着现实主义的发展方向

仅以穷举的方式，我们可以看出，现实主义未来的发展，无外乎三种前途：A. 保持原有理论不谋求任何发展；B. 将现实主义的基本假设发挥到极致（即"最大现实主义"），实际上就是以米尔斯海默为代表的进攻性现实主义；C. 放弃部分僵硬的假设，转而吸纳、结合其他理论的长处（即"最小现实主义"）。对于第一种前途，恐怕现实主义学者不愿意，其他范式的学者也不愿意，外交实践家同样不愿意。对于第二种，随着国际政治复杂性的增强，纯粹的、单一的范式已经很难再有立足之地，国内许多学者都详细地阐述了为什么返古的进攻性现实主义是"理论倒退的表

---

① Stephen M. Walt, "The Progressive Power of Realism" in *The American Political Science Review*, Vol. 91, No. 4 (Dec., 1997), pp. 933.

② Jeffrey W. Legro and Andrew Moravcsik, "Is Anybody Still a Realist?" in *International Security*, Vol.24, No.2 (Autumn 1999), p.35.

现",是"国际关系理论的悲剧"①。那么现实主义的发展前途也只剩下一种了,即发挥现实主义的比较优势,发展出一套动态的综合理论模型,通过与其他理论的合成,使现实主义成为一种易于操作的、核心假定内在连贯的理论。②现实主义的真正发展决不是故步自封,走极端的轨道,而应是从国际政治的现实出发,不断承认那些原来在国际战略棋盘上无足轻重的力量,利用逻辑的力量将这些因素整合到一个解释体系之中,实现历史与逻辑的统一,这才是现实主义研究纲领发展的希望。③任何单一的范式都不可能解释世界政治的全部,各种范式都有自己的比较优势,现实主义同其他学派进行融合,借鉴其他学派的优势来发展自身,其实恰恰体现了其理论的涵盖能力,现实主义走这条发展道路,不仅具备可能性,而且还有必然性。

(1) 只有与时俱进,现实主义才能更有生命力

传统的现实主义,以静止的眼光,难以预测和解释国际体系的变化,忽视国内因素,无法预测个别国家的对外政策行为,这是不争的事实。防御性新古典现实主义,恰恰为在现实主义的框架内对诸如冷战结束、非传统安全等现象进行分析提供了可能。另一方面,现实主义并没有衰落的迹象,沃尔兹认为,"现实主义生存的土壤仍然存在,国际体系还是200年前的国际体系:无政府状态、自助、国家利益和安全等仍然是国际体系的常态。"④无论现实主义怎样发展,无论它是否通过别的范式来改造自己,现实主义本身还没有被淘汰或被取代的可能。

---

① 许嘉:"进攻性现实主义的悲剧"(载《世界经济与政治》,2004年第7期,第31页);赵可金:"进攻性现实主义的理论逻辑及其批判"[载《复旦学报》(社科版),2004年第5期,第137-138页];[美]约翰·米尔斯海默著,王义桅、唐小松译:《大国政治的悲剧》·中文版序言,上海人民出版社,2003年版。

② 唐小松:"论现实主义的发展及其命运"(载《世界经济与政治》,2004年第7期,第14页)。

③ 赵可金:"进攻性现实主义的理论逻辑及其批判"[载《复旦学报》(社科版),2004年第5期,第136页]。

④ Kenneth N. Waltz, "Structural Realism after the Cold War" in *International Security*, Vol. 25, No. 1, Summer 2000, pp. 5-41.

（2）现实主义范式批评者对防御性现实主义的批评，不是以理论的解释力作为评价标准的

尽管现实主义在范式修正和纲领转换中可能的确缺乏连贯性，或者在不断削弱自己的"硬核"，但理论对实际问题的解释力才是评判理论进步与否的首要标准。不管什么"主义"，它都只是研究国际关系的工具而不是目的本身，作为工具，其标准当然是要能深刻、准确地解释现实，在这个意义上，发展才是一种理论有生命力的体现。①判断一个理论的生命力强大与否，看的是它对国际关系现象的解释力，而不是看它是否像坚持一个信仰一样，绝对地遵从某一个研究范式。实践是衡量认识正确与否的唯一标准，发展国际政治理论的初衷，也是为了让其能够更好地解释国际关系现象。评价国际关系理论科学性的三个标准应该是：逻辑一致性（logical consistency）、创新性（originality）和实证效度（empirical validity）。②而现实主义的范式批评者却对现实主义的硬核存在一个偏见，他们将现实主义看作是一个本身就应该非常狭隘的范式，只要一突破这个狭隘的范围，现实主义就会立即堕落为非现实主义，因此现实主义必须严格地保持与其他范式的界限，否则它就不是现实主义。③事实上，如果严格地将拉卡托斯的"研究纲领"运用于国际关系领域，那么国际关系这一学科就会完全不复存在，那样看来，国际关系理论中的现实主义更像是一个完整的学科，自由主义、建构主义也分别都是完整的学科。即使我们承认"研究纲领"学说在国际关系理论领域的合理性，现实主义的"硬核"和"保护带"也是可以重新定义的。对于现实主义

---

① 李少军："如何看待国际关系理论中相互争论的学派？"［载《世界经济与政治》，2003年第4期，第17页］。

② Glenn H. Snyder, "A Review of In the Shadow of Power" in Political Science Quarterly, Vol. 115, No. 1 (Spring 2000), p. 132.

③ 相关论述，参见 Robert Keohane and Lisa Martin, "The Promise of Institutionalist Theory" in International Security, Vol. 20, No. 1 (Summer 1995), pp. 39 – 51; Alexander Wendt, "Anarchy Is What States Make of It: The Social Construction of Power Politics" in International Organization, Vol. 46, No. 2 (Spring 1992), pp. 391 – 425.

的"硬核"和"保护带",没有任何人曾做过权威的规定,只不过是现实主义学者在研究过程中的经验积累所达成的一种共识,而不是牢不可破的永恒定律。只要不违背传统的现实主义理论,依然可以尝试重新定义现实主义的硬核与保护带。

(3) 理论之间不应相互排斥,而应相互借鉴、相互学习、相互融合

防御性新古典现实主义博采各家学派众长,是现实主义与其他范式融合程度最高的理论分支。这种融合,使其本身比其他理论的解释力更强。应该说,这正是其理论优势所在,而不应该对其过于指责,现实主义"原教旨"的维护者们也没有必要对这种趋势持一种悲观态度。融合了其他范式长处的防御性现实主义,实际上使现实主义的生命力变得更强大了。事实上,新自由主义、建构主义都是在借鉴了现实主义范式之后发展壮大的。新自由主义承认了现实主义的三个基本假设,温特也接受了现实主义将国家作为国际行为主体的假设,并强调自己的理论也是结构主义理论。[1]那么现实主义为什么不能反过来借鉴其他范式中的有益之处呢?事实上,早在摩根索时代,国家能力就被细化为物质上的"有形能力"和以理念、规范为原则的"无形能力"。[2]正是因为自由制度主义、温和建构主义吸收了新现实主义的有益之处,使二者向现实主义范式靠拢,才使得后来现实主义自身的发展被批评为"退化"的范式。事实上,即使如果没有自由主义、建构主义,现实主义自身的发展仍然是会借鉴制度、认知因素的,那样则可能没有人说现实主义是"退化"的范式。

(4) 范式内的争论并不意味着现实主义的"退化"

托利弗认为,与范式间的争论相比,范式内的争论更容易促

---

[1] 参见 Robert Keohane, "Institutional Theory in International Relations" in Michael Brecher and Frank P. Harvey, eds., *Realism and Institutionalism in International Studies*, pp. 154-155;〔美〕亚历山大·温特著,秦亚青译:《国际政治的社会理论》,上海:上海人民出版社,2000年版,第13页。

[2] 〔美〕汉斯·摩根索著,徐昕等译:《国家间政治:寻求权力与和平的斗争》,北京:中国人民公安大学出版社,1990年版,第152-202页。

进国际关系理论的进步。①笔者理解为,范式间的争论往往是从不同的假设出发,以不同的论证方式得出不同的结论,由于彼此的通约性较弱,因此很难有一致的结论,无法彼此说服。而范式内的争论,更容易达成共识,或者一种流派战胜另一种流派,或者相互通融,殊途同归。防御性新古典现实主义通过增加变量的方式对现实主义的发展,不一定会破坏现实主义的原有逻辑。防御性新古典现实主义并不是一个简单涵盖所有变量的大杂烩,它的主导变量依然是权力,只不过在权力之外又设置了"二级变量",用于辅助在不同情况下的具体解释。未来的现实主义理论发展可以在变量与原有假设间的逻辑关系上做文章,或者在"一级变量"(即权力)与"二级变量"(即各种国内因素)的关系上做文章,但这并不是一个必然要经历的发展过程,因为理论的发展还应以对现象的解释力度的提高作为根本目标。

四、理解物质主义本体论与认知因素的关系

传统的现实主义忽略国内因素的影响作用,妨碍了它对国际现象的解释力。例如,不谈20世纪80年代后期苏联国内变化的因素,就难以充分解释冷战之原因,对此现实主义理论显得捉襟见肘。战后60年间,由于西欧各国在经济上的联合,战争和对抗的可能性逐渐减少。现实主义为其理论所困,看不到一个国家的世界观和国际行为是可以变化的,国家之间的相互看法也是可以变化的。②

如果是按照防御性结构现实主义的解释,国家保证自身安全空间最有效的做法应该是维护自身在国际体系中的地位,恪守自我约束的政策,但它却不能否认持进攻性、扩张性政策的国家存

---

① Jeffrey W. Taliaferro, "Security Seeking under Anarchy: Defensive Realism Revisited" in *International Security*, Vol. 25, No. 3 (Winter 2000 – 2001), p. 130.

② 沈丁立、任晓主编:《现实主义与美国外交政策》,上海:上海三联书店,2004年版,第14 – 15页。

在的事实。防御性结构现实主义在理论上不能自圆其说,陷入了理论困境。米尔斯海默的进攻性现实主义虽然在假设和推导过程上坚持其一致性,但它将对权力的认识重新引回了古典现实主义。那么能否发展出一种既能继承结构主义的基本假设,又能合理寻找出战争根源的中庸理论呢?新古典现实主义的分析模式部分解决了这个问题。防御性新古典现实主义放弃了从结构中寻求相关原因,完全将战争的原因归咎于国内因素。它将其归纳为认知因素上的问题,即战争的因素是由于国家层次上决策者的认知出了问题,要么是误判进攻防御平衡关系,要么是国内复杂因素制约了领导人做出正确判断的能力,实际上这是"不完全理性"所导致的错误决策。

根据常人的感性理解,既然国家战略是由国家决策者制定的,决策就必然会受到掌握国家核心外交权力的领导人的认知的影响,这里主要包括领导人的意识形态、文化背景、对威胁的评估、国内利益集团的掣肘以及对风险和收益的预期等。甚至不少学者认为,如果不借助认知因素,新的现实主义就没有自己的特色,也不能明确地以独特的方式解释国际现象。[1]这似乎是对建构主义、理念主义的借鉴,但更多的是源于现实主义对其原有理论的修补与完善。

防御性新古典现实主义打开了国家的"黑箱",更多地是从国家内部层次入手,考察国际关系规律的原因。它认为,国家领导人对于国家的相对能力的感觉体现了系统压力与国家对外政策之间的联系,领导人无论是为了国防而动员国内资源,还是随后调整外交政策以应对外部环境的变化,都要受到国内政治的制约。[2]由于国家的相对权力的分配从短期来看常常是不确定的,国

---

[1] Barry Posen, *The Sources of Military Doctrine: France, Britain, and Germany Between the World Wars*, Ithaca: Cornell University Press, 1984, pp. 67-69; Thomas Christensen, "Perceptions and Alliances in Europe, 1865 – 1940" in *International Organization*, Vol. 51, No. 1 (Winter 1997), pp. 68-70.

[2] 李少军:《国际政治学概论》(第二版),上海:上海人民出版社,2008年版,第55页。

家领导人要经常面对模糊和矛盾的信息,因此领导人先前的信念体系、对敌人的想像以及认识偏好在情报搜集、利益评估、军事计划制定和对外政策决策中都会起重要作用。①

1. 防御性新古典现实主义是否颠覆了现实主义

虽然防御性新古典现实主义的确破坏了传统现实主义的"硬核",但它将单位层面的变量和体系层面的因素有机结合起来,与防御性结构现实主义单一的结构理论和古典现实主义单一的国家理论相比,明显提高了解释力度。

防御性现实主义者认为,自从工业革命发生以来,世界经济、政治、社会和文化等领域的变革已经在很大程度上改变了人们对战争费效比的认识,18、19世纪之后,诸如人类科技进步和工业化的实现、地理位置、民族国家的形成以及由此形成的人们对本国政权的支持等因素,不仅使得采取守势的国家更容易取得成功,而且使得那些采取攻势的国家即便夺取到别国的领土,也难于有效地控制那里的所有资源。②斯奈德认为,大国的过度扩张最直接的原因在于人们误以为只有通过扩张国家才能获得安全。这种观念认为:国家的收益与损失是具有积累性的,进攻比防御有利,施加威胁可以使其他国家屈从,国家一般来说是追随而不是制衡强国等。③而一个健全的、正常的、民主的、理性的国家,其领导人会很容易意识到这一点,即使其领导人有好战偏颇,健全的制度也会限制其外交行为。

克里斯托弗·雷恩(Christopher Layne)、扎卡利亚等学者在对防御性现实主义进行批评的过程中指出:其过于看重国家层次上领导人及统治阶层的认知的作用,将战争的全部原因归咎于国

---

① 李少军:《国际政治学概论》(第二版),上海:上海人民出版社,2008年版,第55页。

② Carl Kaysen, "Review: Is War bsolete?: A Review Essay" in *International Security*, Vol. 14, No. 4 (Spring 1990), pp. 88–96. 转引自钟振明:"防御性现实主义:对国际安全的一种乐观分析"[载《同济大学学报》(社会科学版),2006年10月,第63页]。

③ 于铁军:"大国过度扩张的国内政治机理"(载王缉思、袁明、陈志瑞主编:《北大国际论丛2008》,上海:上海人民出版社,2008年版,第457页)。

家内部体制的缺陷。①这种观点认为,防御性现实主义违反了现实主义关于国家"同质性"的判断,因为现实主义的前提之一是将国家间关系区别于国内政治,因此它实际上是在一定程度上支撑了建构主义的理论基础。概括而言,防御性新古典现实主义主张,应把相关的国内因素纳入到国际关系理论之中,以改进新现实主义。但是,如何在保持现实主义传统的前提下,融合国际关系和比较政治理论解释国家的对外行为,防御性新古典现实主义面临着根本的困难。②

批评者认为,防御性新古典现实主义从国内政治的角度来寻找国家对外行为特征的因果机制,无疑走上了自由主义民主和平论的逻辑推理中;这不是对现实主义加以补充,反而更像是让现实主义变成自由主义。③另一方面,防御性现实主义弱化了结构上的物质力量在塑造国家行为中的作用。虽然沃尔特认为,威胁比权力更容易分辨,但扎卡利亚还是批评道:国家的外交政策最终依赖对他国意图的看法,而这些看法由政治家来表达,因而威胁的概念具有相当大的伸缩性。④无论怎样,在对不同国家外交政策进行比较研究之后,我们会发现,单纯的国内政治解释就像单纯的国际层面解释一样是不充分的,需要"颠倒的第二意象"加以补充。⑤人们越来越明白,融合国内和国际因素比单纯研究其中一

---

① 参见 Christopher Layne, "From Preponderance to Offshore Balancing: America's Future Grand Strategy" in *International Security*, Vol. 22, No. 1 (Summer 1997), p. 93. 转引自钟振明:"防御性现实主义:对国际安全的一种乐观分析"[载《同济大学学报》(社会科学版),2006年10月,第63页]。

② Fareed Zakaria, "Realism and Domestic Politics: A Review Essay" in Michael E. Brown, Sean M. Lynn - Jones and Steven E. Miller, eds, *The Perils of Anarchy: Contemporary Realism and International Security*, p. 463. 该内容引用时有删节。

③ Jeffrey W. Legro and Andrew Moravcsik, "Is Anybody Still a Realist?" in *International Security*, Vol. 24, No. 2, 1999, p. 34.

④ 〔美〕法利德·扎卡利亚著,门洪华、孙春英译:《从财富到权力》,北京:新华出版社,2001年版,第38页。

⑤ Thomas Risse - Kappen, ed., *Bringing Transnational Relations Back In*, Cambridge, NY: Cambridge University Press, 1995, p. 15.

个方面能更好地提供关于对外政策的解释。①

　　勒格罗和莫拉弗茨克认为，沃尔特的理论是属于认知范式的，因为他所强调的感知、意图、威胁、信念，实际上就是意识形态。②应该说，判断另一个国家是否对自己构成威胁，显然需要双方的交往与互动，产生共有知识与观念，这的确是与建构主义相通的。此外，本杰明·弗兰克尔（Benjamin Frankel）认为，现实主义分析方法的简约性和明确性来自于通过物质权力变化来解释国际现实的能力。现实主义的理论"硬核"在于"现实独立于我们的思想和经验之外，不接受一瞬即逝的信念和观念。"在弗兰克尔看来，"威胁平衡"理论不分主次地把权力和对国家的意图感知整合为单一的变量，既损害了现实主义的假定，也无任何理论上的创新。③弗兰克尔更为明确地指出，存在威胁（即指意识形态相对立）的国家互为敌人；而没有威胁（即指意识形态一致）的国家可以结盟。④他认为只有意识形态才是判断威胁的可行性标准。

2. 关于权力与认知关系的四种假设

　　要正确分析现实主义的范式批评者对沃尔特的批评，我们有必要弄清楚威胁与权力二者应为何种关系，这个问题比较难于诠释。本书仅以沃尔特理论中对认知的引入为例，假设了四种权力与认知（威胁）的可能关系，但通过比较，笔者比较青睐于后两种可能。

---

① Andrew Moravcsik, "Introduction: Integrating International and Domestic Explanations of international Bargaining," Peter B. Evans, Harold K. Jacobson and Robert D. Putnam eds., *Double-Edged Diplomacy: International Bargaining and Domestic Politics*, Berkeley: University of California Press, 1993, pp. 3-42.

② Jeffrey W. Legro and Andrew Moravcsik, "Is Anybody Still a Realist?" in *International Security*, Vol. 24, No. 2 (Autumn 1999), pp. 37-38.

③ Benjamin Frankel, Realism: *Restatements and Renewal*, London: Frank Cass, 1996, p. xiv. 转引自唐小松："论现实主义的发展及其命运"（载《世界经济与政治》，2004年第7期，第12页）。

④ Benjamin Frankel, *Realism: Restatements and Renewal*, London: Frank Cass, 1996, p. xiv.

(1) 假设一：将认知看作是分属物质主义与理念主义的本体

其根据是温特关于物质主义与理念主义的区分的阐述。温特一方面认为，在物质主义话语中，物质因素以不同的方式产生作用，使对世界的控制成为可能，使有些行为体比其他行为体更有权力，使人们倾向于侵略或制造威胁等；另一方面又认为，理念主义所认可的社会意识的结构可以对行为体起作用，其中包括建构行为体的认同和利益、帮助行为体寻找解决问题的共同方案、确立威胁因素等。①因此，既不能否认威胁的物质性，也不能否认其是一种社会意识。要承认第一种可能，必须承认威胁平衡论引入了认知因素，已不完全属于物质主义的本体论观念，因此也就承认了威胁平衡论破坏了现实主义的基本假设。温特没有指出，当一种因素跨越物质与社会意识两个范畴时，它应该被如何看待，这使我们对假设一的研究缺乏权威的依据。

(2) 假设二：将认知看成是威胁与制衡行为之间的外在变量

这种理解认为，权力与制衡之间并无关系，引发制衡行为只是威胁，而非权力，因此这也就完全否定了沃尔兹关于权力制衡的理论。一般我们读到沃尔特理论的时候，往往会不自觉地认为，沃尔特是在否定沃尔兹的理论。然而，在"平衡论"上，沃尔特并没有用威胁取代权力的作用，以下论述可以证明。因此假设二也基本上不成立。

(3) 假设三：将认知看成是权力与制衡行为之间的中介变量

前面说道，"威胁"的本质可以理解为一种"结构调节因素"，即调节权力分配产生作用的因素。这可以产生两种解释：A. 将其看作权力与制衡行为之间的中介变量；B. 将威胁看作物质性权力本身的一部分。

多尔蒂与普法尔茨格拉夫认为，新的现实主义并没有否认权力是无政府国际社会的核心变量，而是致力于界定和测量权力，

---

① 〔美〕亚历山大·温特著，秦亚青译：《国际政治的社会理论》，上海：上海人民出版社，2000年版，第27-28页。该内容引用时有删节。

指出其局限性。①沃尔特并未否认权力构成威胁的可能性,但是,认知因素的中介作用,会改变权力发挥作用的方式。②在认知因素的作用下,权力的作用可能被放大或缩小,他国的权力不是决定一国选择制衡与追随的唯一参照系。摩根索与米尔斯海默都认同权力与安全、权力与威胁之间的双重等价性,二人都认为制衡仅仅就是对权力的制衡。沃尔兹所研究的权力,其与安全的正相关作用存在一个峰值,国家追求的目标不是使权力最大化而是制衡强者来维持它在体系中的相对地位。与此相同的是,沃尔特也认为权力既可能成为威胁本国安全的因素,也可能成为增加本国对他国向心力的砝码。拥有巨大权力的国家有能力去惩治敌人、支持朋友,因而权力本身既有可能导致他国的制衡,也可能因之吸引一些国家的追随,即"权力可能是不利因素,但也可能是一项有利的资产。"③除了沃尔特以外,埃弗拉、斯奈德等人也将认知因素看作是深化利益集团对国内政治影响的中介变量,进而影响国家的对外政策。④

虽然我们可以认为,威胁平衡论将威胁看成是权力与制衡行为之间的中介变量,但这又与建构主义明显不同。温特的温和建构主义虽然坚持理念主义本体论,并不否认物质因素,但它从不把物质因素看作是一种独立的因素,认为物质因素只有通过社会性结构,才能对行为体产生有意义的影响。⑤

---

① 〔美〕詹姆斯·多尔蒂、(小)罗伯特·普法尔茨格拉夫著,阎学通、陈寒溪等译:《争论中的国际关系理论》,北京:世界知识出版社,2003年版,第99页。

② 托利弗在对勒格罗和莫拉弗茨克的反驳中曾提到:物质权力只有通过中介(即核心决策者的认知、计算和估计)作用,才能影响到国家的外部行为。Jeffrey W. Taliaferro, "Security Seeking under Anarchy: Defensive Realism Revisited" in *International Security*, Vol. 25, No. 3 (Winter 2000 – 2001), p. 155. 但本书一直坚持将包括结构调节因素在内的双层中介作为物质权力或结构的组成部分。

③ Stephen M. Walt, *The Origins of Alliances*, Ithaca and London: Cornell University Press, 1987, p. 8 and p. 23.

④ Stephen Van Evera, *Causes of War: Power and the Roots of Conflict*, Ithaca, NY.: Cornell University Press, 1999, pp. 9 – 10.

⑤ 李少军:《国际关系学研究方法》,北京:中国社会科学出版社,2008年版,第95页。

托利弗认为,从长远看,国际关系的结果是与国家间相对物质能力的分布相一致的;从短期看,防御性新古典现实主义希望在物质能力(包括粗略的权力分配与"结构调节因素")与国家的外交政策之间,建立起间接的因果联系。可以说,防御性新古典现实主义为政策输入(Policy Input)与政策输出(Policy Output)①之间的联系建立了一种机制,明确了这种联系的途径,即物质权力只有通过中介(即核心决策者的认知、计算和估计)作用,才能影响到国家的外部行为,而纯粹的量化的物质能力是无法直接进入领导人的评估过程中的。②

(4)假设四:将认知看作是权力的一部分,即威胁只属于物质主义的本体一部分

这种假设认为,威胁不是独立的,而是附生于权力。这与建构主义里所说的观念不同,它并没有对权力起到建构作用。威胁平衡论的本体依然是物质性的权力,权力仍然是国家行为的主要动因。其实早在古典现实主义理论建构中,一些与道义、规范有关的非物质因素就已经被纳入了权力的外延。

沃尔特并没有单纯地强调认知的绝对作用,而是将综合实力、地缘的毗邻性、进攻实力和侵略意图一同看作影响威胁水平的因素,而对威胁的感知仅仅起到关键作用。③现实主义的重要标志是权力中心论,而沃尔特却将研究的中心从权力转移到了"威胁",但这并不意味着他放弃了权力在其理论中的核心地位。沃尔特论

---

① 在这里,托利弗借鉴了行为政治学的概念。政治输出即指国家的各种外交、军事、经济和安全战略。

② Jeffrey W. Taliaferro, "Security Seeking under Anarchy: Defensive Realism Revisited" in *International Security*, Vol. 25, No. 3 (Winter 2000 - 2001), p. 155. 托利弗还引用了沃尔福斯的话:所有的政策都是面向未来的,而非现在的,政策反应的是对未来的预期,或者说,现在的政策,只是其对未来的权力分配的结果所产生的预期。William Wohlforth, "Realism and the End of the Cold War" in *International Security*, Vol. 19, No. 3 (Winter 1994 - 1995), p. 98. 笔者认为,正是这种循环的悖论,使得对权力和物质能力纯粹的讨论没有意义。

③ Stephen M. Walt, *The Origins of Alliance*, Ithaca, NY: Cornell University Press, 1987, pp. viii, 5, 18 - 21.

述制衡与追随发生的可能性的时候，其中重要一条就是：国家越强，其制衡倾向就越强，反之，则追随倾向越强。只有强大的国家才能将一个正在输的联盟转变为正在赢的联盟。①托利弗认为，只有在权力结构出现迅速变动的时候，认知变量才更为明显，尽管在国际关系平稳时期也不能忽视认知作用。②

沃尔特对沃尔兹"均势自动生成论"的改造，是通过对联盟形成的动机的检验实现的。针对沃尔兹理论中的疏漏，沃尔特寻找了一个关键性变量进行修补。包括"均势自动生成论"在内的所有权力中心论，都是从物质主义角度考虑的，物质主义强调冲突国家之间的"总体能力"（aggregate capability）。温特认为，物质主义强调物质能力（material capabilities）对国家实力具有首要地位。物质主义重视物质性因素对行为体行为的直接作用，国际环境中的物质条件和国家的物质性实力被认为是影响国家行为的主要因素。③如果将一种理论定义为认知范式，那么它首先必须反物质主义本体论，而沃尔特所论述的"认知"，恰恰是建立在物质主义的主体地位之上的。而以建构主义为代表的认知范式，主要研究的是国家身份对利益的影响作用④，而沃尔特丝毫没有提出国家身份的作用。国家对威胁固然要产生认知，但是这种认知不受国家文明传统、意识形态、社会结构的任何影响，沃尔特研究的是任何国家在面临同样威胁的时候的"同质性"，这种"同质性"往往是自发的、机械的、程序化的反应，并且可以形成一种普遍性规律。

---

① Stephen M. Walt, *The Origins of Alliances*, Ithaca and London: Cornell University Press, 1987. 转引自〔美〕罗伯特·J·阿特、罗伯特·杰维斯编，时殷弘、吴征宇译：《国际政治：常在概念和当代问题》（第七版），北京：中国人民大学出版社，2007年版，第109页。

② Jeffrey W. Taliaferro, "Security Seeking under Anarchy: Defensive Realism Revisited," in *International Security*, Vol.25, No.3 (Winter 2000 – 2001), p.141.

③〔美〕亚历山大·温特著，秦亚青译：《国际政治的社会理论》，上海：上海人民出版社，2000年版，第20 – 21页。

④ 秦亚青：《权力·制度·文化：国际关系理论与方法研究文集》，北京：北京大学出版社，2005年版，第138页。

托利弗将领导人对形势的判断与认知这种对物质力量所起的中介作用看作是防御性现实主义的辅助性假设。①当然这是相对于现实主义的核心假设,即"硬核"而言的。可以这样理解,沃尔特的威胁平衡论对"均势自动生成论"的修补,实质上是将认知(这里所谓的认知包括两部分:A. 本国对他国权力的感知;B. 本国对他国的政策意图)对物质能力所起到的作用,纳入到对物质能力的研究范畴中来,将认知因素对物质因素所起到的作用,看作是物质主义的一部分,而不是将认知主义与物质主义对立起来。在沃尔特的理论中,权力实际上仅仅是物质范畴,而威胁却是容纳了认知因素之后的物质本体②,威胁体现的是认知因素与物质因素的互动,范围远远要超过权力。沃尔特宣称,他的威胁平衡论涵盖了均势理论,与均势理论一样简洁,但更为概括和抽象。③

---

① 托利弗认为,防御性现实主义的一个特点是,认为"结构调节因素"对国家间战争与合作的作用,要大于纯粹的物质权力分配。Jeffrey W. Taliaferro, "Security Seeking under Anarchy: Defensive Realism Revisited" in *International Security*, Vol. 25, No. 3 (Winter 2000 – 2001), p. 131, p. 137.

② 沃尔特认为,在国家间关系中,威胁是由四个方面的因素构成的:A. 综合实力,即一个国家资源的总和,包括人口、工业和军事能力、技术水平等,在其他条件相等的情况下,一国的综合实力愈强,它所构成的潜在威胁就愈大;B. 地理位置靠近程度(geographic proximity);C. 进攻能力,一国的进攻能力与综合实力有一定的关系,但两者并非等同,中间存在一个转化问题,在其他条件等同的情况下,一国的进攻能力愈强,威胁愈大;D. 侵略意图,即使一国的权力并非很大,但只要被认为极具侵略性或侵略意图,仍可能会促使他国的警觉和制衡。总之,权力与威胁是脱节的,权力不一定构成威胁。关于威胁的构成因素,参见 John Vasquez, "The Realist Paradigm and Degenerative versus Progressive Research Programs: An Appraisal of Neotraditional Research on Waltz's Balancing Proposition" in *The American Political Science Review*, Vol. 91, No. 4 (Dec., 1997), p. 904; Stephen M. Walt, *The Origins of Alliances*, Ithaca and London: Cornell University Press, 1987, pp. 22 – 24; Stephen M. Walt, "Alliance Formation and the Balance Power" in *International Security*, Vol. 9, No. 4, (Spring 1985), pp. 9 – 12.

③ Stephen M. Walt, *The Origins of Alliances*, Ithaca and London: Cornell University Press, 1987, pp. 263 – 165; Stephen M. Walt, "Testing Theories of Alliance Formation: The Case of Southwest Asia" in *International Organization*, Vol. 42, No. 2 (Spring 1988), pp. 281 – 282.

(5) 小结

以上第三、四种假设更说得通，二者的共同点是，物质主义本体并没有被改变；而第一、二种缺乏有力的依据。有的学者认为现实主义的权力论，以及理性主义认识论并不能解释苏联的解体和冷战的结束，但事实上，两极格局的结束，其根本原因还是苏联国力下降引起的，并非纯粹是由戈尔巴乔夫的认知导致的。苏联对美国的主动收缩，以及美苏首脑马耳他会晤，标志着两极格局的结束。不管戈尔巴乔夫的决策正确与否，他的收缩政策依然是苏联在其国力下降、争霸不利的条件下基于理性主义之上的选择。

托利弗认为，防御性新古典现实主义对认知的研究，不同于自由主义范式。自由主义认为，国际政治的行为体是不愿承担风险的（risk-averse）、理性的，国家间是富于沟通的；而防御性新古典现实主义中，国家行为的认知因素则是自上而下（top-down）的，领导人的决策主要还是基于对国家的战略地位和相对权力的评估。[1]

虽然笔者认为后两种假设较为合理，但并不意味着前两种可能完全没有道理。如果我们可以确切地找出依据，即当一个因素分属物质与社会意识两个范畴的时候，也可以将其看作是属于物质主义本体论的理论，那么也就可以证明沃尔特的理论仍然是物质主义。当然，笔者反对先验地将沃尔特看作是物质主义者，只是为多数学者公认的观点做一个解释。此外，笔者虽然青睐于后两种可能，但也不得不承认，威胁平衡论的确削弱了现实主义的假定，破坏了现实主义的连贯性。

新古典现实主义的标志性特点就是以国内因素变量来提高对国家行为原因的解释力度。如果我们把它们看成一种新的体系理论，那么它们本身难免会存在逻辑上的问题。新现实主义认为国际环境决定国家行为，国内环境被排除在外。如果把这两种因素

---

[1] Jeffrey W. Taliaferro, "Security Seeking under Anarchy: Defensive Realism Revisited" in *International Security*, Vol. 25, No. 3 (Winter 2000–2001), p. 143.

结合到一个理论体系中去，势必会出现逻辑上的混乱，因为体系因素和国内因素对国家行为的作用结果可能极为不同，当国际环境要求国家采取现状政策而国内环境要求国家采取扩张战略时，国家到底会采取哪种政策？防御性新古典现实主义必须能够建立这样一种理论，以使新、旧理论在逻辑上保持一致。

勒格罗和莫拉弗茨克认为，防御性现实主义和新古典现实主义的理论创新，实际上证明了自由主义、认知主义和制度主义范式而非现实主义范式的假设和因果机制。①在修正一种理论时，人们习惯于往该理论中添加一些其他变量，认为变量的增多会使研究更全面。但实际上结果恰恰相反，变量的增加往往会使理论运用起来尾大不掉，有时甚至会自身产生相互矛盾。但这是理论发展的常态，无论是现实主义，还是自由主义和建构主义，一种理论发展的基本过程往往就是适当增加变量的过程，理论的修正者往往自觉不自觉地往里面增添有限个变量，但其结果难免在一定程度上会削弱原有理论的基本假设。那么，这给理论研究者带来的关键问题是：如何安排和处理新增变量和原有假设之间的关系？毕竟好的理论应在逻辑上保持连贯。沃尔兹指出：理论不是变量的集合，如果一个理论有"缺口"，是不能通过增加一个变量来"堵住"它的；为了给理论增加一些已经被忽略的内容，就必须安排好这些被忽略的内容在连贯的理论体系中应有的位置。

3. 现实主义与建构主义"认知"的不同

防御性现实主义虽然借鉴了认知范式，但其仍然保持了物质主义本体论，反对理念主义本体论，其核心依然是对权力的关注，特别是研究国家是如何感知权力的。对于国家决策者来说，这是感知权力的路径；对于国际关系学者来说，这是对国际关系现象，或曰国际关系结果的解释路径。

尽管新古典现实主义重点研究的是认知，但其并未否定权力

---

① Jeffrey W. Legro and Andrew Moravcsik, "Is Anybody Still a Realist?" in *International Security*, Vol.24, No.2, (Fall 1999), p.47.

的最终作用。尽管新古典现实主义认为,"被感知到的权力"与"真实的权力"存在巨大差距,甚至性质完全相反,但其并未脱离"最小现实主义"的基本假设。以建构主义为代表的认知范式,主要研究的是国家身份对利益的影响作用①。而现实主义所研究的认知,不受国家文明传统、意识形态、社会结构的任何影响。无论是新古典现实主义的哪一种流派,在其内部都形成了一个严密的理论,上面所说的认知是任何国家在面临同样威胁的时候的"同质性",这种"同质性"往往是自发的、机械的、程序化的反应。防御性现实主义对认知因素的借鉴,与建构主义所说的国际社会共有的"知识"、"文化"无关。②而现实主义里面的认知,只不过是决策者对权力的机械的反应,国家决策者的心理认知有其相似的规律,这种决策不会受到国际社会建构的影响,而且其历时性尚不如共时性明显。即使是历时性较为明显的温和建构主义,它所研究的国际社会共有文化,在同一时代的各国也是具有共性的,因此现实主义对建构主义的借鉴并不违反其"硬核"。总之,新古典现实主义都是将"间接感知"对物质上的权力所起到的作用,纳入到对权力的研究范畴中来,将"间接感知"对权力所起到的作用,看作是对权力研究的一部分,而不是仅仅研究认知,权力仅仅是物质范畴,而威胁却是物质基础上的认知与物质二者的结合。

本书认为,不能因为沃尔特引入了心理学的认知理论,就将他的理论看作是个人层面的现实主义理论。事实上,与托利弗一样,沃尔特并未将分析单位从体系层次转移到个人层次,而依然是国家层次,因为毕竟这里的认知体现的是国家决策者的一种机械的、单一的集体感知。感知威胁的主体,依然是国家,其理论是将国家与领导人放在同等地位,而不是同一个国家的不同决策

---

① 秦亚青:《权力·制度·文化:国际关系理论与方法研究文集》,北京:北京大学出版社,2005年版,第138页。

② Alexander Wendt, *Social Theory of International Politics*, Cambridge: Cambridge University Press, 1999, p. 141.

者的不同感知。沃尔特与杰维斯一样，研究的都是决策者心理认知过程中存在的规律，而非基于社会、文化基础上的差别性。正如秦亚青所指出的，杰维斯避开了历史事件和社会实践对人的身份和思维的建构作用，只分析了这种身份和思维的反映和表象——人的具体心理行为，知觉作用论是单一的推理逻辑。[①]

由于新古典现实主义大多引入了认知因素，来修补现实主义的固有缺陷，因此不少现实主义的范式批评者认为其已经成为了"认知范式"。笔者认为，区分以物质主义为核心的现实主义，与以认知主义为核心的建构主义，关键是弄清楚"认知"的性质。可以用下述两种方式进行区别。

（1）现实主义将"认知"作为依附于物质的、规律性的、机械性的中介变量

即使是文化与社会因素不同的国家，在面临同一个国际关系问题时所产生的反应，依旧是同质的，只与权力因素有关；而建构主义的认知则指的是不同国家的文化与社会因素对认知的建构作用，强调的是认知本身的差异，以及这种差异对不同的国际关系行为体行为的塑造。

（2）现实主义将不同国家及其决策者的认知看作是纯粹的、形态一致的"机器"

这种"机器"不接受意识形态、价值观念的外在塑造作用，但其运行却有相同的规律，即使是新古典现实主义，内在逻辑依然如此。在现实主义者那里，意识形态的因素是可以被忽略的。在沃尔兹、科普兰、斯奈德、托利弗、柯庆生的理论中，他们并没有区分中国、苏联等社会主义国家与其他国家外交决策模式的不同。防御性现实主义使现实主义重新具有了"历时性"的色彩，这并不违反现实主义的"硬核"。从摩根索、沃尔兹到沃尔特、埃弗拉，各现实主义学者都承认"历史的经验"对领导人的认知会有重要的塑造作用。沃尔兹认为国家决策者会非常看重历

[①] 〔美〕罗伯特·杰维斯著，秦亚青译：《国际政治中的知觉与错误知觉》，译者前言，北京：世界知识出版社，2003年版，第22页。

史的经验，从而得出了其"防御性"的结论。埃弗拉认为，一战爆发的重要原因是诸大国"对进攻的崇拜"历史经验告诉了他们，首先进攻有利于赢得胜利。①如果将对历史经验的重视，看作是认知范式，那是不可取的。即使历史因素对国家行为的建构具有一定历时性，但在同一时代，不同的国家依然是同质的。历史的经验往往不是针对某一个国家而言的，经验可以以本国为根据，也可以从他国获取。尽管经验的内容不同，但经验的来源并不是针对不同国家而存在的。尽管一国领导人往往对自己国家的经验更为重视，但经验的建构并不存在针对性，因为经验的建构不完全是单个国家独特的历史经验对本国领导人的建构作用。如果现实主义把历史看作是毫无意义的东西，认为领导人难以从历史中吸取教训，那么现实主义的理论价值又在何处呢？

---

① Stepen Van Evera, "The Cult of the offensive and the Origins of the First World war" in *International Security*, Vol. 9, No. 1 (Summer 1984), pp. 58 – 107; Stephen Van Evera, *Causes of War: Power and the Roots of Conflict*, NY: Cornell University Press, 1999, pp. 193 – 239.

第三章
权力论（2）

防御性现实主义强调权力的非物质属性，这与约瑟夫·奈（Joseph Nye）所说的软权力有异曲同工之处，或许是新现实主义与新自由主义在争论基础上形成的共识之一。正是由于防御性现实主义谈化了对物质属性的权力的关注，使得其视野中的国家不再对相对权力有太多的兴趣。一方面，非物质属性的权力是难于精确衡量的，一国非物质属性的权力的增长，未必会加剧"安全两难"，且由非物质属性的权力导致的"安全两难"常常会处于"虚幻状态"；另一方面，国家只有通过合作，才能促进非物质属性的权力的增长。综合防御性现实主义诸位学者的研究成果，一国对权力的需要同其具体条件下的安全状况有密切联系，一国在不同的历史时期对权力的需要大不相同。

一、进攻性、防御性现实主义之间的争论

与以前的国际关系理论的范式间争论不同,进攻性、防御性现实主义之间的争论(或看作是"优势论现实主义"与"平衡论现实主义"之间的争论),是一个范式内部不同流派间的争鸣与互动。尽管进攻性、防御性现实主义之间的争论体现的不是范式间的根本对立,但是二者除了结构理论的最基本逻辑外,几乎没有太多共通之处,因此它们的争论难以有胜利的一方。

可以这样认为,防御性现实主义一定程度上是前几次范式间争论的产物,更是国际关系大环境发生深刻变化的产物。这种所谓的"最小现实主义"仅仅保留了现实主义范式的两个"硬核",即无政府状态论和理性国家论。[①]现实主义已经和新自由主义等其他范式在理性主义的基础上趋向统一,而防御性现实主义正是这种建立在理性基础之上的"统一"在现实主义方面的表现。与此针锋相对,米尔斯海默的进攻性现实主义正是体现了企图恢复现实主义"原教旨"的努力,因此可以称为"最大现实主义"[②]。因此,进攻性与防御性现实主义的范式内部争论,不仅仅是观点的交锋,更像是关于现实主义发展方向与命运的论战。

相比之下,进攻性现实主义显得过于简单化、极端化、非现实化,虽然它具有轰动一时的效应,但无论从其理论逻辑的严密性,还是从其适用性上来看,它都代表不了现实主义发展的主流。相反,防御性新古典现实主义虽然流派众多,内容庞杂,但具有共性,特别是更能解释当代国际关系发展的现状。

1. 进攻性、防御性现实主义在本体论上的差异

以前的学者主要是从权力与安全的关系角度,来区分进攻性、

[①] Jeffrey W. Legro and Andrew Moravcsik, "Is Anybody Still a Realist?" in *International Security*, Vol. 24, No. 2 (Autumn 1999), pp. 23 – 26.

[②] 关于对米尔斯海默"最大现实主义"的提法,参见秦亚青:《权力·制度·文化》,北京:北京大学出版社,2005年版,第48 – 49页。

防御性现实主义的不同主张。例如，李永成认为，在权力与安全之间的关系上，即权力积聚的安全效用问题上，结构理论的两种权力政治逻辑导致了米尔斯海默进攻性现实主义与沃尔兹防御性现实主义的对立，米尔斯海默强调权力是维护国家安全的唯一可靠手段，而沃尔兹认为，权力是手段，安全是目的。①值得注意的是，防御性现实主义并未否认权力积聚的重要性，这是所有现实主义的共同之处，只是防御性现实主义主张"安全第一位"，权力扩张必须在安全保证的前提下进行。

笔者认为，从本体论的两个角度，即从与"无政府状态"相关的角度，和从物质主义本体论角度，更有利于我们更加深刻地理解二者的差异。在本体论上，米尔斯海默的进攻性结构现实主义，与沃尔兹、沃尔特、格拉泽、斯奈德等人的新、老防御性现实主义，其相同特点是：都赞同无政府状态论，都坚持物质主义本体论和个体主义本体论。但是，从本体论的两个角度上看，由于二者对无政府之下的理性国家的利益偏好的看法大相径庭，并且在权力的物质属性上无法得出共识，因此二者的立场极端难以调和。最终二者对国际关系结果与国家政策进行了截然不同的预测，并提出了完全不同的处方。

首先，进攻性、防御性现实主义对无政府状态（及安全两难）与理性国家的偏好之间的关系，有着不同的认识。进攻性现实主义延续并放大了传统的现实主义中关于国家冲突性偏好的假设，甚至由于无政府状态如此严重，所有国家都是"修正主义国家"，各国之间的扩张性意图彼此暴露无遗，以致使安全两难不存在了；防御性新古典现实主义则认为无政府状态（及安全两难）与冲突偏好没有必然联系，安全与合作是在各国的偏好体系中排在优先地位，因此安全两难是可以减轻的。可见，二者其实都是在试图修正传统的安全两难理论。米尔斯海默认为，沃尔兹没有论述战争的原因，没有意识到战争可能带来的重要红利，只强调

---

① 李永成："结构理论的两种权力政治逻辑：沃尔兹 vs. 米尔斯海默"（载《国际政治研究》，2005年第4期，第58页）。

了战争主要是由不确定性和误判而引发的结果,国家开始都是防御性的,但体系的压力迫使其做出进攻性反应。①更为关键的是,进攻性、防御性现实主义二者为国家设立了不同的理性偏好体系,因此对国家利益的看法不同。根据格雷厄姆·阿里森(Graham Allison)的理论,利益最大化有两种选择:A. 在投入既定的情况下,使产出最大化;B. 在产出既定的情况下,使投入最小化。②进攻性现实主义强调的是不计成本的利益最大化,对代价的估算是在进攻必定发生的前提下进行的;防御性现实主义则倾向于考虑如何降低成本,维护安全成本。③防御性现实主义强调在与对手的竞争中,力求使权力损失最小化。④

表7 进攻性、防御性现实主义对收益与成本关系的观点比较

现实主义分类	收 益	成 本
进攻性现实主义	最大化	固定(或忽略)
防御性现实主义	固定(满足即可)	最小化

其次,根据以前学者的总结,对无政府本身性质的理解,也是二者的不同。进攻性现实主义认为国际体系中安全是稀缺的,无政府状态培育出冲突和战争,因此进攻与扩张是实现权力最大化、进而实现安全最大化的必要手段。沃尔兹、杰维斯等人的防御性结构现实主义则认为,安全固然稀缺,但国际无政府状态并不一定导致激烈的冲突和战争⑤;除少数情况外,国际体系几乎

---

① John Measheimer, "Back to the Future: Instability in Europe after the Cold War" in *International Security*, Vol. 15 (Summer 1990), pp. 5-6.

② Graham Allison and Pilip Zelikou, *Essence of Decision: Explaining the Cuban Missile Crisis*, Reading, Mass.: Longman, 1999, p. 17.

③ 周丕启:《合法性与大战略:北约体系内美国的霸权护持》,北京:北京大学出版社,2005年版,第5-6页。

④ 李永成:"结构理论的两种权力政治逻辑:沃尔兹 vs. 米尔斯海默"(载《国际政治研究》,2005年第4期,第58页)。

⑤ Robert Jervis, "Realism, Neoliberalism, and Cooperation: Understanding the Debate" in *International Security*, Vol. 24, No. 1 (Summer 1999), pp. 42-63.

不为国家提供任何权力增生的诱因，守住权力而不增加它才是国家的主要目标①；国家可以通过外部平衡的方式谋求均势，以维持和平、保持本国地位。防御性新古典现实主义则认为，国际体系中安全是充裕的，无政府状态是良性的。国家更多关注的是它们已经获得的东西，而非想要获得的东西。②这是因为，在国际关系常态下，防御比进攻更占有优势，"进攻占优"的机会缺乏，而且国家在技术上易于实现对他国意图的判断。

此外，进攻性现实主义与新、老防御性现实主义（风险平衡理论和国内动员理论除外）对国际政治的分析，主要都是以体系层次切入的。即使是防御性新古典现实主义，其研究基础仍然是体系层次上的因素。进攻性现实主义强化权力结构中的物质能力第一位，而防御性新古典现实主义有限承认观念、制度、规范对权力及权力结构的作用，承认国内政治对国家决策的影响作用。前者强调权力结构的物质属性，这更像是向古典现实主义的回归；后者则与自由制度主义、建构主义非常相似。

2. 进攻性、防御性现实主义的其他重要差异

（1）进攻性与防御性现实主义之间的争论体现为在"绝对权力"与"相对权力上的分歧

进攻性现实主义认为在国际体系中国家的相对权力比绝对权力重要，一国应将他国的权力作为自己所需权力的参照系。正是由于所有的国家都追求自身相对权力的最大化，所以只有体系内最强大的国家才能保证自己的生存，只要当收益大于成本的时候，国家就会选择扩张政策。防御性现实主义依然强调相

---

① Jack L. Snyder, *Myth of Empire: Domestic Politics and International Ambition*, NY: Cornell University Press, 1991, p.14.

② Thomas J. Christensen and Jack Snyder, "Chain Gangs and Passed Bucks: Predicting Alliance Patterns in Multipolarity" in *International Organization*, Vol. 44, No. 2（Spring 1990）, pp. 137 – 168; Charles L. Glaser and Chaim Kaufmann, "What is the Offense – Defense Balance and Can We Measure it?" in *International Security*, Vol. 22, No. 4（Spring 1998）, pp. 44 – 82; Barry R. Posen, *Sources of Military Doctrine: France, Britain, and Germany Between The World Wars*, Ithaca, NY: Cornell University Press, 1984; Jeffrey W. Taliaferro, "Power Politics and the Balance of Risk: Hypotheses on Great Power Intervention in the Periphery" in *Political Psychology*, Vol. 25, No. 2（Apr., 2004）, pp. 177 – 221.

对权力的重要性，但国家只要能够保持现有的相对权力，使自己的相对权力在体系中维持最低限度的动态平衡即可。在条件允许的情况下，国家可以适当寻求扩张相对权力，但保证安全是首要前提。防御性现实主义只重成本，不重收益，认为单纯地追求权力最大化是有害无益的。例如，格拉泽从微观角度证明了单纯追求权力最大化可能产生的不利后果：首先，一国增加相对权力，反而可能会使其对手感到不安，进而采取不利于自己的行动。其次，相对权力的最大化，与军事优势的增加，并没有必然联系，军事合作反而可能有利于提高自身军事实力。再次，即使一国追求相对权力最大化，但如果它用于防御的军事力量减弱，其安全也会降低。①

（2）进攻性与防御性现实主义之间的争论体现在"相对收益"与"绝对收益"上的分歧

进攻性与防御性结构现实主义均认为，在国际竞争中相对收益比绝对收益更重要，且因国家对相对收益的关注，国家之间的合作变得非常困难②。

前者将国家对相对收益的关注发展到了一个极端视角，完全否定合作的可能性。而防御性现实主义则认为相对收益与绝对收益是国家的不同的关注领域③，并且具体指出了相对收益阻碍合作的条件，认为在一定条件下合作也可以求得安全。米尔斯海默认为对相对收益和欺诈的担心是国家之间合作失败的主要原因，安全竞赛是国际政治中的强大逻辑，当相对收益与绝对收益产生冲突时，后者要被前者主导。④但这个辩论逻辑，需要有一个前提，就是国际政治环境与经济环境必须经常产生冲突，如果不经常产生冲突，米尔斯海默的结论就不能成立。到了格拉泽、格里

---

① Charles L. Glaser, "The Security Dilemma Revisited" in *World Politics*, Vol. 50, No. 1, p. 145.

② Michael E. Brown, Sean M. Lynn–Jones, and Steven E. Miller, eds., *The Perils of Anarchy: Contemporary Realism and International Security*, Cambridge, Mass.: MIT Press, 1995, Preface, pp. ix – xxi.

③ Benjamin Frankel, "Restating the Realist Case" in Benjamin Frankel, ed., *Realism: Restatement and Renewal*, London: Frank Cass, 1996, pp. xii – xviii.

④ John Mearsheimer, *The Tragedy of Great Power Politics*, NY: W. W. Norton, 2001, p. 53.

科、鲍威尔等防御性新古典现实主义者那里，相对收益与安全合作是可以在理论上统一起来的。

（3）进攻性与防御性现实主义之间的争论还体现为"优势论"与"平衡论"的分歧

进攻性现实主义认为国际关系无法达到"平衡性"。不管这种"平衡性"是以什么标准衡量的，现存的、将来的国际关系都无法实现"平衡性"。正是因为现存的国际关系缺乏"平衡性"，所以所有国家特别是大国才只能追求在这种"不平衡"中的优势地位，除此别无选择。更为关键的是，承受威胁的国家常常会采用推卸责任的做法，而不是采用均势战略，这就使进攻者获得成功的几率大大增强；正是因为将来的国际关系也缺乏"平衡性"，所有大国必须力图避免在合作中遭受相对收益上的损失，而且对合作不抱有幻想。此外，一国放弃进攻性政策并不能阻止对手选择进攻性政策。在"优势论"与"平衡论"之间的争论，亦即在制衡与追随战略普遍性的争论中，米尔斯海默的最大贡献是，他对大国与小国进行了二分法的划分。他指出，推诿是大国最主要的战略选择，制衡为其次，制衡是推诿失效之后迫不得已的选择，而追随和绥靖则是大国应该避免的。① 这更加支持了"优势论"的共同观点，即大国寻求权力优势是十分有利的，因为面对一个大国的扩张，其他大国首选的对策是推诿，而小国则是趋附。这个结论并不违背"优势论现实主义"的共同观点，甚至米尔斯海默是"优势论现实主义"的集大成者。应该说，将大国和小国对侵略的反应进行区分，是以前"优势论"与"平衡论"双方都忽视的论证途径，至少学术界对他的这个结论还鲜有反驳。与米尔斯海默不同，防御性现实主义认为，国际安全是可以通过一定的"平衡"方式达到的。这种"平衡"可以是以权力的平衡作为参考系，也可以是威胁的平衡，还可以是利益的平衡、决心的平衡、风险的平衡。

（4）进攻性、防御性现实主义为国家提供了不同的政策选择

就对美国的国家战略来讲，进攻性现实主义认为国际体系的

---

① 李永成：《霸权的神话·米尔斯海默进攻性现实主义理论研究》，北京：世界知识出版社，2007年版，第179页。

性质为国家的扩张提供诱因,因此美国应当以最恰当的方式遏制其他地区大国的崛起,保持自己权力的优势;作为霸权国的美国,离岸制衡(offshore balancing)才是最好的选择。与此不同,从防御性现实主义推出的结论更为宽泛,但无论实行何种战略,保证自身安全是进行战略选择的先决条件。防御性现实主义认为,在保证安全的基础上,可以再进一步对孤立主义、离岸制衡、选择性参与和进攻性优势战略进行理性分析与选择。①从防御性现实主义中难以得出具体的战略指导,其前提是国家必须要对自己的利益或威胁有明确的界定。防御性现实主义对国家的政策建议,不是国家"应该做什么",而是"不应该做什么"。

3. "修正主义国家"的存在性问题

防御性新古典现实主义统一了进攻性结构现实主义和防御性现实主义的分歧,并吸收了二者的合理成分。对于结构现实主义,体系层次无法规定国家的微观行为。从理论上说,防御性新古典现实主义继承了防御性结构现实主义,但论证路径完全不同,体系与单元层次的结合使其更具有说服力;从对国家性质的判定上,防御性新古典现实主义者,如斯奈德、托利弗都默认了"持进攻性政策国家"的存在,但"持进攻性政策的国家"不是"修正主义国家",更不是"进攻性现实主义国家"。斯奈德认为,利益集团联盟对国家政策的绑架,会导致国家寻求过度扩张,但斯奈德对这些"持进攻性政策国家"的分析仍然是以防御性现实主义为架构的;托利弗认为,风险平衡过程中的损失厌恶和禀赋效应会导致国家过度扩张。但是,作为国际政治结果理论的防御性现实主义,仍然可以解释上述扩张现象。从根本上说,防御性现实主义否认"修正主义国家"的存在,在其世界观中,所有国家的本质依然是"维持现状"的。它仅仅承认有的国家有时会持"修正主义政策",但盲目扩张毕竟是反常的、例外的。

---

① 关于进攻性、防御性现实主义关于美国冷战后战略取向问题的争论,参见 Barry Posen and Andrew Ross, "Competing Visions for US Grand Strategy" in *International Security*, Vol. 21, No. 3 (Winter 1996 – 1997), pp. 5 – 53。

施韦勒曾批评沃尔兹、沃尔特等人的"现状倾向",重新将体系内的国家分为"维持现状国家"和"修正主义国家"。但这种二分法的谬误在于,判断一国的性质是前者还是后者,不是那么容易的。如果真能轻而易举地就给一个国家贴上"修正主义国家"的标签,那么国际关系理论的哲学基础也将不复存在。①我们站在斯奈德、托利弗等人的视角上看,施韦勒所说的"狮型国家"完全也有可能成为"持进攻性政策的国家",利益集团联盟的影响以及决策者对风险评估的错误认知,都有可能导致一国持进攻性政策。准确地说,在所有的防御性现实主义者看来,国家的性质都是"维持现状"的,"维持现状"国家的常态应是持"防御性"的"现状"政策。通过对斯奈德、托利弗等人理论的分析,可以总结出,"维持现状"性质的国家的非常态行为,是由"不完全理性"导致的。非常态状态下引发国家持扩张性政策的原因,既有结构层次(如对权力、威胁制衡的需要)上的,也有单元层次上的,而作为国际政治结果理论的防御性现实主义依然可以对此进行解释。

二、动态差异理论:防御性的"权力转移理论"

1. 动态差异理论的主要成就

在《大战的起源》(The Origins of Major War)一书中,戴尔·科普兰(Dale C. Copeland)系统地提出了"动态差异理论"(Dynamic Differentials Theory)。他构建了两个重要概念,使之成为其理论的核心:"动态"和"差异"。科普兰指出,国家权力是相对的,单从这一点上看不出来其理论的独特性,因为沃尔兹早就关注到了国

---

① 此外,格伦·斯奈德认为,防御性、进攻性现实主义可以分别用来解释一国不同时期的行为。参见 Glenn H. Snyder, "Mearsheimer's World: Offensive Realism and the Sruggle for Security" in *International Security*, Vol. 27, No. 1 (Summer 2002), p. 158。实际上,这同样是谬误的,因为同样缺乏判断标准,相关内容可见第一章·一。

家权力的相对性。但是，他尤其强调，权力的相对性不是静态的对比，而是通过权力的动态运动过程中体现出来。由此，他推导出，国家的强大不是一种静态的表象，如果一个国家所占的绝对权力份额大，相对权力份额也大，但这两个份额都处于下降趋势，那么此时这个国家就不是真正强大的，而是虚弱的。真正的大国，必须是既有较大的权力份额，同时其权力又是在稳定上升。即使是体系内的霸权国，其权力也至少应当保持平稳，而不是在相对权力上的下降。大国权力的下降是导致大战的催化剂。这里的"权力下降"（decline）是科普兰构建的一个特殊因变量。

科普兰构建的理论，也是基于前人研究成果之上的。尤其是美国学术界关于国家的理性选择（Rational Choice）[1]理论，以及微观经济学。特别是，他严格地继承了沃尔兹的结构主义理论。其创新之处在于，他在"动态"和"差异"两个定义的基础上，构建了一个关键性的独立变量，即"动态差异"。所谓动态差异，即指"大国之间相对武装力量的差异变化及其同时的、相互的作用（simultaneous interaction）与大国对这种差异变化的趋势预期"[2]。动态差异理论的结论是大国都会对本国的未来权力分配极其关注，那些预期自己的权力份额会发生明显下降的大国（这种被预期的权力下降必须是长期的，如果仅仅是国家预期到权力的短期下降，国家则不一定要发动战争）往往是主要的战争策源地，因为它们往往担心自己被他国所征服或占领。[3]

科普兰认为，体系内占据一定主导地位的国家对其权力下降的感知是导致此国家关注发动战争的原因。为了对此进行解释，他在模型中提出了三种关于"权力下降"的形式：军事力的下

---

[1] Brian Schmidt, "A Review of *The Origins of Major War* by Dale C. Copeland" in *International Affairs* (Royal Institute of International Affairs 1944 -), Vol. 77, No. 2 (Apr., 2001), p. 409.

[2] Dale C. Copeland, *The Origins of Major War*, Ithaca, NY: Cornell University Press, 2000, p. 15.

[3] William Reed, "Review: *The Origins of Major War*" in *The American Political Science Review*, Vol. 95, No. 2 (June, 2001), p. 513.

降、经济力的下降和潜在力（potential power）的下降。如果对这些不同"权力下降"的形式进行重新归类，就可以得出国际关系现实中三种常见的"国家衰落"形式，即"经济技术的衰落"、"军事力量强大而经济实力衰落"以及"纯粹的军事力量衰落（包括地缘优势的丧失和联盟政策的失败，以及国家在建构联盟过程中导致的本国相对权力的下降）"①。他还分析了每种下降形式对国家战争决策的影响。尤其指出，第二种"衰落"最容易导致国家发动大战（如德国发动两次世界大战），其次是第三种（如苏联在柏林危机和古巴导弹危机中的决策）。第三种"衰落"不一定会导致大国发动大战，因为它可以通过"以暂时的既得优势（temporary advantage）使对手气馁"的方式解决。②

此外，科普兰还指出了在两极世界和多极世界中，权力"差异"可能造成的不同影响，特别是"极"的结构与国家权力变化趋势，二者的结合作用对引起大战条件的影响。最后，他还建立了一个决策模型，并以此来预测，在什么样的条件下领导人会选择强硬政策，甚至不惜冒着引发大战的危险，来遏止国家权力的下降。总之，他将极的结构、权力的差异以及均势的趋势，三者结合起来，形成一个统一的理论，以此解释战争的起源，并且强调，其理论对于前核时代与核时代同样适用。③在防御性现实主义理论中，埃弗拉对冷战爆发原因的论述，与动态差异理论有相似之处。埃弗拉认为，20世纪40年代末50年代初，美国之所以实行预防性政策，就是因为美国预测到了其即将丧失的核优势。④

科普兰重视对历史的实证研究，他以翔实的历史材料证明了

---

① 关于"国家衰落"的三种形式，参见 William Reed, A Review of *The Origins of Major War* by Dale C. Copeland, *The American Political Science Review*, Vol. 95, No. 2 (June, 2001), p. 513; Richard Ned Lebow, "The Beginning and Ending of War" in *The International History Review*, Vol. 23, No. 2 (June, 2001), p. 368。

② Richard Ned Lebow, "The Beginning and Ending of War" in *The International History Review*, Vol. 23, No. 2 (June, 2001), pp. 368 - 369。

③ Ibid., p. 368。

④ Stephen Van Evera, *Causes of War: Power and the Roots of Conflict*, NY: Cornell University Press, 1999, Chapter 4.

如下结论：大战往往是由军事力已经占据优势但又担心自身权力下降的国家发动的。由此寻找出了动态差异理论的核心变量——"衰退动机"（declinist motivation）。他认为，国家对权力下降预期的可能性，与其发动战争的可能性成正相关关系，国家对外实行的强硬政策的目的，是用来抵消本国权力下降造成的负面影响。国家是以预防性行为（preventive action）来对抗造成其权力下降的最主要行为体（principal agent）①。科普兰认为，斯巴达进攻雅典、迦太基进攻罗马以及西班牙菲利普二世和法国路易十四的对外扩张，都源于它们避免权力继续下降的企图。两次世界大战的根本原因，都在于德国从地缘政治上对俄国的恐惧。②德国发动战争的原因就在于，它需要采取一定措施克服这种恐惧。美国对苏联发动冷战，原因也是如此，即防止其在体系中地位的受损（positional loss）。

科普兰对古典现实主义、新现实主义和霸权稳定论所提供的三种关于战争的解释进行了必要的修正。他认为，自己的理论不仅能解释常规战争的爆发，还能解释冷战的起源以及如何避免危机和战争。③特别是，国家可以利用其他国家之间的短期冲突，使自己渔翁得利，置身于是否选择战争的事外。④此外，科普兰不仅

---

① William R. Thompson, "A Review of *The Origins of Major War* by Dale C. Copeland" in *The Journal of Politics*, Vol. 64, No. 1 (Feb., 2002), p. 334.

② 科普兰通过大量材料总结出，德国与俄国的矛盾才是一战的主要原因，而非以前学者所认为的奥塞矛盾、俄奥矛盾、英德矛盾、法德矛盾和美日矛盾，尽管他并没有否认这些矛盾的作用。而对于二战来说，希特勒只是想纠正德国对于苏联的权力的劣势地位，遏止其权力的下降。但是，在其著作的其他地方，科普兰却承认，大战是源于希特勒对生存空间的追求，而这恰恰是一个进攻性的政策，因此他的理论是自相矛盾的。关于作者对德国发动二战原因的论述，参见 Dale Copeland, *The Origins of Major War*, Ithaca: Cornell University Press, 2000, p. 124.

③ William R. Thompson, "A Review of *The Origins of Major War* by Dale C. Copeland" in *The Journal of Politics*, Vol. 64, No. 1 (Feb., 2002), p. 333. 之所以研究冷战与研究大战的起源密切相关，是因为冷战时期虽然世界保持了持久和平，但世界曾多次面临大战的危险，部分内容参见 Richard Ned Lebow, "The Beginning and Ending of War" in *The International History Review*, Vol. 23, No. 2 (June, 2001), p. 368.

④ William Reed, A Review of *The Origins of Major War* by Dale C. Copeland, *The American Political Science Review*, Vol.95, No.2 (June, 2001), p. 513.

研究了历史上战争的原因,还为后冷战时代的安全研究提供了借鉴。①

2. 动态差异理论与风险平衡理论的异同

科普兰的动态差异理论与另一位防御性现实主义学者杰弗里·托利弗的风险平衡理论有相似之处,二者关心的都是决策者的心理预期(expectations)。二者都认为发动战争的不是权力正在上升的大国,而是权力正在下降的大国②,至少是感受到自己权力下降的大国。和现实主义的"最小"假设一样,二者都承认国家是理性的,国家会对自己的对外政策行为进行理性的权衡。动态差异理论尤其关注国家的安全,而风险平衡理论尤其关注国家在体系中的位置。林民旺认为,动态差异理论与前景理论结合以后会具有更强的解释力。③根据前景理论,现状满意国是因为它们处于收益框架内,损失厌恶和禀赋效应促使其具有维持现状的偏好,而不满现状的国家是由于它们正处于损失框架内,处于衰弱状态中的主导性军事大国更倾向于将现状框定为损失。④并且,二者研究的都是国际关系的规律,而非政策,都应算是国际政治结果理论。只是二者在如下三点存在明显的差异。

---

① Brian Schmidt, "A Review of *The Origins of Major War* by Dale C. Copeland" in *International Affairs* (Royal Institute of International Affairs 1944 –), Vol. 77, No. 2 (Apr., 2001), p. 409。

② 动态差异理论认为,一个正处于权力上升通道的大国,是不会贸然发动大战的,因为时间对它有利,等待就意味着权力的进一步增长,可以用和平手段得到的东西,没有必要依靠战争去攫取。恰恰是当一国认为自身陷入严重的、无可挽回的衰落之中时,爆发大战的可能性最大。只要处于衰落中的大国认为自身的权力正在衰退,即使它的军事力量与对方大致相等甚至稍逊一筹,也会铤而走险发动一场大战。在任何体系中,只要国家是寻求安全的理性行为体,任何一场大战都必然是"预防性战争" [参见阮宗泽:《中国崛起与东亚国际秩序的转型:共有利益的塑造与拓展》,北京:北京大学出版社,2007 年版,第 30 – 34 页;韦宗友:"对大战起源的另一种现实主义解读:评《大战的起源》"(载《美国研究》,2002 年第 4 期,第 137 页)]。

③ 林民旺:"国际关系的前景理论"(载《国际政治科学》,2007 年第 4 期,第 125 页)。

④ 同上。

(1) 两个理论所解释的范围完全不同

动态差异理论解释的是"大战的起源",即引起战争的普遍性原因(common cause)以及减轻这些导致战争的条件的方法①。根据作者的定义,所谓大战(major war)即为一个体系中所有大国都被卷入其中的战争②,它的烈度也是最高级别的(the highest level of intensity)。而风险平衡理论要解释的是大国和小国之间发生的局部战争的原因。③

(2) 二者的研究层次完全不同

动态差异理论是纯粹的体系层次理论,属防御性结构现实主义范畴,即从体系层次上讨论国家力量的差异及其动态变化的趋势,关注的是体系层次上的压力对行为体产生的影响。科普兰始终避免将单元层次上的变量插入到其模型中去。④而风险平衡理论则是纯粹的国家层次理论,尽管包括托利弗本人在内的不少学者将其划分在防御性结构现实主义范畴。

(3) 两个理论所建构的模型中,博弈者的数量不同

动态差异理论关注的是一个国家权力的相对动态变化,以及两个国家间权力的对比关系,必须在两个国家之间关系的范畴中

---

① Brian Schmidt, "A Review of *The Origins of Major War* by Dale C. Copeland" in *International Affairs* (Royal Institute of International Affairs 1944 –), Vol. 77, No. 2 (Apr., 2001), p. 409。

② 〔美〕戴尔·科普兰著,黄福武译:《大战的起源》·译序,北京:北京大学出版社,2008年版,第2页。

③ 托利弗借用了心理学上的前景理论,指出:发动战争的往往是权力正在下降的国家,首先是因为这些国家及其领导人预期到了自身实力的下降,其次是领导人不希望自身实力下降。正因为如此,国家必须扩张,不管是扩张在什么地方、以何种方式。对于"在什么地方进行权力扩张"的关键性问题上,领导人总是希望选择在风险较小的、但却对国家权力的增强没有实质性意义的地方进行扩张,尽管它的收益不如在风险较大的、但却对国家权力的增强有实质性意义的地方进行扩张。这种做法,一方面是为了保障国家在国际中的地位,另一方面是保障领导人自己在国家中的地位,即使在没有实质性意义的地方进行扩张,仍然会常常失败,但是和招惹一个大国相比,毕竟代价和风险都会小得很多。

④ Brian Schmidt, "A Review of *The Origins of Major War* by Dale C. Copeland," in *International Affairs* (Royal Institute of International Affairs 1944 –), Vol. 77, No. 2 (Apr., 2001), p. 409。

讨论，才有实际意义，不可能孤立地、单独地以一个国家为讨论对象。而风险平衡理论不是一个博弈理论，它仅仅是对一个国家从国内层次上进行讨论。

3. 防御性的"权力转移理论"

动态差异理论与奥根斯基、古格勒等人的权力转移理论有一定相似之处，可以称作是防御性的"权力转移理论"。虽然科普兰对权力转移理论所揭示的战争机理进行了批驳，但对二者进行对比，还是有利于加深对动态差异理论的认识。A. 二者都是较为严格的结构理论，尽管科普兰引入了感知等因素，而且奥根斯基提出权力转移理论时，还尚在沃尔兹结构现实主义成型之前。B. 二者与传统上现实主义所信仰的均势理论大相径庭，几乎颠覆了均势理论的主要结论。C. 二者都是从基于权力动态和基于权力对比的视角，来考察战争爆发的原因。D. 二者都注重对经济力量的考虑。① E. 二者所说的战争原因，即其理论的结论，都是战争爆发的必要条件，而非充分条件②，尽管前者并未明确强调。

动态差异理论与权力转移理论，都否定了关于"均势稳定"的论断，都认为，权力的彼此接近，反而会造就国际关系的不稳定，尤其适用于大国之间的关系。两个大国实力的接近，更容易引发战争。科普兰对于"大战"的定义是：体系内主要大国都参与的战争，考虑的是权力相近的大国之间的关系；奥根斯基也认为，当大国间权力的再分配出现"持平"（power parity）趋势时，

---

① 科普兰认为，"从整体上考虑经济力量和潜在力量是非常必要的，因为这两种力量的水平和趋势对于确定军事衰退的程度和必然性是至关重要的。"[〔美〕戴尔·科普兰著，黄福武译：《大战的起源》，北京：北京大学出版社，2008年版，第20页]；奥根斯基认为，工业化使后起的大国也非常有可能和以前的大国出现"权力持平"，从而导致战争 [A. F. K. Organsky, *World Politics*, NY: Alfred A. Knopf, 1958, Chapter. 3 - 4]。

② 奥根斯基明确提到，权力转移是战争爆发的充分而非必要条件 [A. F. K. Organsky and Jacek Kugler, *The War Ledger*, NY: Alfred A. Knopf, 1980, pp.142 - 145]。

战争爆发的可能性最高①。两个理论所构建的基本模型，均是两个以上国家之间的博弈关系，其中以两个大国间的博弈为典型。

二者微妙的不同之处在于，动态差异理论认为，在两个大国的战争博弈中，战争的施动方是强者，即"体系内占据一定主导地位的国家"，是强者对其权力下降的感知而导致的对战争的关注。由此推理，如果强者能保持其在体系中的位置与权力，那么强者则不会对发动战争有兴趣。这暗含着一种"优势稳定"的意味，因为当强者感知到其权力下降的时候，必然是当它的权力与相对较弱的强国相比，较为均衡的时候。而权力转移理论则不然，虽然"权力持平"将导致战争，但战争的施动方是弱者，即后起之国。权力转移理论认为崛起后的大国常常对现有的国际秩序"不满"，当不满意的后起国家认为有机会和能力通过战争重新支配秩序的时候，它们就会更倾向于通过战争来改变现状。②

综上，动态差异理论与权力转移理论都认为，当体系内一个主导性大国与另一个大国的权力对比趋向持平时，即在权力出现转移的动态趋势过程中，战争爆发的几率是最高的。区别在于：前者描述的是两个大国中当强方权力滑向弱方水平时强方的反应，这里的强方也是相对的，有时双方权力对比是模糊的，甚至没有优势；后者描述的是当弱方权力升至强方水平时弱方的反应。

此外，科普兰《大战的起源》全书中通篇几乎未提到安全两难，但他所说的"衰退动机"却是与安全两难一脉相承的，这使其具备了典型的防御性现实主义特点。托利弗将安全两难的实质归结为对"脆弱性的感知"（perceptions of vulnerability）③，尽管赫兹与沃尔兹所说的安全两难主要是一国对他国意图的不明确。沃尔兹的安全两难，所关注的是他国，而托利弗关注的是本国。尽管没有材料根据，但我们也可以将托利弗所说的对"脆弱性的感知"看作是对安全两难理论的补充。而动态差异理论就充实了

---

① A. F. K. Organsky, *World Politics*, NY: Alfred A. Knopf, 1958, Chapter. 1.
② A. F. K. Organsky, *World Politics*, 2nd ed., NY: Alfred A. Knopf, 1968, p.123.
③ Jeffrey W. Taliaferro, "Security Seeking under Anarchy: Defensive Realism Revisited" in *International Security*, Vol. 25, No. 3 (Winter 2000–2001), pp. 147–149.

托利弗的一个"隐含结论",即一国对自身权力脆弱性的感知,也是产生安全两难的动因,而对他国威胁的意图可以不置可否。

4. 另一种结构现实主义:"多极相对稳定论"

科普兰认为,两极体系中权力的对峙要比多极体系更加危险。①因为在多极体系中武力居于明显优势的主导国家,往往会对体系中其他国家对它的挑战有所准备。并且主导国只有在其能够对付其他所有与其非联盟的挑战国的时候,才会轻易发动战争。也就是说,它必须对其他所有的与其非联盟的国家发动战争,如果它仅仅是对付其他国家中的一个,会导致其更容易受到其他国家的攻击。当主导国不具备挑战他国条件的时候,即使国家权力在下降,它也会将改变现状的任务留给他国。总之,多极体系使发动战争的条件变得更为苛刻。②

在两极体系中,两个超级大国中的任何一个都会为防止其地位的下降,而甘于冒巨大的风险。并且由于权力上的极不对等性,两极中的战争发动国不必考虑其他国家对其所构成的威胁,因此它阻止其权力下降的风险也就较小,战争更容易发动。

虽然同为防御性结构现实主义,但是科普兰却得出了同沃尔兹相反的结论。沃尔兹将体系的稳定性同均势的稳定性等同起来,认为支配均势体系的行为体越少,体系就越稳定。③科普兰对沃尔兹理论的发展在于,他将均势的稳定与体系的稳定区分开来看待,而沃尔兹忽略了均势结构中国家之间权力差异的即时互动性(in-

---

① William R. Thompson, "A Review of *The Origins of Major War* by Dale C. Copeland" in *The Journal of Politics*, Vol. 64, No. 1 (Feb., 2002), p. 334.

② Dale C. Copeland, "Neorealism and the Myth of Bipolar Stability" in *Secure Studies*, Vol. 5 (Spring 1996), pp.29-89.

③ 沃尔兹认为,简单的两极关系及其所产生的很大的压力会使两个国家变得保守起来,双方都力图维持现状,即使发生战争,也是维持均势的战争[Kenneth N. Waltz, *Theory of International Politics*, McGraw-Hill Companies, 1979, p. 117]。由于沃尔兹将体系的稳定性等同于均势的稳定性,而单极体系不是均势体系,因此单极体系也不如两极稳定。既然是支配均势体系的行为体,就意味着至少应有两个这样的行为体,所以两极之间的均势是最稳定的。

teractions simultaneously)。如果将两极体系看作是最稳定、最和谐的均势状态，那么必须首先承认，国家之间一切权力的变化和互动都是静态的，至少是不明显的动态，而科普兰的结构现实主义就是要批评这种根深蒂固的静态视角。虽然在两极体系中，均势达到了暂时的最和谐状态，但是这种体系中权力差异的动态变化，却是非常剧烈的。这就决定了两极体系不会比多极体系更加稳定；也很好地解释了为什么冷战时期引发国际关系紧张的事件，要远远多于后冷战时期。

5. 动态差异理论的缺失
（1）理论的片面性与简单性

动态差异理论并不能解释历史上所有大战的原因。例如，尽管它可以很好地解释菲利普二世和路易十四对外扩张的原因，但对于拿破仑的扩张战争，却显得有些牵强。拿破仑对俄、普、奥进攻的时候，正是其实力大增之时，因为当时法国的军事力、经济力和潜在力都在欧洲大陆首屈一指，然而拿破仑却不安分于法国实力的平稳增长，急需以战争作为捷径，实现法国的迅速强大。

更重要的是，科普兰对一战和二战原因的分析，着实过于简单化。即使是在看过作者引用的大量一手材料后，仍然令人难以信服。所谓的预防性措施很难作为发动大战的理由和动机。有的学者认为，如果战争单单是由德国对俄国的威胁而引起的，那么为什么会有如此之多的大国卷入其中？[1]仅仅两个国家之间的一对矛盾，难以解释一场世界大战的发生。[2]笔者可以对此进行如下简单的提问，在二战中，既然是德国感到了苏联的威胁，那么德国为何不首先进攻苏联，而是先进攻英、法？总之，科普兰最多仅仅是分析了德国与俄国之间发生战争的原因，而对于为何双边战争发展成为了多边战争，却缺乏应有的论证。导致大战的原因，并非总是和动态差异理论的论述相一致的，科普兰过于夸大了其

---

[1] William R. Thompson, "A Review of *The Origins of Major War* by Dale C. Copeland" in *The Journal of Politics*, Vol. 64, No. 1 (Feb., 2002), p. 335.

[2] Ibid.

模型的解释效度。

虽然科普兰转引了大量一手数据,但是他的关注点是决策者的心理预期,如此之多的数据如何与决策者的心理预期建立联系,科普兰始终没有给出信服的论证。虽然科普兰考究严谨,但是决策者的心理预期,很难通过单纯的数据反映出来。尤其是领导人对国家将来地位的心理预期,我们只能从领导人讲话、文章的只言片语中得出大致的结论,但是不可能得到准确的证据。

根据防御性现实主义者柯庆生等人的理论,领导人的许多对外决策,往往只是实现其对内政策的辅助手段。很多情况下,对外政策并不是以国家的外部利益为基准点,很有可能国家对外发动政治危机(甚至战争)的目的并不是要解决其外部的生存和地位问题,而是"醉翁之意不在酒"。此外,为了使决策合法化、合理化,决策者往往会使用其惯用的政治伎俩,以危言耸听的方式夸大某一事件的危害。他们会宣称,如果不及时采取措施、不发动战争,国家的利益将会损失得更多,国家的地位也将下降得更多。他们这样做的目的,并不是真心要对付外部威胁,而是要为自己沽名钓誉,或谋求延续统治,或者为其所代表的利益集团谋取好处。冷战时期美、苏的军备竞赛就是如此。总之,动态差异理论仍然是单纯的防御性结构现实主义,仍然没有打开研究国家的"黑箱"。事实上,国家想发动战争,并不一定是因为它对其权力下降的感知,往往另有别的原因。

(2) 定义的模糊性

对"军事力"的界定,动态差异理论也显得比较模糊。科普兰对什么是"军事优势"这一概念,表现得较为感知化。①军事力的强大,并不取决于一国武器数量的增多。一国的地缘因素,也会关系到其军事力量。例如,如果一个国家幅员辽阔、战略纵深广阔,那么这个国家是不易被征服的。并且,"军事优势"必须

---

① William R. Thompson, "A Review of *The Origins of Major War* by Dale C. Copeland" in *The Journal of Politics*, Vol. 64, No. 1 (Feb., 2002), p. 334.

有其所指的范围。①在一战、二战时,德国即使拥有军事优势,那么这也仅仅局限在欧洲范围内,而在欧洲以外它未必有这种优势,例如美国就远远强于它。所以,科普兰所说的"体系中的军事优势"(systemic military superiority),准确地讲,应该改为"区域内的军事优势"(regional military superiority)。②

根据前人建构理论的习惯,一个理论要成为完整的体系,首先应该对自变量和因变量进行明确的定义,因此在解释事实的时候,这些清晰定义可以有助于形成系统的规则。而科普兰的定义却缺乏明确性,而且在解释史实、证据的过程中,定义发生了变化,这应该说是其理论的一个缺陷。③

例如,在对其理论中的重要因变量——下降(decline)进行定义的过程中,科普兰有很多地方处理失当。科普兰是从纯粹的体系层次来对权力的平衡,即均势进行定义,他也反复强调自己的理论是坚持体系分析法的。然而,他却把权力的下降,同领导人的感知与预期密切联系起来。这样,在其理论的核心之处,就出现了一个巨大的漏洞,与结构现实主义发生冲突。此外,他还承认,领导人的预期有可能是不正确的,这等于说,他没有使自己脱离认知范式的圈套,其分析的终结点,还是回到了领导人个人层次的决策上来。既然是领导人对权力的感知就不能是像他自己所说的,找到了大战爆发的规律性结论,因为不同的领导人会对体系中权力的结构有着不同的甚至截然相反的预期。例如,1914年,在几乎所有的大国内部的决策层中政治精英都对当时国际权力结构的性质与未来发展的趋势,有着相差甚远的预期;冷战时期,美、苏内部的领导阶层也对双方的力量对比,以及谁将

---

① William R. Thompson, "A Review of *The Origins of Major War* by Dale C. Copeland" in *The Journal of Politics*, Vol. 64, No. 1 (Feb., 2002), p. 334。

② Ibid., p. 335.

③ Richard Ned Lebow, "The Beginning and Ending of War" in *The International History Review*, Vol. 23, No. 2 (June, 2001), p. 369.

变得更为强大,有着截然不同的看法。①既然统治阶层内部都不会对权力有相同的预期,那么最后决定一国战略的只能是掌握实权的最高决策者,因此决定战争发动与否以及战争进程的,只能是最高决策者的预期和认知。总之,科普兰理论的终结点不是国际理论的规律性,而是偶然性和例外,容易被反驳。从研究层次的角度说,动态差异理论远不如沃尔兹的结构现实主义以及杰维斯、斯奈德、托利弗的理论成功,它的研究层次是非常混乱的,结论与论证之间非常矛盾。

(3) 对史实的曲解

科普兰的一些重要结论是难以服人的,甚至是荒谬的。有的评论者认为,他是在以扭曲历史的方式来支持自己的论点。②例如,他认为在两次大战中,德国发动的只是预防性战争(preventive war),是为了扭转相对于俄国的不利地位,遏止自己权力的下降,美国发动冷战也是预防性战争③。我们抛开科普兰所研究的大战的"规律性"不谈,单从他所选取的论证材料上,就可以看出他分析的薄弱环节。科普兰认为,德国发动一战的诱因,在于俄国,主要包括俄国的修建铁路计划以及俄军的军事改革,这些措施导致了施利芬计划(schlieffen plan)的失效。但是,他却没有注意到,施利芬计划其实比俄国的政策更加带有进攻性,不是俄国的军事改革导致了施利芬计划的失效,而是施利芬计划促使了俄国的军事改革进程。科普兰没有有效地对上述的公认的结论进行有效证伪。④如果一定要说德国发动战争的原因在于它对俄国的恐惧,那么只能得出一种合理的解释,即这种恐惧是德国人渲染出来的,而不是源于它对客观实际的感知。更重要的是,科

---

① Richard Ned Lebow, "The Beginning and Ending of War" in *The International History Review*, Vol. 23, No. 2 (June, 2001), p. 370.

② Ibid., p. 371.

③ 即以计划性的、积极的、有力的对抗政策,来延缓苏联的发展。

④ 科普兰认为,德国发动世界大战的目的,其实是想实现谈判基础上的和平。这实际上是在否认德国发动战争的进攻性 [Dale Copeland, *The Origins of Major War*, Ithaca: Cornell University Press, 2000, p. 79]。

普兰没有指出英、法对德国的威胁（即使我们假设是英法威胁德国，而不是德国威胁英、法）。如果科普兰否认英、法对德国的威胁大于来自俄国的威胁，那么这显然又是不符合历史事实的，因为德国在陆上的进攻性战略主要是针对法国的，在海上的进攻性战略主要是针对英国的，在战争进行的过程中，德国也是将西线作为主战场，而东线只起到辅助作用，英、法对德国的威胁至少应该大于来自俄国的威胁。如果科普兰承认英、法对德国的威胁大于来自俄国的威胁，那么又显然与自己的论证材料及结论相违背。

（4）研究方法缺乏合理性

在研究方法上，理论也明显欠缺合理性。结构理论应该通过演绎实证的方式论证，而非通过历史归纳实证。以归纳实证的方式构建结构现实主义理论是非常致命的。虽然所有的结构理论都在对单个国家政策的解释效度上有所欠缺，但沃尔兹的理论较难从整体上予以证伪。对于以归纳实证为论证方式的动态差异理论来说，理论的被证伪要比理论的构建容易得多。与沃尔兹相比，同属防御性结构现实主义的科普兰稍显逊色，尽管他在搜集资料和数据上体现了一丝不苟的严谨学风。在结构逻辑的论证过程中，仅凭简单的史实个例会使批评者轻而易举地找到反例。尽管科普兰分析的是大战的起源，并且他列举了历史上所有的体系范围的战争，但是找到反例仍然是轻而易举的。我们并不否定，沃尔兹的结构逻辑以及纯粹的演绎论证并不是完美无缺的，也可以找出反例，但我们也必须承认，科普兰的论证过程缺乏缜密的逻辑性。

例如，二战时期的日本，其国内的决策层曾经为"北上"与"南下"两种不同的政策争论不休。1936年日本《帝国国防方针》曾把苏联列为了第一敌对国，但最后日本却放弃了"北上"而选择"南下"。如果按照科普兰的逻辑，日本应该坚持其进攻苏联的战略，因为仅仅论实力的话，当时能对日本构成直接威胁的，只有苏联。尽管苏联应该没有这种意图去招惹日本，但是苏联一定会让日本产生权力的"衰退动机"，然而最后日本还是放弃了对苏联的进攻。当然，日本放弃"北上"和选择"南下"也是有其利益基础的，因为它想夺取东南亚丰富的煤、铁等战略资源，而寒冷的西伯利亚却对其没有太多意义,并且苏联在远东的军队对日本起到了有效的震慑作用,特别是诺门坎战役之后,日本更是彻底放弃了对苏联的企图。由此可以看出,动态差异理论在这里行不通,因为日本并没有在感受到苏联的威胁之后进攻苏联,反而是退却了。

笔者认为还可能会有另一种看法,即动态差异理论是解释大战发生原因的理论,而这些原因仅仅是大战发生的必要条件,而充分条件却未涉及。但是,这也不能否认,科普兰理论中的漏洞与缺陷,包括论证逻辑的混乱和对史实的错误理解。在此之前,曾有学者认为,虽然科普兰讨论了权力的"动态差异",但是他忽略了权力的"转移"对国际关系中战争与和平的影响。①这里不再赘述。尽管其理论存在这样或那样的缺陷,但仍不失为一部解释大战起源的有益著作,为当代避免国际冲突,归纳总结了宝贵的经验。

三、政府中心型现实主义对防御性现实主义的批评

1. 政府中心型现实主义简介

扎卡利亚在《从财富到权力》一书中,对包括防御性现实主义在内的现实主义理论体系进行了批评与反思,构建了自己的理论体系,即"政府中心型现实主义"(state-centered realism)。所谓"政府中心",就是强调政府的作用,特别是一国的中央政府及其决策者,在掌握经济能力以及将其转化成政治能力、外交能力并为其目标服务的过程中的核心作用。

在国内以前的论文及一些著作中,"新古典现实主义"常被等同于政府中心型现实主义。但是最好的分类方法是将政府中心

---

① William Reed, A Review of *The Origins of Major War* by Dale C. Copeland, *The American Political Science Review*, Vol. 95, No. 2 (June, 2001), pp. 513–514.

型现实主义看作新古典现实主义理论群中的一种，而且与施韦勒的理论一样，它是带有"进攻性"意味的新古典现实主义。①之所以新古典现实主义常常被看作是政府中心型现实主义的等价词，主要是因为扎卡利亚的新古典现实主义强调了"能力塑造意图"的古典现实主义原则，给人以从"结构决定行为"向古典现实主义回归的感性印象，尽管扎卡利亚始终强调自己既修正了防御性现实主义，也修正了古典现实主义。他的理论的确集中体现了新古典现实主义的典型特色。而其他类型的新古典现实主义，都是在辩论过程中为了弥补纯粹的结构理论的不足，因而填补了国内研究层次上的空白，他们开始并不一定想到要构建一种"新古典"性质的理论。笔者认为，界定新古典现实主义的标准，还是在于研究层次的划分，即新古典现实主义必须是体系、国家两个层次的合成理论。托利弗以盖棺定论式的评价将攻防平衡理论、国内动员理论、利益平衡理论和政府中心型现实主义都归纳为是新古典现实主义，尽管他对新古典现实主义的界定标准是必须满足外交政策理论而非国际政治结果理论。

　　扎卡利亚对"政府能力"（state power）进行了定义，并将其与"国家权力"（national power）区分开来。他认为政府能力源于国家权力，但必须是一国的中央政府能够直接利用的部分，其目的是达到其外交政策目标。外交决策不是由国家权力大小而是由政府能力大小决定的，相对于结构现实主义只重视体系层次而不重视国家层次而言，古典现实主义只重视国家权力而不重视政府能力。这是重要的理论创新，据此，国内层次因素就被划分得更细致了。政府中心型现实主义认为，对权力的分析必须考察一国中央政府对社会资源的支配和调控能力，而这种有限的支配和调

---

① 本书坚持认为托利弗的划分方法最佳，他将政府中心型现实主义划分到新古典的、进攻性的现实主义一类中。其他将政府中心型现实主义划归为新古典现实主义的学者，参见 Gideon Rose, "Neoclassical Realism and Theories of Foreign Policy" in *World Politics*, Vol. 51, No. 1, 1998, pp. 144 – 172；而将其划归为进攻性现实主义的学者，参见 Sean M. Lynn – Jones, "Review: Realism and America's Rise: A Review Essay" in *International Security*, Vol. 23, No. 2 (Autumn 1998), pp. 157 – 168.

控能力(即政府能力)在很大程度上决定于国内因素。为此,扎卡利亚就通过国内政治因素中介构建了两个桥梁以弥补此前的现实主义的缺憾。它们分别是体系与能力之间的桥梁和权力与能力之间的桥梁。下图是笔者对此做出的归纳。

图6　　　　　政府中心型现实主义的分析逻辑

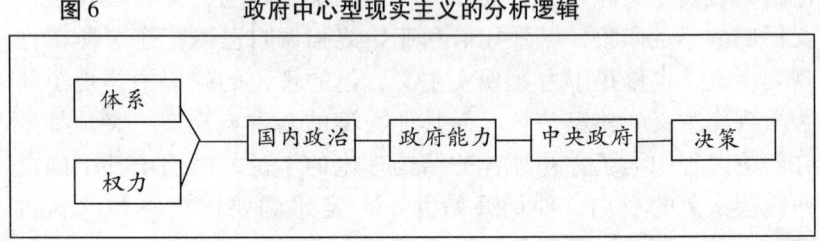

有的学者强调,因为政府中心型现实主义关注诸如政府能力、决策者对国家实力的认知等中间变量,其不能被视为纯粹的结构现实主义,但结构现实主义依然可以说是政府中心型现实主义逻辑推理的起点和必要前提。[1]因为它承认国际社会的无政府特质是决定国家行为的根本因素,也承认一国在国际体系中的地位对其对外扩张具有决定性意义,并且国家在体系中的地位意义远远大于政体形式等其他国内层次的因素。或者说,国家行为是对系统刺激的一种理性反应,由一国在国际体系中的相对实力所决定。[2]

2. 扎卡利亚对防御性现实主义解释效度的批评

扎卡利亚认为,防御性现实主义对外交政策解释甚少,按照该理论,现代历史上多数大国的行为是其理论原则的例外,而它所判定的异常行为,在历史上却是"常见的"和"普遍的"。[3]然

---

[1] Sean M. Lynn‑Jones, "Review: Realism and America's Rise: A Review Essay" in *International Security*, Vol. 23, No. 2 (Autumn 1998), pp. 157 – 168.

[2] 周陶沫:"政府能力与大国崛起:评扎卡利亚《从财富到权力》"(载《国际政治科学》, 2008年第3期, 第119页)。

[3] 〔美〕法利德·扎卡利亚著, 门洪华、孙春英译:《从财富到权力》, 北京:新华出版社, 2001年版, 第38页。

而，扎卡利亚的批驳并不能否认防御性现实主义对当代国家关系分析的适用性，笔者以后有详细说明。诚然，显而易见的是，在论证过程中，防御性新古典现实主义者总是青睐于史实分析，而他们又常常容易犯一个共同的错误，即史实选择的狭隘性。例如斯奈德在选择历史史实以证明其国内利益集团联盟理论的过程中，就比较偏颇，缺乏普遍性。扎卡利亚认为，历史上有许多大国都是高度的工业化和卡特尔化的，但它们并不都是扩张的大国，例如从1865年到1929年的美国，而斯奈德并没有选择这些例子。①

值得强调的是，扎卡利亚所批评的"防御性现实主义"，实际上指的是笔者所说的防御性新古典现实主义。他批评的对象主要包括沃尔特的"威胁平衡理论"、杰维斯的攻防理论以及斯奈德的"国内利益集团联盟理论"。他认为防御性现实主义中关于"权力"、"安全"、"威胁"的定义都过于模糊。②虽然沃尔兹的理论排除在他的限定之外，但他并不乏对沃尔兹的批评。这些只是他本人所认定的防御性现实主义，并不是其全部，但毕竟包含了防御性现实主义的主要部分。

扎卡利亚认为，防御性现实主义虽然勉强能够以美国独特的、缺少威胁的安全环境来解释1865年到1889年之间美国的扩张不足，但却难以解释1889年到1908年之间美国对外政策的转型。在对防御性与新古典解释效度的对比中，扎卡利亚运用了纯数据式的对比分析方法，这一段也是其专著中较为著名的一部分。扎卡利亚通过对从1865年到1908年美国的扩张历史进行分析，对两个理论进行了效度检验。他把"扩张"的判断标准设定为领土拓展，最后得出的结论是，在从1865年至1889年间，防御性现实主义解释的成功率为9%，政府中心型现实主义则为68%；而从1889年至1908年间，防御性现实主义解释的成功率为19%，

---

① Fareed Zakaria, "Realism and Domestic Politics: A Review Essay" in *International Security*, Vol. 17, No. 1 (Summer 1992), p. 197.

② Ibid., pp. 193 – 195.

政府中心型现实主义则为69%。①

斯奈德曾写道，尽管扎卡利亚批评防御性现实主义的观点，但他敏锐地抓住了防御性现实主义的实质，即"对现实主义与国内政治的评述"②。然而，随着防御性现实主义的自我完善，扎卡利亚的批评也显得稍有偏颇，而这实际上是互补的。

3. 扎卡利亚对防御性现实主义"平衡论"的批评

米尔斯海默认为，防御性现实主义所说的"安全最大化"的效果等同于"权力最大化"。与此相似，扎卡利亚结合了政府的能力，提出了"影响力最大化"（influence-maximizing），这也是在批评防御性现实主义。扎卡利亚认为，防御性现实主义所说国际体系只为适度的国家行为提供诱因，实际上是他们误解了体系的作用方式。扎卡利亚认为，沃尔兹所说国际体系影响国家行为的两种方式——"共同化"（socialization）与"竞争选择"（competition and selection）——并不意味着要让国家仅仅寻求最低限度的安全。在体系的竞争性诱因作用下，国家的行为应该是追求"影响力最大化"。③扎卡利亚提出的是"影响力最大化"而非权力最大化。他认为权力最大化包含两部分内容：A. 国家为寻求增长资源而扩张；B. 作为资源增长结果的扩张。"影响力最大化"实际上是权力最大化的第二个含义。④

在一定程度上，扎卡利亚的政府中心型现实主义可能体现了

---

① Fareed Zakaria, "Realism and Domestic Politics: A Review Essay" in *International Security*, Vol. 17, No. 1 (Summer 1992), pp. 183 – 184.

② 〔美〕法利德·扎卡利亚著，门洪华译：《从财富到权力》，北京：新华出版社，2001年版，第31页。

③ Fareed Zakaria, "Realism and Domestic Politics: A Review Essay" in *International Security*, Vol. 17, No. 1 (Summer 1992), pp. 192 – 194. 所谓"共同化"，即指国家在体系的作用下，其行为将变得一致、趋同，国家间将没有什么区别；关于"共同化"与"竞争选择"参见 Kenneth N. Waltz, *Theory of International Politics*, Reading, Mass.: Addison-Wesley, 1979, pp. 74 – 77。

④ Ibid., pp. 193 – 194.

由那些借鉴了自由主义的现实主义,向现实主义"原教旨"回归的趋势。尽管没有明确指出,但扎卡利亚可能认为自己的现实主义更少具有自由主义的色彩,从而与现实主义的"原教旨"更为保持一致。与摩根索、沃尔兹一样,扎卡利亚可能也将国家看作是机械的、单一的、没有区别的行为体。甚至国家不可能从历史中吸取经验、教训,这一点比沃尔兹还要更加接近于现实主义的"原教旨",完全排斥了自由主义和历史建构主义的成分。

扎卡利亚指出,防御性现实主义者错误地认为,体系的作用会使国家从体系的运作过程中吸取教训,实际上,他们所说的教训是非常主观性的。例如,一战的爆发很难给以明确的教训,很难说国家是制衡得太多了,还是太少了。事实上国家很难从其历史事件中吸取教训,对于同一事件,不同的国家吸取的教训是不一样的,不同国家会有不同理解。扎卡利亚认为:

> 国家极少从具体事件中获得某种教训,一个国家永远不可能与他国获得相同的教训,每一个国家吸取教训的方式也不相同。如果所有国家确实从历史中学到均势,以对付侵略者,那么推卸责任将会成为普遍现象。因为这样各国就会期望,无论自己采取什么行动,总会形成力量均势来对抗奉行扩张主义的国家。这样,任何特定国家都会追随,不愿意为此付出血汗代价。因此,与新现实主义的声言相比,防御性现实主义对社会化的理解所形成的力量均势更为少见。①

前面说到,防御性现实主义思考问题,既有"应然"的角度,又有"实然"的角度。它既是对国际关系现状的描述与分析,又很像是一种主张和倡议,这就不免有理想成分,这样使自己的理论很完善,似乎难以证伪。扎卡利亚指出,好的国际关系理论应该是分析世界运行的状况,而非应该如何运行,而防御性

---

① 〔美〕法利德·扎卡利亚著,门洪华、孙春英译:《从财富到权力》,北京:新华出版社,2001年版,第43-44页。

现实主义只能告诉我们国家应该从国际体系中学习到什么。①扎卡利亚指出，防御性现实主义甚至采用了很多理想主义的假设，例如国家很容易满足，国家可以从历史中吸取"真正的"经验教训，扩张和国际冲突是国内政治混乱的结果。防御性现实主义将扩张看作是非正常现象，认为只要国内政治的疾病被治愈，国家就会开明地寻求利益，而非激起他国对自己的制衡性联盟，因此世界的最终结果将是永久和平。②扎卡利亚还发现了一个悖论，假设国家在吸取制衡的经验后，其行为被"共同化"而显得一致，那么当面对大国的扩张时，国家会想当然地认为制衡会自动产生，那么搭便车（Free-Ride）的现象将会普遍发生，集体行动就将面临困难。③意即没有国家会参与制衡。扎卡利亚指出，防御性现实主义对"共同化"的错误理解，使其理论具有"历史现实主义"（Historical Realism）的性质。④而对于沃尔兹，他宣称自己的现实主义是"非历史性"（ahistorical）的，不管社会、经济、政治、军事如何变化，国际政治的实质依然是不变的。⑤如果现实主义是"非历史的"，国家如何吸取教训？这种悖论早在新现实主义与新自由主义的辩论中就曾谈起过。但是，扎卡利亚的批评仍然不够透彻，如果按照沃尔兹所说的，国际关系是"非历史性"的，那么我们研究国际关系还有什么用处呢？如果按照扎卡利亚所说的，国家难以从历史中获得教训，那么国家也就难以从国际关系理论提出的建议中获得教训，因此所有的国际关系理论的价值都只能存在于学理意义，而非实际政策意义。

4. 扎卡利亚对"国内政治理论"的批评

与多数防御性新古典现实主义者一样，扎卡利亚实际上也是

---

① Fareed Zakaria, "Realism and Domestic Politics: A Review Essay" in *International Security*, Vol. 17, No. 1 (Summer 1992), pp. 195–196.

② Ibid., p.196.

③ Ibid., p.195.

④ Ibid., p.195.

⑤ Kenneth N. Waltz, *Theory of International Politics*, Reading, Mass.: Addison-Wesley, 1979, p. 110.

在从国内政治结构的角度解释国家外交政策。但他又认为,对国际关系结果的解释,不可能不依赖体系层次的因素。①他认为,研究国内因素对外交政策的影响固然重要,但我们必须区分国际政治中不同层次的效果,重视各个层次因素的效果。②即不能忽视体系因素的作用,不能将国内因素的作用绝对化。他强调,尽管在分析特定的国际政治案例中,国内因素看上去总是比体系因素重要,但一般来讲,无政府国际体系中国家的所处位置总是对国际关系提供了最简单的解释。③扎卡利亚认为,按照防御性现实主义的解释,近代以来大多数大国的大多数行为,都成了"例外",都成了不能解释的行为,都成了"病态的"(Pathological)行为,尽管防御性现实主义者宣称他们的解释是"普遍的"和"一般的"。④扎卡利亚认为,防御性现实主义从"最小化的结构假设"出发,其能够解释的现象是非常有限的,而对于那些反常现象,它只能通过辅助性的国内政治理论来解释,而这些反常恰恰是近现代国际关系的大多数现象,因此这是范式上的"退化"。⑤

扎卡利亚认为,即使是单独对外交政策的解释,也应该将体系因素与国内因素区分开来。⑥这的确是很有道理的,我们可以看出,斯奈德的国内利益集团联盟理论与沃尔兹的"核传播论"实际上犯了非常相似的错误。沃尔兹以不依赖国家层次变量的方式,单独从体系因素入手,去分析国家微观意义上的外交政策;而斯

---

① 类似评价,参见 Fareed Zakaria, "Realism and Domestic Politics: A Review Essay" in *International Security*, Vol.17, No.1 (Summer 1992), p.196。

② Fareed Zakaria, "Realism and Domestic Politics: A Review Essay" in *International Security*, Vol. 17, No. 1 (Summer 1992), pp. 197 – 198。

③ Ibid., p. 198.

④ Ibid., p. 192.

⑤ Fareed Zakaria, "Realism and Domestic Politics: A Review Essay," in *International Security*, Vol. 17, No. 1 (Summer 1992), p. 193. 关于范式的"退化",请见 Imre Lakatos, "Falsification and the Mothodology of Scientific Research Programs" in Imre Lakatos and Alan Musgrave, eds., *Criticism and the Growth of Knowledge*, Cambridge: Cambridge University Press, 1970, pp. 117 – 118.

⑥ 类似评价,参见 Fareed Zakaria, "Realism and Domestic Politics: A Review Essay" in *International Security*, Vol.17, No.1 (Summer 1992), p.196。

奈德以不依赖于体系层次变量的方式，单独从国内因素入手，去分析宏观上的结果。他们错误的原因是极其相似的，即在尚未提供一个能够完美地将体系层次与单元层次相结合的模型的情况下，就试图用其解释国际关系结果或国家的外交政策，其结论都明显偏颇。扎卡利亚认为，新现实主义常常随意将国内政治排除在论述之外，而防御性新古典现实主义者则恰恰相反，在他们的理论中处处都使用国内政治来解决问题，斯奈德没有提供这样一个模型，能够将国内政治与体系影响相结合起来，因为斯奈德完全排除了体系层次的分析，类似于新马克思主义国际关系理论的解释方法。①

不过，扎卡利亚的批评也过于苛刻，斯奈德的理论本来就没有脱离对体系层次的依赖，只不过在解释史实时难以把体系因素结合到其论述过程中。虽然斯奈德的国内利益集团联盟理论缺乏对体系因素的分析，将国家扩张的因素完全归于国内，但不能否认的是，他是在力图同时用体系、单元双层次因素来说明国际体系的结果。尽管在逻辑的合理性上有待商榷，但是这的确代表了现实主义向古典现实主义的回归倾向，因此我们仍将斯奈德的国内利益集团联盟理论看作是属于防御性新古典现实主义的理论。扎卡利亚认为，一个好的国际关系理论，首先应该探究的是国际体系对国家政策的影响，因为在国际关系中，国家最容易被归纳的特点是它在体系中所处的相对位置。即使是那些重点关注国内因素的国际关系理论，也必须包含一种隐含假设，即关于国际环境对国家政策的作用方式的假设。②体系层次对国家侵略政策诱因的稀缺性，早在沃尔兹的理论中就已经体现出来。我们可以将沃尔兹与斯奈德的理论视为互补的、继承性的关系，因为二者几乎没有产生任何冲突。很有可能，扎卡利亚对斯奈德的批评是模仿了沃尔兹对摩根索的批评。沃尔兹认为，摩根索将国际关系的结

---

① Fareed Zakaria, "Realism and Domestic Politics: A Review Essay" in *International Security*, Vol. 17, No. 1 (Summer 1992), p. 196.

② Ibid., p. 197.

果,看作是国家行为和相互影响所产生的结果,用单位之间的影响来解释国际结果。①即摩根索忽视了结构、单位的双向性影响,和解释国际结果的双层次因素。与此不同,斯奈德并非"不依赖体系层次的因素",而是将一定时期内的体系看作是一个常量。由于沃尔兹已充分论证了体系的作用,斯奈德不必再做重复性工作。

沃尔兹强调,对新现实主义者来讲,只有把结构和单位层次上的原因和结果区分开来,才能有效地对相互作用的国家开展研究。②只不过沃尔兹在对其进行合理的区分后,却将研究兴趣放在了结构上面,而防御性新古典现实主义者放在了单位层次上面。虽然斯奈德几乎全部以还原理论的方式分析国家对外扩张的根源,但其体系层次的前提却已经有所交代,尽管他将体系层次因素作为常数,但并不代表他违背了国际政治结果理论。沃尔兹已经从体系层次上较好地解释了国家追求安全的可能性,而斯奈德恰恰又解释了必要性。这样,斯奈德的理论就不是一个片面的理论。相反,假使斯奈德对各个层次面面俱到,反而会缩小研究成果的价值。在结合沃尔兹的理论之后,斯奈德在其理论的解释功能与预测功能两方面上,都较为成功。③

此外,将"结构调节因素"引入到这个论题中,可以回应扎卡利亚的批评。因为扎卡利亚认为,防御性将所有的侵略行为都归结于国内政治上的"病理",只有国内政治有"病理"的国家才会寻求对外扩张,这种仅仅依赖于国内变量来解释大国扩张行

---

① 〔美〕肯尼思·沃尔兹撰文,马殿军译:"现实主义思想与新现实主义理论"[载袁明主编:《跨世纪的挑战:中国国际关系学科的发展》(修订版),北京:北京大学出版社,2007年版,第163页]。
② 同上。
③ 戴维·辛格(David Singer)认为,充分的理论分析模式要具备三个功能:表述功能、解释功能和预测功能。J. David Singer, "The level – of – Analysis Problem in International Relation" in Klaus Knorr and Sidney Verba eds. , The *International System*: *Theoretical Essays*, Princeton: Princeton Univerity Press, 1961, pp. 77 – 80.

为的理论，实际上否认了结构层次上安全两难"真正的存在"。①对于防御性现实主义的解释力度，我们暂且不论。如果在此引入"结构调节因素"，就意味着国家对扩张性与防御性政策的选择，不完全来自于国内层次的因素，同时也有结构上的因素。更准确的表述是，由于"结构调节因素"对安全两难会产生影响，那么"结构调节因素"也就会通过影响安全两难来对国家的政策产生影响。例如，当攻防平衡有利于防御的时候，安全两难的作用较小，因而维持现状的国家就倾向于采取温和的政策，反之，即使是现状国家也可能会实行"安全驱动下的扩展政策"；同理，当现状国家远离威胁的时候，安全两难的作用会较小，现状国家仍会倾向于现状政策，而接近威胁的现状国家，其现状取向则会减弱。

5. 防御性现实主义与政府中心型现实主义的互补性

扎卡利亚注意到了，防御性现实主义所说的"体系原因"上的国家扩张，只是为了"促使"或"购买"安全。②但是对于权力扩张的原因，他误将防御性现实主义与古典现实主义绝对地对立了起来，没有注意到很多情况下防御性现实主义所说的扩张也是由权力所驱动的。

扎卡利亚所研究的"扩张"（Expansion），主要是扩展领土，其外延要远远小于防御性现实主义③。后者所说的"扩张"，就

---

① Fareed Zakaria, *From Wealth to Power: The Unusual Origins of America's World Role*, New Jersey: Princeton University Press, 1998, p. 23. 应该说，扎卡利亚仅仅看到了安全两难的"单元诱因"，实际上安全两难更多地体现为体系层次上的"结构诱因"。

② Fareed Zakaria, "Realism and Domestic Politics: A Review Essay" in *International Security*, Vol. 17, No. 1 (Summer 1992), p. 191.

③ 另一方面，扎卡利亚所说的"扩张"也过于模糊，在其著作中，从增派大使到美西战争都是美国"扩张"的表现，美国对菲律宾的占领与罗斯福对日俄战争的调停都被算作美国"扩张"的证据 [参见周陶沫："政府能力与大国崛起：评扎卡利亚《从财富到权力》"（载《国际政治科学》，2008 年第 3 期，第 127 页）]。而防御性现实主义则较为明晰，"扩张"即为增加权力的行为，包括一国从弱小到强大的各个阶段。

是"扩大权力"的意思。对于防御性现实主义所说的"扩张",如果将安全看作是权力的函数,可以将其分为三个类型:A. 威胁导致的扩张;B. 追求安全最大化的扩张;C. 单纯追求权力最大化的扩张。若将安全看作是权力的函数,则函数存在一个极值,自变量与因变量的关系较为特殊。参见下图。

图7　　　　权力扩张与安全效应之间的函数关系

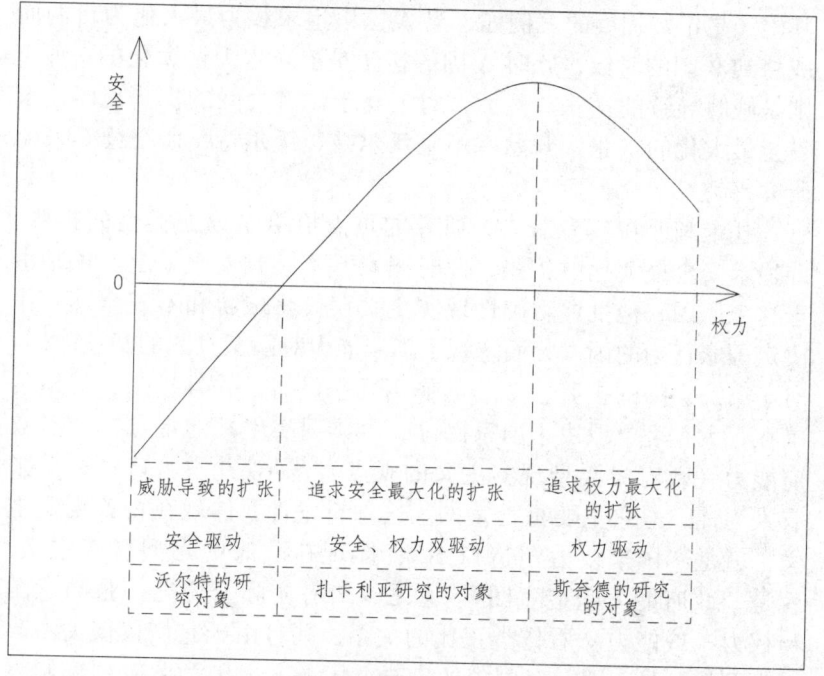

表8　　　　三种扩张行为及其特性

安全分类	威胁导致的扩张（沃尔特）	追求安全最大化的扩张（扎卡利亚）	追求权力最大化的扩张（斯奈德）
扩张与安全的关系	扩张会增加安全	扩张会增加安全	扩张会减少安全
权力安全的关系	正相关	正相关	负相关

防御性现实主义主要关注的是第一、三个类型。例如沃尔特

的学术成果，主要是当一国面临威胁时的反应，此时的扩张发生于当一国感到安全空间缺乏时，其目的是保障最低限度的安全；斯奈德研究的是大国的过度扩张，即只追求权力，不关注安全，而纯粹被权力所驱动的扩张。斯奈德的过度扩张被定义为一国的对外政策导致其他国家结成一个具有压倒性优势的联盟来对之加以制衡，或者该国的扩张成本超过了通过扩张而获得的收益。①当然，第一类型与第三类型的扩张，对于同一个事件的不同国家，其内涵是正好相反的。例如，当 A 国以追求权力最大化为目的而威胁到 B 国的时候，此时 A 国的扩张是追求权力最大化的，而 B 则是威胁导致的扩张。然而，对于介于二者之间的扩张，即追求安全最大化的扩张，开始并不是沃尔兹、沃尔特、斯奈德等人的研究兴趣。

扎卡利亚在其专著中，研究的重点恰恰是第二类型的扩张，即追求安全最大化的扩张，此时国家并不感到安全缺乏。正是由于这个原因，他批评防御性现实主义仅仅将威胁和不安全感看作决定国家行为的因素，而忽视了国家能力对国家意图的塑造作用。对于第二类型的扩张，威胁的作用几乎没有，并且扩张的规模的确在很大程度上取决于国家权力（古典现实主义的观点）或者政府能力（政府中心型现实主义的观点）。尽管并不否认这种扩张有人为性，但它主要是自发的。这种自发性，体现在古典现实主义，就是"国家权力塑造意图"；体现在政府中心型现实主义，就是"政府能力塑造意图"。总之，二者实际上均把扩张的意图与权力（或能力）看作类正比的关系，并且由于它们仅仅关注第二类型的扩张，因此对国家的安全并不关心，因为此时国家始终是安全的。而防御性现实主义恰恰关注的是当国家不安全，或者因过度追求权力而导致不安全时的扩张。斯奈德曾明确指出：

> 我认为，一些被称为进攻性现实主义者的人夸大了这两种思想流派之间的区别。在强大的国家中，扩张主

---

① 〔美〕杰克·斯奈德著，于铁军等译：《帝国的迷思：国内政治与对外扩张》，北京：北京大学出版社，2007 年版，第 7 页。

义是一种相当普遍的现象，并且其中有很大一部分并不非常难以理解。强国剥削和征服弱国，因为这样做常常会带来收益。我所试图解释的并不是扩张主义，而是过度扩张主义，即那些超出了征服会带来收益的均衡点的扩张。进攻性现实主义者常说，防御性现实主义者认为国家只为安全关注所驱动，这是不正确的。防御性现实主义者也承认，国家征服其他国家并非仅仅出于安全方面的动机，也出于贪婪的动机。①

从这里我们看到了，扎卡利亚和米尔斯海默指责的"安全的模糊性"，只能适合于第二类扩张，因为此时国家没有切实的参照来判定自己有多安全。然而，第二类型的扩张并不是防御性现实主义者的研究兴趣，相对于第一、三类型的扩张，安全则不是模糊的。防御性现实主义者所理解的安全为"够用"原则，而非"最大化"原则。这也是为什么防御性现实主义不适合解释美国在1865年到1908年的扩张历史，因为此时的美国恰恰属于第二类型的扩张。

同上述分析有类似之处，有的学者批评到，斯奈德在《帝国的迷思》一书中所选择的案例太过于有利于自己，而放弃了那些对其不利的案例，如19世纪末20世纪初的美国。②笔者的上述分析也可以回应上述学者对斯奈德的批评。19世界末20世纪初美国的扩张，并不是斯奈德的所说的由国内政治病态机理引起的过度扩张，应该是正常的权力扩张。

扎卡利亚的另一点评论则不无裨益。他认为，安全是一个具

---

① 〔美〕杰克·斯奈德、于铁军："杰克·斯奈德访谈录"（载《国际政治研究》，2007年第4期，第128页）。

② 例如 Samuel R. Williamson, "Review: Myths of Empire" in *Journal of Interdisciplinary History*, Vol. 23, No. 4（Spring 1993）, pp. 825 – 827; D. K. Fieldhouse, "Review: Myths of Empire" in *The English Historical Review*, Vol. 110, No. 436（April 1995）, pp. 520 – 521。转引自〔美〕杰克·斯奈德著，于铁军等译：《帝国的迷思：国内政治与对外扩张》，北京：北京大学出版社，2007年版，译序第21页。

有伸缩性的概念，几乎所有外交政策行动，从适度的、意在生存的手段到领导世界帝国的野心勃勃的步骤，都可以解释为寻求安全；历史提供了这样一些事例，它们有着明显的霸权目标，但却宣称是为了确保国家的安全。①以上是笔者对三种扩张类型的划分，将防御性现实主义对安全的主张以及扎卡利亚提出的安全的"伸缩性"统一了起来，减少了二者的对立。这或多或少体现了所有现实主义理论的一个共识，即"国家行为的目标是追求安全"。

扎卡利亚也隐约意识到了他的理论与防御性现实主义各有所长。因为防御性现实主义只在"国际混乱的时期"，特别是"当一个政府必须为保证其生存和领土完整采取行动的时候"，才有解释力；而在解释一个强国的崛起和随着时代而变化的目标时，政府中心型现实主义更具有解释力，在相对安全和稳定的时期，当强国能够"奢侈"地选择他们的利益和目标时，政府中心型现实主义能够更好地解释国家行为。②

很多现实主义学者们都注意到了安全概念的宽泛性，国家既可能追求最低限度的安全，也完全可能追求最大限度的安全。如米尔斯海默认为安全的概念是非常模糊的，无法衡量需要多少权力才是适当的，国家最终还是要追求"安全最大化"，这实际上与权力最大化没有什么差别。③尽管沃尔兹、杰维斯、斯奈德等都承认国家在安全之外行为目标的多样性，但用"安全的模糊性"来指责防御性现实主义又是不能令人信服的。因为除"安全"以外的其他概念同样存在这种模糊性。就连"权力"这个概念也没有达成一个明确的定义，因此"权力最大化"也是模糊的。例如，在二战以前，权力扩张主要指的是领土扩张，只有一国在另

---

① 〔美〕法利德·扎卡利亚著，门洪华、孙春英译：《从财富到权力》，北京：新华出版社，2001年版，第35-36页。
② 同上，第280-281页。
③ 〔美〕约翰·米尔斯海默著，王义桅、唐小松译：《大国政治的悲剧》，上海人民出版社，2003年版，第19页。其实，扎卡利亚、米尔斯海默单独指责"安全的模糊性"，是不能令人信服的，

一个地方能够完全行使主权，才能够称为权力的扩张；而二战以后，权力扩张主要指一国在另一个国家或地区拥有亲己政权，大国最多只能是有"间接的势力范围"；冷战结束后，权力扩张基本仅仅局限在经济影响力方面。政府中心型现实主义的自变量——决策者所感知到的"国家实力"和干扰变量——决策者所感知到的"政府的强弱"似乎也具有模糊性。①

我们知道，防御性结构现实主义重视体系层次对国家外交政策的决定作用，防御性新古典现实主义重视国内变量的决定作用，二者的确皆有缺憾。但政府中心型现实主义过于强调"政府能力"，也不是完全优于以上二者的。因为在很多情况下，政府能力的变化与外交政策毫无因果联系，反而取决于结构、"结构调节因素"或者认知的作用。扎卡利亚仅仅从权力的水平与垂直分立角度，论述政府的"能力"，着实过于狭窄。

从比较政治学的角度上看，扎卡利亚忽视了美国与其他国家"能力"的横向比较。如果拿美国的中央政府和苏联的中央政府进行横向比较，可以明显看出，美国中央政府的"能力"，包括权力集中程度、国家动员能力、政策执行的效力，都远远不如苏联。但是，苏联在国际关系上的利益界定范围却远远不如美国广阔。这不能不说明，过于强调对"能力"的研究，导致了对国家意志等认知因素的忽视，这在解释力上是有很大局限的。再举一个例子，当代各个西方国家国内政治大多处于"大政府"与"小政府"的"左"、"右"政治周期性摇摆中（扎卡利亚所说的政府能力扩大，一个重要方面就是19世纪末美国联邦政府越来越广泛地干预经济、社会生活，行政部门的职能范围和机构日益扩大），但是目前单个西方国家的外交政策往往是较为平稳的。因此，过

---

① 周陶沫："政府能力与大国崛起：评扎卡利亚《从财富到权力》"（载《国际政治科学》，2008年第3期，第125页），

于强调对"能力"的研究，导致了对结构因素的忽视。①从这两个例子看，防御性现实主义与政府中心型现实主义是相得益彰、互相补充的。

综上所述，对于扎卡利亚所做的结论，可以做这样的改写②：当国家面临威胁时，防御性现实主义的解释力较强，即当核心决策者意识到威胁的增长时，国家就试图对外扩张其政治利益；而当国家未面临明显威胁时，政府中心型现实主义的解释力较强，即当核心决策者意识到政府力量的相对增长时，国家就试图对外扩张其政治利益。此外，防御性现实主义所指出的"病理"，仅仅是针对第三类型的扩张的，即纯粹为权力所驱动的扩张。而对于一、二类型的扩张，完全是国家的"正常行为"，不存在这种"病理"。防御性现实主义者并没有像扎卡利亚所指责的那样，把历史上所有的大国扩张行为都归为由国内因素的"病理"导致的特例，而是认为大国的扩张有两种：A. 以安全最大化为目的的扩张；B. 以权力最大化为目的的扩张，所谓"病理"仅仅针对后者。这样一来，在对安全驱动的扩张的认识上，防御性现实主义与政府中心型现实主义并无矛盾，政府中心型现实主义所解释的关于美国扩张的动力问题，防御性现实主义同样可以解释。

6. 防御性现实主义仍然具有丰富的理论价值

对于扎卡利亚的批评，沃尔兹、杰维斯等防御性现实主义学者回应道，追求安全仅仅是无政府状态下国家的最低需求，这个

---

① 支持防御性现实主义的例子，还有：俾斯麦领导下的德国政府的力量不可谓不强大，但欧洲传统均势的压力使得"铁血宰相"也不得不奉行相对克制的对外政策；美国在"新大陆"上压倒性的实力及其远离欧洲的地缘特征便利了美国的扩张，而其他大国的每一步扩张都伴随着激烈的角逐。这两个都是关于，是体系而非政府能力决定外交政策的例子，引自杨向峰："从富国到强国的蜕变：扎卡利亚《从财富到权力》介评"（载《世界经济与政治论坛》，2001年第6期，第84页）。

② 扎卡利亚的原文是：防御性现实主义认为，当核心决策者意识到威胁的增长时，国家就试图对外扩张其政治利益；而政府中心型现实主义认为，当核心决策者意识到政府力量的相对增长时，国家就试图对外扩张其政治利益〔〔美〕法利德·扎卡利亚著，门洪华、孙春英译：《从财富到权力》，北京：新华出版社，2001年版，第60页〕。

假设并没有排除国家为自己的安全利益而寻求扩张的可能，国家甚至也完全可以追求安全之外的目标，有时国家甚至会为了获得安全而采取一定的扩张政策。①斯奈德也认为，在一定范围内的帝国扩张是理所当然的，毕竟强国征服弱国是有利可图的。斯奈德研究的不是大国为什么扩张，而是大国为什么在收益远远小于成本的情况下依然过度扩张。②

此外，扎卡利亚的理论，是从对美国历史和外交政策的变化的分析中归纳出来的。沃尔兹及其以后的防御性新古典现实主义者，主要使用的演绎的方法，尽管不乏使用案例，但演绎仍比归纳占据主要地位。政府中心型现实主义的理论，不如防御性现实主义具有普遍性。一个单独的个案分析，无论做得多么深入，都不足以对一个理论进行充分证实，只进行一个单独的个案分析是很难发展出一般性的国际关系理论的。③扎卡利亚仅仅是选取了美国历史的一段，将其作为一个大型个案，并且全书完全围绕它展开。④这实际上是将史实例证的弊端发展到了极致，对于美国之外的历史，则漠不关心。尽管扎卡利亚选择了众多案例，但这些案例是仅仅局限于美国，具有很强的"选择性偏见"，理论解释效度难免受到怀疑。相比之下，在多数防御性现实主义者的分析过程中，由于对中型个案与微型个案的大量使用，这种弊端反而不是很明显。

就当代世界政治发展的事实看，认为政府中心型现实主义将取代传统的现实主义的地位，还为时过早。不可否认的事实是，从 20 世纪中叶开始，世界各国的中央政府的能力都处于不断强化的过程中，包括政府对经济、社会生活的干预，以及权力的垂直

---

① Robert Jervis, "Cooperation Under the Security Dilemma" in *World Politics*, Vol. 30, No. 2 (Jan., 1978), pp. 189 – 190.

② 〔美〕杰克·斯奈德著，于铁军等译：《帝国的迷思：国内政治与对外扩张》，北京：北京大学出版社，2007 年版。

③ 阎学通、孙学峰：《国际关系研究实用方法》，北京：人民出版社，2001 年版，第 132 – 133 页。

④ 胡宗山：《国际关系理论方法论研究》，北京：世界知识出版社，2007 年版，第 105 页。

集中等。就连英国这样传统的、典型的由下议院占据权力核心的国家,都在由"议会民主"向"首相民主"转变,权力集中到了首相手中。世界各国的政府能力的增强是一个绝对的事实。在这种情况下,对政府能力发展的讨论,已经只是一个线性的时间范畴,最多适用于对同一个国家不同时间段的不同政策的比较。而且,在对防御性与政府中心型现实主义的"对比实验组"的数据处理中,扎卡利亚没有考虑到1908年以后的当代国际关系,这是一个致命弱点。因此不得不说,对于当代国际关系舞台上不同国家之间的博弈,"政府能力"则显得已经缺乏解释力了,并且其力度还不如防御性现实主义对"权力"、"安全"、"威胁"的关注。

扎卡利亚也承认,政府中心型现实主义是对一个新兴国家的外部行为进行分析、解释、预测的较好理论。我们可以明显看出,尽管当代美国政府的权力已经空前强大,但政府中心型现实主义已不能完全解释今日美国在世界上的作用①,对于当代国际关系的现实,它的解释力反而不如防御性现实主义。

扎卡利亚对美国扩张历史的研究所得出的结论,已经不太适用于解释当代国际关系的现实。他似乎也意识到了非国家行为体在今天的重要作用,因此又得出了一个节外生枝的、与其论证联系不大的、"似乎更贴近新自由主义复合相互依赖理论的逻辑"②的推论。而政府中心型现实主义对新自由主义的借鉴,显然不如防御性新古典现实主义成功。当我们拿美国的中央政府和中国的中央政府进行横向比较时,就可以看出,美国中央政府的"能力",包括权力集中程度、国家动员能力、政策执行的效力,都远

---

① 张立平从新孤立主义、新保守主义的膨胀以及民众对扩张的淡漠等"软力量"的角度,论证了如下结论:当今美国的政府能力虽然强大,但是扩张的动力却十分不足,缺乏霸权意志和霸权动力,因此扎卡利亚的解释力是有限的[参见张立平:"对美国在世界上的作用的一点看法:评法里德·扎卡里亚的新著《从财富到权力》"(载《美国研究》,2000年第1期,第149–150页)]。

② 周陶沫:"政府能力与大国崛起:评扎卡利亚《从财富到权力》"(载《国际政治科学》,2008年第3期,第127页)。

远不如中国。因此理论的结论反而推翻了假设。虽然"威胁平衡论"也可以为"中国威胁论"辩护,且这种说法不太符合实际,但不管怎么说,"威胁平衡论"以及建立在对事实扭曲的基础上的"中国威胁论",在理论上并没有矛盾之处。而政府中心型现实主义的结论却推翻了其假设,导致自相矛盾。

四、国内动员理论的贡献与缺失

1. 国内动员理论简介

在《有用的对手:大战略、国内动员与中美冲突》一书中,柯庆生对1947-1958年的中美关系史进行了深刻分析,通过"动员"博弈模型,构建了"国内动员理论",阐明了国内政治对国际事务产生影响的方式。柯庆生认为"国家政治权力"(National Political Power)会影响到领导人对相对实力变化的反应能力,他将"国家政治权力"定义为"国家领导人为实现安全政策目标而动员国内人力物力的能力"①。这是国家面临的国际挑战和国家所采取的应对战略之间的关键连接变量②,即"国家政治权力"是体系压力与国家外交政策之间的中介变量。柯庆生还提出了一个双层次的国内动员模型。他认为,领导者可能推行那些在短期内表面上并不合理的政策,以为长期的、合理的大战略的实现创造条件。之所以要推行表面上并不合理的政策,是因为领导者经常需要克服国内的沉重的政治动员阻碍(如多数公众的无知或对纳

---

① Tomas J. Christensen, *Useful Adversaries: Grand Strategy, Domestic Mobilization, and Sino-American Conflict*, 1947-1958, N. J.: Princeton University Press, 1996, p. 11.

② Ibid., p. 26;转引自宋伟:"从国际政治理论到外交政策理论:比较防御性现实主义与新古典现实主义"(载《外交评论》,2009年第3期,第32页);这与扎卡利亚的"国家实力"的定义颇为相似。本定义指"该国家所面对的各种国际挑战和该国家为应对这些挑战所采取的战略之间的一项关键中间变量"[参见〔美〕法利德·扎卡利亚著,门洪华、孙春英译:《从财富到权力》,北京:新华出版社,2001年版,第11、13页]。

税的抵制)来推行他们的首选政策,增强国家安全性,美国和中国领导人都需要动员其各自国民以取得国民对自己国内政策的支持。

柯庆生主要选择了两个案例进行分析:A. 1947－1958 年杜鲁门与艾奇逊的对华决策(主要指拒绝承认新中国和发动朝鲜战争的决策);B. 在 1958 年第二次台海危机中毛泽东的决策。传统的学者认为,中美之间早期的紧张关系可以用国内政策变量(如意识形态差别、国内政治压力或领导人的心理)加以最好的解释,但柯庆生认为这并不准确。可以这样理解,1947－1958 年的中美关系,不是国内的政治压力制约了中、美领导人的外交决策,而是国内的政治需要影响了外交决策,领导人是积极主动地使外交服务于国内政治需要,而不是被动地适应。柯庆生认为,由于美国和中国的政治家都缺乏足够的"国家政治实力"以完全按照他们所中意的方式行事,这些政治家不得不在一个次要的领域采用在国内受欢迎但不必要的政策(即加强对对方的敌视宣传),以便掩盖在一个主要的领域采用不受欢迎但必要的政策(如中国的大跃进、美国对共产主义的遏制)。在两个案例中,领导人采用的各项战略(中国的大跃进和美国的遏制共产主义战略),都要求普通民众在和平时期做出重大的牺牲,因此在将这些战略他们各自的表达民众时,两位领导人都遇到了困难。尽管在国内广大民众中不受欢迎,但是与敌国的冲突,会转移本国民众的视线,赢得公众对本国核心大战略的支持。①柯庆生指出,中美两国在冷战初期动员国内公众支持各自安全战略的努力,进一步激化了根源于无政府状态的双边敌对关系。②

2. 柯庆生对 1949－1958 年杜鲁门与艾奇逊对华决策的分析

柯庆生认为,在 1949－1958 年杜鲁门和艾奇逊的对华决策在

---

① Tomas J. Christensen, *Useful Adversaries: Grand Strategy, Domestic Mobilization, and Sino-American Conflict, 1947－1958*, NJ: Princeton University Press, 1996, pp. vi–xiv

② Ibid.

很大程度上是受到了美国国内政治的影响；并且，从解放战争结束，一直到朝鲜战争爆发这段时间里，国内政治压力使美国政府不得不保持对中国的敌对政策。以前的不少美国学者认为，美国本来有机会同中国发展正常关系，只是由于一些偶然因素，导致美国政府决策失误，从而错过了与中国发展关系的好机会，或者认为，美国之所以失去了同中国发展正常关系的机会，原因在于中国领导人的认知和国内政治的需要不得不保持对美国的敌视政策。而柯庆生对这些观点进行了补充和反驳。他认为，美国也有同样的情况，双方彼此惊人地相似，即杜鲁门夸大了共产主义的威胁以此防止美国国内孤立主义思潮的复苏。通过比较中美当时国内政治的相似性，柯庆生认为当时中美之间根本没有发展正常关系的可能性。

1947年美国意识到，在英国实力衰落并且在英国无力为美国提供有效帮助的情况下，美国将不得不把遏制政策的范围仅仅限制在欧洲，即只在欧洲针对苏联实行遏制政策。而杜鲁门的政治企图受制于美国民众和国内"亚洲优先主义者"两个方面的压力。

在民众方面，遏制政策需要高额的军费与盟友的支持，而当时美国民众迫切希望军队在战后及时复员，并希望政府降低税率。杜鲁门政府最初企图通过仅仅在欧洲设立几个据点的方式，遏制苏联的扩张，其前提是获得民众对马歇尔计划和北大西洋公约组织的支持，而这种企图不仅违反了传统上的美国在和平时期的自主原则，而且意味着人民还要为欧洲重建支出大笔费用。后来证明，这种企图不仅效果不明显，而且达不到政府通过筹集高额军费来弥补军费支出不足的目的。因此，政府采用了一个更加意识形态化的理由：阻止共产主义在欧洲的蔓延。而这个理由又使得国内的"亚洲优先主义者"坚持认为，如果美国要遏制欧洲的共产主义，它在亚洲也应该这样做。①这导致杜鲁门发现，美国不可能仅仅立足于反对欧洲共产主义而对亚洲的问题不管不顾。结果，

---

① Harry Harding, "A Review of *Useful Adversaries*: *Grand Strategy*, *Domestic Mobilization*, *and Sino-American Conflict*, *1947–1958* by Thomas J. Christensen" in *The Journal of Asian Studies*, Vol. 56, No. 4 (Nov., 1997), p. 1050.

在毛泽东愿意接受美国对新中国的外交承认时，杜鲁门却不能给与承认。

3. 柯庆生对 1958 年毛泽东在第二次台海危机中决策的分析

在对 1958 年第二次台海危机的分析中，柯庆生认为，毛泽东并不是真的要和美国开战，而是利用了这一次危机，发挥了国内动员的促进作用，支持了大跃进、人民公社化运动和原子弹的研制。①

大跃进运动要求国家有空前的人力、财力储备，柯庆生认为大跃进与马歇尔计划一样饱受本国人民的争议、怀疑，甚至抵制，同样需要制造过度的外部威胁。柯庆生认为，毛泽东发动台海危机并不是为了夺取沿海岛屿、占领台湾，也不是为了遏止美国的威胁，而是想把人民的注意力从国内的艰难形势中转移出来，以给其国内政策寻求合法性。毛泽东发动台海危机，主要源于其国内政治目的，是为了动员中国人民做出必要的牺牲，以使中国更强大，更好地与美国和苏联竞争。这样一方面使美国不可能达到对中国的封锁目的，也使苏联不愿放弃同中国的盟友关系，同时利用制造出的对外紧张状态来激发国内人民的建设热情。

但是这场危机很快失去了控制。美国将解放军进攻金门理解为进攻台湾的前奏，因此下令第七舰队为台湾军队护航。如果毛泽东没有及时终止对金门的军事封锁，这场危机有可能会升级成为中美之间的战争。此外，中国也为此付出了沉重代价：美国国内有利于中国的政治力量受到打压，导致了中美对峙持续，使中国继续被美国排斥。

4. 国内动员理论的主要结论

笔者对国内动员理论的基本逻辑进行了如下归纳：一般来说，国家领导人的目标要比普通民众远大，并且更加关注国家的相对

---

① David Shambaugh, "A Review of *Grand Strategy*, *Domestic Mobilization*, *and Sino-American Conflict*, *1947–1958* by Thomas J. Christensen" in *The China Quarterly*, No. 153 (Mar., 1998), p. 165.

权力；而普通民众一般更加注重一国所获取的暂时收益，并且不愿意使国家卷入战争，造成自身生命、财产的损失。但是，在当国家遇到短期的、明显的军事威胁时，普通民众则会义无反顾地站在政府一边，齐心合力抵抗侵略。因此领导人对短期威胁的宣传，不仅有利于预防暂时的困难，而且有利于实现领导人目标更加远大的国家大战略。这是一种典型的领导人绑架民意的方式。此外，政治家对国家实力和国内政治目标的认识，往往是一种突然的变化，这种变化只有精英阶层才能领会到，普通民众往往没有这种深邃的洞察力，也不能立即理解领导人为什么会做出牺牲民众自身利益的决策。[1]为了让民众及时领会自己的初衷，领导人往往会寻找外交决策上的突破口，并进行国内政治动员。

柯庆生认为，毛泽东和杜鲁门是出于国内政治的目的，操纵了各种国际危机。[2]对敌国的恐惧，与国内政治上的需要，会显著影响一国的外交政策。此外，政府还经常故意渲染外部冲突，以便将有争议的国家战略合法化；通过寻求外交冒险，以分散公众对国内问题的注意力。[3]他认为，虽然中美两国领导人从心底里并不把彼此视为威胁，但为了增强国内的凝聚力和动员能力，特别是领导人的"国家政治权力"，进行了大量的彼此敌对的宣传。[4]

---

[1] 扎卡利亚也发现，"政治家对国家实力的认知是突然而不是递增的变化的，并且是由如战争等各种危机和激励事件所塑造的"（Tomas J. Christensen, *Useful Adversaries: Grand Strategy, Domestic Mobilization, and Sino - American Conflict*, 1947 - 1958, N. J.: Princeton University Press, 1996, p. 11）。

[2] David Shambaugh, "A Review of Grand Strategy, Domestic Mobilization, and Sino - American Conflict, 1947 - 1958 by Thomas J. Christensen" in *The China Quarterly*, No. 153 (Mar., 1998), p. 165.

[3] Harry Harding, "A Review of Useful Adversaries: Grand Strategy, Domestic Mobilization, and Sino - American Conflict, 1947 - 1958 by Thomas J. Christensen" in *The Journal of Asian Studies*, Vol. 56, No. 4 (Nov., 1997), p. 1050.

[4] Thomas J. Christensen, *Useful Adversaries: Grand S trategy, Domestic M obilization, and Sino - American Conflict, 1947 - 1958*, Princeton, NJ: Princeton University Press, 1996, pp. 242 - 262.

5. 作为防御性新古典现实主义的国内动员理论

国内动员理论是对结构现实主义的发展。根据沃尔兹的理论，当国家感觉到国家间实力平衡出现变动的时候，国家必须动员本国资源，以谋求新的国家平衡，这就是所谓的"内部平衡"①。但是，柯庆生对沃尔兹理论的发展，在于他强调了内部平衡的困难性。例如，领导人必须要面对民众对其长远政策的怀疑、不认可，甚至抵制，并且国家领导人要对瞬息万变的国内外环境做出及时的反应，而民众往往会对国家政策的突然转变感到困惑。因此国家为了实现"内部平衡"，必须要提高自己的"国家政治力量"，即提高国家的人力和物质资源的能力。柯庆生将威胁、权力二者都看作是引起内部平衡的诱因。多尔蒂和普法尔茨格拉夫认为，在新古典现实主义中，国家可能通过国内行为来对国际事件做出反应，也可能试图通过国际行为来解决国内问题。②大多数新古典现实主义都是与前一种情况一致的，而国内动员理论恰恰是第二类的体现，这是其独特之处。

从进攻防御取向上看，之所以将国内动员理论归入防御性现实主义中，是因为柯庆生认为，虽然中美两国领导人从心底里并不把彼此视为威胁，但为了增强国内的凝聚力和动员能力，却进行了大量彼此敌对的宣传，以满足国内政治需求。③按照这种理论进行推断，敌对国家间的安全两难是以一种虚幻的状态存在的，即使两个国家明确宣布互为敌人，也不表明两个国家的政府一定要执行损害对方的政策。既然连明确宣布互为敌人的双方安全空间都不缺乏，那么正常状态下两个国家的安全空间就更加充裕。因此，一国政府更没有必要真正地将其他国家的"自助"，看作是对自己的威胁。

从研究层次上看，柯庆生认为，正是因为沃尔兹的理论在分

---

① Kenneth N. Waltz, *Theory of International Politics*, Reading, Mass.: Addison-Wesley, 1979, p. 168.

② 〔美〕詹姆斯·多尔蒂、（小）罗伯特·普法尔茨格拉夫著，阎学通、陈寒溪等译：《争论中的国际关系理论》，北京：世界知识出版社，2003年版，第95页。

③ Tomas J. Christensen, *Useful Adversaries: Grand Strategy, Domestic Mobilization, and Sino-American Conflict, 1947-1958*, NJ: Princeton University Press, 1996, pp. 242-262.

析外交政策方面存在不足，要想合理分析国际权力分配对国家安全战略的影响，我们就需要研究行为体对国际体系的反应方式。①国内动员理论系统地比较了中美在冷战对抗"高峰期"中各自所面临的国内政治压力，部分地论证了中美两国的国内因素（意识形态影响、执政合法性诉求、压力集团干扰、公共政策讨论等）与对外政策选择（对抗还是合作）之间的关联性。②此外，同埃弗拉等人一样，柯庆生不仅承认认知的作用，还指出了认知发挥作用的方式，学者必须站在领导人的立场上思考问题，才能懂得为什么有时领导人会固执地做出违背民意的决策。同其他新古典现实主义理论一样，国内动员理论重视对外交政策的研究，缺少对国际关系结果的预测，其外交政策理论的性质更为明显，但柯庆生提供的模型为我们分析当代其他历史事件提供了有益的借鉴。

同扎卡利亚相似，柯庆生强调"国家政治权力"以及其与周围社会之间的关系并将其看作重要的变量。③他认为，对权力的国际分配进行粗略的总体评估是不够的，因为国家领导人并非能够容易地接触到一个国家总的物质实力资源。④因此，对国际政治权力的分析，必须要将政府能力考虑在内，特别是将政府调集社会资源的能力考虑在内。为了既能坚持现实主义范式的核心假设，还能让分析不脱离实际，最好就是将政治科学其他子领域中常规的理论变量结合到国际关系中。同其他防御性新古典现实主义者一样，柯庆生特别强调国内层次因素在外交决策中的重要作用，并且特别强调了认知因素的重要作用，领导人的认知因素可以对外交决策产生重要作用。

6. 国内动员理论的缺陷和不足

在对国内动员理论进行论证的过程中，柯庆生对美、中的最

---

① Tomas J. Christensen, *Useful Adversaries: Grand Strategy, Domestic Mobilization, and Sino-American Conflict, 1947–1958*, NJ: Princeton University Press, 1996, p. 12.

② 张曙光："冷战国际史与国际关系理论的链接：构建中国国际关系研究体系的路径探索"（载《世界经济与政治》，2007年2月，第11页）。

③ Gideon Rose, "Neoclassical Realism and Theories of Foreign Policy" in *World Politics*, Vol. 51, No. 1 (Oct., 1998), p. 161.

④ Ibid., p. 161.

新解密档案以及美国民意数据进行了分类，接触了大量的政府内部文件、备忘录、个人文件和媒体报道，对历史细节进行了清晰的分析，并且处理和调整了两国文件中彼此矛盾的证据。但是，国内动员理论依然存在论证上的缺陷，如论点不明确，模型过于精简，结论有绝对化倾向，数据与结论之间的联系不紧密，理论与案例之间缺乏逻辑关系。有学者认为，柯庆生并没有通过案例对其假设进行恰当的验证，他的论证方法并不是严格意义上的政治科学，最多只能算作是历史方面的研究成果。① 此外，柯庆生的论证与结论有自相矛盾的地方。杜鲁门并没有成功地发动民众对一项有争议的大战略的支持。相反，这一案例证明了，杜鲁门政府不得不放弃其首选的战略（对苏联的有选择遏制）而选择一个次优的战略（与中国交战），是因为前者不能得到公众的支持。② 从这一点上看，其结果不是"政府动员了民众"，而是民众动员了政府，这是与柯庆生的结论相悖的。

柯庆生坚持了现实主义分析法，保留了"国家同质性"的前提，将中美两国看成结构、性质完全一样的国家。虽然这种分析方法与现实主义范式完全保持了一致，但是却有重要缺陷，即难以分析中美两国的政府在国家动员能力上的差异。因为像美国这样的国家，民众往往会对政府决策的合理性持一种怀疑态度，并且坚持认为自己有对政府"不支持"、"不服从"的权利，必要的时候会用各种合法手段，如抗议、示威，与牺牲民众利益的政府决策进行对抗。而像中国这样的社会主义国家，由于对社会资源的绝对控制，政府的动员能力本身就是非常强的，领导人完全可以使用各种非外交方式来动员本国人民，而人民往往并不难于理解、认同和支持领导人的国内政治目标。因此，对于中国，外交决策对国内政治的作用往往缺乏必要性，即前者是后者的一个非必要条件。研究者必须深入了解不同国家的政治机构在理论和实践中是如何运作的，中美社会政治的差异性，决定了柯庆生的国

---

① Harry Harding, "A Review of *Useful Adversaries*: *Grand Strategy, Domestic Mobilization, and Sino-American Conflict, 1947–1958* by Thomas J. Christensen" in *The Journal of Asian Studies*, Vol.56, No.4 (Nov., 1997), pp.1051–1052.

② Ibid., p.1051.

内动员理论不是放之四海而皆准的。

在理论构建中，证据的不足也是国内动员理论的缺陷之一。柯庆生仅仅选择中、美在不到10年间的几个史实作为证据，就得出了一个普遍性的结论，未免显得太草率。有的学者提到，柯庆生本可以选择以下案例对其论证进行支持。如美国的罗斯福新政、二战、越南战争和海湾战争；中国的土地改革、合作化运动以及文化大革命；也可以选择其他国家的一些案例，如20世纪初德国的军备情况以及苏联在20世纪20年代的农业合作化运动，都可能是较好的证据。①事实上，大跃进未必与第二次台海危机有必然的因果联系，只能说台海危机在一定程度上是为了满足大跃进的政治需要。但它并不能证明：没有大跃进的国内因素刺激，就没有台海危机。这个例子没有明确一场外部危机是否就是成功的关键。②这是柯庆生论证过程中的逻辑谬误。

柯庆生对国内政治与中美两国对外政策选择之间关系的论证明显受到了他的老师斯奈德的影响。③然而，他的"动员"模型虽然构建了外交政策与国内政策之间相互影响的关系，但这并非完全意义上的理论创新。仔细分析，它与列宁所说的"外交是内政的延续"没有太大区别。只是柯庆生更加注重量化分析与对原始资料的挖掘。此外，两个案例研究也没有很好地符合同一个理论框架。遏制是当时一项国际性大战略，而大跃进运动本质上是国内的。尽管柯庆生试图通过把大战略定义为"为提升国家实力和安全所制定的一揽子国内和国际政策"，以使两个案例联系起来，但这看上去仍然是在将一个苹果与一个桔子进行比较。④

---

① Harry Harding, "A Review of *Useful Adversaries*: Grand Strategy, Domestic Mobilization, and Sino-American Conflict, 1947-1958 by Thomas J. Christensen" in *The Journal of Asian Studies*, Vol. 56, No. 4 (Nov., 1997), p. 1051.

② Ibid., p. 1050-1051.

③ 〔美〕杰克·斯奈德著，于铁军等译：《帝国的迷思：国内政治与对外扩张》·译序，北京：北京大学出版社，2007年版，第21页。

④ Harry Harding, "A Review of *Useful Adversaries*: Grand Strategy, Domestic Mobilization, and Sino-American Conflict, 1947-1958 by Thomas J. Christensen" in *The Journal of Asian Studies*, Vol. 56, No. 4 (Nov., 1997), p. 1051.

第四章

合作论

传统的现实主义对国际合作普遍持悲观态度。根据摩根索、沃尔兹等人的观点，国家只有在追求均势的过程中，才能够勉强形成合作。吉尔平的霸权合作理论是现实主义范式中迄今为止唯一一个拥有较完整理论体系的合作理论。[①] 肯尼思·奥耶（Kenneth Oye）则归纳了无政府状态下国家合作的条件。[②] 与之前的现实主义不同，防御性现实主义的合作观主要基于三个新的理论依据：物质资源对征服行为的制约机制，关于相对收益的理论创新，以及国家彼此判断意图的能力的提高。对于作为"新－新"合成产物的防御性现实主义来说，其合作理论已经难以形成一个完全独立的理论体系，

[①] 此外，斯蒂芬·克拉斯纳（Stephen Krasner）等也是现实主义霸权合作理论的代表学者，乔安妮·戈瓦（Joanne Gowa）则将合作归结为军事联盟的作用，而非霸权的作用。

[②] Kenneth A. Oye ed., *Cooperation Under Anarchy*, Princeton, NJ: Princeton University Press, 1986.

难免会带有新自由制度主义的色彩，但其理论未来仍然会有很大的发展空间。

一、防御性现实主义合作理论的实质

关于安全合作，国内相关研究成果已经较为丰富，本书拟不做过多讨论。主流国际关系理论都努力对合作问题进行探讨，合作已经成为当代国际关系理论重要的研究课题。与其他范式相比较，现实主义的合作理论稍显逊色。

自由主义将合作的动因看作是国家相互依赖、追求绝对收益的结果；建构主义认为合作是在国家交流基础上产生的国际社会共有文化；现实主义中的霸权合作理论是将霸权国家看作类似于世界政府的作用，以强制力分配公共物品。与以上三种合作理论不同，防御性现实主义所说的合作，其本质上是无政府有序状态下国家的一种理性偏好，其根源于物质权力间的制约机制。因为当代国际社会的物质资源制约机制不支持征服行为，防御性行为占据优势，即使征服一国的领土也难以获得实质性红利。防御性现实主义所认可的合作，实际上是国与国"不得不"践行的政策，当代一国难以用武力征服他国的物质资源，这决定了合作是唯一出路。在防御性现实主义那里，仍然是物质机制和权力平衡"建构"了合作型的"共有文化"，而非文化建构了权力。

除了霸权合作理论，其他的现实主义合作理论尚未形成一个完整体系，几位现实主义者论述的只是合作的一个方面。笔者拟尝试对支持防御性现实主义合作理论的四个有利条件进行简单归纳：

A.安全两难不会完全消除，国家的自助行为依然会引发他国的恐惧，但相对收益（即国家对安全的关注）与合作并不矛盾；

B.合作实现的条件在于国家间对彼此意图的有限明晰，此时合作是相对积极的性质；

C.即使存在可能的欺骗行为，当代国际关系的常态是防御占据优势，使侵略难于成功，并且国家间平衡的"机制"（包括结构层次上的"结构调节因素"和单元层次上国家对权力、威胁、武力、决心、风险的评估）会遏止扩张行为；

D.即使侵略成功，侵略国所获得的红利一般也不会比正常的合作更加充盈。

以上四个条件显然具备递进关系。具体来说，上述四个条件引出的是防御性现实主义合作理论建构的四个课题：条件 A 引出的是关于相对收益与合作的关系问题，二者在理论上的统一是防御性现实主义合作理论建构的基础；条件 B 引出的是如何判断他国意图的问题，特别是强国间的合作机制问题；条件 C 引出的是关于防御性现实主义"平衡论"的问题，即体系和单元因素如何制衡扩张；条件 D 则是对征服能否获得红利的探讨。以上四个课题除了"平衡论"一部分放到本书第五章详细讨论以外，其余均在本章进行简要归纳。

表9　　　防御性现实主义合作理论建构的四个基本课题

四个基本课题	相关代表学者
相对收益与安全合作的关系问题	格里科、格拉泽、鲍威尔
大国合作理论问题（大国间的意图判断）	杰维斯、格拉泽、米勒
体系、单元平衡机制问题（"平衡论"）	沃尔兹、沃尔特、埃弗拉、鲍威尔、托利弗
对"征服能否带来红利"的探讨	埃弗拉

本章主要对条件 A 和条件 B 进行简要归纳。对于属于防御性结构现实主义的大国合作理论，它主要是从大国关系的角度探讨合作的，本书仅以杰维斯为例进行探讨。而本书第五章"平衡论"内容则涵盖了以所有国家为分析单位的合作机制问题，本章不再赘述。

二、相对收益与安全合作：理论上的统一

1. "相对收益"与"绝对收益"

"相对收益"（Relative Gains）与"绝对收益"（Absolute Gains）分别是新现实主义与新自由主义理论的重要概念。二者的基本定义是：假设两国进行交易，甲国从中获得的收益为 X，乙国的收益为 Y，那么甲国的绝对收益是 X，乙国的绝对收益是 Y；而甲国的相对收益是 X－Y，乙国的相对收益是 Y－X。

新现实主义认为，国家的效用至少部分地取决于相对量度（relative measure）的功能，如权力的相对量度功能。①新现实主义认为，国家的首要关注并不是权力最大化，而是确保本身在体系中的位置。②而相对收益的多少正是与位置直接相关的。如果一国相信它的伙伴国会实现或者可能实现相对多的获益，那么该国就将拒绝参加或者将破坏它对合作的承诺。③新自由主义强调绝对收益的重要性，认为只要单个国际行为体确定能够为自己谋取收益，就会接受任何合作协议。

国家的收益偏好与国际安全合作的关系是现实主义与新自由主义争论中的一个焦点。一般来说，新自由主义认为国家主要关注其绝对收益，而新现实主义则认为国家追求的是相对收益而非绝对收益。这种分歧与二者的基本教义有密切联系。

较为流行的看法是，相对收益与绝对收益二者都是合作内容的一部分。在安全议题上，国家对相对收益的考虑占主导地位，而在经济合作领域，绝对收益会被强化。二者是由于合作的内容

---

① Robert Powell, "Absolute and Relative Gains in International Relations Theory" in *The American Political Science Review*, Vol. 85, No. 4 (Dec., 1991), p. 1303.

② Kenneth N. Waltz, *Theory of International Politics*, Reading Mass: Addison－Wesley, 1979, p. 126.

③ 〔美〕大卫·A·鲍德温著，肖欢容译：《新现实主义和新自由主义》，杭州：浙江人民出版社，2001年版，第127页。

不同而产生的结果。①二者应是并生的,简单地把相对收益问题与国际冲突联系在一起,或者把绝对收益问题与国际合作联系在一起,都缺乏充足的理论根据。②防御性新古典现实主义研究的就是相对收益与安全合作的关系,既不是相对收益与冲突的关系,亦不是绝对收益与合作的关系。

2. 防御性现实主义对相对收益与安全合作关系的修正

在防御性新古典现实主义以前,现实主义的基本基调是怀疑国家间合作的可能性与真诚性。新现实主义者研究的相对收益,实际上指的是"权力"的相对收益,国家间权力的结构与相对收益呈正相关关系。比较来说,进攻性结构现实主义比防御性结构现实主义更加强调国家对相对收益的关注,一个国家的相对收益对他国来说是相对损失。在所有的结构现实主义看来,相对收益永远是国家优先考虑的问题,合作很难实现,即使实现,也难以维持长久。③既然是在无政府条件下生存,国家就不可能不关注他国权力的消长,尤其是己国与他国之间的权力对比关系,而这种权力正是与相对收益呈对比关系的,所以对于一个国家来说,"相对收益比绝对收益更为重要"④。相反,新自由主义假设国家主要关注其绝对收益,而对其他行为体是否会在合作中得到比自己更大的收益并不担心。⑤新自由主义确信国际制度的运行可以减弱无政府状态的负面影响,从而促使国际合作的经常性发生。

---

① 倪世雄、许嘉:"论冷战后新现实主义面临的挑战"(载《欧洲》,1997 年第 4 期,第 31 页)。

② 苏长和:《全球公共问题与国际合作:一种制度的分析》,上海:上海人民出版社,2009 年版,第 149 页。

③ Robert Jervis, "Realism, Neoliberalism, and Cooperation: Understanding the Debate" in *International Security*, Vol. 24, No. 1 (Summer 1999), p. 42.

④ Kenneth Waltz, *Man, the State, and War*, NY: Columbia University Press, 1959, p. 198.

⑤ Robert Axelrod, *The Evolution of Cooperation*, NY: Basic Books, 1984, p. 6; Charles Lipson, "International Cooperation in Economic and Security Affairs" in *World Politics*, Vol. 37, No. 1 (Oct., 1984), p. 2.

防御性新古典现实主义,特别是格拉泽所说的"条件现实主义"(contingent realism),第一次使现实主义与自由主义两大范式中关于相对收益与绝对收益的分歧得到有限的消弭。通过对进攻性现实主义的"竞争偏见"(competition bias)进行批评①,格拉泽的"条件现实主义"试图淡化对相对 - 绝对收益的争论。在这个争论中,这既可以说防御性现实主义对相对 - 绝对收益的关注介乎于新现实主义与新自由主义之间②,也可以说它实现了二者的统一。

防御性新古典现实主义之所以能够将相对收益和绝对收益的分歧统一起来,首先是与其理论的基本倾向有密切关系的。沃尔兹的防御性结构现实主义以及米尔斯海默的进攻性结构现实主义,都没有摆脱国际关系的悲观视角。结构现实主义的关键词"权力"、"安全"、"制衡"等等,所关注的都是武力的使用。而武力发展的最基本特点是只有投入、没有产出。武力不是一个可以获得附加收益的行业,它的唯一收益就是结构现实主义所说的"权力"。在现实主义的框架内进行推导,两国进行合作,只有在武力的范围内合作才有意义,而这种武力的合作,其唯一结果就是使两国的"权力",即军事实力,分别得到增加,而这种增加一定是不平衡的这种不平衡反而会引发在合作中获得相对收益较小的一方对较大一方的怀疑,怀疑其对自己构成威胁。由此"权力"上的合作一定会对合作中的至少一方没有实质性的成果,使其得不偿失。因此如果不是被迫的话,这种合作不是真正意义上的"权力"间的合作。现实主义关注的是国家的生存,对于一个追

---

① 内容详见 Charles L. Glaser, "Realists as Optimists: Cooperation as Self - Help" in *International Security*, Vol. 19, No. 3, Winter 1994 - 1995, pp. 58 - 60。

② 参见唐世平:"国际政治理论的时代性"(载《中国社会科学》,2003 年第 3 期,第 142 页); Robert Jervis, "Realism, Neoliberalism, and Cooperation: Understanding the Debate" in *International Security*, Vol. 24, No. 1 (Summer 1999), pp. 44 - 45;〔美〕大卫·A·鲍德温主编,肖欢容译:《新现实主义和新自由主义》,杭州:浙江人民出版社,2001 年版,第 5 - 7 页。

求生存甚于追求福利的国家而言，关注相对收益是理所必然的。①

防御性新古典现实主义理论在 20 世纪 90 年代得迅速发展，其关于合作的理论愈加成熟。在对当代攻防关系进行了详细的分析之后，防御性新古典现实主义都得出了进攻没有意义、强者进攻弱者也难以取胜的结论。以武力为代表的"权力"也就成了一个没有实际用处的摆设。因此防御性新古典现实主义对国家间的以武力合作为基本要素的"权力"合作持一种漠然态度。即国家是否选择"权力"上的合作不会产生结果上的本质差别，意义微乎其微，因此也就不需要再对得到多少相对收益耿耿于怀。只是在进攻比防御占据优势时，国家明显感知到威胁时，国家才会重新关注相对收益。鲍威尔认为，在军事力量使用性高的时候，国家追求相对收益，放弃合作，这符合新现实主义的假设；而在军事力量使用性低的时候，新自由主义更有发言权。②防御性现实主义在理论上证明了军事使用缺乏实际意义，因此追求相对收益在国际关系处于常态时，也就缺乏意义。此外，如果一个国家拒绝合作，很有可能会导致这个国家全方位地落后，即使在同其他国家的合作过程中获得较少的相对收益，也比拒绝合作而不获得任何收益强得多。由于攻防平衡常常向防御方向倾斜，国家对扩张兴趣的减弱，威胁所促成的合作因素大大减少，而非军事领域的合作正在强化，尤其是大国和小国之间的非对称性合作越来越普遍。这种情况下，大国不会认为小国会改变权力对比结构，而小国又不希望改变权力对比结构，因此双方都不会优先考虑相对收益。

托利弗粗略总结了防御性新古典现实主义关于区分国家何时关注相对收益、何时关注绝对收益的办法。例如，当一国的地理

---

① Joseph M. Grieco, "Anarchy and the Limits of Cooperation: A Realist Critique of the Newest Liberal Institutionalism" in Charles W. Kegley, ed., *Controversies in International Relations Theory: Realism and the Neoliberal Challenge*, Beijing: Peking University Press, 2004, pp. 158 – 160.

② Robert Powell, "Absolute and Relative Gains in International Relations Theory" in *The American Political Science Review*, Vol. 85, No. 4, Dec 1991, pp. 1303 – 1320.

环境可以为一国提供免于进攻的保护时,国家往往会关注长期的经济利益以及绝对收益。再明确一点,如果一国有相对温和的邻国,那么它将较为关注长远的绝对收益并将大部分资源用于国内发展,良性的周边环境将使国家缺乏建立一个强大的中央机构的动力。①19世纪及其以前的美国就是典型的例子。反之,可以推导出,当攻防平衡有利于进攻时,面对日益崛起的外部威胁,国家将会更关注短期的相对收益。

此外,邓肯·施奈德尔(Duncan Snidal)通过一个模型,从现实主义的假设推导出了与现实主义完全不同的结论。他认为,相对收益并不影响合作。他一针见血地指出,现实主义强调相对收益是错误的,因为各国从合作中获取的收益与参与国的权力大小是成比例的,各国之间是均等的,任何一方都不可能从共同合作中改变相对收益。②同防御性新古典现实主义所主张的常态下合作的普遍性的结论相似,新自由主义者利普森也认为,在政治安全领域,某个行为者通过欺诈,以直接和压倒性的优势获得超越其他行为者的报偿的可能性存在,这导致了国家对安全的永恒关注,但是大部分国际经济领域很少发生迅速而又致命的欺诈危险,因此可以存在许多稳定的预期。③总之,防御性新古典现实主义对相对-绝对收益理论的更新,仍然是在以权力对比为中心的结构视角之内完成的,只是它借用了许多新自由主义理念和分析方法,调和了现实主义与自由主义观点的对立。

---

① 托利弗在这里的论述中没有提到绝对收益与相对收益,只提到长远利益和眼前利益,笔者在此稍微做了修改和补充 [参见 Jeffrey W. Taliaferro, "Security Seeking under Anarchy: Defensive Realism Revisited" in *International Security*, Vol. 25, No. 3 (Winter 2000 – 2001), p. 140]。埃弗拉也做了类似论述,参见 Stephen Van Evera, *Causes of War: Power and the Roots of Conflict*, NY: Cornell University Press, 1999. pp. 45 – 53。

② 参见 Duncan Snidal, "Relative Gains and the Pattern of International Cooperation" in *American Political Science Review* Vol. 85, pp. 701 – 726; Robert Powell, "Absolute and Relative Gains in International Relations Theory" in *The American Political Science Review*, Vol. 85, No. 4 (Dec., 1991), pp. 1303 – 1320。

③ 参见 Charles Lipson, "International Cooperation in Economic and Security Affairs" in *World Politics*, Vol. 37, No. 1, Oct 1984, pp. 1 – 23。

以格里科、格拉泽和鲍威尔为代表的防御性新古典现实主义，之所以能够将相对收益和绝对收益的分歧统一起来，首先是因为新现实主义、新自由主义在哲学基础上的共通性，二者的分歧只是从无政府状态的本体中演绎出来的不同结果。他们是现实主义理论自我更新、完善的产物，特别是国际关系大环境演变的结果，本书对此多处提及。国家追求相对收益还是绝对收益可以被视为一个进化过程的不同阶段，而国际关系力量格局的演变和全球化所带来的国际政治议程的转换是这种变化的主要原因，如冷战后国际社会结构的变化以及全球化带来的变化。①

三、关于相对收益的三个修正模型

无论是新现实主义，还是新自由主义，其内部都在对相对收益的理论进行修正，试图解释相对收益在国际体系中对国际合作的影响。现实主义者同样关注国家通过实力积累以形成相互伤害的绝对能力，只是他们更重视相对收益；自由主义者也不排斥相对收益，只是他们更关注绝对收益。②本书将对防御性新古典现实主义者关于相对收益的研究模型进行简要介绍。

1. 格里科："囚徒困境"的修正模型

格里科认为，传统的"囚徒困境"模型，既没有反映出国家偏好结构中相对收益因素的影响，也没有考虑到国家对相对收益的关切会阻碍合作。传统的"囚徒困境"模型，与现实主义理论并不相符。③格里科认为，他对传统"囚徒困境"模型的修正，区分开了国家的效用（state utility）和博弈盈利（game payoffs）

---

① 范勇鹏："相对收益、绝对收益和对外援助：二战后援助国收益偏好的历史演变"（载《欧洲研究》，2008年第5期，第78页）。

② 大卫·A·鲍德温主编：《新现实主义和新自由主义》，杭州：浙江人民出版社，2001年5月版，第5—7页。

③ Joseph M. Grieco, "Realist Theory and the Problem of International Cooperation: Analysis with an Amended Prisoner's Dilemma Model" in *The Journal of Politics*, Vol. 50, No. 3, 1988.

二者的区别，并且将国家偏好中的相对收益因素和相对收益对合作的阻碍作用考虑了进去。①相反，"囚徒困境"的修正模型对国家偏好中的相对收益因素进行了研究，强调相对收益在国际体系中对国家间合作的影响，并且有利于我们更好地对国际合作中体系层次约束力的重要性进行分析，有利于在现实主义范式内更好地理解国际机构、国际制度。

归纳一下以格里科等人为代表的防御性新古典现实主义者的观点，在国际关系的常态下，相对收益对合作的阻碍因素是稀少的，国家关注绝对收益已经比关注相对收益变得越来越普遍。格里科后来又指出，仅仅将武力的可能性作为区分国家对相对收益与绝对收益关切的标准，这种说法比较片面，因为这没有考虑到武力的效能以及国家对收益差距所引发的非军事性的结果的担心。②进而他给出了以下较容易操作的标准，更加明确地指出了相对收益制约合作的三个条件：A. 一国与对手交往而不是盟友时；B. 当对安全的关切超过对福利的关切时；C. 当国家间实力基本相当时。③其中第二点是问题的核心。在更好地了解国家间合作的相对收益因素之后，可以对国际组织进行更好地安排，使其更有效果，并且能使国家更有效地制定战略规划。

2. 格拉泽的"安全绝对性"理论和"积累性效应"理论

与其他防御性新古典现实主义者相同，格拉泽也坚持"安全而非权力才是国家追求的目标"这一防御性现实主义的共同教条。但是，与先前的学者不同，格拉泽否定安全是一个相对概念。他认为，从本质上说，权力是一个相对概念，而安全应该是一个绝

---

① Joseph M. Grieco, "Realist Theory and the Problem of International Cooperation: Analysis with an Amended Prisoner's Dilemma Model" in *The Journal of Politics*, Vol. 50, No. 3, 1988.

② Joseph Grieco, Robert Powell, Duncan Snidal, "The Relative – Gains Problem for International Cooperation" in *The American Political Science Review*, Vol. 87, No. 3 (September 1993), p. 733 and p. 735.

③ Joseph M. Grieco, *Cooperation among Nations: Europe, America, and Non – Tariff Barriers to Trade*, Ithaca, NY: Cornell University Press, 1990, pp. 45 – 47.

对概念,相对收益根本不是一个和安全相挂钩的问题。只有在终极概念上,安全才有意义,因此安全的提升便是一个绝对的概念。由于两个国家能够同时提升它们的安全,因此安全问题不再是一个相对概念。①言外之意,就是说,只有双方同时获得了绝对收益,双方才可能有共同的安全;如果一方获得相对收益,而另一方收益减少,那么获得收益的一方也不可能得到所谓的安全。这是格拉泽对安全本质的论证。

但是,实际上,格拉泽将安全理解为一个绝对概念,并未明确提出"安全不是一个相对概念"的有力证据。格拉泽也没有否定权力的重要性,而是将权力作为安全的阶段性目标,即权力是安全的手段,国家不应忽视对权力的追求。本书认为,由于权力和安全的密切相关性,相对收益与安全收益也是密切相关的,这是约翰·马修斯(John C. Matthews III)对格拉泽进行评价和修正的逻辑依据。一个国家与另一个国家同时获得收益,并不意味着它对双方收益的差异毫不关心。马修斯对此进行了细致的解释,尤其是在安全领域。②本书认为,两个国家肯定会在同一项安全协议中同时获得安全,这是毫无疑问的,否则协议不会签订;但双方肯定还会同时考虑,随着时间的发展,协议的效力对哪方更有利。同时,一国在安全上的获益,还有可能会削弱自身的经济实力、外交实力等软实力,国家都是不得不考虑的,除非是当安全成为了一国最迫切的需要的时候。另外,两国在安全上的一时收益,是否会刺激其中一方有得陇望蜀的行为,从而出现不利于另一国的最终结果,这些都应该是理性决策者考虑的。例如,在20世纪70年代美苏关系缓和的时代,虽然美苏首脑进行了五次会晤,签订了一系列安全协定,但却刺激了苏联在缓和烟幕的掩饰下所进行的扩张行为,最终使美国的安全大大受损。马修斯指出,尽管格拉泽指出了安全在本质上是一个绝对的概念,但"安全还

---

① Charles L. Glaser and John C. Matthews III, "Current Gains and Future Outcomes" in *International Security*, Vol. 21, No. 4 (Spring 1997), p. 192.

② Ibid., pp. 193 – 194.

是由相对和绝对这两个组成部分共同组成的"。①

笔者认为，判断安全是相对还是绝对概念，有一点非常重要，就是应该看利益相关方原有的实力对比关系。如果双方是势均力敌的敌对国家，双方对相对收益的关注会超过绝对收益。当然，这不排除有例外的事实，如戈尔巴乔夫在接受美苏导弹"双零方案"的决策过程中，就是对绝对收益的关注超过了相对收益。但这样的案例的确很难找出太多，在历史上大多数安全协议的签订过程中，当双方势均力敌且互为对手的情况下，双方都要优先考虑相对收益。马修斯也认为，当一个国家与周边邻国有相当或更强大的实力时，或当实力的分配对这个国家有利时，这个国家会被视为是安全的，实力与安全之间有着非常紧密的关系，二者不能分割。②马修斯认为，在一些案例中的确会出现几个国家在安全问题中同时获益的情况，但是，如果国家之间在安全问题上达成一个共同的收益，这种合作只有当累积效应较低并且后续的相对收益被淡化的时候才会出现。③在格拉泽的论述中，即使当两个国家同时获得了绝对安全，仍然可能会有关于哪个国家的安全获得了较大提升的分配问题以及安全上的相对收益将如何被利用的问题。④

在分析相对收益问题中，格拉泽引入了"积累性效应"（Cumulation Effects）理论。所谓"积累性效应"，是指一个国家在当前获得了相对收益并且利用该收益在随后与另一个国家的交往中增强自身权力和财富的效应。这在研究持续性合作的模型中，意义非常重要。当收益可以积累时，当前博弈回合中产生的相对收益极其重要；当收益不能积累或者不明显时，当前博弈回合中的绝对收益变得更为重要。以此，这可以解释为什么同一集团的国

---

① Charles L. Glaser and John C. Matthews III, "Current Gains and Future Outcomes" in *International Security*, Vol. 21, No. 4 (Spring 1997), pp. 194–195.

② Ibid., p. 195.

③ Ibid., pp. 143–146.

④ Ibid., pp.194–195.

家在某一时期内可以进行某一方面的合作,但在另一时期却不可以合作;也可以解释同一时期同一集团的国家在这一方面可以进行合作,在另一方面却不可以进行合作。该模型强调一次博弈对于下一次或者更长远博弈的影响。①

3. 鲍威尔:体系约束力博弈模型

鲍威尔在总结和批评了前人的研究成果上,建立了一个简单的博弈模型并以此系统论述了相对收益与绝对收益的关系,以及和其有关的一系列问题,包括国家行为、合作的可能性,特别是在约束国家的条件发生变化时,国家对相对收益和绝对收益的关切转变问题。这就是他的体系约束力博弈模型。②

一方面,鲍威尔在这个博弈模型中坚持了现实主义的基本研究范式,即无政府状态中的国家仍然是以安全为核心关注点的,仍然关注合作中的收益分配问题,尽管在对引发国家对相对收益关切的原因范围的分析上,不同于先前的现实主义者的研究结论③。另一方面,鲍威尔将结构现实主义对冲突的研究,与新自由主义对合作的研究置于同一个分析框架之内,并且证明了新自由主义和结构现实主义所主张的两种偏好,均是这个模型中的两个不同特例。鲍威尔认为,国家对相对、绝对收益的关注并不取决于国家的偏好,而是国家面临的环境以及是否可以承受使用武力的代价。④

例如,当两国存在使用武力的可能性的时候,即当发动战争

---

① Charles L. Glaser and John C. Matthews III, "Current Gains and Future Outcomes" in *International Security*, Vol. 21, No. 4 (Spring 1997), pp. 194 – 195.

② 关于这个术语,详见 Robert Powell, "Absolute and Relative Gains in International Relations Theory" in *The American Political Science Review*, Vol. 85, No. 4 (Dec., 1991)。

③ Joseph Grieco, Robert Powell, Duncan Snidal, "The Relative – Gains Problem for International Cooperation" in *The American Political Science Review*, Vol. 87, No. 3, September 1993, pp. 729 – 733.

④ Robert Powell, "Absolute and Relative Gains in International Relations Theory" in *American Political Science Review* Vol. 85, No. 4 (Dee., 1991), p. 1311.

的几率较大的时候，国家往往会关注相对收益。①在这种情况下，合作可能为两国提供不均等的绝对收益，因此会导致两国的实力对比出现新的不均衡。即使两国签订相关协议，试图使两国的绝对收益相等，但彼此的相对收益仍然会无法平衡，因为一方可能会通过破坏协议来谋取更多的相对收益，而另一方也会担心对手将来可能会将收益转化成对抗自己的力量，这与结构现实主义的预测一样。合作前景取决于"战争幽灵"（specter of wars）②存在的可能性，和他国发动战争的代价，新自由主义没有考虑到这种情况。

相反，如果两国基本不存在使用武力的可能性时，一国的相对收益将不会被他国看作是对自己不利的，因此此时合作的可能性也就增大了。③这与新自由主义的预测是相同的。通过对体系约束力博弈模型的分析，鲍威尔指出，在无政府状态中，如果一国在获得绝对收益的同时，失去了相对收益，那么将来这种绝对收益就可能成为绝对损失，并且国家往往只是追求经济上绝对利益的最大化。④

在这个博弈模型中，鲍威尔认为沃尔兹所描述的体系结构、国家的位置、单元功能的差异以及单元彼此间的权力分配并不能解释合作中的变化因素。战争代价的变化将不会对沃尔兹理论中的体系结构产生影响，但会对合作的可能性产生影响。并且，在模型中，鲍威尔对无政府状态与合作之间的关系进行了澄清。如同新自由主义所倡导的那样，无政府状态并不意味着合作因素的缺乏。而导致合作之所以困难，是两个因素共同起作用的结果：A. 无政府状态；B. 体系中一系列限制性因素（constraints）对体

---

① Robert Powell, "Absolute and Relative Gains in International Relations Theory" in American Political Science Review Vol. 85, No. 4 (Dee., 1991), p. 1311.

② Joseph Grieco, Robert Powell, Duncan Snidal, "The Relative–Gains Problem for International Cooperation" in The American Political Science Review, Vol. 87, No. 3, September 1993, p. 733.

③ Robert Powell, "Absolute and Relative Gains in International Relations Theory" in American Political Science Review, Vol. 85, No. 4 (Dee., 1991), p. 1314.

④ Ibid.

系存在状态的塑造，而正是这些限制性因素，使国家有机会利用相对收益来为自己牟利，同时利用相对收益制约他国。在缺少这些条件的情况下，相对收益无法被利用，且不需要有一种世界政府式的权力来保证这些并不存在的机会不被利用。无政府状态与缺乏合作并不呈现必然联系，但是无政府状态与体系中的约束力会导致合作的困难。

鲍威尔的研究结论是与埃弗拉、杰维斯等人异曲同工的。即战争越容易发动，进攻越比防御占据优势，那么国家使用武力的可能性就越大，因此国家的合作也就越困难。最终结论就是，合作的可能性取决于攻防平衡，鲍威尔对此称之为"体系约束力"。这与防御性新古典现实主义的共同结论并不矛盾，即当代国际关系的常态应该是防御占优势的，因此即使是从现实主义推导，国家间合作的可能性也是很大的。正如杰维斯所言，不合作行为导致将来的代价会超过当前的获益。①

当然，鲍威尔的模型也难免有缺陷，他将"体系约束力"过于狭隘地定义为"武力威胁的约束力"。模型的过度简化，使其难以涵盖武力威胁之外的可能发生的情况。国家对相对收益的关切不仅仅是来源于对武力的担忧，这种关切也常常发生在以和平为常态的当代国际关系之中。格里科早就提出，相对收益对国家的阻碍作用，反映了国际关系的一种持续不确定性。②笔者认为，这种不确定性指的就是对他国使用武力的可能性的不确定性，即现在的朋友可能成为将来的敌人。正如杰维斯曾指出的，思维可以转换，领导人可以更换，价值观可以改变，机会和危险也会出现。③沃尔兹对影响国家合作的因素的分析也是类似的，正是由于每个国家都不能确定其他国家将来的动机和行为，因此才产生了

---

① Robert Powell, "Absolute and Relative Gains in International Relations Theory" in *American Political Science Review*, Vol. 85, No. 4 (Dee., 1991), pp. 1303–1320.

② Joseph M. Grieco, *Cooperation among Nations: Europe, America, and Non-Tariff Barriers to Trade*, Ithaca: Cornell University Press, p.45.

③ Robert Jervis, "Cooperation Under the Security Dilemma" in *World Politics*, Vol. 30, No. 2 (Jan., 1978), p. 168.

影响合作的不安全感。总之,鲍威尔对战争约束力的分析,几乎没有动摇传统现实主义者对相对收益阻碍合作的固有悲观态度,因为鲍威尔仅仅运用了简单的二分法,而丝毫没有意识到战争的不确定性,因此也就使其模型的实用效度大打折扣。

鲍威尔的观点可以概括为,在国际关系的常态下,相对收益对合作的阻碍因素是稀少的,国家关注绝对收益已经比关注相对收益越来越普遍。国家对相对收益的关注,的确对安全存在阻碍作用,但其阻碍的程度要远远比人们通常所认为的小。鲍威尔认为只有当体系中权力的分布与利益(往往指国家固有的利益,如领土)的分布相差较为明显的时候,战争的发生才有较大的可能性,此时相对收益对合作的阻碍作用才更为明显。①格里科后来又指出,鲍威尔仅仅将武力的可能性作为区分国家对相对收益与绝对收益关切的标准,这种说法比较片面,因为鲍威尔没有考虑到武力的效能以及国家对收益差距所引发的非军事性结果的担心 ②。进而格里科给出了以下较容易操作的标准,更加明确地指出了相对收益制约合作的三个条件:A. 当一国与对手一般性交往但不是盟友时;B. 当对安全的关切超过对福利的关切时;C. 当国家间实力基本相当时。③其中第二点是问题的核心。格里科认为,在更好地了解了国家间合作的相对收益因素之后,可以对国际组织进行更好的安排,使其更有效果,并且能使国家更有效地制定战略规划。

---

① 施韦勒的"利益平衡"论认为国家行为是由它们所认定的利益决定的,而不仅仅是由权力分布或所谓的威胁决定的,尽管无政府的国际环境的确会对国家产生一定的约束力,权力分布确实是国际社会中的重要因素,然而,单从权力分配入手并不能很好地说明国际政治,尤其不能解释国家究竟会采取制衡还是追随强者的政策,决定国家行为更重要的因素是利益(Randall Schweller, "Bandwagoning for Profit: Bring the Revisionist State Back In" in Sean M. Lynn‒Jones and Steven E. Miller. eds., *The Cold War and After: Prospects for Peace*, Cambridge, Mass.: MIT Press, 1991, pp.249‒286)。

② Joseph Grieco, Robert Powell, Duncan Snidal, "The Relative‒Gains Problem for International Cooperation" in *The American Political Science Review*, Vol. 87, No. 3 (Sept., 1993), p. 733 and p. 735.

③ Joseph M. Grieco, *Cooperation among Nations: Europe, America, and Non‒Tariff Barriers to Trade*, Ithaca, NY: Cornell University Press, 1990, pp. 45‒47.

四、大国合作理论

杰维斯、格拉泽与米勒等人的防御性现实主义者所说的"安全合作",仅仅是国家,特别是大国之间的合作,而对国际组织、制度依然很淡漠。这也是防御性现实主义与自由制度主义的重要区别。

同沃尔兹一样,杰维斯、格拉泽与米勒提出的"大国合作理论",从体系层次分析了国家可能进行合作的条件。大国合作理论是典型的防御性结构现实主义,也是结构现实主义中最乐观的一派。鉴于此性质,大国合作理论,即前述的关于防御性现实主义者合作理论的第二个条件,只是把研究对象局限于大国。而本书第五章的"平衡论"部分,即第三个条件,则主要是以所有国家为研究单位归纳合作的原因。对于大国合作理论,以下以杰维斯为例进行简要介绍。

杰维斯认为,在国际无政府状态下,安全两难具有"非故意性"(unintended)和"不可避免性"①。但是,他也指出安全两难虽然不能被消除,但可以缓解。②缓解安全两难的根本方法是从无政府状态着手,尽量减少无政府状态的负面影响。其关键在于国家之间的合作,而大国合作又是关键中的关键。大国合作理论的逻辑假设在于,当所有大国都满足于已建立起来的秩序时,维持现状的国家就不存在为寻求安全而进行扩张的行为,对它们来说,和平的收益将超过不扩张可能带来的损失。③从攻、防的平衡

---

① Robert Jervis, "Realism, Game Theory, and Cooperation" in *World Politics*, Vol. 40, No. 3 (April, 1988), p. 317.
② Robert Jervis, "Security Regimes" in *International Organization*, Vol. 36, No. 2, International Regimes (Spring 1982), p. 378.
③ 米勒认为,一国对平衡的信念,意识形态上的相似,对体系"革命"的共同恐惧,以及对手给自己的良性印象,都会使大国之间形成和谐的良性关系。除了"意识形态上的相似"这一点属于认知范式之外,其他的均是现实主义范式之内的论述[Benjamin Miller, *When Opponents Cooperate: Great Power Conflict and Collaboration in World Politics*, Ann Arbor: University of Michigan Press, 1995, pp.110 – 119]。

关系来看,防御性战略要比进攻性战略具有诱惑力,这意味着安全两难的强度是可以减弱的。

尽管杰维斯的理论能够缓解无政府的破坏作用,但仅仅是一种相对消极的方式,因此一般不将杰维斯的理论划入自由主义。杰维斯并不否认以积极方式构建安全机制的可能,并以此构建合作与互信。但安全机制的前提是国家间必须形成一致的原则与规范,这个前提如果达到,无政府状态下的权力斗争自然就减少了,国家间也能够实现多边互惠。①安全合作逻辑的两个关键在于:A. 一国在增加自身安全时,其相关信息将会透明而准确地传递到其他国家,所有参与合作的国家对彼此军事信息的掌握都是完全的、彻底的,包括提升安全的目的、程度;B. 既然合作的国家间不需要担心彼此的安全损害,那么也就不需要针对合作范围以内的国家有过多的安全需求,权力斗争也就得到了自发性的限制。

杰维斯的"大国合作理论",正好与新自由主义差不多在同一个时期提出,但新自由主义对安全的追求持更为积极的态度。杰维斯认为,国家即使不发展多种形式的有利于缓解在一系列广泛问题上存在的政治冲突的合作性谅解也有可能摆脱安全两难。②一国所部署的军事力量的类型以及如何阻止战争的主流信念,将决定该国能否在获得安全的同时又不使其邻国担忧其意图③。通过以下两种途径可以达到缓解安全两难的目的。

(1) 根据他国使用的武器属性来判断

如果一国能够准确判断他国使用的是防御性武器还是进攻性武器,那么一国可以很容易地判断他国采取的是防御性政策,还是进攻性政策,至少从战术上可以判断他国采取的是防御性军事

---

① Robert Jervis, "Security Regimes" in *International Organization*, Vol. 36, No. 2, International Regimes (Spring 1982), pp. 369 – 378.
② Ibid., p. 374.
③ Robert Jervis, "Cooperation Under the Security Dilemma" in *World Politics*, Vol. 30, No. 2 (Jan., 1978), pp. 167 – 214. 转引自尹树强:"'安全困境'概念辨析"(载《现代国际关系》,2003 年第 1 期,第 57 – 61 页)。

态势还是进攻性军事态势,进而从战略上得知他国是维持现状国家还是修正主义国家。①

(2) 判断战争爆发时防御方和进攻方哪一个拥有优势来对他国的战略有所预期②

当一国判断己方的防御性力量比他国的进攻性力量占据优势的时候,此国就不用过多地担心他国的攻击,因为攻击方需要付出巨大的代价,即使获胜也可能得不偿失。此时安全两难就可以得到缓解。只有当一国判断己方的防御性力量占据劣势的时候,此国才有必要对攻击方的权力扩张采取应对措施。然而,当代国际关系的事实是,发动对外侵略往往难于成功,而且通常被证明要付出巨大代价,即使对外侵略暂时取得了成功,最终可能也是得不偿失的。③因此,当代国际关系的常态是温和的、防御性的,理性的国家都会采取防御性的政策,以实现其安全目标。

---

① 参见 Robert Jervis, "Cooperation Under the Security Dilemma" in *World Politics*, Vol. 30, No. 2 (Jan., 1978), p. 187。

② Ibid., pp. 167 – 214。

③ 钟振明:"防御性现实主义:对国际安全的一种乐观分析"[载《同济大学学报》(社会科学版),2006 年 10 月,第 63 页]。

第五章

平衡论

所谓"平衡"即指国际体系中相对稳定的、和平的状态,或指国家之间处于一定标准的均衡状态。这仅仅是对状态的描述,而非达到平衡状态的手段、政策。传统现实主义单纯研究权力的"均势",而防御性现实主义诸流派研究的对象则大大超出了纯粹的权力范围。此外,本书不将"平衡"仅仅理解为权力配置的均衡。防御性现实主义者可能都注意到了权力的难以测量性,因此试图以物质性权力之外的视角重新阐释"平衡",寻找其他易于测量的变量,因此形成了多种不同的理论。在当代国家间关系中,尽管各国权力配置完全不均衡,但体系依旧能够大体维持稳定,因此在防御性现实主义的所有理论中,除了权力的平衡外,利益、决心、心理都是解释平衡形成的重要参数。

一、理解"平衡论现实主义"的基本主张

1."优势论现实主义"与"平衡论现实主义"

在以前国内关于防御性现实主义的论文中,对"平衡论"的归纳与整理较为忽视。这一点,国内与防御性现实主义相关的论文几乎没有论述提及。早在斯奈德刚刚提出进攻性与防御性现实主义这两个术语时就指出:防御性现实主义认为,均势的自然运作往往会惩罚那些行为过于具有侵略性的国家。①然而后来防御性现实主义的发展表明,惩罚的方式是多样性的,不一定是"权力的均势"。韦宗友在《制衡、追随与不介入:霸权阴影下的三种国家政策反应》②一文中,对相关内容已做了较为详尽的论述,但并未将其与防御性现实主义的"平衡论"完整地联系起来。朱明权在《领导世界还是支配世界?冷战后美国国家安全战略》③一书中,提到了追随、制衡分别与进攻性、防御性现实主义之间的联系。笔者试图更为深入地对这种联系进行阐释。

在沃尔兹理论的基础上,斯奈德进一步指出了国际无政府状态与国家的安全关切之间的关系。斯奈德认为,由无政府状态产生的均势,会惩罚而非奖励国家的侵略行为,由此引出防御性现实主义的核心观点,即国际体系中的安全并不是稀缺的,而是充足的。④这实际上等于承认了"国家或国家集团之间权力的均衡配置要比非均衡配置更加安全"的观点,而这一点可以作为防御性

---

① 〔美〕杰克·斯奈德著,于铁军等译:《帝国的迷思:国内政治与对外扩张》,北京:北京大学出版社,2007年版,译序第15页。
② 韦宗友:"制衡、追随与不介入:霸权阴影下的三种国家政策反应"(复旦大学博士学位论文,2004年4月,第25页)。
③ 朱明权:《领导世界还是支配世界?冷战后美国国家安全战略》,天津:天津人民出版社,2005年版,第38–47页。
④ 〔美〕杰克·斯奈德著,于铁军等译:《帝国的迷思:国内政治与对外扩张》,北京:北京大学出版社,2007年版,第13页。

现实主义重要的共同主张之一。但是对均势以何种形式自然运作以及均势如何惩罚进攻性国家,斯奈德依然局限在摩根索、沃尔兹所研究的权力制衡的范围内。事实上,当代国际关系的运行规律表明,即使没有"权力制衡"的发生,国家间仍然不缺乏安全空间。冷战后美国独霸的格局,并不符合"权力的均衡配置"的状态,但我们仍然可以从除霸权稳定论之外的现实主义范式中寻求有力的解释,因此可以将"权力平衡"的研究外延扩大到对更广泛的"平衡论"的讨论。

无论如何,斯奈德对进攻性与防御性现实主义的区分,已经有了"优势论"与"平衡论"的雏形。斯奈德认为,那些其国内政治秩序对迷思具有抵抗力的国家,是按照防御性现实主义的原则行事的,它们彼此之间结成防御性同盟,以遏制进攻性国家的扩张。这不仅坚信权力的平衡状态是安全的,而且认为平衡状态是有办法达到的,正因为如此,防御性现实主义描述的才是国际关系的"实然"状态。沃尔兹以后的现实主义的内部争论,宽泛地说,主要体现为"优势论"和"平衡论"的争论,也即进攻性、防御性现实主义的争论。而在防御性现实主义内部,所争论的议题不仅是国家间能否保持平衡和秩序的稳定,更重要的是以何种方式保持平衡和稳定。此外,被看作是进攻性现实主义者的施韦勒也加入了这种关于保持平衡和稳定"方式"上的争论。

现实主义内部对于国际关系稳定的条件以及国际关系的常态有着截然不同的看法。持"平衡论"观点的学者将均势看作是国际体系反复出现的常态,但这里的均势不仅仅局限于权力方面,也包括认知、利益、风险等因素;持"优势论"的学者认为权力的不平衡分配是国际关系的常态,且权力不平衡的分布状态要比平衡状态更加稳定。

列维等学者根据国际关系运行的状态将现实主义分为均势理论和霸权理论:均势理论认为,国际间的均势状态是稳定的,均势与制衡是国际关系的常态;霸权理论则认为霸权国可以维持体系稳定，因此其他国家为了自己的利益通常采取追随的战略。[1]但不少学者常常据此将古典现实主义归入均势理论一类[2]，或者将米尔斯海默的进攻性现实主义也归入均势理论一类。笔者认为这种划分方式有严重缺陷，因为其混淆了均势状态与均势政策。例如，摩根索是均势理论的代表学者，认为均势的主要作用是防止体系内出现霸权国家。但他对国家开出的处方，显然是要寻求优势、寻求相对的霸权，均势只是对他国纵横捭阖的政策，即"连横"他国。尽管权力的扩张不能是随意的，但至少站在美国的利益观上，这是成立的。而笔者对"平衡论"与"优势论"的划分标准，是基于权力的分配状态，探讨的是稳定性问题，而非基于运用权力的方法。摩根索是均势理论家，但他却属于"优势论"学者一方。在均势问题上，现实主义各分支的关注点也是不相同的，有些学者研究的是体系中权力分布形成的均势状态，有些学者研究的是国家采取的制衡行为，还有的二者兼而有之。[3]笔者将采取"平衡论"、"优势论"的二分法，一方面要避免混淆在状态与行为问题上防御性、进攻性现实主义的分歧，实际上对应于"平衡论"与"优势论"对权力配置的稳定状态的分歧；另一方面由于"平衡论"的外延比单纯的"权力平衡"的外延要大得多，所以"权力平衡"不能解释的问题可以从其他角度解释。

需要说明的是，如果将防御性现实主义等同于"平衡论现实主义"，也不恰当。我们只能说"平衡论"是防御性现实主义的一个重要特征。例如，科普兰的"动态差异理论"强调权力由不均衡配置向均衡配置转移过程中的危险性，不属于本书所说的严格意义上的"平衡论"，但其仍然可以被看作是防御性的"权力

---

[1] Jack S. Levy, "What Do Great Powers Balance Against?" in T. V. Paul, James J. Wirtz and Michel Fortmann eds., *Balance of Power: Theory and Practice in the 21st Century*, Stanford, Calif.: Stanford University Press, 2004, p. 47.

[2] Colin Elaman and Miriam Fendius Elman, *Progress in International Relations Theory: Appraising the Field*, London: MIT Press, 2003, p. 110.

[3] 刘丰、张睿壮："现实主义国际关系理论流派辨析"（载《国际政治科学》，2005年第4期，第128页）。

转移理论"①。又如,鲍威尔的"成本-联盟"博弈模型,与"优势论"一派的观点相一致,但仍然可以被看作是防御性现实主义的一部分,本书有所论证。

沃尔特的如下观点可以代表所有防御性现实主义者的共同观点:如果制衡比追随更常见,那么各国就更安全,因为侵略者们将面对联合起来的反抗。然而,如果追随是支配性倾向,那么安全就稀少匮乏,因为成功的侵略者将吸引追加的盟友,在削弱其反对者的力量的同时增强其自身权势。②在一个制衡普遍的世界里,表达节制和仁慈的政策乃是最佳的政策,在这样的世界里,一国将给他国造成的威胁降至最小程度;而在一个追随普遍的世界里,侵略者和维持现状国家都会更倾向于使用武力。③但是,上述这些观点还不足以体现一个防御性现实主义者的基本立场,因为这些只不过是区分了"制衡普遍"与"追随普遍"两种不同状态的世界,而一个真正的防御性现实主义者必须能够论证为何"制衡普遍"的状态比"追随普遍"的状态更加安全,特别是为何前者比后者更容易达到。沃尔特尤其认为,和平的恢复振兴了制衡的动因,制衡是国际政治中的主流趋势,追随则是机会主义式的例外。④追随之所以危险,是因为它增进了一个威胁性强国可用的资源;制衡之所以普遍,是因为没有哪个国家能够完全确信另一国会做什么。⑤这才是防御性现实主义的核心立场,即国际关系的常态是"制衡普遍"的,即支持了"平衡论"的观点。所有的防御性现实主义者都是在以不同的角度支持这个立场。

① 参见本书第三章·二的论述。
② Stephen M. Walt, *The Origins of Alliances*, Ithaca and London: Cornell University Press, 1987〔转引自〔美〕罗伯特·J·阿特、罗伯特·杰维斯编,时殷弘、吴征宇译:《国际政治:常在概念和当代问题》(第七版),北京:中国人民大学出版社,2007年版,第105页〕。
③ 〔美〕罗伯特·J·阿特、罗伯特·杰维斯编,时殷弘、吴征宇译:《国际政治:常在概念和当代问题》(第七版),北京:中国人民大学出版社,2007年版,第107-108页。
④ 同上,第108-110页。
⑤ 同上,第109页。

2. 防御性现实主义"平衡论"的发展历史

沃尔兹是第一个真正持"平衡论"观点的学者，但他的"均势自动生成论"仅仅是权力的"平衡"。20世纪70年代及其以前，所有的现实主义侧重于强调物质能力对国家的首要地位，摩根索、沃尔兹都是如此。沃尔兹认为，在国际政治理论中，结构是根据物质因素来定义的，即无政府状态、该领域的秩序原则以及国家间实力的分配状况。[①]传统的现实主义重视物质性因素对行为体行为的直接作用，认为均势中权力的分配标准是国家的物质能力，强调国家间的交易结果直接与物质资源的分配发生联系，现实主义的核心是控制世界政治中的物质资源。[②]无论这些现实主义学者对国际关系稳定的条件持什么观点，他们讨论的都是物质能力，即权力。物质能力在国家均势政策中的直接反映就是对国家物质利益的追逐，国家以此转化为权力。所谓的国家间权力的均势实质上是国家所追逐到的物质利益构成的均势。

然而，沃尔兹以后的现实主义者主要是防御性新古典现实主义者。他们一方面逐渐淡化权力的物质属性，淡化了作为物质能力的权力（即硬的权力），将制度、认知也看作是权力的一部分；另一方面回避了对"权力的平衡"的直接研究，将"平衡"的方式多元化处理。简单地说，这种处理方式可以避免现实主义对当代国际关系解释上的许多失灵，如为什么新加坡这样的国家能够在国际丛林状态的国家间权力争夺中生存下来，以及为什么不参与制衡与追随的小国同样可以安然无恙地存在等一系列问题。又如，在当今东北亚格局中，美国、日本以"联霸"形式遏制中国的发展，这显然不符合均势理论的预测结果。如果我们拒绝对霸权稳定论的合理性的讨论，是否可以从"平衡论"的视角找出另一种解释？从沃尔兹以后的防御性现实主义观点中，可以找出较

---

① 〔美〕肯尼思·沃尔兹著，信强译：《国际政治理论》，上海：上海人民出版社，2003年版，第116页。
② 唐小松：《论现实主义的发展及其命运》（载《世界经济与政治》，2004年第7期，第10页）。

为令人信服的解释，尽管美日一方和中国一方，双方的权力配置不是均衡的，但如下几点可以解释东亚和平的因素：从进攻-防御的角度看，双方彼此是平衡的，美国军力非常强大，但并不意味着美国的贸然进攻会迅速战胜中国；从威胁平衡的角度看，美日对中国的遏制尽管构成对中国的威胁，但尚未达到促使中国剧烈反抗的程度；从"利益的平衡"、"决心的平衡"以及心理学上"风险的平衡"角度看依然如此，美国的进攻都是得不偿失的，而中国的安全空间也并不稀缺，因此东北亚的和平得以长久维持。

对均势中"权力"与"平衡"的理解差异造成了均势概念本身的模糊性。[1]沃尔特针对权力概念的模糊性指出：虽然制衡比追随更为常见，但制衡的不是权力，而是威胁，被制衡的不一定是体系中最强大的国家。这体现了包括沃尔特在内的防御性新古典现实主义者，更加重视权力的互动过程。埃弗拉认为，摩根索和沃尔兹的均势理论只关注对权力的定量研究，而缺乏定性研究。一方面，埃弗拉将权力的对比关系简化为武力的对比，提出了攻防平衡理论，使得"平衡"关系易于操作。埃弗拉认为，当进攻、防御能力趋于平衡时，越不容易发生战争；反之，进攻越强，防御越弱，越容易发生战争（进攻与防御能力不只局限于军事，还包括地理条件、外交、政治等）。[2]另一方面，埃弗拉将认知因素引入到对攻防平衡的分析中，淡化了对"平衡"的物质性因素的研究。埃弗拉认为，当进攻容易或被相信为比较容易时，战争的可能性会增加；越有机会进攻或被越认为有机会进攻，战争的可能性也会增加。[3]

沃尔兹以后的防御性现实主义者可能都注意到了权力的难以测量性，因此试图以物质性权力之外的视角重新对"平衡论"加以阐释，寻找那些易于测量的变量。其中，一类是持"优势论"

---

[1] 王义桅：《超越均势：全球治理与大国合作》，上海：上海三联书店，2008年版，第3-4页。

[2] Stephen Van Evera, "Offense, Defense and the Cause of War" in *International Security*, Vol. 22, No. 4 (Spring 1998).

[3] Ibid.

观点的现实主义者试图对均势理论的修正,另一类是持"平衡论"观点的现实主义者对均势理论的补充。但是,"优势论"和"平衡论"都受到了批评。批评"优势论"的学者,以瓦兹奎斯为代表,认为沃尔兹以后的现实主义者试图通过添加特设性假说对反常理论进行修补的方式来挽救均势理论的失败,但这与现实主义原有的理论产生了冲突,他将这看作是整个现实主义研究纲领的退步。①对"平衡论"的批评,以勒格罗、莫拉弗茨克、弗兰克尔为代表,他们认为防御性现实主义违反了现实主义的原有"硬核"。事实上,现实主义从一开始就没有将均势理论作为其范式的不可抛弃的结论。瓦兹奎斯显然是将现实主义等同于均势理论。中国国内一些学者的研究也将均势理论在解释问题上的不足,等同于整个现实主义范式的不足。②现实主义对均势理论的修补,无论是对"优势论"的修正,还是对"平衡论"的补充,都不能看作是现实主义范式的退步。

3. 沃尔兹理论中"结构性"与"防御性"的联系

在沃尔兹的视野中,无政府状态仍然是霍布斯性质的。国际体系的无政府状态迫使大国彼此争权夺利,但是这种争权夺利,并不意味着会必然导致国际间的冲突和战争。沃尔兹假定国家的目标只是为了生存,避免本国被拖入战争的最好方式就是其对均势的关注,即限制他国权力的扩张,尤其是体系中的大国会更加寻求权力平均分配的均势。

施韦勒曾批评,沃尔兹的这种观点存在一种"维持现状的偏

---

① John A. Vasquez, "The Realist Paradigm and Degenerative versus Progressive Research Programs" in *The American Political Science Review*, Vol. 91, No. 4 (Dec 1997), pp. 899–912;部分内容转引自黄海涛:"国际关系理论评价问题浅析:以'科学研究纲领方法论'的视角"(载中国国际关系学会编:《评价国际关系理论:积累与进步》,北京:世界知识出版社,2008年版,第39页)。

② 详见周方银对此做的批评。周方银、王子昌:"三大主义式论文可以休矣:论国际关系理论的运用与综合"(载《国际政治科学》,2009年第1期,第88–89页)。

见"(status – quo bias)。①但沃尔兹反对给他的现实主义理论扣上"现状性"的帽子,他认为国家的目标是"低求生存、高求霸权",言外之意是不排除国家在保证了自己安全的前提下寻求适度扩张。但是他与批评者所讨论的话题又并不在一个范畴。伊尼斯·克劳德(Inis L. Claude)将均势分为"人为均势"与"自动均势"②,托利弗效仿于此将扩张也分为"人为扩张"与"自动扩张"③。我们可以看出,沃尔兹否定的是"应然"层次上的"人为扩张",承认"自动扩张"的实际存在,但他并不能否认现实世界中"人为扩张"依然存在。对于这一问题,也可以这样理解,扩张可以分为权力驱动的扩张和安全驱动的扩张,而这二者又有一部分是彼此重叠的,即"追求安全最大化的扩张"。具体可参见第三章·三的论述,沃尔兹的理论仅仅判定了"追求安全最大化的扩张"是存在的而且是合理的,但却无视"追求权力最大化的扩张"这种事实的存在。从这一点上他并未对施韦勒所说的"现状偏见"做出有力的反驳。

此外,斯奈德认为,在一定范围内的帝国扩张是理所当然的,毕竟强国征服弱国是有利可图的。而斯奈德提出的问题不是大国为什么扩张,而是大国为什么在收益远远小于成本的情况下依然过度扩张。④然而,沃尔兹、沃尔特、斯奈德以及进攻性新古典现

---

① Randall Schweller, "Neorealism's Status – Quo Bias: What Security Dilemma" in *Security Studies*, Vol. 5, No. 3 (Spring 1996), pp. 90 – 121.

② 关于"人为均势"和"自动均势"的划分,参见 Colin Elman, "Horses for Courses: Why Not Neorealist Theories of Forrign Policy?" in *Security Studies*, Vol. 6, No. 1 (Autumn 1996), pp. 28 – 29.

③ 简而言之,"人为扩张"就是指一国刻意地追求其权力最大化,而"自动扩张"指一国以本国的实际能力为依据,以局部的、递增的方式利用国际关系提供的机遇,进行扩张[Jeffrey W. Taliaferro, "Security Seeking under Anarchy: Defensive Realism Revisited" in *International Security*, Vol. 25, No. 3 (Winter 2000 – 2001), p. 154]。

④〔美〕杰克·斯奈德著,于铁军等译:《帝国的迷思:国内政治与对外扩张》,北京:北京大学出版社,2007年版。又如,斯奈德认为,在强大的国家中,扩张主义是一种相当普遍的现象,他所试图解释的并不是扩张主义,而是过度扩张主义,即那些超出了征服会带来收益的均衡点的扩张[〔美〕杰克·斯奈德、于铁军:"杰克·斯奈德访谈录"(载《国际政治研究》,2007年第4期,第128页)]。

实主义者扎卡利亚的观点是可以统一的，详见本书第三章·三的论述。

二、评价沃尔特的威胁平衡理论

"威胁平衡理论"（Balance of Threat）是沃尔特的核心理论，它对沃尔兹的"均势自动生成论"进行了补充。沃尔特在坚持现实主义基本教义的前提下，注重对认知因素的分析，强调在国家面对威胁的时候，制衡比追随更加普遍；并且隐含地指出了在防御性现实主义理论体系中，进攻与防御的相对性。但在联盟因素的分析中受现实主义范式特点的限制。他也过于轻视意识形态等因素的影响，其模型也过于简化。

1. "威胁平衡论"：对"均势自动生成论"的补充
(1) "威胁平衡论"的基本要义

沃尔特"威胁平衡论"的核心内容是对联盟①起源的分析。该理论指出，意识形态的吸引力、超级大国的入侵能力以及对外援助能力都不能解释小国的联盟行为，至少难以解释小国的制衡与追随的行为。权力制衡的需要，同样不能解释联盟的起源，权力与联盟模式缺乏必要联系。小国的联盟行为，决定于其对威胁的认知，特别是国家对其安全的"最直接的威胁"（proximate threat）的认知，与其相临近的地区敌对国（regional rivals）要比超级大国更具有威胁性。小国关注的往往是地区层次的权力平衡，而非

---

① 值得注意的是，沃尔特所说的联盟（alliance）一词只是指一种"密盟关系"，并不一定是严格意义上的、规定明确权利与义务"政治联盟"或"军事联盟"。只要两国或多国之间建立"密盟关系"并对抗共同的威胁，形成内心达成默契的"准联盟"，就符合沃尔特的定义。此外，格拉泽的理论中也有关于威胁影响合作的论述，他认为，国家合作的难易程度，决定于力量的增长是否能轻易地转化为威胁（Sean M. Lynn-Jones and Steven E. Miller, "Preface" in Michael E. Brown, Sean M. Lynn-Jones and Steven E. Miller, eds., *The Perils of Anarchy: Contemporary Realism and International Security*, Cambridge, Mass.: The MIT Press, 1995）。

全球体系的权力平衡。①

沃尔特的威胁平衡论是国际政治结果理论与外交政策理论的结合,是对国际政治规律的运用,突破了沃尔兹"均势自动生成论"宏观视角上纯粹的、规律性的国际政治结果理论。沃尔特指出,权力固然重要,但并不是决定国家行为的唯一因素。国家在进行联盟选择时,虽然会考虑到权力因素,但国家关注的并非仅仅是权力的不平衡,而是威胁的不平衡。联盟的形成是由"威胁失衡"而非"权力失衡"导致的。谁对本国的安全与生存形成更大的威胁,它们就倾向于制衡谁,尽管被制衡的国家在国际权力分布中并非具有压倒性优势。②

根据威胁平衡论,如果联盟成员国改善了它们对其他国家威胁意图的认知条件,那么该联盟的存在也将遭到削弱。例如,如果联盟成员国对原来敌人的威胁性改变了看法,即认为原来的敌人并非像当初那样具有威胁性时,或者当联盟内部某个国家变得越来越具有侵略性时,该联盟的持续存在也可能受到挑战。但权力与威胁不是毫无联系的。沃尔特也认为,一国权力在急剧增长后采取的更有抱负的对外政策可能同时引来敌手和盟友的戒备心理;反之,一国权力在急剧下降后采取的收缩战略也将改变敌对联盟的成员对自己原先威胁性的看法,从而使得该联盟趋于解散。③

根据托利弗的划分,威胁平衡论应属于防御性新古典现实主义,因为威胁平衡论对体系层次和国家层次同样关注。沃尔特同沃尔兹一样强调权力的对比对国家行为的决定作用,且沃尔特对沃尔兹关于内部平衡的理论表示完全赞同,但对外部平衡的诱导

---

① Stephen M. Walt, The Origins of Alliances, Ithaca and London: Cornell University Press, 1987, pp. 2 – 15.

② Ibid., p. viii, p. 5, p. 21, pp. 29 – 33, pp. 148 – 152; Stephen M. Walt, "Alliance Formation and the Balance Power" in International Security, Vol. 9, No. 4, (Spring 1985), p. 8; Stephen M. Walt, "Testing Theories of Alliance Formation: The Case of Southwest Asia" in International Organization, Vol. 42, No. 2 (Spring 1988), pp. 281 – 282.

③ Stephen M. Walt, "Why Alliance Endure or Collapse" in Survival, Spring 1997, p. 159.

因素上，沃尔特对沃尔兹的均势理论进行了重要修正。沃尔特将外部平衡的选择变量设定为"威胁"的性质和程度①，以"制衡威胁"代替"制衡权力"；另外，威胁平衡论也关注单元层次，特别是对决策者认知因素的研究，例如如何判断、衡量威胁。当然，前面提到，国际政治结果理论与外交政策理论不是区分新旧防御性现实主义的关键。本书之所以将威胁平衡论划归为防御性新古典现实主义，简而言之，是因为其理论的两个核心关键词"威胁"与"平衡"横跨了两个层次："威胁"是结构上的，"认知"是单元上的。

（2）沃尔特对沃尔兹理论的继承与补充

威胁平衡论的最大优势在于可以解释沃尔兹理论中某些"失灵"的地方。沃尔兹的"均势自动生成论"在实践上不完全符合国际政治的事实。例如，为什么国家往往倾向于制衡临近的强国而非制衡体系内的最强国②，为什么地区性大国更关注本地区的权力分布而不太在意全球的权力分布③。举例来说，冷战后东北亚国家为什么没有形成针对美国的对抗性联盟，而是美、日两国以"联霸"的形式对抗日益崛起的中国？这是因为美、日以"中国威胁论"为根据，对崛起的中国抱有疑虑，认为中国会挑战美、日主导的东亚秩序。沃尔兹的"制衡权力"认为，国家会联合起来对抗体系中的最强者，而沃尔特的"制衡威胁"则认为，国家会联合起来对抗最具威胁性的国家。因此，后者不仅能解释为什么国家会联合起来对抗最强者，也能解释为什么国家会选择制衡某个并不是最强大的国家，其原因可能在于地理的邻近、进攻性意图或者拥有非常强大的征服手段。④不足的是，沃尔特所说的制

---

① Stephen Walt, *The Origins of Alliances*, Ithaca, N. Y.：Cornell University Press, 1987.
② 例如为什么冷战后北约的规模越来越大以及为什么美、日在东北亚以联霸的形式制衡一个军事力量相对弱小的中国。
③ 韦宗友："制衡、追随与不介入：霸权阴影下的三种国家政策反应"（复旦大学博士学位论文，2004年4月，第25页）。
④ Stephen M. Walt, "The Progressive Power of Realism" in *The American Political Science Review*, Vol. 91, No. 4（Dec., 1997）, p. 933.

衡，即"与其他国家结盟以反对最主要的威胁"，只考虑了国家以"外部平衡"应对威胁的情形，而未考虑以"内部平衡"应对威胁的情形。①

威胁平衡论强调的是制衡的普遍性，相对于追随来说，制衡更是国际政治行为体倾向于采取的行为。只不过沃尔特认为，引发制衡的动力，是他国的威胁，而非权力。就这一点来说，"制衡权力"、"制衡威胁"二者与持"追随普遍论"的学者的观点根本不同。后者包括进攻性新古典现实主义者施韦勒，防御性新古典现实主义者鲍威尔以及进攻性结构现实主义者米尔斯海默。尽管属于不同的理论流派，但后者认为，追随才是国际行为的根本特征，国家往往以追随作为应对他国威胁与大国权力膨胀的稳妥之策。

从整体上说，"制衡威胁"是对防御性结构现实主义的拓展。虽然沃尔兹认为"体系中找不出国家扩张的诱因"，但他又鼓励国家的"外部平衡"和"制衡权力"行为。而这两个说法是相互矛盾的。如果国家制衡权力就等于让国家必须扩张。如果将其修正为"国家制衡的是外部威胁而不是权力"，就等于至少在理论上补上了前面的漏洞。这也引发了进攻性结构现实主义和防御性新古典现实主义的主要争论：前者认为，影响国际政治后果和对外政策的最重要决定因素是国家之间相对权力的变化；而后者则

---

① 韦宗友认为，沃尔特的定义之所以与沃尔兹等经典均势理论家不同，根本原因在于两者建构理论的视角不同。在沃尔兹的理论建构中，由于关注的并非具体的国家行为反应，而是"结构"压力下的行为倾向，因而并不要考虑地理位置，更不用考虑国家的意图。在他那里，只要某一国的权力过大，对其他国家来说就是威胁，就会自动引发他国的制衡行为，即权力就是威胁。而在沃尔特的理论中，着眼点是具体的国家行为反应。而对于具体的国家来说，权力与威胁之间存在着一个转化问题。韦宗友还指出，若将一国面对威胁时"内部平衡"的行为也考察进来，不仅使问题大大复杂化，而且可能导致定义上的混乱。如果一国将增加了的军事力量用于支持霸权国或霸权觊觎者，那么则难以判断这是制衡还是追随；如果一国既增加本国的军备，又避免卷入霸权冲突的任何一方，那么则难以判断这是否是制衡。韦宗友："制衡、追随与不介入：霸权阴影下的三种国家政策反应"（《复旦大学博士学位论文》，2004年4月，第44—48、72页），有删节。此外，即使是沃尔兹在论述一国是否奉行制衡政策时，也主要是从"外部平衡"角度论述的，并没有对"内部平衡"进行多少研究。总之，以"外部平衡"界定制衡，更有操作性。

不关注相对权力,认为决定国家行为的是威胁的来源,权力只是威胁的一个标准,但纯粹的权力概念是模糊的,还应该加上地理距离、攻击能力、攻击意图、决心的对比、风险的评估等诸多因素。此外,格拉泽则设法将沃尔兹的"制衡权力"与沃尔特的"制衡威胁"结合起来,即"权力被转换成威胁的可能性与程度"决定着国家的行为;如果进攻具有优势的话,权力被轻易转换成威胁的程度增加,由此引发国家的结盟行为。①

2. 制衡的普遍性

(1) "制衡多于追随"

沃尔特对制衡与追随这两个概念进行了重新界定,将"制衡"定义为"对抗流行的威胁的行为"。将"追随"定义为"与危险的源泉结盟"。②一方面,沃尔特定义中的制衡与追随是在同一条件下的一国互为相反的行动。另一方面,这又是对体系中可能存在的两种状态的描述:A."制衡比追随更为常见",此时"各国就更安全、因为侵略者们将面对联合起来的反抗";B."追随更为常见",此时"安全就稀少匮乏,因为成功的侵略者将吸引追加的盟友,在削弱其反对者力量的同时增强其自身权势"。③

沃尔特重点论述的是制衡要比追随常见的原因以及制衡更容易形成的原因。与几乎所有的防御性现实主义者一样,他并未否定追随发生的可能性,但从他的观点我们可以推断出,他认为国际关系的常态是防御性的,因为制衡要多于追随。他指出,由于追随必然会增加威胁方的权力资源,并将本国的安全与生存寄托

---

① Fareed Zakaria, "Realism and Domestic Politics: A Review Essay" in *International Security*, Vol. 17, No. 1, 1992。

② Stephen M. Walt, *The Origins of Alliances*, Ithaca and London: Cornell University Press, 1987 [转引自〔美〕罗伯特·J·阿特、罗伯特·杰维斯编,时殷弘、吴征宇译:《国际政治:常在概念和当代问题》(第七版),北京:中国人民大学出版社,2007 年版,第 105 页]。

③ 〔美〕罗伯特·J·阿特、罗伯特·杰维斯编,时殷弘、吴征宇译:《国际政治:常在概念和当代问题》(第七版),北京:中国人民大学出版社,2007 年版,第 105 页。

于对方的克制和善意之上,因而在国际政治中,制衡行为要远比追随常见,而且追随只是孤立无援的弱小国家迫不得已的反应,并不具有代表性。①

从沃尔特的论述中,我们可以得出下面这个逻辑推论。在一定的体系范围内,当超级大国和小国同时面临一项威胁的时候,超级大国一般会高估其他国家追随威胁的趋势,而低估其他国家制衡威胁的趋势;而小国常常会对侵略国采取制衡政策,而非追随。因此,当面临一个带有威胁性的国家的时候,大国的预期往往会与小国的实际行为正好相反,大国往往预期小国会追随威胁,而事实上小国却往往制衡威胁。问题的关键是,尽管大国的预期与小国的实际行为正相反,但两种趋势导致的却是一个结果。大国表面上的错误预期,会使其增加对威胁的不安全感,因为如果侵略国得到了诸小国的追随,它会变得更加强大。因此大国的唯一选择,就是对侵略国采取制衡政策。这个逻辑推论与沃尔特的观点是一致的。

此外,沃尔特还运用了定量分析。他发现,历史上至少93%的联盟都是在外部威胁的影响下构建的,87.5%的国家选择结盟是为了对付最危险敌人,选择追随侵略国的概率只有12.5%。②自三十年战争以来,侵略国每次获取欧洲霸权的图谋都被一个防御性联盟挫败。③沃尔特认为,各国选择制衡,主要是出于两个原因:A.如果它们未能在一个潜在霸主变得过于强大以前抑制之,它们便是自招生存风险;B.加入较弱一方可以增强新成员在联盟

---

① Stephen M. Walt, *The Origins of Alliances*, Ithaca and London: Cornell University Press, 1987, pp.148–152.
② Ibid., p.149.
③ 〔美〕罗伯特·J·阿特、罗伯特·杰维斯编,时殷弘、吴征宇译:《国际政治:常在概念和当代问题》(第七版),北京:中国人民大学出版社,2007年版,第109页。

内的影响,因为较弱一方有更大的获取援助的需要。①

一般来说,当学者们在谈论一国到底是奉行制衡还是追随政策时,主要是指在面临霸权威胁或武装冲突时,一国到底"与谁结盟"或"站在哪一方",而非从一国的内部政策着眼。因此韦宗友结合了沃尔兹与沃尔特两人的定义,对"制衡"给出了一个更加全面的定义:当某一国的权力急剧增长并由此产生霸权威胁时,其他国家单独或联合他国共同应对该国的霸权威胁时所采取的政策或行为,它既包括战争行为,也包括政治或军事上的结盟。②

韦宗友还对沃尔特的理论又进行了有益的补充,认为国家在面临霸权威胁时,主要存在三种行为反应:制衡、追随以及不介入。并且,一国到底奉行何种政策,主要受到体系的极、国家间的权力对比、地理位置以及观念四个方面因素的影响。③

(2) 施韦勒对沃尔特的批评

施韦勒指出,同沃尔兹的"均势自动生成论"一样,沃尔特的威胁平衡论同样具有强烈的"现状偏见",它只考虑到了国际体系中维持现状国家的存在。④施韦勒认为,沃尔特对"追随"的定义存在严重缺陷,沃尔特的"追随"实际上是"投降",既然他国是对本国有威胁的国家,那么"追随"他国,就等于本国屈

---

① 〔美〕罗伯特·J·阿特、罗伯特·杰维斯编,时殷弘、吴征宇译:《国际政治:常在概念和当代问题》(第七版),北京:中国人民大学出版社,2007年版,第105页。

② 韦宗友:"制衡、追随与不介入:霸权阴影下的三种国家政策反应"(复旦大学博士学位论文,2004年4月,第46—48、72页)。另外,即使是沃尔兹在论述一国是否奉行制衡政策时,也主要是从"外部平衡"角度论述的,并没有对"内部平衡"进行多少研究。总之,以"外部平衡"界定制衡,更有操作性。

③ 韦宗友:"制衡、追随与不介入:霸权阴影下的三种国家政策反应"(复旦大学博士学位论文,2004年4月,第44、48页)。

④ Randall L. Schweller, "Bandwagoning for Profit: Bring the Revisionist State Back in" in *International Security*, Vol. 19 (Summer 1994), pp. 79–81; Randall L. Schweller, "New Realist Research on Alliances: Refining, Not Refuting, Waltz's Balancing Proposition" in *American Political Science Review*, Vol. 91, No. 4 (Dec., 1997), p. 928.

服了这种威胁,即投降这个强国。①施韦勒的观点有几分道理,但他的批评歪曲了沃尔特的本意,一个弱国追随一个强国,并不是要向这个国家投降,而常常是这个弱国想搭强国的便车,一起谋求改变现存的国际关系体系;同样,强国接受了这个弱国的追随,并不是要对其进行直接统治,而是一方面让其作为自己颠覆现存旧体系的帮手,在不偿付任何成本的情况下壮大自己的实力,另一方面,免去了自己统治这个弱国的代价。因此,弱国向强国的追随,往往也是强国迫切希望的,就追随行为本身来说,它对强国和弱国都是双赢的。

施韦勒重点分析了二战期间欧洲国家对希特勒挑战体系行为的态度和反应,指出制衡并非是主要行为②,笔者对"小轴心国"的行为进行必要补充分析。二战爆发前和战争过程中,德国的仆从国意大利、罗马尼亚、保加利亚、芬兰等国家,就是典型的例子。德国对这些国家的威胁显然是存在的,因为如果这些"小轴心国"拒绝同德国结盟,那么战争爆发后的结果将是,这些国家像波兰、法国、比利时等大多数欧洲国家一样,被德国占领。按照沃尔特对"追随"的定义,即使这些国家同德国结盟,它们也应该接受德国的直接统治,进而放弃本国的主权。然而事实却不是这样的,通过与"小轴心国"的结盟,德国既壮大了自己发动侵略战争的实力,又省去了占领这些国家所要支付的成本,对于这些"小轴心国"的统治集团来说,追随德国既能够保住本国主权,又能够同德国一起分享红利,因此是双赢的。

施韦勒指出,追随的本意是指"追赶时尚或加入有可能获胜

---

① Randall L. Schweller, "Bandwagoning for Profit: Bring the Revisionist State Back in" in *International Security*, Vol. 19 (Summer 1994), pp. 79 – 81; Randall L. Schweller, "New Realist Research on Alliances: Refining, Not Refuting, Waltz's Balancing Proposition" in *American Political Science Review*, Vol. 91, No. 4 (Dec., 1997), p. 928.

② Randall L. Schweller, "Bandwagoning for Profit: Bring the Revisionist State Back in" in *International Security*, Vol. 19 (Summer 1994), pp. 89 – 104.

的一方",本身就有积极谋取利益的含义。①对于意欲获取利益的修正主义国家来说,追随另一个正在崛起的强大的修正主义国家或联盟正是其利益所在,因为它威胁的只是现状国家的既得利益,对自己并不构成威胁,相反只会带来收益,施韦勒据此将追随界定为"加入强大的一国或联盟借以获取利益"②。

此外,学术界还有一种观点,认为沃尔特的理论与均势理论没有必要的关联性,二者根本不属于同一个研究纲领。因为均势理论研究的是权力与权力之间的互动关系,尤其是一个大国权力与其他众多国家权力之间的互动关系。③

3. "威胁平衡论"的理论贡献与积极意义

(1) "威胁平衡论"的政策意义

根据威胁平衡理论,沃尔特主张,对于各国(尤其是体系中的大国)的政策制定者来说,明智的做法是尽量采取标志着自我约束和自律特征的外交政策(包括合理的联盟政策),以劝阻或打消其他国家制衡自己的念头,从而实现本国安全目标。④沃尔特的"威胁制衡论"基本上摆脱了防御性结构现实主义的悲观情

---

① Randall L. Schweller, "Bandwagoning for Profit: Bring the Revisionist State Back in" in *International Security*, Vol. 19 (Summer 1994), pp. 79-81; Randall L. Schweller, "New Realist Research on Alliances: Refining, Not Refuting, Waltz's Balancing Proposition" in *American Political Science Review*, Vol. 91, No. 4 (Dec., 1997), p. 928 [转引自韦宗友:"制衡、追随与冷战后国际政治"(载《现代国际关系》,2003年第3期,第57页)].

② 韦宗友:"制衡、追随与冷战后国际政治"(载《现代国际关系》,2003年第3期,第57页)。

③ 例如,吴征宇认为,沃尔特和施韦勒两人将单元层次因素引入到均势理论的做法虽然在一定程度上提高了理论的解释力,但这种形式的修正从根本上说并没有多少实质性的意义。由于均势理论关注的是霸权威胁而不是其他类型的威胁,因此原来的均势理论根本就不会受这种争论的影响 [参见吴征宇:"'制衡'的困境:均势与二十一世纪的世界政治"(载《欧洲研究》,2006年第2期,第75页)]。

④ 钟振明:"防御性现实主义:对国际安全的一种乐观分析"[载《同济大学学报》(社会科学版),2006年10月,第63页]。此外,沃尔特还赞成进攻性现实主义学者米尔斯海默提出的"离岸制衡"的有限收缩战略 [参见 Stephen Walt, "In the National Interest: A New Grand Strategy for American Foreign Policy" in *Boston Review*, Vol. 30, No. 1, 2005]。

绪，但他仍然对国家的结盟持一种消极态度，认为只有在存在第三国威胁的情况下，两国或多国才有可能结盟。言外之意，就是说没有威胁，就没有合作。应该说，沃尔兹得出这样的结论，是为了尽量使自己的理论停留在现实主义框架之内，避免踏入新自由主义。在实践上，沃尔特的结论是不符合实际的。按照沃尔特理论的推导，即使是在冷战后，欧洲和美国也必须紧密配合，因为要应对来自俄罗斯的威胁，但这种理论不免有夸大俄罗斯威胁的效应，因为按照沃尔特的推导，如果没有来自俄罗斯的威胁，欧洲和美国之间就不可能有合作。①沃尔特的理论容易被人误解，以此强调某一个国家的威胁性，违背现实主义的"同质性"假设。李开盛对沃尔特的理论进行了几点很有意义的修正。李开盛认为：在几个有安全关系的国家中，两个国家结盟并非因为它们彼此间不存在威胁，而是因为它们需要对付更大的共同威胁；国家并不是根据有无威胁，而是根据哪个威胁更小来选择结盟对象的。②

（2）进攻与防御的相对性

沃尔特的另一个理论贡献是，他已经粗略地意识到了现实主义理论对强、弱国家之间博弈指导作用的相反性。他曾指出，"追随"有两种动因：A.绥靖式的追随；B.以分享胜利果实为目的的追随。在第一种情况下，通过与拥有优势的国家结盟，追随强者的国家可以将强国引向别处，以免遭到攻击，这种追随是出于防御理由，这是在面临潜在威胁时一种维护独立的手段。在第二种情况下，追随者不一定是小国，而这种追随是出于进攻原因的，

---

① 实际上，沃尔兹也主张，欧洲应该继续坚持跨大西洋的追随战略。对此，米尔斯海默与德国学者沃纳·林克（Werner Link）也持相同看法［参见〔德〕汉斯·莫尔："未来全球安全与经济秩序中的欧盟"（载《世界经济与政治》，2009年第2期，第68页）］。

② 一个明显的例子是，戴高乐时代的法国虽然把美国在法国的军事存在视为对其主权的威胁，但基于苏联这一冷战对手的存在，它仍然选择留在西方阵营之内。李开盛："威胁与安全共同体的形成：对沃尔特理论的几点修正"（载《世界经济与政治》，2008年第10期，第22－23页）。

目的是分享胜利果实,如 1940 年墨索里尼对法国宣战,和 1945 年苏联加入对日宣战。①

现实主义既包含强国与强国间博弈的理论,也包含强国与弱国间博弈的理论。总体来说,古典现实主义与结构现实主义诸流派侧重于对强国与强国间博弈的研究,而新古典现实主义诸流派则侧重于对强国与弱国间博弈的研究,具体可参见第一章·一。

一般来说,所有的防御性现实主义流派倾向于认为,体系中的较大国家在面临其他大国威胁,或者在后者权力扩张有损于本国利益的情况下,会选择对后者制衡的行为。因此大国的进攻性政策往往会遭遇重大阻碍,扩张难于成功,一国的理想政策是奉行保守的防御性政策,追求自身的安全和在体系中的既有地位。相反,进攻性现实主义认为,一国在面临他国威胁,或者在他国的权力扩张有损于本国利益的情况下,会倾向于选择追随。因此,体系中的国家,特别是大国,所采取的进攻性行为,往往会较少遭遇阻力,不仅成功的可能性很大,而且收益往往非常明显。所以,进攻性现实主义者鼓励大国采取扩张性政策,应该追求权力的最大化。因此,我们可以得出一个大致的规律,即防御性现实主义认为制衡多于追随,进攻性现实主义认为追随多于制衡。

但是,当代国际关系理论基本产生于美国,而所有的美国国际关系学者都爱将自己打扮成政府决策的咨询师,百家争鸣的目的也是为了影响政府的决策,至少给决策者以启示。因此上述二分法也是以美国的立场作为出发点的,或许对于体系内的二流国家,上述二分法也能适用。而对于小国来说,所有理论开出的"处方"则与其初衷截然相反。

如果将国际关系理论完全看成是大国关系的理论,那么国际关系中许多事实则难以解释;如果将国际关系理论完全看成是为大国政策服务的理论,那么国际关系理论的研究价值又将大打折扣。问题的关键是,强-弱博弈理论对大国政策的解释以及开出

---

① 〔美〕斯蒂芬·沃尔特著,周丕启译:《联盟的起源》,北京:北京大学出版社,2007 年版,第 19-20 页,有删节。

的处方,往往是和小国正好相对的。毫无疑问,大国的政策往往是主动的,可以较为自主地做出选择,而当小国面临大国的进攻性政策时,则较为被动。当小国面临大国的入侵,至少是威胁的时候,如果小国根据防御性现实主义对大国外交开出的处方,选择联盟、制衡和对抗,那么此时这种对策恰恰是一种进攻性的现实主义政策。相反,如果权力小国选择追随权力大国,或者追随威胁性的国家,那么此时小国的对策恰恰是一种防御性的现实主义政策。

4. "威胁平衡论"的缺陷和不足
(1) 对联盟形成的意识形态因素的忽略

尽管"威胁"一直被弗兰克尔等学者批评为"与意识形态没什么区别"[1],但沃尔特一直试图使其理论与意识形态拉开距离。沃尔特理论的缺陷在于没有令人信服地对"威胁"与"意识形态"进行界定和区分。他只是笼统地认为,意识形态的确会起到一定作用,但是"意识形态对联盟形成的影响却是很难找到的"[2]。在这一点上,沃尔特的观点显得绝对和武断。笔者认为,不能完全忽视意识形态因素对联盟的作用,沃尔特所说的"意识形态对联盟形成的影响很难找到",其隐含前提是当威胁存在而且非常明显的时候。然而威胁的程度不是固定不变的,必然有一个从无到有、从弱到强,然后再减弱,最后消失的过程。威胁的动态性决定了,意识形态对联盟形成影响的大小是以威胁程度的变化作为变量的。

情形 A

当一国面临重大威胁的时候,它对"朋友"与"敌人"的判定标准绝不是意识形态,它必然要与能够帮助自己缓解威胁的国

---

[1] Benjamin Frankel, *Realism: Restatements and Renewal*, London: Frank Cass, 1996, p. xiv.

[2] Stephen M. Walt, *The Origins of Alliances*, Ithca, NY: Cornell University Press, 1987, pp. 180–186.

家结盟,对抗威胁的来源国。1949年新中国成立时,毛泽东做出"一边倒"外交决策的首要原因不是中、苏意识形态的亲近,而是因为中国面临美国的威胁;如果在没有美国威胁,中国的安全有充分保障的情况下,中国就没必要同苏联签订针对美国的军事协定。同样,从20世纪60年代末到80年代末,中国之所以站到了两极对峙体系中的美国一方,也是由来自苏联的威胁促成的。这样的例子比较常见,沃尔特正是从诸多的此类事实根据中,归纳出了他自己的理论,只是没有考虑到威胁的动态变化。

情形 B

当一国面临的威胁较小的时候,它会选择与不同意识形态的国家合作,甚至结盟。一方面,这是出于使自己国家利益最大化的需要,另一方面是出于扩展自己意识形态的需要。尽管现实主义大多拒绝讨论意识形态,但这一点也是不容忽视的。冷战时期,尽管苏联将印度作为"非资本主义的试验场所",但印度并不是马列国家,两者之所以能够建筑起长久的同盟关系,是因为印度需要同苏联合作应付来自于美国支持的巴基斯坦的威胁(尽管印、美保持了不错的关系),同时也由于苏联扩展自己意识形态的需要①。有的学者指出,沃尔特没有考虑到苏联惯用的"统一战线政策",即用短期的权宜之计换取意识形态上的长久目标。②这种由于对意识形态取向的反向思维导致的结盟,在历史上是比较常见的,它并不能否定意识形态的作用,包括正向作用和反向作用。

情形 C

当一国没有面临威胁的时候,意识形态会成为合作的主要原

---

① 这一点,笔者与沃尔特的观点有微妙的差异。沃尔特认为,以苏联为例,如果意识形态是导致任何国家结盟的"重要因素",那么与苏联结盟的国家应该至少符合下列特征:A. 由马克思-列宁主义的先锋党统治;B. 实行社会主义的经济政策;C. 意识形态上有反对帝国主义的决心。沃尔特的结论是,苏联的确是与左翼国家结成了联盟,而美国正好相反,但双方都没有要求其结盟国必须是在国内政策上与自己相近的国家(Stephen M. Walt, *The Origins of Alliances*, Ithca, NY: Cornell University Press, 1987, p. 200)。

② Douglas J. Macdonald, "A Review of The Origins of Alliances by Stephen M. Walt" in *The Journal of Politics*, Vol. 51, No. 3 (Aug., 1989), p. 796.

因。沃尔特只将结盟的原因局限于威胁,而无法解释在威胁消失的情况下,许多联盟为何仍然能够长久存在。冷战后,在来自苏联的原有威胁基本消失的情况下,北约国家之间的联盟关系不仅没有受到削弱,反而更加紧密了,这难以否定意识形态因素在其中所起的主导作用。一方面,原有北约国家有着共同的或相似的价值观;另一方面,那些在北约东扩中加入北约的国家,大部分有同西欧国家相似的价值观,他们对原有经济体制的摒弃为自己提供了天然条件,意识形态的趋同与亲近是北约东扩成功的根本因素。从长远上看,在和平与发展成为主题的当代世界中,两种不同制度的国家间长期和平共存是有可能的,但是意识形态的差距,决定了两种不同制度的国家间不可能建立亲密的联盟关系。

综上所述,我们可以归纳为,威胁不是联盟的唯一因素,至少应该说是多种因素中的第一因素。在威胁出现并且较为明显地时候,威胁会超越意识形态等其他因素,居于首位,参见下表。有的学者指出,沃尔特在刻意让历史事实服从于自己的分析框架。[1]

表10　　　　威胁与意识形态对联盟稳定性的影响

威胁分类	受威胁程度		
一国面临威胁的程度	大	中	小
意识形态对联盟的影响因素	弱	中	强
联盟的长久性与稳定性	弱	中	强

---

[1]　例如,沃尔特否认美国与以色列的结盟是意识形态的结果,因为以色列和美国的意识形态有很大不同,以色列尊奉的是福利国家的基本教义(Welfare – State Theocracy)。[Douglas J. Macdonald, "A Review of The Origins of Alliances by Stephen M. Walt," in *The Journal of Politics*, Vol.51, No.3(Aug., 1989), p.797; Stephen M. Walt, *The Origins of Alliances*, Ithca, NY: Cornell University Press, 1987, p.200]。

除了威胁的动态变化所导致的意识形态对联盟的影响作用之外，威胁与意识形态还存在着一个重要的影响关系。即一国常常会将意识形态不同的国家，特别是意识形态与自己针锋相对的国家定义为威胁。关于冷战爆发原因的"修正派"认为，美国对意识形态争夺的需要，使美国在战后初期采取了对苏联过于强硬的政策，而斯大林对美国的敌对政策完全是自卫的和被迫的。此外，当前美、日等国鼓吹的"中国威胁论"，很大程度上就是由于意识形态的不同所致。

此外，沃尔特将意识形态的"影响"定义得过于狭窄。历史事实表明，苏联并未将盟友的标准定义为"马列国家"，只要经济上非资本主义化，政治上具有反对帝国主义决心的国家，都会被苏联看作是自己的朋友。沃尔特将意识形态"影响"的外延大大缩小，没有看到意识形态所起到的下述重要作用，即苏联在中东、非洲、拉美等地对非共产党国家的大力支持，这种结盟不是应对威胁的需要，而是扩展意识形态和价值观的需要。同样，美国对第三世界国家的政策选择也是如此，当一国的"极左"与极右势力相互争权时，美国会毫不犹豫地支持后者；对于"极左"与极右国家间的冲突，美国也会支持后者。而当时过境迁，"极左"的影响被击退以后，美国又会过河拆桥，不惜以强硬甚至武力的政策要求极右的军事独裁政权"还政于民"。即使是在没有威胁的情况下，美国也会在各个地区选择与自己意识形态最接近的国家，作为盟友，尽管这种接近是与地区其他国家相对而言的。例如，在西亚，除以色列之外，美国选择与本地区相对认同美国价值观的土耳其和沙特阿拉伯结盟；在南亚，美国选择的是巴基斯坦；在当代拉美，美国支持哥伦比亚的乌里韦，制衡委内瑞拉的查韦斯，尽管这不是一个军事联盟。

（2）理论的模型过于简化

在威胁平衡论的模型建构中，还出现一个重要的缺陷。沃尔特没有区分受威胁国的数量对受威胁国行为的影响。在国际关系中，所有的威胁，一般都会有明显的主体和客体。如果一个国家的威胁是明显针对多个国家的,那么这些国家会较为轻易地形成对抗威胁的联盟。但如果一个国家的威胁只是明显针对另一个国家的,联盟的形成就会困难。沃尔特的缺陷在于,它将自己的模型过于简化,忽略了各种复杂的"威胁"类型及其导致的各种可能性。当然,这会有多种排列组合,但其中起主要作用的是:威胁国对除"直接受威胁国"以外的其他国家的"隐形威胁"的存在与否,及其程度大小。

当一个国家的威胁只是明显针对另一个国家时,如果一国仅仅对另外一个国家构成威胁(包括安全两难作用下的正常的国家利益争执和赤裸裸的侵略两种情况),而对其他国家的"隐形威胁"完全不存在,那么其他国家很少会有对此介入的可能性,尽管自由主义否定这种结论①。而当这种"隐形威胁"可能存在的时候,事外国家可能会考虑"唇亡齿寒"的后果,它会对强者和弱者较量的结果进行预期,并且要考虑孰胜孰败对自身利益的影响。在这里,只有引进施韦勒的"利益平衡论"和鲍威尔的"决心平衡论",分析才有意义,威胁国与反对它的联盟之间的力量和决心的对比,特别是联盟的稳定性决定了事外国家的态度。在很多情况下,当两个国家之间发生矛盾时,谁在威胁谁并不是轻易能分辨得出的,这是"安全两难"的基本观点。

当一个国家的威胁明显针对多个国家的时候,受威胁国才会面临制衡和追随的抉择,因为此时,受威胁国可以选择同其他受威胁国联合,以对抗威胁国的威胁,也可能选择"趁火打劫",搭威胁国的便车。而此时,面临"隐形威胁"的事外国家,其决策同样要面临多种因素的制约,同样难以预测,沃尔特恰恰省略了对这些情况的分析。

综上所述,"威胁"本身分为多种模型,而沃尔特的"威胁

---

① 按照自由主义的观点,如果一国是在侵略另一国,而当事外国家信奉并遵守集体安全的原则时,事外国家可能会以纯粹的"道义"方式介入其中,至少参与调解。或者,当受威胁国与事外国家之间的联盟已经形成的时候,事外国家会履行联盟义务,从而参与其中。

平衡论"仅仅适用于当一个国家的威胁明显针对多个国家的时候。在其他情况发生时,模型或者过于简单没有分析的需要,或者过于复杂且不符合沃尔特简化理论的预测。在这里笔者省略了对各种情况的举例论证。也许笔者的分类和辨析仍然不能概括所有的可能性,但也只能到此为止。如果引入变量太多,研究将缺乏意义。

三、攻防平衡理论:"武力的平衡"

1. 攻防理论:攻防平衡理论的雏形

攻防平衡理论以宏观、微观军事力量的对比作为切入点,既强调影响战争与和平的结构性因素,又不忽视单元层次上的分析。与其他的现实主义理论相比较,攻防平衡理论的定位较为特殊,它横跨了防御性结构现实主义和防御性新古典现实主义。具体来讲,杰维斯虽然被公认为攻防理论的创始人,但他的攻防理论不是"攻防平衡理论",不是严格意义上的防御性现实主义,下文有所解释。埃弗拉是以单元层次作为切入点,但理论的归宿确是在结构层次上。格拉泽与考夫曼基本上是从单元层次上的各种因素论述的。这只是一个大致的分类。从整体上看,杰维斯的攻防理论应算作一种"不太严格的"防御性结构现实主义,格拉泽、考夫曼、埃弗拉的攻防平衡理论基本上属于防御性新古典现实主义。

杰维斯认为,一国只要能够在和平时期将他国的防御性武器(或政策)与进攻性武器(或政策)区别开来,以及在战争爆发时认定防御性态势比进攻性态势占据优势,那么安全两难就可以得到有效缓解。[①]杰维斯的方法在理论上无疑是可行的,但在实践中它需要克服许多困难和障碍,诸如进攻性和防御性武器非常难

[①] Robert Jervis, "Cooperation Under the Security Dilemma" in *World Politics*, Vol. 30, No. 2 (Jan., 1978), pp. 170 – 191.

以区分开来,以及一国部署的武装力量一般均强调攻防结合,不可能只部署单一性质的力量。①杰维斯还将两项变量(即是进攻占优势还是防御占优势,以及进攻态势能否与防御态势区分开来)结合起来,划分出了四类可能的情形②:

表11　　　　　　杰维斯攻防理论中的四类可能格局

进攻与防御性态势可否区别	进攻占优势	防御占优势
进攻性态势与防御性态势不可区分	加倍危险	安全两难,但安全需求彼此能够相容
进攻性态势与防御性态势可以区分	不存在安全两难,但侵略是可能的;维持现状国家能够遵循与侵略者不同的政策;有预警	加倍稳定

杰维斯通过对系统运行机制中负反馈(negative feedback)③的作用,对均势理论进行了修正。杰维斯引入了认知变量,认为不仅负反馈会导致均势,而且决策者对可能的负反馈的认知也会导致均势,因此国家将采取克制的态度,主动寻求均势,并会采取防御姿态,期待对手效仿。④但杰维斯又认为,正、负反馈的发生

---

① 尹树强:"'安全困境'概念辨析"(载《现代国际关系》,2003年第1期,第61页)。例如,美国的导弹防御体系就不是纯粹的防御性的。

② Robert Jervis, "Cooperation Under the Security Dilemma" in *World Politics*, Vol. 30, No.2 (Jan., 1978), p.187 [转引自〔美〕罗伯特·J·阿特、罗伯特·杰维斯编,时殷弘、吴征宇译:《国际政治:常在概念和当代问题》(第七版),北京:中国人民大学出版社,2007年版,第209页]。

③ 杰维斯认为,系统效应有正、负两种反馈机制,负反馈产生的力量反作用于先前的变化,使系统恢复到先前的状态,使系统保持稳定。正反馈与此正好相反 (Robert Jervis, *System Effects: Complexity in Political and Social Life*, Princeton, New Jersey, Princeton University Press, 1997, p.125)。

④ Robert Jervis, *System Effects: Complexity in Political and Social Life*, Princeton, New Jersey, Princeton University Press, 1997, pp.137 – 139 (转引自许嘉:《美国国际关系理论研究》,北京:时事出版社,2008年版,第641页)。

都是有条件的、相对的，必须结合互动过程进行分析。①

严格地说，杰维斯的攻防理论并不能算作是防御性现实主义。理论提出的时间算一方面，但这不是主要的，更重要的是，他的理论中没有太多的关于国际关系"防御性"常态的论据。杰维斯的两大理论贡献——安全两难下的大国合作理论、系统效应理论，都为后来的防御性现实主义发展提供了理论基础。前者为攻防平衡理论的雏形，后者与防御性现实主义的"平衡论"有密切联系。只是杰维斯没有对区分进攻性态势与防御性态势的可能性进行充分讨论，没有论证防御占优势的可能，也没有论证负反馈发生的普遍性。因此，在杰维斯的理论中，没有太多关于国际关系"防御性"常态的论据，因此杰维斯只是为防御性现实主义提供了一个可能的论证工具而已。

此外，杰维斯有可能是第一个将微观与宏观、单元与系统结合起来分析问题的现实主义学者。杰维斯研究的系统过程，既连接着宏观层面（如系统层面的结构、均势），也连接着微观层面（如决策者采取的行动），并且认为宏观与微观之间的互动是双向进行的。②杰维斯对现实主义、自由主义、建构主义三大范式的兼收并蓄，也正是后来的防御性新古典现实主义的重要特征之一。

2. 作为防御性现实主义的攻防平衡理论

笔者认为，通常意义上的攻防理论不等同于攻防平衡理论。前者的外延要远远大于后者，后者可以算做是前者的一种特殊观点，或是对其深化的观点。只有攻防平衡理论，才能算作是防御性现实主义的一个分支。作为普遍意义上的攻防理论，它仅仅指出了进攻力量与防御力量，在二者分别占据优势的情况下会产生什么不同的结果，至多是指出了进攻占优与防御占优所导致的国

---

① Robert Jervis, *System Effects: Complexity in Political and Social Life*, Princeton, New Jersey, Princeton University Press, 1997, p. 176.
② Ibid., pp. 137 – 139（转引自许嘉：《美国国际关系理论研究》，北京：时事出版社，2008年版，第652 – 653页）。

际体系的不同形态，特别是战争的频度。①

　　严格意义上，作为防御性现实主义的攻防平衡理论，至少应该符合下列三个特征：A. 攻防平衡理论提出的意向是，强调军力建设的防御性作用，突出其非进攻的方面，军事力量的属性，虽然不能改变国际无政府状态的属性，但可以影响国际无政府状态的外在表现形式。B. 攻防平衡理论必须能够给出切合实际的区分进攻性、防御性武器的方法，如果军事力量仅仅表现为防御性质，安全两难就可以得到缓解。C. 攻防平衡理论不仅仅需要区分进攻与防御分别占据优势的情况下会产生的不同结果，而且必须坚持认为，在当代国际关系的常态下，防御往往比进攻占据优势，至少应该认为进攻方与防御方能够在宏观上或技术上达成力量的平衡，从而有效避免冲突和战争的爆发。

　　其中，前两点是次要方面，第三点是关键。杰维斯等攻防理论的学者，虽然指出了进攻占优与防御占优所导致的国际体系的不同形态，但是并未指出在国际关系的常态下，二者谁将更加占据优势。而作为防御性现实主义的攻防平衡理论，必须不仅认为防御性的属性是当代国际关系的常态，还应该能够提出预防战争的技术性方法。

　　学界一般习惯于将杰维斯看作是"攻防平衡理论"的创始人，因为他将军事力量简单地划分为两种：A. 倾向于进攻性属性的军事力量；B. 倾向于防御性属性的军事力量。当具有进攻性属性的军事力量占据优势时，发动战争的一方会获得红利，并且此时先发制人的一方会取得战争优势，因此军备竞赛会较为激烈，战争的可能性较大。而当具有防御性属性的军事力量占据优势时，

---

①　攻防理论的相关学者，还有克劳塞维茨（Carl von Clausewitz）、乔治·奎斯特（George Quester）等［参见克劳塞维茨著，中国人民解放军军事科学院译：《战争论》，北京：商务印书馆，1978年版，第 477－479 页；Jack S. Levy, "The Offensive/Defensive Balance of Military Technology: A Theoretical and Historical Analysis" in *International Studies Quarterly*, Vol. 38, No. 2 (June 1984), p. 220; Robert Gilpin, *War and Change in World Politics*, New York: Cambridge University Press, 1981, p. 61;［美］乔治·H·奎斯特著，孙建中译：《国际体系中的进攻与防御》，上海：上海人民出版社，2008年版］。

进攻将变得难以发生，侵略将变得困难，修正主义国家不会将武力进攻作为解决问题的首选方式，维持现状国家可以通过国际无政府和安全两难下的合作，缓解安全两难。①

严格地说，杰维斯的攻防理论并没有提到进攻和防御之间的平衡，也没有强调平衡的可能性，并不属于防御性现实主义。杰维斯在自己提出的攻防理论中指出，进攻和防御都有可能占据优势。但他并未指明，当代国际关系的常态是防御性的。他仅仅提出了上述两种可能，但并未论证在当代国际关系中进攻、防御是否可以达到平衡以及进攻和防御二者中，哪种将会更占据优势。例如，虽然他认为，"防御性武器和政策能否同进攻性武器和政策区分开来，会影响安全两难的作用效果"②，但并未论证出能够区分开来的可能性是较大的。其理论仍然局限在传统现实主义对权力的关注之上，例如他认为，"当一国的力量远远强于另一国的时候，即便防御更有优势，它也可能采取进攻性的战略"③。与此不同，在其他多数防御性现实主义者看来，权力的大小并不能决定战争的胜负。

这种简单的二分法，使其理论既不能从定性的角度确认攻防的平衡以及判定防御是否占据优势，也不能从定量的角度给以衡量，仅仅是给后来的防御性新古典现实主义敞开了一个进行深入分析的大门，为格拉泽、考夫曼、埃弗拉等人的攻防平衡理论奠定了基础。④

---

① Robert Jervis, "Cooperation under the Security Dilemma" in *World Politics*, Vol. 30, No. 2 (Jan, 1978), pp. 186 – 193; Robert Jervis, "Rational Deterrence, Theory and Evidence" in *World Politics*, Vol. 41, No. 2 (Jan., 1989).

② Robert Jervis, "Cooperation under the Security Dilemma" in Michael E. Brown, etal. Eds., *Offense, Defense and War*, Cambridge, Mass.: MIT Press, 2004, pp. 23 – 46.

③ Robert Jervis, "Cooperation under the Security Dilemma" in *World Politics*, Vol. 30, No. 2 (Jan, 1978), p. 190.

④ 例如，格拉泽、考夫曼认为，军事火力技术能力的提高，使攻防平衡更加有利于防御一方，进攻一方的贪欲会在一定程度上被遏制 [Charles L. Glaser and Chaim Kaufmann, "What is the Offense – Defense Balance and Can We Measure It?" in *International Security*, Vol. 22, No. 4 (Spring 1998), p. 64]。

杰维斯的攻防理论侧重于体系层次上定性的、宏观的分析，属于结构现实主义。但这只是杰维斯理论的一个方面，我们仍然将他算作是防御性现实主义的代表学者之一。一方面，他的攻防理论是后来埃弗拉等人"攻防平衡理论"的雏形，主要是用来支持防御性现实主义结论的；另一方面，他的大国合作理论强调国际无政府的良性表现，是典型的防御性结构现实主义。

3. 埃弗拉的攻防平衡理论

埃弗拉是攻防平衡理论的集大成者。虽然埃弗拉认为，在进攻占优势的情况下，有十大原因会促使战争作为结果出现。但他并不否认，在当代征服是极其困难的。埃弗拉以国际政治理论的历时性视角，对以下问题进行了重点分析和论证：为什么二战之后特别是冷战结束之后侵略行为难以带来红利。米尔斯海默等进攻性现实主义者认为，征服会获得巨大红利。①而防御性现实主义者想要讨论的不是红利能否获得的问题，而是红利的获得有没有实际价值的问题。在防御性现实主义的视角下，即使征服能够带来红利，但如果获得红利不能带来资源的积累，或者不用征服也能够带来有效的资源积累，那么征服就是没有实际价值意义的，国家也不会选择征服。埃弗拉认为，人们往往过于夸大资源的积累对战争的诱因作用，事实上诸如民族主义和军事技术等因素会限制这种积累作用。②我们可以从埃弗拉的理论中总结出如下结论：当代军事力量的攻防平衡常常向防御的一方倾斜，防御占优是当代国际关系的常态。

最为重要的是，埃弗拉将认知因素引入攻防理论，指出决策者对具体攻防态势的认知与判断，对战争的发生与否具有重要作用，甚至对攻防态势的认知判断，其重要性要超过攻防对比的实

---

① 〔美〕约翰·米尔斯海默著，王义桅、唐小松译：《大国政治的悲剧》，上海：上海人民出版社，2003年版，第52页。

② Stephen Van Evera, *Causes of War: Power and the Roots of Conflict*, NY: Cornell University Press, 1999, p. 2, pp. 5–6, and pp. 105–123.

际态势,许多战争就源于战争发动者对"进攻占优"的认知和对进攻占优的"崇拜"。①例如,朱明权以此认为,科索沃战争就是近10年来美国崇尚武力进攻的观念得到增强的结果。这一过程开始于90年代初,美国领导的多国部队与伊拉克之间的海湾战争使美国最终摆脱了越南战争综合症的困扰,一种对自身进攻能力所怀的乐观主义油然而生。②埃弗拉站在现实主义的立场上,结合了现实主义、建构主义两大范式的共同点,调和了物质范式和认知范式的矛盾。通过对领导人关于国家间关系的正确的、错误的认知与信念进行分析,埃弗拉提高了旧有现实主义的解释力度和预测力度。

同其他几位防御性现实主义者一样,埃弗拉也从认知的角度来理解战争的起因。在对一战的分析中,埃弗拉认为,如果战前各国领导人能认识到防御占据有利地位,战争就不会爆发。他在《战争的原因》中指出,国际结构经常是良性的,但关于权力结构的认知往往是恶性的。③国家极少像他们自己所想像的那样不安全,如果他们是不安全的,那也是往往出自于他们为逃避想像中的不安全而做的努力。④不过,需要指出的是,埃弗拉并未将战争起因完全归咎于认知错误,在他看来,"攻防平衡"的取向是更主要的原因。⑤他对影响"攻防平衡"因素的归纳远远比杰维斯要宽泛,包括了军事因素、地理、国内社会和政治因素以及外交的性质等等。⑥

---

① Stephen Van Evera, "Offense, Defense, and the Causes of War" in *International Security*, Vol. 22, No. 4 (Spring 1998), pp. 5–6.
② 朱明权:"科索沃战争对世界稳定的危害"(载《探索与争鸣》,1999年9月,第39页)。
③ Stephen Van Evera, *Causes of War: Power and the Roots of Conflict*, Ithaca, NY: Cornell University Press, 1999, p. 6.
④ Stephen Van Evera, "Offense, Defense and the Causes of War" in *International Security*, Vol. 22, No. 4 (Spring 1998), pp. 42–43.
⑤ 宋伟:"国际结构与国家行为:'内斗的现实主义'"(载《外交评论》,2007年2月,第51页)。
⑥ Stephen Van Evera, "Offense, Defense and the Causes of War" in Michael E. Brown, et al. eds., *Offense, Defense and War*, Cambridge, Mass.: MIT Press, 2004, pp. 227–265.

4. 攻防平衡理论的实质

攻防理论将模糊的权力,直接简约为清晰的军事力量,将权力的对比简约为军事力量的对比。防御性现实主义所坚持的安全两难理论,就在于对他国权力意图的不确定性,而一旦能够找出判断这种权力意图的有效方式,这种不确定性就会减少,因此安全两难就可以缓解。将权力的对比直接简约为军事力量的对比,就可以实现这种有效判断:判断出哪些威胁是存在的,哪些威胁是不存在的,哪些安全两难是真实的,那些安全两难是虚假的。因此虚假的安全两难就可以被鉴别出,从而减轻国家的"两难"处境。

作为防御性现实主义的攻防平衡理论,它所讨论的平衡关系,不是两国权力粗略的平衡,而是指两国对特定的军事技术或武器的占有能力的平衡。这种平衡关系关乎的是一国进攻另一国的能力,或者一国占领另一国的能力。①这种微观上平衡关系的改变,只会对单个国家的战略,或两个国家的攻防态势产生影响,而并不会影响两国权力的对比关系。攻防平衡本身应该算是结构上的因素。埃弗拉认为,沃尔兹与米尔斯海默主要是从国际力量的总体结构(即国际体系中的"极")识别战争的原因,而他则是从国际力量的细微结构(包括攻防能力的平衡)确定战争的起因。②

作为新古典现实主义,与结构层次上的攻防平衡相对,认知则属于单元层次。勒格罗和莫拉弗茨克曾批评道,埃弗拉的假设太宽泛,缺乏理论发展的连续性,实际上陷入了古典自由主义和认知范式的泥淖中。这种方法淡化了现实主义,模糊了现实主义的本质共性。换句话说,已经不属于任何范式。③然而,虽然单元

---

① Jeffrey W. Taliaferro, "Security Seeking under Anarchy: Defensive Realism Revisited" in *International Security*, Vol. 25, No. 3 (Winter 2000 – 2001), p. 138; Charles L. Glaser and Chaim Kaufmann, "What Is the Offense – Defense Balance and Can We Measure It?" in *International Security*, Vol. 22, No. 4 (Spring 1998), p. 57.

② Stephen Van Evera, *Causes of War: The Structure of Power and the Roots of War*, Ithaca, NY: Cornell University Press, 1999, pp. 11 – 12.

③ Jeffrey W. Legro and Andrew Moravcsik, "Is Anybody Still a Realist?" in *International Security*, Vol. 24, No. 2 (Autumn 1999), p. 34.

层次上的认知是主观因素,但其背后体现的依然是客观因素的作用:精英的操纵(manipulation by elites)、自私的官僚(self-serving bureaucracies)、军国主义和民族主义。①与本书在第二章·四的论述相似,埃弗拉的认知实际上可以看作是一种中介变量,或是从属于物质主义的本体,这里不再赘述。

另一方面,埃弗拉还将军事指导思想、国家的社会结构甚至外交因素包括到攻防平衡中,认为攻防平衡是"军事、地理、社会和外交因素的总和",从而将攻防平衡的外延大大延伸。可以这样理解,进攻、防御能力不仅限于军事能力,而且是一种"客观物质上的综合性实力"(objective material measures of aggregate power)②。虽然埃弗拉将攻防平衡理论的外延大大延伸,探寻了引发战争的更广泛因素,但这似乎又使平衡的主体回到了沃尔兹式的整体权力的结构对比上,而且还削弱了其理论的独特性和创新性,不利于其构建简约性理论的初衷。

四、从"利益的平衡"到"决心的平衡"

同沃尔特一样,施韦勒的"利益平衡论"也是从体系-单元层次结合的角度对沃尔兹均势理论进行修正。施韦勒指出,在无政府状态下,制衡不是国际行为的根本特征,在面对他国的权力膨胀或威胁时,追随比制衡更为普遍。在对国家性质的分析上,施韦勒否定了沃尔兹、沃尔特理论中所有国家都会"维持现状"的"偏见",并认为"权力的平衡"与"威胁的平衡"实际上都是"均势自动生成论"的一种,都带有"现状偏见"。施韦勒将

---

① Stephen Van Evera, Causes of War: Power and the Roots of Conflict, Ithaca, NY: Cornell University Press, 1999, p. 8.
② Stephen Van Evera, "Offense, Defense, and the Causes of War" in *International Security*, Vol. 22, No. 4 (Spring 1998), p. 6.

国家划分为"维持现状国家"和"修正主义国家"①,避免了极端性,认为"维持现状"不是所有国家都能认同的利益取向,不同性质的国家会采取不同的利益判断标准。施韦勒认为,国家的性质、体系中极的数量以及相互间的权力差距决定着国家对制衡或追随的选择。②更关键的是,影响国际体系运行的核心要素是"利益的平衡",而不是权力或威胁的平衡,因此他的理论才被称为"利益平衡论"。

与其他新现实主义者和新古典现实主义者不同,施韦勒也许是新现实主义诞生之后的唯一一个强调体系因素与行为体因素之间"共时性"互构的现实主义学者。施韦勒批评了结构现实主义的"国家同质性"假设,认为外部压力不一定引发国家内部的团结和国家外部的制衡,由于国家性质的不同,国家的行为有可能恰恰和均势理论所预测的相反。他还提出了制约国家属性的四个要素,即精英的共识、精英的凝聚力、政权的脆弱性和社会的凝聚力。③他认为,国际体系的转变不是根源于物质资源的对比,而是在于国家偏好(state preference)的变化,对于联盟来说,最重要的因素在于政治目标是否兼容(compatible),而不在于力量或者威胁方面的因素。④他甚至认为,虽然国家权力和决策者的偏好

---

① Randall Schweller, "Missed Opportunities and Unanswered Threats: Domestic Constraints on the Balance of Power"(http://www.yale.edu/irspeakers/Schweller-Fall02.pdf). 尽管施韦勒对国家属性采取的两分法的"还原理论",可能违背了沃尔兹倡导的"国家同质论",但毕竟可以避免沃尔兹的一些疏忽。
② Randall Schweller, "Bandwagoning for Profit: Bringing the Revisionist State Back In" in *International Security*, Vol. 19, No. 1 (Summer 1994), pp. 85–86.
③ 转引自宋伟:"国际结构与国家行为:'内斗的现实主义'"(载《外交评论》,2007年2月,第52页)。
④ Randall Schweller, *Deadly Imbalances*: *Tripolarity and Hitler's Strategy of World Conquest*, NY: Columbia University Press, 1998 [转引自宋伟:"国际结构与国家行为:'内斗的现实主义'"(载《外交评论》,2007年2月,第52页)]。

都会影响国家行为和国际结果,但决策者偏好的影响更大。①总之,他认为认知在形成国家偏好、影响国家行为上发挥着重要作用。但是,现实主义范式的一些批评者认为,施韦勒的理论其实走的是自由主义范式的路线,因为他的分析颠倒了现实主义假定的因果关系。现实主义认为,权力分配决定国家行为,而施韦勒却强调国家行为和国际结果随着国家权力和国家决策者的偏好而改变,并且国家会调整权力以适应其偏好。②一般来说,沃尔兹以后的现实主义,体系因素均是影响国家行为的根本因素,而施韦勒却独树一帜,实际上强调体系、单元之间的"共时性"建构,以及二者对国家外交行为的同步影响。

  但必须指出的是,在进攻性现实主义与防御性现实主义关于制衡与追随的争论中,很难说施韦勒是一个纯粹的进攻性现实主义者。他只是区分了两种不同的国家,既没有走向极端,又没有指出国际关系的常态应该是"进攻性"的还是"防御性"的,因此他的理论仅限于对国家行为的描述。单纯的"利益平衡论"本身也不具备任何"进攻性"色彩,不能简单地将其看作是进攻性现实主义理论。但将施韦勒本人归为进攻性现实主义者,也不是没有道理的,这只是对他的其他理论的定位。施韦勒认为国家联盟不仅仅是一种应对外在威胁的战略选择,国家本身也会主动追

---

① Randall Schweller, *Deadly Imbalances: Tripolarity and Hitler Strategy of World Conquest*, NY: Columbia University, 1998, pp. 26 – 29 and pp. 93 – 120 [转引自王公龙:"新古典现实主义理论的贡献与缺失"(载《国际论坛》, 2006 年 7 月, 第 39 页)]。

② Jeffrey W. Legro and Andrew Moravcsik, Is Anybody Still a Realist? International Security, Vol. 24, No. 2 (Autumn 1999), pp. 31 – 32; Randall Schweller, *Deadly Imbalances: Tripolarity and Hitler Strategy of World Conquest*, NY: Columbia University, 1998, pp. 26 – 29 and pp. 93 – 120.

求权力、财富与价值等,以增强自身安全。①本书认为,这种动机可能具有一种普遍性,可能适合所有的国家,包括维持现状国家。只是维持现状国家的防御性动机较为明显,而修正主义国家的进攻性动机较为明显。尽管学界一般将施韦勒划分到进攻性现实主义者行列,但其实利益平衡论本身并不是"进攻性"或"防御性"的。为了给研究防御性现实主义的"平衡论"提供一个清晰的脉络,我们也需要对其详细分析,将其与其他"平衡论"进行比较。

1. 施韦勒"利益平衡论"的进步与缺陷

(1) 结构、单元因素对国家行为的"共时性"建构

利益平衡论本身是建立在对沃尔兹和沃尔特理论的批评基础之上的。施韦勒避免了沃尔兹的"现状偏见",按照不同国家对捍卫现状所愿意支付的成本与改变现状所需要支付的成本,这二者之间的取舍不同,将国家分为两种主要类型,即对现状满意的"维持现状国家",和对现状不满意的"修正主义国家"。这体现了施韦勒新古典现实主义中单元因素对国家行为的建构。并且在这两大类国家内部,施韦勒又按照国家的权力大小,再分别将其分为两类。这体现了他的理论中结构层次因素对国家行为的建构。这样,在施韦勒的理论中,至少有四类国家:②

狮型国家(Lions)

即权力较大、意图保守的维持现状国家。这类国家愿意为捍卫现状而支付较大成本,以维护其既有权力;由于它已经在体系

---

① 与沃尔特不同,施韦勒认为结盟的动机不仅仅是制衡威胁。除此之外,还可能为了提高本国地位。国家除了在遭受威胁时可能会见风使舵外,还常常为了扩大本国利益而见风使舵,他认为见风使舵行为的机会主义一面与威胁施加国的联盟选择这两个因素都被沃尔特忽略了(Randall L. Schweller, "Neorealism's Status - Quo Bias: What Security Dilemma?" in Benjamin Frankel ed., *Realism: Restatements and Renewal*, London: Frank Cass, 1996, pp. 190 – 121; Randall L. Schweller, "Bandwagoning for Profit: Bring the Revisionist State Back In" in *International Security*, Vol. 19, No. 1, Summer 1994, pp. 179 – 81).

② 下文对四种国家类型的描述,很多是笔者个人的理解。

中占据了优势地位,并充分享受现有体系的好处,所以它力主维持现状和自身安全,对权力扩张缺乏兴趣,不愿意再为改变现状支付任何成本。

羊型国家（Lambs）

即权力较小但较为保守的维持现状国家。尽管权力较小,但它仍然愿意为维护现状支付一定成本,以保护其核心利益;虽然在体系中处于从属地位,但它更愿意维护体系的现状,因为它也是现状的受益者。在面临体系可能出现变动的情况下,它可能会选择与狮型国家结盟,制衡那些对其安全和体系的稳定构成威胁的国家和联盟,以维护现存体系。

狼型国家（Wolves）

即权力较大且富有野心的修正主义国家。这类国家不满足于自身在体系中目前的地位,实际上有、或自认为有在体系中谋求更大权力份额的实力,因此它愿意为并且有实力为改变现状支付任何成本。此外,它愿意拉拢其他修正主义小国,以在一定程度上节省改变现状所需的成本。

豺型国家（Jackals）

即权力较小但对自身权力分配不满意的修正主义国家。这类国家虽然在体系中的权力分配不占据优势,但它希望改变现状,并且希望提高自身在体系中的地位。它所关心的仍然是自身安全,但又愿意为改变现状支付一定成本。由于其能力有限,如果所需成本超出了自身的支付能力,它会借助于其他强大的修正主义国家,以节省自身所需支付的成本,达到分享新秩序成果的目的。

笔者认为,狼型国家与其他三种类型的国家的重大差别在于:挑战现存体系的狼型国家所关心的主要目标是扩张权力和攫取利益,而安全只是其从属目标。这并不是说狼型国家完全不关心自身的安全,而是说它自认为有能力在扩张权力的情况下仍然维护自身的安全,但安全的确不是其首要目标。而其他三种类型的国家皆将安全作为其首要目标或较重要目标。即使是谋求改变现状的豺型国家,它仍然很关心自身的安全,这也是其为何要选择追随狼型国家的原因之一。此外,狼型国家与豺型国家都是追求

"权力最大化"①的国家,权力都比安全重要。在这一点上二者无异,只是豺型国家比狼型国家相对更加重视安全,尽管它们都不像维持现状国家那样将维护自身安全作为首要目标。

(2) 利益平衡论的主要内容

施韦勒认为,追求利益和权衡利益是国家选择结盟或者追随的主要动机和目的②。如果两个以上国家的共同利益受到威胁,它们很容易达成妥协和合作。③利益平衡有双重涵义:在单元层面,决策者需在维护和拓展自身价值之间进行权衡;在体系层面,维护和挑战现状的力量之间存在一组平衡,国际体系的稳定与否不仅在于国家间力量的分配,更在于维持现状和挑战现状国家之间的力量对比。④

从施韦勒的理论中,本书做出如下归纳:追随之所以更为普遍,是因为利益的驱动往往使一国内部的精英统治集团认为,制衡并不符合其统治集团自身的利益;只有极少数的弱小国家的威胁,才能引发这些统治集团对其进行制衡的利益上的兴趣,而对这些国家进行制衡又显得没有国家利益上的必要。托利弗对此进行细致的阐述:霸权国家总是对其他国家的利益构成最大威胁,并且一般国家对霸权国家的制衡,总是不符合这些一般国家内部精英集团界定的利益,而只有在体系内最强大的国家制衡其他国家的威胁的时候,最强大国家中的精英集团才有可能认为这符合本集团的利益。⑤总之,一国是选择制衡还是追随,主要取决于该国为捍卫现状所愿意支付的成本与改变现状所需要支付的成本之

---

① Randall Schweller, *Deadly Imbalances*: *Tripolarity and Hitler Strategy of World Conquest*, New York: Columbia University, 1998, Chapter 1.

② 在施韦勒之前早就有很多人关注利益因素对同盟形成的影响。如英国政治家帕默斯顿就曾直言不讳地说过,"英国没有永远的盟友,也没有永远的敌人,只有永远的利益。"

③ Randall Schweller, "Bandwagoning for Profit: Bringing the Revisionist State Back In" in International Security, Vol. 19, No. 1 (Summer 1994), pp. 99 – 106.

④ Ibid., pp. 80 – 81.

⑤ Jeffrey W. Legro and Andrew Moravcsik, "Is Anybody Still a Realist?" in *International Security*, Vol. 24, No. 2 (Autumn 1999), p. 21.

比,政策选择是建立在利益平衡基础之上的。

总之,国家选择制衡还是追随往往取决于利益的驱动,即相关国家内部的精英统治集团对制衡与追随的取舍,关键在于要哪一个将更加符合本国的切身利益的判断①。但是追随的成本往往要比制衡低得多,这就决定了在利益驱动下国家在多数情况下是选择追随的,力量较小的现状国家如此,力量较小的修正主义国家更是如此,只有体系中最强大的维持现状国家才会选择制衡。在制衡产生负反馈的同时,追随和其他战略会产生正反馈,从而推动国际体系发生强制性变革。②

(3) 笔者对利益平衡论的理解

施韦勒的中心论点是,由于制衡是一项代价极其高昂的行动,大多数国家都尽量避免,而由于利益的驱动,修正主义大国、小国会一拍即合,修正主义小国很少需要付出什么成本,因而追随要比制衡更为常见。③

然而,施韦勒忽略了另一种情况,如果把羊型国家同狮型国家的结盟,也看作是羊型国家对狮型国家的"追随",那么这种"追随"对于前者来说将是代价较低的。因为狮型国家往往会坚定地维护现存体系,羊型国家与狮型国家在这一点上存在共同利益,羊型国家为维护体系所付出的代价将会相对较低。但是根据施韦勒的理论,这种状况并不常见。实际上可以对施韦勒的理论进行如下修正:不是说羊型国家寻求与狮型国家结盟这种现象不常见,而是体系中的羊型国家本身就不常见,因为在面对体系出现变动的情况下,羊型国家应该会自动选择与狮型国家结盟。之

---

① Randall L. Schweller, "Unanswered Threats" in *International Security*, Vol. 29, No. 2, 2004, pp. 161–175.

② Randall L. Schweller, "Bandwagoning for Profit: Bringing the Revisionist State Back In" in *International Security*, Vol. 19, No. 1 (Summer 1994), pp. 92–93.

③ Ibid., p. 93; Randall L. Schweller, "New Realist Research on Alliances: Refining, Not Refuting, Waltz's Balancing Proposition" in *American Political Science Review*, Vol. 91, No. 2 (Dec., 1997), p. 929.

所以这种结盟和制衡显得困难,是因为多数弱国认为体系的变动不会危及自身所处的地位,道理很简单,无论体系怎样变,自己永远是弱国。因此,在施韦勒所说的四种国家以外,还至少应该存在着第五种国家,即权力较小且不关心体系结构是否变动的国家。①

此外,在施韦勒的定义中,追随的对象与追随的盟友是明确的且二者是合一的。虽然施韦勒将制衡的主体表述得很明确,即羊型国家;制衡的对象也很明确,即狼型国家;但制衡的盟友则表述得较为模糊。如果是羊型国家与羊型国家一起结盟,制约狼型国家及其追随者,那么要形成羊型国家的联盟则相对困难,因为各个羊型国家需要付出的成本和风险都将偏高;而如果是羊型国家"追随"狮型国家,并一起制衡狼型国家,羊型国家付出的成本和风险将会偏低,这种制衡型的联盟也较易形成。

更重要的是,施韦勒重点是研究二战前后的国际局势,他的理论缺乏历时性的限定。在他的理论中,对于结盟的两种现象来说,即修正主义的小国追随修正主义的大国,要比维持现状的小国"追随"维持现状的大国并制衡修正主义国家易于发生。虽然前者要比后者较易发生,但是以上所说的四种国家的数量对比关系,也依然对追随与制衡的发生概率有重大影响,这正是施韦勒所忽视的。如果系体中维持现状国家(尤其指羊型国家)的数量远远多于修正主义国家(尤其指豺型国家),那么改变现状将会变得困难得多,制衡的概率将会大大高于追随。如果国际社会部分摆脱了丛林状态,建立了更加有序的运行规则,那么国际政治理论研究也将淡化对制衡、追随、结盟等传统用语的关注程度。如果和平代替战争,成为国际体系变革的基本方式,而国际体系的改变又丝毫不会影响到任何国家的对安全的诉求,并且小国对

---

① 施韦勒并非忽视了这种国家的存在,只是缺乏对其研究,他指出体系中的确存在对维持现状漠不关心的国家、维持现状但愿意接受以和平方式进行有限变革的国家,以及不接受任何改变的维持现状国家(Randall Schweller, "Bandwagoning for Profit: Bring the Revisionist State Back In" in Michael Brown, eds., The Perils of Anarchy: Contemporary Realism and International Security, Cambridge: The MIT Press, 1995, pp. 251–270)。

权力等概念的重视程度下降,那么几乎任何国家都会减少在追随与制衡之间做选择的机会。这是施韦勒理论的难以解释之处。

施韦勒指出,20世纪30年代的国家行为变化不是物质资源分配的变化造成的,而是源自个别修正主义国家尤其是1933年希特勒上台执政后的德国对国家利益的怪异看法。但是,施韦勒仍然低估了在当代一国辨别他国意图的困难。理性主义认识论认为,国家之所以采取某种外交政策,是因为它追求特定的目的,因此研究者只要能够解读国家所追求的目的,就能确定它们会采取何种行为,并解释为什么会做出这样的选择。①施韦勒虽然注意到了目的和手段之间的因果关系与一致性,但却忽略了一项重要内容,即目的不是那么好判断的甚至说多数情况下都是无法有效判断的。通过列举历史上多次著名的战争,我们可以看出,对于这些战争,特别是体系范围内的大战,我们很难分别出谁是修正主义国家,谁是维持现状国家,以及谁是侵略国,谁是被侵略国。这样的战争,如伯罗奔尼撒战争、七年战争、中美在朝鲜的战争、1962年中印边界战争以及1965年、1971年、1990年的印巴冲突,等等。②

有的学者认为,无论是沃尔特还是施韦勒,两人对沃尔兹理论的修正实际上并没有解决均势理论面临的主要问题,因为这两种理论都无法解释当今世界持续已久的单极世界格局。③但是笔者认为,"追随普遍论"是现实主义均势理论中,与霸权稳定论更

---

① 王鸣鸣:《外交政策分析:理论与方法》,北京:中国社会科学出版社,2008年版,第49－50页。

② 此外,托利弗在参考了他人的研究成果基础上,认为在西班牙王位继承战争、法国大革命战争以及1914年俄国的战前动员中,也是由于国家间彼此无法判断动机而引起的［Jeffrey W. Taliaferro, "Security Seeking under Anarchy: Defensive Realism Revisited" in *International Security*, Vol. 25, No. 3 (Winter 2000－2001), p. 147］。

③ 这是因为施韦勒既没对美国霸权体系的出现有充分的估计,也没有考虑到美国作为最大的现状国家的进攻性现实主义的取向,即既追求权力的最大化,也追求安全的最大化［参见吴征宇:"'制衡'的困境:均势与二十一世纪的世界政治"(载《欧洲研究》,2006年第2期,第75页);汪伟民、张爱华:"单极体系下的联盟理论与实践"(载《世界经济与政治论坛》,2006年第2期,第91页)］。

为接近的一种观点,利益平衡论实际上已经部分地解释霸权持久存在的可能性,尽管它不同于霸权稳定论。这是因为施韦勒忽视了一种重要的国家类型,即狮型国家和狼型国家的结合体,亦即这个国家既是强大的维持现状国家,又是强大的修正主义国家。当今的美国其实就是这种国家,它既是强大的维持现状国家,又是强大的修正主义国家,只不过这里所说的"修正主义"不是以推翻整体体系现状为目的的,而是以维护整体体系、改变对自己不利的局部体系为目标。所谓对自己不利的局部体系,就是指美国所认定的对自己利益可能构成威胁的地区霸权国。一方面,由于美国是强大的维持现状国家,其他的维持现状国家就会拥戴它的主宰地位,虽然不一定要与其结盟;另一方面,由于美国是强大的"修正主义国家",它也会得到局部范围内的和其有共同利益和企图的国家的支持。在担当"修正主义国家"的角色中,会出现两种情况:A. 如果在体系的局部范围内出现了强大的维持现状国家与弱小的修正主义国家,并且这个强大的维持现状国家不符合美国的利益,那么美国可以与局部范围内弱小的修正主义国家结盟,共同制衡这个局部范围内强大的维持现状国家(例如当代的中、俄);B. 如果在局部体系内出现了强大的、完全不符合美国利益的修正主义国家,那么局部体系内的维持现状小国为了寻求利益将会自动寻求与美国的合作,以制衡这个局部的修正主义国家(如海湾战争时期的伊拉克)。

2. 简析鲍威尔的"决心平衡论"

(1)"决心平衡论"与"成本 - 联盟博弈"模型

鲍威尔引入了一个复杂但易于理解的博弈模型,即"成本 - 联盟博弈"模型,指出了影响国家间安全互动的三个重要因素:军备竞赛、对手间的讨价还价以及联盟选择(alignment choices)。鲍威尔的模型很好地处理了三者之间的逻辑一致性,通过各种一般性参数(common parameters)使其成为一个理论整体。鲍威尔的"成本 - 联盟博弈"模型依然根植于现实主义范式,但是他又对其进行了重要补充。在解释现实主义原有理论的同时,"成本 -

联盟博弈"模型又以数学分析的方式对现实主义范式进行了颇有新意的修补与重新阐述。①

鲍威尔的模型论述了国家在面对国际权力变动或国际冲突时的行为反应并将参与博弈的单元数量增加到了三个。这是一个理论创新,提高了对变量处理的可操作性。其主要内容是:当两个国家陷入冲突的时候,第三方有三种应对策略可以选择,即制衡、追随和观望(waiting),决定第三方三种联盟政策选择的要素主要有战争成本、军事力量总效能和攻击方的相对决心。作为一个理性行为体,国家需要根据置身于其中的具体环境在这三个因素之间进行权衡,对各种行为进行计算,选择成本最低、代价最小、受益最大的一种行为。②与沃尔特的定义相似,但有微妙的不同,鲍威尔将"制衡"定义为第三方与受害者(victim,即遭受进攻的国家)结盟,而将"追随"定义为第三方与攻击者(attacker)结盟。③笔者认为,界定第三方的标准是:这个国家必须是不受攻击者直接攻击的国家,至少它的间接损失应该是不明显的,否则这个国家就应该被划到受害者的行列,受害者与第三方之间的利益诉求应有较大的不同。

根据鲍威尔的总结,当且仅当攻击者的权力仅仅比受害者略大的时候,即当动用武力的收益率并不高的时候,第三方倾向于选择观望。而当攻击者的权力明显大于受害者的时候,第三方不会选择观望,此时它有两个选择:第一种选择,加入攻击者一方,这样可以避免将来的权力比率(power ratios)不利于自身,从而避免在瓜分战利品时自己处于不利地位;第二种选择,加入受害者一方,这种选择的理由是,一旦进攻方获胜,它获得的军事力量总效能将极高,对本国的安全将形成严重威胁。韦宗友进行了如下总结:制衡的优点在于一旦取得胜利,自己在联盟中将居于

---

① Glenn H. Snyder, "A Review of *In the Shadow of Power*" in *Political Science Quarterly*, Vol. 115, No. 1 (Spring 2000), p. 132.

② Robert Powell, *In the Shade of Power*: States and Strategy in International Politics, New Jersey: Princeton University Press, 1999, p. 6 and pp. 149–196.

③ Ibid., p. 156.

有利地位，但缺点是，与弱国结成的制衡联盟获胜的可能性比较低；追随的优点是联盟获胜的可能性较高，但危险在于权力的分布将对于自己不利。①

在攻击者的权力明显大于受害者的时候，第三方究竟是应该"追随"强者，还是与弱者"制衡"强者，取决于第三方如何平衡如下利害关系：如果第三方选择与强者为伍，即追随强者，那么它应该考虑如何使强者更容易地获得胜利，提高自己成为获胜一方的几率；如果它选择与弱者一同制衡强者，那么它应该考虑，在与其盟友关于战后瓜分战利品的讨价还价中，如何提高自己的有利地位。②

鲍威尔尤其指出，国家对其风险前景判断的不确定性、参加战争的高昂代价、攻防对比的模糊性，以及偏低的信息效度（availability of information），这四者是导致作为第三方的国家经常选择追随政策的主要原因。在一般情况下，第三方往往会选择追随，尤其是当各个博弈方的决心都彼此相等（equally resolute）的时候；至于说制衡，只有在特殊的情况下才会发生，即当攻击方的决心非常强的时候才会发生，亦即当攻击方"反复表示其使用武力的决心的时候"③，制衡才会发生。因此，根据对成本的计算，在一般情况下制衡发生的几率是非常低的④。总之，制衡发生的几率，要远远少于追随与不结盟（nonalignment）。

此外，强制技术（technology of coercion），特别是军事力量的总收益率，也是第三方选择制衡、追随还是观望的重要参考依据。⑤所谓强制技术是指"一方的行动对另一方所施加的强制性压力"，

---

① 韦宗友："制衡、追随与不介入：霸权阴影下的三种国家政策反应"（复旦大学博士学位论文，2004 年 4 月，第 30 页）。

② Glenn H. Snyder, "A Review of *In the Shadow of Power*" in *Political Science Quarterly*, Vol. 115, No. 1, Spring 2000, p. 133.

③ Robert Powell, *In the Shade of Power*: *States and Strategy in International Politics*, NJ: Princeton University Press, 1999, p. 194.

④ Ibid., pp.194 – 196.

⑤ 转引自韦宗友："制衡、追随与不介入：霸权阴影下的三种国家政策反应"（复旦大学博士学位论文，2004 年 4 月，第 30 页）。

其中军事技术是主要方面。[1]而军事力量的总收益率则是指两国军事力量合并后的军事力量总效能，它既包括进攻方击败对手后获得的军事力量总效能，也包括第三国与冲突中的任何一国结盟后的军事力量总效能。[2]但是，鲍威尔的"成本博弈"模型在实证效度上值得商榷。一定程度上，它的模型过于依赖于数学分析，模型与事实的关联性值得商榷。一些批评者认为，鲍威尔模型的假设与现实严重脱节。[3]但是，构建一个可操作性的模型，往往需要实证上的牺牲。[4] 鲍威尔的模型减少了变量，使理论架构更加清晰。

（2）为什么鲍威尔是防御性现实主义者

一般来说，防御性现实主义倾向于认为：一国在面临他国威胁或者在他国的权力扩张有损于本国利益的情况下，会选择对其进行制衡的行为，因此国家的进攻性政策往往会遭遇重大阻碍，扩张难于成功，一国的理想政策是奉行保守的防御性政策，追求自身的安全和在体系中的地位即可。持这种观点的学者有沃尔兹、沃尔特、斯奈德等等。

相反，进攻性现实主义认为，一国在面临他国威胁，或者在他国的权力扩张有损于本国利益的情况下，会倾向于选择追随。因此，体系中的国家特别是大国，所采取的进攻性行为，往往会较少遭遇阻力。这不仅成功的可能性很大，而且收益往往非常明显。所以进攻性现实主义鼓励大国采取扩张性政策，追求权力和安全的最大化。

因此我们可以得出一个粗糙的规律性认识，即防御性现实主义认为制衡多于追随，进攻性现实主义认为追随多于制衡。但是，鲍威尔的联盟理论也认为，一般情况下制衡发生的几率是非常低

---

[1] Robert Powell, *In the Shade of Power: States and Strategy in International Politics*, New Jersey: Princeton University Press, 1999, pp. 14–16.

[2] Ibid., p.151.

[3] Glenn H. Snyder, "A Review of *In the Shadow of Power*" in *Political Science Quarterly*, Vol. 115, No. 1 (Spring 2000), p. 133.

[4] Ibid.

的①，并且他还较为赞同施韦勒的利益平衡论，那么为什么通常将他的理论划入到防御性现实主义的行列中呢？要解释这个问题，我们必须要弄清楚以下两点。

一方面，准确地说，鲍威尔的联盟模型并不是沃尔特、施韦勒等学者理论的发展，尽管鲍威尔也没有否认前人的理论。因为无论是沃尔特，还是施韦勒，他们所关注的都是威胁者和被威胁者。至于说本来置身事外的一方，既可以从冲突中渔利，也可以避免卷入；至于置身事外者如何决策，完全取决于执政者如何界定利益和风险的平衡关系。沃尔兹、沃尔特与施韦勒所定义的制衡与追随，一定是当一国对另一国造成威胁，或者一国权力的扩张有损于另一国利益的情况下进行讨论才有意义；如果一国对另一国并未造成威胁，或者另一国不将其界定为威胁，那么另一国当然不需要在制衡和追随之间进行选择，但也并不代表另一国一定不会选择制衡或者威胁。鲍威尔的理论并没有与施韦勒和沃尔特的理论产生冲突，他们讨论的完全是不同的对象，彼此针对的是不同的讨论范围。鲍威尔并未阐述一国在受到利益威胁的情况下，会采取制衡还是追随的对策。这一点至少说明了鲍威尔不是一个进攻性现实主义者。

另一方面，之所以承认鲍威尔是防御性现实主义者，是因为他认为：国家不仅不会追求权力最大化，也不会追求安全最大化，而且只会更加注重非权力化的价值取向（nonpower values），尽管要实现这种价值，有时还必须通过增强军事实力取得。②鲍威尔的隐含意思是，只有当体系中权力的分布与利益（往往指国家固有的利益，如领土）的分布相差较为明显的时候，战争发生才有较大的可能性。例如，他认为，利益的当前分配与使用武力后所能

---

① Robert Powell, *In the Shade of Power: States and Strategy in International Politics*, New Jersey: Princeton University Press, 1999, pp. 194 – 196.

② Glenn H. Snyder, "A Review of *In the Shadow of Power*" in *Political Science Quarterly*, Vol. 115, No. 1 (Spring 2000), p. 132.

实现的分配之间的差距越小,战争的概率就越小;反之则越大。①也就是说,当国家意识到在体系中自身的权力份额大大小于利益份额的时候,国家就有可能以明里暗里的威胁,对其邻国(指利益份额大于权力份额的国家)有所企图。在这种情况下,领国往往会权衡自身面临的风险与收益,尽量使其平衡并使收益最优化,有时为了规避战争风险和减少牺牲,邻国会做出一定的让步。以上即为"成本-联盟博弈"模型中,国家的基本互动过程。鲍威尔的"成本-联盟博弈"模型描绘了在不同的信息条件(information condition)下这种过程的不同表现形式,以及在稳定的权力分布与变化的权力分布两种条件下这种过程的不同表现形式。

综上所述,我们可以看出,一方面,鲍威尔谈论的是,在威胁方与被威胁方之外的第三方面临威胁时的政策取向,而不是利益攸关方的政策取向,第三方的政策取向对攻击方与受害方的博弈结果影响不大。另一方面,鲍威尔实际上等于承认:既然权力分布在常态条件下是稳定的,那么这种威胁本身发生的概率也是很低的。这就是说,国际关系的常态依然是稳定的和"防御性"的。

(3) 鲍威尔"成本-联盟博弈"模型:对施韦勒"利益平衡论"的修正

鲍威尔的"成本-联盟"的三方博弈模型实际上是对施韦勒"利益平衡论"的重要发展和修正,尽管鲍威尔本人未必注意到了这一点。施韦勒反对沃尔兹给所有的国家都贴上"维持现状"的"标签",因此将国家区分为"维持现状国家"和"修正主义国家"。而实际上,他本人对沃尔兹理论中前提和假设上的发展是很有限的。这种简单的二分法,实际上仅仅是增加了一个"标签"而已,即给国家贴上了"维持现状"的标签和"修正主义"的标签,同样是一种先验性的主观臆断。事实上,即使国家不全是维持现状的,但"维持现状"与"修正主义"这样的简单的二

---

① Robert Powell, "Stability and the Distribution of Power" in *World Politics*, Vol. 48, No. 2 (January 1996), pp. 239–267.

分法仍不能完全涵盖所有的国家范畴。尽管施韦勒注意到了体系内存在着对现状漠不关心的国家,但还是忽略了一个重要现实:界定"维持现状国家"与"修正主义国家"是很困难的。如果真能那么简单,国际关系理论的哲学基础也将不复存在。具体来说,鲍威尔对施韦勒理论的修正,可以分为如下四点。

同一个国家为在不同问题上追求不同的目标,会实行不同的政策,因此在不同的问题上也会有不同的现状-修正取向

例如,在20世纪50、60年代,中国外交的现状-修正特性,在政策上和技术上是分离的。杜勒斯认为"对于共产主义威胁来说,中国的多米诺牌子比俄国的威胁更大",并且受文革前期中国外交革命化的影响,美国将中国看作是一个搞"革命输出"的"修正主义国家",并且事实上中国也的确对周边国家(如印度支那诸国家)的革命力量提供过包括军事援助在内的实质性支持。但就当时中国的军事能力和军事部署态势而言,中国的确仅仅以防守为目的。虽然中国成功研制出了核武器,但是政策上中国的核武器没有进攻性目的,技术上又不具备核报复能力。另外,修正主义国家的生成可能是自愿的,也可能是被迫的。如果体系中的霸权国公开威胁到一个国家的生存权,或者威胁到一个国家的重大核心利益,那么一个现状国家也可能变成一个修正主义的国家。[①]

某些国家出于自身利益的考虑故意渲染或缩小其他相关国家的威胁

有的国家为了某种政策上的需要,如维持自身的霸权优势地位,或者动员国内民众对政府某项政策的支持以遏制某个国家,会将其他某个不带威胁性的国家渲染成带有威胁性的"修正主义国家",或者故意缩小某个修正主义国家的威胁性。在这种情况下,简单地将某个国家贴上"维持现状"或者"修正主义"的标签,会显示出利益平衡论在解释力上的不足。对于前者,最典型

---

① 汪伟民、张爱华:"单极体系下的联盟理论与实践"(载《世界经济与政治论坛》,2006年第2期,第91页)。

的就是美、日对"中国威胁论"的喧嚣。相比之下，欧洲国家对所谓"中国威胁"的观念认同远远不及美、日。这是因为美、日在东北亚的利益需要决定了必须要遏制中国这样的正在崛起中的地区性大国，即使中国是纯粹的"现状国家"，他们也必须要找理由渲染中国的威胁程度。对于后者，二战前夕英国首相张伯伦对纳粹德国的绥靖政策就是最好的例证。一方面，张伯伦为了祸水东引，坐享渔人之利，需要故意缩小德国对英国的威胁；另一方面，为了维护本人在国内的地位，他必须使用欺骗舆论的方式。按照施韦勒的理论，当时作为欧洲体系内最强大的英国，它应该义无反顾地选择制衡，而不是绥靖。因为施韦勒的研究表明，权力差距不会导致所有国家选择制衡，特别是中小国家，这些国家选择制衡还是选择追随，取决于它们的权力地位和具体动机，因此他预见了新颖的事实：较弱的修正国选择追随，而最强大的现状国选择制衡。①因此，施韦勒的理论在有的情况下是与史实不一致的。

施韦勒的结盟理论，只适用于研究实行外部平衡的国家，而对于只关心内部平衡的国家，则显得缺乏解释力

根据沃尔兹的制衡权力理论，国家的制衡分为内部、外部两种方式。一个国家完全可以在努力提高自身实力的情况下，奉行和平外交政策。那么这种国家是否应该算是"修正主义国家"呢？邓小平曾说，中国永远是第三世界国家，现在不称霸，将来强大了也不称霸。并且从中国一贯以和平共处五项原则作为基本外交方针的事实来看，中国并没有挑战体系、谋求霸权的任何企图。

所谓维持现状国家与修正主义国家，对于具有领土争端的国家间关系，明显缺乏解释力

如果两个国家间具有领土争端，并且双方立场同样坚决，那

---

① 陈寒溪："论华尔兹纲领的硬核与问题转换"（载《世界经济与政治》，2007年第4期，第29页）。施韦勒认为，系统中最强大的现状国必将制衡最强大的修正国，建立和维持均势［Randall L. Schweller, "New Realist Research on Alliances: Refining, Not Refuting, Waltz's Balancing Proposition" in *American Political Science Review*, Vol. 91, No. 2 (Dec., 1997), p. 929］。

么彼此都会将对方看成是"修正主义的国家",即使在一方具有和平解决争端的诚意的情况下,另一方仍会这样看待。因为领土争端已不仅仅是双方在权力上的此消彼长关系,这关联到双方的核心利益。在这种情况下,安全两难更难以解决。任何一方都会将自己在领土问题上的立场看作是合法的、合理的利益诉求,而这种利益诉求又会深切影响到另一个国家在安全上的担忧。在这种情况下,一方面谈不上谁是"修正主义国家",另一方面制衡、追随没有讨论的意义。其他不相关国家一般不会有明确表态,不会明确表示支持哪一方,即使有,也是取决于以前固有的亲疏远近关系。例如,由于中、印在中国西藏南部地区问题上的领土争议,印度始终对中国持敌视态度,虽然中国早已明确表示了和平解决争端的姿态。在1962年中印边境第二次武装冲突期间,美、苏同时为印度提供军事援助,对抗中国,这种援助不属制衡,而是由以前的亲疏远近关系决定的。

对于施韦勒理论中上述诸多缺陷,鲍威尔的"成本-联盟"博弈模型,可以提供部分解释。这里的关键在于,施韦勒主观地给各个国家贴上了"维持现状"和"修正主义"的标签,而这只是比沃尔兹多了一个标签而已。与此不同,鲍威尔没有武断地将某个国家界定为是"维持现状"的还是"修正主义"的。鲍威尔理论中博弈的三方,分别是攻击者、受害者和中立者,隐含的意思就是,只有在"攻击"的动作已经发生,或明显地即将发生的时候,才有必要讨论第三方中谁是追随者,谁是制衡者。施韦勒理论中的前提假设明显带有主观性和先验性的,而鲍威尔的理论却是基于已经发生的或明显即将发生的事实,尽管不排除有时候某个弱国会针对强国实施先发制人的攻击性军事行动。因此,鲍威尔的模型尽管复杂,但对于谁是进攻者、谁是受害者以及第三方制衡谁、追随谁,很容易分辨。相对于施韦勒来说,鲍威尔理论的最大进步之处在于:不需要在和平时期讨论一个国家究竟是否应贴上"维持现状"的还是"修正主义"的标签,从而使国家避免了在判断追随对象与制衡对象这一问题上可能陷入的歧途。

因此除了上述提到的施韦勒理论的第四个缺陷外,"成本-联盟"博弈模型基本上解决了前三个。

五、从分析层次的角度看风险平衡理论

1. 前景理论和风险平衡理论简介

前景理论是心理学和经济学上的术语。[①]针对前景理论的基本介绍,林民旺、王鸣鸣等已经进行了详尽的归纳,本书不再进行重复性研究,仅大体介绍之。林民旺将前景理论的基本假设归纳为如下要点[②]:

(1) 参考依赖 (Reference Dependence)

这是指决策者选择的参考点。参考点的变化可能会引起决策发生重大改变,决策参考点既可以是现状,也可以是某个期望值,它的选择在很大程度上受到环境因素的影响。

(2) 损失厌恶 (Loss Aversion)

这是指人们对损失和收益的反应不同。即便是很小的损失带来的痛苦感也远远大于自己获得的很高的收益所带来的满足感。[③]正因为如此,人们总是趋向于接受确定性的收益。

(3) 沉没成本 (Sunk Cost)

前景理论认为,损失厌恶的心理作用会导致个人不愿意接受先前投入成本被白白浪费的事实。正因为如此,在决策中才存在不断升级的投入。

风险平衡理论是托利弗在吸收了前景理论并对防御性现实主

[①] 丹尼尔·卡尼曼 (Daniel Kahneman) 和阿莫斯·特沃斯基 (Amos Tversky) 1979年发表了《前景理论:风险条件下的决策分析》,被认为是前景理论的奠基之作。(lerie M. Hudson, "Foreign Policy Analysis: Actor - Specific Theory and the Ground of International Relations" in *Foreign Policy Analysis*, No. 1, 2005, p. 20 - 21)。

[②] 以下大部分转引自林民旺:"规避损失与大国的过度扩张:读杰弗里·W·托利弗的《制衡风险》"(载《美国研究》, 2007年第2期, 第149页)。

[③] Jeffrey W. Taliaferro, Balancing Risks: *Great Power Intervention in the Periphery*, Ithaca, NY: Cornell University Press, 2004, p. 31.

义进行改造的基础上，形成的一种新型的防御性新古典现实主义。林民旺将风险平衡理论的主要结论概括为：领导人在决策时要根据一个心理参考点来判断自己是获益还是损失。当决策者价值超过心理参考点时，决策者处于获益框架（gains frame）中，表现出风险规避行为；而当决策者价值低于心理参考点时，决策者处于损失框架（losses frame）中，表现为风险追求行为。人们决策时往往更加重视财富的变化量而不是最终量，而且对损失和获益的认知是不对称的。大多数人在面临获得的时候是风险规避的，在面临损失的时候是风险偏爱的，人们对损失比对获得更为敏感。①决策者的外交政策行为是为了避免国家相对实力、国际声望，或者意志、声誉遭受损失；情势性因素是决定决策者风险行为的非常重要的决定因素；相对于参考点而言，为了规避损失，领导人倾向于采取风险接受（risk‐acceptant）的战略；而为了确保收益，则倾向于采取风险规避（risk‐avoidant）的战略。②在理论的实际操作问题上，托利弗将自变量设定为领导人对国家实力、声望和地位变化的预期，干预变量设定为领导人决策过程中选择的期望值（决策参考点），因变量是领导人的风险倾向。其推理的逻辑顺序为：领导人预期国家实力增强，进而以现状作为决策参考点，因此采取风险规避行为。反之则是：领导人预期国家实力减弱，进而以更好的国际环境作为期望值，因此采取风险接受行为。③

托利弗认为，风险平衡理论的分析起点是，国家领导者出于不希望国家的相对权力、国际地位衰落的理性考虑，必须要以适

---

① Daniel Kahneman and Amos Tversky, "Prospect Theory: An Analysis of Decision under Risk" in *Econometrica*, Vol. 47, No. 2 (March 1979), p. 279; Jack Levy, "Prospect Theory, Rational Choice, and International Relations" in *International Studies Quarterly*, Vol. 41, No. 1, 1997, p. 87 [转引自林民旺："国际关系的前景理论"（载《国际政治科学》，2007年第4期，第107页）]。

② 林民旺："规避损失与大国的过度扩张：读杰弗里·W·托利弗的《制衡风险》"（载《美国研究》，2007年第2期，第149页）。

③ 同上。

当行为护持自身权力。但对于"在什么地方进行权力扩张"的关键性问题上,领导人总是希望选择在风险较小的地方扩张,尽管在那些地方的扩张对国家权力的增强没有实质性意义,而且其收益也不如在风险较大的但却对国家权力的增强有实质性意义的地方进行扩张。①笔者认为,这种做法一方面是为了保障国家在体系中的地位,另一方面是保障领导人自己在国家中的地位。但这样做的结果,往往仍然是国家在风险较小的地方付出沉重代价,即使是这样,这种代价可能仍然比在风险较大的地方小得多。

托利弗的风险平衡理论主要阐述了两个问题。为什么大国总是喜欢冒险在边缘地带(periphery)进行外交和军事渗透?为什么在胜利的可能性降低,而政治、军事、经济代价增加的情况下,大国还是宁愿坚持自己正在进行的边缘战争?②托利弗认为,这是由于高级官僚对已知损失(perceived losses)的厌恶(aversion)导致的,这些已知损失包括国家的相对实力、国际地位和威望。正是这种对已知损失的厌恶,驱使大国在边缘地带奉行介入政策,这些官僚常常以冒险的外交和军事干涉行为来规避已知损失。③在面对已知损失时,他们常常选择风险可接受性的(risk-acceptant)干涉政策,即当面对确定性的损失时,领导人趋向于采取更加冒险的干涉战略。领导人常常会坚持甚至扩大已经失败了的边缘干涉,以求补偿过去的损失,而非停止那种使自己已经受到损失的行为。④

托利弗认为,风险平衡理论,能够为冷战时期美国和苏联在

---

① Jeffrey W. Taliaferro, "Power Politics and the Balance of Risk: Hypotheses on Great Power Intervention in the Periphery" in *Political Psychology*, Vol. 25, No. 2 (Apr., 2004), pp. 177-221; Jeffrey W. Taliaferro, *Balancing Risks: Great Power Intervention in the Periphery*, Ithaca, NY: Cornell University Press, 2004, p. 5.

② Jeffrey W. Taliaferro, "Power Politics and the Balance of Risk: Hypotheses on Great Power Intervention in the Periphery" in *Political Psychology*, Vol. 25, No. 2 (Apr., 2004), p. 178.

③ Ibid., p. 178.

④ Jeffrey W. Taliaferro, *Balancing Risks: Great Power Intervention in the Periphery*, Ithaca, NY: Cornell University Press, 2004, p.3.

第三世界的争夺行为提供动机上的解释。①例如，美国为什么会陷入越南战争的泥潭而不能自拔，反而使自己弄巧成拙？为什么苏联在遭遇阿富汗游击队的持久打击之后，仍然迟迟不愿撤军，最后反而加速了苏联的崩溃？甚至，托利弗认为，英国在1898－1902年对英布战争的介入，以及法国20世纪50年代在从印度支那半岛和阿尔及利亚撤出军事存在的迟疑，都可以用风险平衡理论来解释。托利弗认为，风险平衡理论可以对领导人的决策行为进行准确的描述，也可以对大国在边缘地带干涉行为的可能性、范围和持续时间进行预测。②

2. 风险平衡理论的分析层次

风险平衡理论至少在三个方面发展了防御性现实主义。A. 托利弗坚持认为，风险平衡理论与现实主义的核心假设相一致③，其实二者结论也一致，即国家一般倾向于维持现状。尽管如此，风险平衡理论与防御性结构现实主义的论证逻辑却完全不同，风险平衡理论认为国家的现状倾向不是由体系的无政府状态导致的，而是由国家对所失的厌恶感超过对所得的满足感导致的。B. 大国并不是一味地维护现状，因为许多情况下大国会在边缘地带进行长时间的冒险干涉，防御性结构现实主义不能解释为什么倾向于维持现状的大国（如美国）会选择在边缘地带进行扩张，而风险平衡理论从单元层次给出了解释。C. 风险平衡理论事实上正视了"持进攻性政策国家"的存在，对此并不刻意忽视，避免了沃尔兹理论"弱经验性"的致命缺陷。但同国内利益集团联盟理论一样，风险平衡理论仍然否定"修正主义国家"的存在，在其理论中，大国在边缘地带的扩张仅仅是由"不完全理性"导致的。实际上风险平衡理论仍将所有国家都看作是"维持现状"的。

---

① Jeffrey W. Taliaferro, "Power Politics and the Balance of Risk: Hypotheses on Great Power Intervention in the Periphery" in *Political Psychology*, Vol. 25, No. 2 (Apr., 2004), p. 178.
② Ibid., p. 195
③ Ibid., p. 181

从现实主义层次分析路径的角度上看，风险平衡理论与沃尔兹结构理论一脉相承，没有任何改变。沃尔兹研究的是"体系结构如何决定国家外交决策"，而风险平衡理论研究的是"国家如何反应体系的压力"。防御性新古典现实主义并非是完全意义上的"回到古典主义"，结构依然是国家行为的动因，风险平衡理论的层次分析路径依然不是双向构建的，也不是"共时性"的。

虽然说风险平衡理论是基于对个体决策的分析之上的，研究的是领导人的风险预期，但这并不与现实主义的基本教条——理性国家的同质性——相违背，因为作为国际关系最主要行为体的国家，其权力的载体是掌握其外交实权的领导人①。我们通常所说的"某国认为"、"某国决定"，实际上就是对国家进行了人格化的处理。风险平衡理论实际上是将对国家与领导人个人合二为一，而非用对领导人个人层次的分析取代以国家为中心的分析。风险平衡理论并没有破坏国家的同质性，它的研究前提依赖的是这样一种默许的前提，即假设所有国家或所有国家领导人的思维模式是一样的，而非像建构主义那样以国际或国内的社会文化性质的不同作出区分。因此，虽然它主要关注的是个人层次，但个人层次与国家层次是等同的，完全不违背现实主义。

风险平衡理论的论证过程，支持了防御性现实主义的观点。② 沃尔兹对安全的首要关切是所有防御性现实主义的基本教条。表面上看这是一个结论，但它更像是一个假设，因为沃尔兹没有给出足够的论据进行证明。因此施韦勒才批评沃尔兹的理论存在

---

① 托利弗并非是以领导人进行阐述的，而是以高级官僚一词（senior officials）一词进行阐述的。当然，这与本书观点并不矛盾，因为每个国家的领导人在外交决策时都必须向其相关部门的高级官僚进行咨询，但拥有最高决策权的还是最高领导人。这并未否定国家的同质性。国家是国际社会中最主要的行为体，而政府领导人则代表国家行使对外职能。虽然国家内部的政治结构会导致某些社会因素能够影响国家的理性对外决策，但由于上下级权力关系固有的垂直性，和行政部门权力的扩大，国家政府尤其是行政部门将最终制定、执行这些决策。

② Jeffrey W. Taliaferro, *Balancing Risks: Great Power Intervention in the Periphery*, Ithaca, Cornell University Press, 2004, p. 5.

"国家维持现状偏见"。①托利弗认为,防御性现实主义的著作并没有对国家所谓的现状偏好及其根源进行充分探讨。②防御性结构现实主义一直认为,国家现状偏好的根源在于国际无政府状态,而防御性新古典现实主义则拒绝将国家追求超过合理要求的安全政策归结为体系的原因,认为必须加入其他层次的变量,才能做出解释。③其中,风险平衡理论认为这种现状偏好根源于领导人的风险预期,即领导人不愿选择在对增强国家权力有实质性意义但却要承担较大风险代价的地方扩张,而代之以在那些对增强国家权力没有实质性意义但风险较小的地方进行扩张,只有这样才能在对其他大国实行非进攻政策的前提下保证国家自身的既有权力,特别是为领导人保住自己在国家内部的权力、地位提供最稳妥的保障。④正因为如此,主要大国之间都采取了非进攻性的战略,大国之间的冲突也就减少了,从而从另一角度论证了国家对安全的首要关切和维持现状的偏好倾向。

风险平衡理论改进了现实主义的逻辑。其他的大多数的防御性新古典现实主义者都擅长于使用历史例证的分析方法,但历史例证比较容易被证伪,从而容易为进攻性现实主义和政府中心型现实主义所驳倒。而风险平衡理论则侧重于逻辑上的演绎实证,主要属哲学思辨研究,虽然它也列举了摩洛哥危机、日本发动太平洋的战争以及美国发动朝鲜战争三个例子,作为其佐证。毫无疑问,这是防御性新古典现实主义在论证方式上的一大改进。

同斯奈德的国内利益联盟互助理论一样,风险平衡理论试图从单元层次寻找国家过度扩张的原因。斯奈德与托利弗分析了一

---

① Randall Schweller, *Deadly Imbalances*: *Tripolarity and Hitler's Strategy of World Conquest*, NY: Columbia University Press, 1998, p. 21.

② Jeffrey W. Taliaferro, *Balancing Risks*: *Great Power Intervention in the Periphery*, Ithaca, NY: Cornell University Press, 2004, p. 5.

③ Fareed Zakaria, *From Wealth to Power*: *The Unusual Origins of America's World Role*, NJ: Princeton University Press, 1998, p. 27.

④ 林民旺认为,风险平衡理论认为这种现状偏好不是源于国际体系本身的无政府性,而是源于领导人的心理,即对国际环境以及相对于他国而言的地位的各种信息的处理方式上。国家的现状偏好源于损失厌恶和禀赋效应,而非国际无政府体系。林民旺:"国际关系的前景理论"(载《国际政治科学》,2007年第4期,第107页)。

些大国"非理性"行为的原因,但二者本身并未违背作为现实主义"硬核"之一的理性国家论。理性学说也适合解释一些非理性现象。①事实上完全理性(comprehensive rationality)是不存在的,个人决策过程的理性水平会受到质疑,作为理性行为体的国家的决策水平会受到更大的质疑,因为国家是一个团体行为体,其行动选择取决于构成这一团体的各种次级单元的作用②。领导人的个人认知因素,以及国内各种不同政治力量的博弈,都导致国家领导人难以完全践行最理性的决策——维持现状与安全。

风险平衡理论对大国的一些"非理性"行为的原因,进行了理性主义认识论上的分析。按照理性理论中的满意决策模式(satisficing model),当行为者预期外部环境发生不利于自己的变化时,他有可能迅速做出决策以避免更坏结果的出现;反之,当行为者预期外部环境变得良好时,则会提升自己的预期。③而风险平衡理论所要解释的恰恰是为什么当大国已经预期到胜利可能性降低、代价增加的情况下,还是宁愿坚持自己正在进行的边缘战争。

但是,风险平衡理论也有一定缺陷,比如对决策参考点的选定,就是一个非常棘手的问题。领导人在决策过程中,常常是将国家的损失和个人在政治前途上的损失结合在一起考虑的。面对同样的国家权力损失,同一个领导人在其任内的不同时期可能会有不同的决策倾向。

3. 风险平衡理论对传统防御性现实主义的改进

在风险平衡理论中,国家依然都被看作是"维持现状"的,但它又并非完全认同防御性结构现实主义的"现状倾向",而是承认"现状国家"非理性的扩张行为的存在,即并不否认"持进攻性政策"的"现状国家"的存在。它认为,当国家在经历损失

---

① Gray Becker, "Irrational Behavior and Economic Theory" in *Journal of Political Economy*, Vol. 70, No. 1, 1962.

② 王鸣鸣:《外交政策分析:理论与方法》,北京:中国社会科学出版社,2008年版,第58页。

③ 同上,第60页。

和痛苦，或者尚未在心理上从历史遭遇中调整过来的时候，它们更容易去扩张版图。当国家处于正值收益期时，它们更倾向于维持现状，即采取防御性的政策。据此，我们可以看出，风险平衡理论淡化了体系层次分析，是一种坚持结构理论的但以国内政治研究为主的理论。它不再将国家的"现状倾向"绝对化，而是承认"持进攻性政策"的"现状国家"的存在，当然也承认同一个国家在不同的历史时期的不同对外政策倾向。但问题的关键是，它认为国家的常态应该是防御性的，而修正主义的、进攻性的政策仅仅是在特殊的、例外的时期才存在。总之，风险平衡理论认为，国家在常态情况下是"现状偏好型"的，并未否定特殊情况下的相反可能性。①这就是为什么我们仍然将其划分在防御性现实主义中的原因。

托利弗的风险平衡理论支持了防御性现实主义的结论。但是这只是说在结论上与防御性现实主义相一致，并不是说托利弗的论证逻辑与沃尔兹的逻辑完全一致。实际上，沃尔兹的论证逻辑恰恰是托利弗所反对的，但二者却在结论上一致。与进攻性现实主义强调扩张，防御性现实主义强调收缩不同，托利弗认为二者都太笼统。他认为，二者都没有回答和解释下面一系列问题：在什么条件下大国会干涉，什么条件下干涉会升级，并继续坚持干涉以及何时从边缘地区撤出。②

无论是沃尔兹，还是米尔斯海默，他们都是从结构的角度来推导国家行为，只是二者在无政府状态对国家行为影响的这一点上得出了完全不同的结论。而与沃尔兹、米尔斯海默均不同，托

---

① 由于现状偏好，领导人对选择的后果进行框架定位时，经常会把偏离现状的成本看做一种损失，而把偏离之后的好处看作收益。相对于收益，人们更看重损失，从而表现出维持现状的倾向［参见王鸣鸣："外交政策分析：学科发展与前沿问题"（载王逸舟主编：《国际政治理论与战略前沿问题》，北京：社会科学文献出版社，2007年版，第 122－123 页）］。然而，当国家处于整体利益损失时期，上述结论无效，这就形成了导致国家实行进攻性政策的诱因。

② Jeffrey W. Taliaferro, "Power Politics and the Balance of Risk: Hypotheses on Great Power Intervention in the Periphery" in *Political Psychology*, Vol. 25, No. 2 (Apr., 2004), p. 181.

利弗放弃研究国家行为与无政府状态之间的必然联系，这等于对沃尔兹理论中"结构性"与"防御性"的必然联系不置可否。托利弗认为，防御性现实主义没有充分地解释国家为什么要维持现状。①他认为，许多防御性现实主义所描述的国家行为，即领导人的成本－收益计算过程与国际无政府状态并没有什么联系。真正与国家"维持现状"这一倾向有联系的是领导人从国际环境中获得信息的方式，而获得信息、做出选择的条件往往是不确定的、存在风险的。②

尽管托利弗并不认同防御性结构现实主义的论证逻辑，但二者在结论上却是吻合的。他用自己提出的风险平衡理论否定了米尔斯海默的进攻性结构现实主义，这类似于一种反证的方法。按照米尔斯海默的逻辑，一国能力提高，就会对外扩张，而前景理论与此不同，认为领导人会更加看重所失，而不是所得。托利弗据此认为，领导人的决策过程是倾向于规避损失的。在这里，领导人所感受到的损失，既包括物质上的能力损失，也包括无形的损失，如国际地位、形象上的损失。③这就得出了不同于进攻性现实主义的结论，即使一国能力增加，实力增强，也未必会寻求扩大其利益的行为。总之，在风险平衡理论中，所有国家，包括权力处于增长状态的国家，都是倾向于维持现状的，只不过国家决策者源于心理因素的"不完全理性"，导致了"现状国家"的"进攻性"或"修正主义"政策。

---

① Randall L. Schweller, *Deadly Imbalances: Tripolarity and Hitler's Strategy for World Conquest*, New York: Columbia University Press, 1998; Fareed Zakaria, From Wealth to Power: The *Nusual Origins of America's World Role*, Princeton, NJ: Princeton University Press, 1998; Jeffrey W. Taliaferro, "Power Politics and the Balance of Risk: Hypotheses on Great Power Intervention in the Periphery" in *Political Psychology*, Vol. 25, No. 2 (Apr., 2004), p. 179.

② Jeffrey W. Taliaferro, "Power Politics and the Balance of Risk: Hypotheses on Great Power Intervention in the Periphery" in *Political Psychology*, Vol. 25, No. 2 (Apr., 2004), p. 205.

③ Ibid., p. 179.

第六章

案例分析

防御性现实主义理论的提出与发展适应了当代国际关系的现实需要。而防御性现实主义对国际关系的解释能力，却是数十年来逐渐提高的。沃尔兹单纯地从体系层次对国际关系的结果进行了宏观的把握，但他难以在微观层次对反常现象现象进行一一讨论。防御性现实主义的最新理论成果是将体系、单元层次结合起来，尽量避免微观上的反常现象与宏观上的结论发生太多冲突，使特例不太影响理论的构建。从多位学者对核武器作用的分析上，可以看出防御性现实主义理论是逐渐进步的。笔者也尝试从宏观、微观两个层次对东北亚国际关系格局进行了粗浅的分析。除此之外，我们还应当了解防御性现实主义学者对美国外交政策提出的一些建议以及这些建议的"非现实性"。

一、防御性现实主义与"核和平论"的内在逻辑关系

防御性现实主义对核武器出现以前的国际关系是否具有足够的解释力,本来就存在疑问。实际上,防御性现实主义理论兴起于20世纪90年代,至少应该是以二战结束后当代国际关系变化的事实为根据的。近代以来纷乱的国际冲突,特别是威斯特伐利亚体系期间的国际关系,不是防御性现实主义研究的初衷和范畴,因此也不必以此来反驳防御性现实主义的合理性。在核时代,核能力国家间关系的脆弱性为防御性现实主义提供了更多的依据,沃尔兹、杰维斯、埃弗拉都对其进行了阐述。特别是埃弗拉在《战争的原因》一书中对现实主义的历时性有较好的把握。

几位防御性现实主义的代表学者,如沃尔兹、杰维斯、米勒和埃弗拉等,都认为核革命使防御性政策成为了国家迫不得已的选择。①尤其是主要大国均获得了以"相互确保摧毁"为核心的第二次核打击能力。因为两个有核国家之间战争的形式只能是代理人战争,至多是有限战争,一国几乎没有可能完全占领另一国。因此即使是具有核优势的国家,也没有必要、没有较大可能去谋划对另一个核国家的战争。埃弗拉在关于积累性与战争原因关系的论述中认为,核武器减弱了很多资源的积累性,当代强国即使在经受一次全面的攻击之后,也能建立起多次破坏进攻方社会的核力量,它们即使用很少的资源仍能消灭攻击者,资源的获得或丧失几乎不会影响它们的能力。②这无疑使防御性现实主义变得似乎更为可信。

---

① Benjamin Miller, *When Opponents Cooperate*: *Great Power Conflict and Collaboration in World Politics*, Ann Arbor: University of Michigan Press, 1995, pp. 64 – 66; Robert Jervis, *The Meaning of the Nuclear Revolution*: *Statecraft and the Prospect of Armageddon*, Ithaca, NY: Cornell University Press, 1989, pp. 4 – 5, pp. 19 – 21 and pp. 29 – 35.

② 〔美〕斯蒂芬·范·埃弗拉著,何曜译:《战争的原因》,上海:上海人民出版社,2007年版,第134页。

1. 防御性结构现实主义与"有限核传播和平论"

对核武器作用的分析，以及对"核和平论"的评价，对于研究防御性现实主义有着重要的意义。这绝不可忽视。毫无疑问，当代世界的核武器使国家充分认识到了安全的重要性，以及牺牲安全的代价。虽然防御性结构现实主义对安全的关切是从无政府状态的性质中演绎出来的，但核武器的作用使得国家对安全的关切更为可信，这显然强化了防御性现实主义的立论基础。[1]

从整体上看，防御性现实主义对核武器的作用，往往持乐观的评价态度。但是，防御性现实主义者沃尔兹等人坚持的"核和平论"，却常常被人诟病。"核和平论"与防御性结构现实主义的理论特征有着密切的联系。在防御性现实主义者中，沃尔兹与埃弗拉对核扩散问题进行了专门论述，两位学者都对核武器的安全作用基本持积极态度。

沃尔兹将核武器的水平扩散称为"核传播"（the spread of nuclear weapons）。这种所谓的有限"核传播""有利于和平"的观点，是与沃尔兹防御性结构现实主义的基本论点一脉相承的：一方面，这是为了增强防御性现实主义中有关"国家追求安全"的结论的可信度；另一方面，它也是本来作为国际政治结果理论的结构现实主义，在用于外交政策理论时笨拙的演绎结果。因此，这反映了沃尔兹的防御性结构现实主义中"防御性"与"结构性"两个特性在应用于国家政策分析时产生的矛盾，而这恰恰是沃尔兹所忽视的。

沃尔兹理论中的"防御性"来源于"结构性"。结构现实主义把无政府状态视为决定一国行动的根本动因，各国最关心的是自己的安全问题，国家寻求的目标是保卫自己的生存，生存是国家实现其他任何目标的先决条件。[2]但是，无政府状态与国家的安

---

[1] 对于核威慑是否能成为结构上的因素，这一点尚无定论。虽然从国际无政府状态的角度不能确凿地推导出国家对安全的首要关切，但核时代后，防御性现实主义对安全关切的主张显得更为可信。

[2] 〔美〕肯尼思·沃尔兹著，胡少华、王红缨译：《国际政治理论》，北京：中国人民公安大学出版社，1993年版，第109页和第152页。

全首要关切,二者之间并没有必然联系,沃尔兹并未给出信服的解释,即他并不能从理论上找出"结构性"与"防御性"的必然联系。在无政府的危险状态下,国家的理性偏好体系如何,以何种方式寻求自助,是一个不固定的结论,单纯以权力积聚来谋求安全的方式在理论上依然是可能的。

然而,核威慑的作用给沃尔兹带来了灵感,使其后续的理论构建出现了转机。因为常识告诉我们,核威慑使国家不得不追求自身安全,由于核武器对安全的威胁是显而易见的,即使那些原本盲目追求权力而不考虑安全的国家,现在也不得不增加对安全的考虑。这一点无疑给防御性现实主义增添了坚实的论据,增添了一个批评进攻性现实主义的杀手锏。沃尔兹认为,稳定的核威慑可以大大降低战争的频率,从而使安全得到保障。就连米尔斯海默也不得不承认,作为防御性武器的核武器,使国家格外谨慎,因此进攻难以取胜。①

在沃尔兹早期的《国际政治理论》等著作中,他相信两极结构是最稳定的。他隐含地对核威慑的作用持一种漠视态度。这使他关于"结构性"理论,与"防御性"的假设,二者之间产生了一种尴尬的关系。既然承认了两极结构要比多极稳定,那么在多极结构不稳定的国际体系中,如何使人信服地证明国家依然是追求安全的?于是,沃尔兹想当然地借助于"有限核传播和平论",重新考虑导致两极稳定的因素,以使其理论中"防御性"的部分仍然能够适用于多极格局。②

---

① John J. Mearsheimer, "Why We Soon Miss the Cold War?" in *Atlantic Monthly*, Aug 1990.

② 沃尔兹开始认为,核武器的作用是有限的,而后来他又把美国和苏联都拥有核武器作为了决定战后"长期和平"的最重要因素[参见梅然:"更多也许更好?评沃尔兹'核传播'论"(载梁守德主编:《冷战后国际关系中的"彼"与"己"》,北京:当代世界出版社,2002年版,第246、249页);Richard Ned Lebrow, "The Long Peace, the End of the Cold War, and the Failure of Realism" in *International Organization*, Vol. 48, No. 2 (Spring 1994), pp. 252 – 259]。

梅然认为，从结构层次分析，"核传播论"或许成立，但引入单位层次因素后，这种必然性就显得十分脆弱了。沃尔兹在论述"核传播"的利弊时，未对单位层次上的因素给以足够的注意，没有将简单的理论与复杂的实际变量相结合。①同时，结构层次理论与单位层次理论的矛盾，也反应了国际政治结果理论与外交政策理论之间的矛盾，同一理论难以兼容二者，符合其一未必符合其二。事实上，"有限核传播和平论"是以简单化的理论作为其推导基础，得出的一个并不适合复杂现实的结论，实际上只是防御性结构现实主义这样一个只适用于研究国际关系结果的精巧的理论的节外生枝。

从表面上看，"防御性"的假设与结论并没有明显问题，而且核威慑的作用确实增加了国家追求安全的取向，即核威慑确实增加了国家"防御性"的动机。但沃尔兹试图将这个假设适用于他的结构理论，则产生了重大的谬误，因为"传播"后的核威慑违背了既有经验。沃尔兹的理论是否有道理，以及有限核扩散是否真地有利于和平，我们暂不讨论。不管其在逻辑上多么有道理，在现实国际关系中，"核传播论"难以被推广到体系中任意层次的对立国家间，难以扩大其外延。

笔者认为，"核传播论"也不能从结构上自圆其说。我们要弄清楚的问题是，核武器是不是两极结构稳定的因素？是与国际格局的稳定没有任何关系，还是说仅仅不是结构上的稳定因素但却是单元上的因素？按照沃尔兹所说，"核武器之所以不能使国家间的权力平等起来，是因为它们并未改变一国权力的经济基础"②。此意即核武器与结构无关，不是两极稳定的结构性因素。根据沃尔兹的结构理论，单元服从于体系，单元不是决定体系稳

---

① 梅然："更多也许更好？评沃尔兹'核传播'论"（载梁守德主编：《冷战后国际关系中的"彼"与"己"》，北京：当代世界出版社，2002年版，第244页）。

② 〔美〕肯尼思·沃尔兹著，胡少华、王红缨译：《国际政治理论》，北京：中国人民公安大学出版社，1993年版，第218－221页。

定的因素，那么即使核武器是单元层次上的因素，核武器也不会对体系层次上国家间的稳定起到作用。通过这两点，我们只能得出核武器对和平没有任何作用的结论，当然，它也不会构成导致国家间危险的因素，因而是一个可有可无的东西。但是，这岂不是把沃尔兹倡导的"核和平论"证伪了？他为何坚持认为"越多越好"呢？这恐怕无法从他的结构理论中寻找答案。

沃尔兹与后来的斯奈德实际上犯了极其类似的错误，或者忽略了体系层次，或者忽略了国内层次，简单地把国际政治结果理论推广到外交政策上去。斯奈德的国内利益集团联盟理论，以缺乏对体系层次变量关注的方式，单独从国内因素入手，去分析体系层次上的结果。[①]而沃尔兹与斯奈德正好相反，他的"核和平论"是以不依赖国家层次变量的方式，单独从体系因素入手，去分析国家层次上的外交政策。但他们错误的原因是极其相似的，即在尚未提供一个将体系层次与单元层次相结合模型的情况下，就试图用国际政治结果理论解释国家的外交政策。因此，笔者得出的结论是：关于核扩散（核"传播"）有利于和平正确与否的争论，在纯粹的结构理论的框架内解释，是没有意义的，只能在将体系研究与单元研究较好地结合起来的新古典现实主义的理论中寻求令人信服的解释。可能也正是由于这个原因，沃尔兹在对南亚核稳定进行微观论述的过程中，寻求了更多单元层次上论据的支持。[②]杰维斯的系统效应理论做出了较好的修正，他将核武器等沃尔兹所抛弃的一些变量，重新添加到系统分析的方法中来，

[①] 类似评价 Fareed Zakaria, "Realism and Domestic Politics: A Review Essay" in *International Security*, Vol. 17, No. 1 (Summer 1992), p.196。

[②] 〔美〕肯尼思·沃尔兹："南亚的核稳定"［载〔美〕罗伯特·J·阿特、罗伯特·杰维斯编，时殷弘、吴征宇译：《国际政治：常在概念和当代问题》（第七版），北京：中国人民大学出版社，2007年版，第283-294页］。

将核武器因素与两极结构结合起来解释两极和平的原因。①类似地,防御性新古典现实主义者埃弗拉取得了更为明显的成功。

2. 埃弗拉对"核革命"的相关论述

在《战争的原因》一书中,埃弗拉在总结了导致"进攻占优"的五大原因之后,在书中的结尾专门用一章的篇幅,讨论了核革命对这五大原因的影响,可见这一部分在其专著中所占的关键地位。

通过对核革命的具体分析,埃弗拉从中得出的关键结论是,权力结构在现代是相当有利于防御一方的:它使抢先行动的利益变得很小,强国之间的相对力量很少会发生剧烈的波动,资源的积累性很低,而征服非常困难,在核武器所引起的 MAD(相互确保摧毁)世界中,它们几乎消失了。②埃弗拉之所以在得出他的基本结论(进攻、防御分别占优势的五大原因),并分析完其案例之后,才用这一章的内容作为压轴,就是要证明,核革命的到来使得军事上的平衡难以被打破,因此他就从军事的角度为防御性现实主义的"平衡论"增添了论据。"核革命"的作用增强了其结论的可信性,也使防御性现实主义的结论很难被证伪。

关于"核和平论"这一话题,由沃尔兹到埃弗拉理论的演变,实际上反映的是从防御性结构现实主义到防御性新古典现实主义的演变,演变的关键是后者增添了单元层次上的因素,使体系、单元两个层次较好地结合起来,从而构建了较好的外交政策理论。沃尔兹用从纯粹的结构理论所演绎出的外交政策理论,来

---

① 许嘉:《美国国际关系理论研究》,北京:时事出版社,2008 年版,第 637 页。杰维斯原著中的相关内容,详见 Robert Jervis, *System Effects: Complexity in Political and Social Life*, Princeton, NJ: Princeton University Press, 1997, pp. 122–124。

② 〔美〕斯蒂芬·范·埃弗拉著,何曜译:《战争的原因》,上海:上海人民出版社,2007 年版,第 306 页。

解释现实国际关系，难免会显得笨拙。①梅然认为，沃尔兹对国家由于安全考虑而希望获得核武器的动机予以了过多强调，而对影响着国家对核武器追求的其他因素（比如扩张动机和提升国家威望的动机）重视不足，他也未指出核威慑对于侵略者和防御者的制约能力有所不同。②

相比之下，埃弗拉则避免了这些谬误。他对核革命与战争原因之间的关系的论述，是在体系与单元双层次结合的基础上进行论证的，理论更为灵活。尽管不是纯粹意义上的外交政策理论，但新古典现实主义在结构的基础上对单元因素的重视，使得其对外交政策的解释效度大大提高。更进一步说，埃弗拉从结构层次上，得出了 MAD（相互确保摧毁）有利于和平的观点，但又能够在单元的层次上将反常现象一一列举，并且分别深入讨论。这就走出了沃尔兹"有限核传播和平论"的窘境。此外，对于埃弗拉的观点，是否是支持有限核扩散的，还有待商榷。③尽管他的确详细论述了"可威慑国家之间的 MAD"是核时代最安全的状态，并且强调现有的技术力量只能支持 MAD。④但在对"许多国家之间 MAD"的分析中，即对有限核扩散的分析中，埃弗拉基本持保留态度，从单元层次上严格区分了有限核扩散可能导致的不同情形，

---

① 如果想要从结构理论上对核武器维持两极稳定和平的作用予以肯定，只能修正沃尔兹关于结构的定义。梅然指出，核威慑应该是结构层次上的，而沃尔兹本人认为是单位层次上的。应该将核武器和核威慑区分开来，核武器当然属于单元层次，而由有关国家都拥有核武器所导致的核威慑局面则是结构层次上的。尽管核威慑是一种力量分布，但这并不意味着核威慑一直是和平的可靠保障，这种力量分布状况对国家单元冲突行为的影响至少在理论上不像经验告之的那么简单。梅然："更多也许更好？评沃尔兹'核传播'论"（载梁守德主编：《冷战后国际关系中的"彼"与"己"》，北京：当代世界出版社，2002 年版，第 246－247 页）。

② 梅然："更多也许更好？评沃尔兹'核传播'论"（载梁守德主编：《冷战后国际关系中的"彼"与"己"》，北京：当代世界出版社，2002 年版，第 246 页）。

③ 将埃弗拉看作是支持有限核扩散有利于和平的观点，参见朱锋："核扩散与反扩散：当代国际安全深化的困境"（载《欧洲研究》，2006 年第 6 期，第 32 页）。

④ 〔美〕斯蒂芬·范·埃弗拉著，何曜译：《战争的原因》，上海：上海人民出版社，2007 年版，第 291－294 页。

从而避免了极端性。

　　埃弗拉指出，在一个有许多核国家的世界里，要不为人知地使用核武器是比较困难的，只有那些有强烈动机的国家才会去冒险使用核武器；但在这样强烈的动机驱动下的国家是很容易被发现的，所以它们想不为人知地采取行动的能力就受到了约束；此外匿名使用的不明确动机也是微弱的。①即使是非国家行为体对核武器的使用，也可能会通过对国家的严格控制使其对凡是源于其领土的暴力行动承担责任来进行威慑（这只对正常国家实施才有效，对弱国和失败国家是不起作用的）。②尽管没有明确提及核扩散一定会有利于和平，但埃弗拉隐含地表达了如下意思：有核国家的数量并不是一个真正关联到增加还是减少和平的必要因素，关键是核国家"必须是能够被威慑的"，否则"MAD 有利于和平的效果——有利于防御——基本上就不复存在"。③除了恐怖主义，埃弗拉重点剖析了 MAD 不利于和平的条件——侵略者不计代价，但他又指出，二战以来还没有哪个主要强国表现出明显的不受威慑的迹象，这种危险并非迫在眉睫。④尽管这种分析可能会被认为是套用了自由主义的观点，但埃弗拉毕竟避免了重新陷入沃尔兹理论的窘境。

二、新孤立主义、"离岸制衡"与美国大战略

　　防御性现实主义仍然是以研究国际政治的结果为主要目的的理论。而对于国家政策理论，它主要研究的是"国家不应该做什么"，而非"国家应该做什么"，难以从中得出明确的战略指导。即只要国家不以过度扩张的方式寻求权力优势，就与防御性现实

---

① 〔美〕斯蒂芬·范·埃弗拉著，何曜译：《战争的原因》，上海：上海人民出版社，2007 年版，第 297 页。
② 同上，第 297 页。
③ 同上，第 295 页。
④ 同上，第 296–297 页。

主义的政策主张相吻合。就防御性现实主义所推导出的外交政策理论而言，其范围是较为广泛的，它对外交政策的指导作用也较为宽泛。通常意义上的防御性现实主义仍然是以研究国际政治结果为主要目的的理论。而对于外交政策理论来讲，一般不是显得苍白无力，就是过于宽泛。例如，笔者认为，尽管波森本人狭隘地仅将新孤立主义一种战略看作是以防御性现实主义为指导的战略，但在波森所总结的美国四种大战略的选择方案中，新孤立主义战略、选择性接触战略以及合作安全战略都与防御性现实主义有关。既然新孤立主义、离岸制衡、选择性接触以及合作安全，这几种战略都能够从防御性现实主义中找到理论依据，那么决定美国战略选择的唯一因素就是美国的权力。这四种战略分别代表了当美国权力由小到大时的四种可能的选择。

沃尔特认为，美国无人挑战的战略地位以及因此产生的国内政治动力对其外交政策产生了一系列重大影响。①首先，美国在外交舞台上获得了"空前的行动自由"，几乎没有人能够掣肘它的行动。②在当代国际格局下，美国拥有全球性经济、军事优势和得天独厚的安全环境，不存在任何实质性的战略威胁和战略竞争。在这种状况下，美国的"行动自由"就可能转变成为胡作非为，因为它不需要顾忌别人的反应，也不需要担心自己会犯错误、干蠢事，美国认为自己的行动几乎不可能遭到国际社会的惩罚。其次，美国优越的地位意味着它需要通过国际舞台获取的东西很少。③因此可以看出，美国最应该避免的是为所欲为的优势战略。在以下列出的五种战略中，只有"优势战略"是防御性现实主义者所反对的，而对其他各种战略的具体选择，美国应具有很大程度上的自由。

---

① Stephen M. Walt, "Two Cheers for Clinton's Foreign Policy" in *Foreign Affairs*, Vol. 79, No. 2 (March 2000), p. 66.

② Ibid.

③ Ibid., 转引自余万里："解析美国外交中的'新孤立主义'现象"（载《国际论坛》，2001年4月，第8页）。

表 12　　　　　　　美国可能的五种战略选择①

战略选择	新孤立主义	离岸制衡	选择性接触	合作安全	寻求优势
分析框架	最低的防御性现实主义	防御性现实主义/进攻性现实主义	防御性现实主义/传统均势现实主义	最大化防御性现实主义/自由主义	理想主义/单边主义
面对的主要国际环境	避免插手他国事务	提防出现异域霸权	大国间的和平	和平不可分割	对等竞争者的崛起
期望的世界秩序	异域均势	异域均势	均势	相互依赖	霸权
核政策	维持现状	维持现状	维持现状	进攻性	进攻性
国家利益观	狭隘	有限	节制	跨国	广泛
优先地区	北美	北美	欧洲工业化国家	全球	任何出现对等竞争者的地区
核扩散	不关乎己	有区别地阻止	有区别地阻止	一视同仁地阻止	一视同仁地阻止
北约政策	撤军	有限收缩	维持现状	改革/扩张	扩张
对地区冲突	少参与	少参与	克制/有区别介入	介入	克制/有区别介入
对种族冲突	少参与	克制	克制	有区别地介入	克制
对人道主义干涉	少参与	少参与	有区别地介入	有区别地介入	有区别地介入
武力使用	自卫	区别对待	区别对待	频繁使用	任意使用

　　由防御性现实主义所推导出的美国战略指导，本身具有广泛性。新孤立主义、离岸制衡只是防御性现实主义战略的一部分，而不是全部。

---

　　① 笔者在波森所总结的美国四种主要大战略的基础上，补充了离岸制衡一项，因而成为五种大战略。关于波森的总结，请见 Barry R. Posen and Andrew L. Ross, "Competing Visions for U. S. Grand Strategy" in *International Security*, Vol. 21, No. 3 (Winter 1996－1997), p. 6。波森认为新孤立主义的分析框架是防御性现实主义，但笔者认为这只是"最低的防御性现实主义"。

1. 沃尔特的"离岸制衡"政策主张

离岸制衡战略实际上是介于新孤立主义与选择性接触之间的战略选择。沃尔特认为，离岸制衡是美国的传统政策，也是美国应继续保持的政策。权力固然必不可少，但对于当今的美国，主要的问题不在于权力积聚的不足，而在于没有能够正确地使用权力。由于美国在世界上所卷入的事务过多，如果美国不能正确使用权力，就会被他国利用和欺骗，美国的权力就会成为他国谋取利益的工具。当权力被误用的时候，就会导致他国的怀疑、恐惧，甚至抵抗，从而不能调动起其他国家足够的与美国合作的热情。①

沃尔特的深层含义是，权力的使用难免会导致他国的反抗，从而影响美国的利益最大化，因此其理论的关键点在于，如何使权力为美国的国家利益服务。②与沃尔兹的防御性结构现实主义一脉相承，沃尔特也认为美国只需要保持住它在世界中的地位即可。这包含了以下两层含义。一方面，美国不应在不必要的地方"浪费"自己的权力，以免从长远来看削弱其国家实力；另一方面，美国应避免刺激他国，避免出现促使他国权力增长的诱因。只有出现危及美国切身利益的直接威胁之时，美国才需要在海外施展权力。③沃尔特的离岸制衡理论认为，全球只有为数不多的几个地区对美国的战略利益是重要的，在那里美国可以为其动用武力。这些地区必须满足如下特点，大国的聚集区，或者是关键性自然资源的潜在集结地，例如欧洲、海湾地区以及亚洲工业发达地区。离岸制衡意味着美国不需要直接控制这些地区，只需保证上述地区不被敌对的大国控制即可，尤其要防止被那些与美国实力相当的竞争者（peer competitor）所控制。而为了达到这个目标，离岸制衡要求美国尽可能依赖于地区国家或地区性组织维持本地区的力量均势，只有当它们不能维持本地区均势时，美国才需要以武

---

① Stephen Walt, "In the National Interest: A New Grand Strategy for American Foreign Policy" in *Boston Review*, Vol. 30, No. 1, 2005, p. 6.
② Ibid.
③ Ibid.

力介入。①

　　沃尔特尤其强调，离岸制衡绝不是孤立主义。通过联合国、WTO等多边机构，美国还应积极地参与全球事务，特别是重视发展与各地区盟友的紧密关系。离岸制衡意味着美国不会再仅仅以"维持稳定"为目标来保持大规模的海外军事存在，也不会再以武力向其他国家强制推广民主制度，或者对潜在的核扩散国家动武。②沃尔特认为，在美国占据主导地位的时代，离岸制衡对美国来说是一项理想的政策。尽管离岸制衡并没有排除为人道主义目的（如阻止大规模屠杀）而使用武力的可能，但前提是其代价必须是美国一定可以接受的。离岸制衡倡导美国削减在海外承担的军事义务，而一旦因某一地区出现人道主义灾难而威胁美国利益时，美国必须能够迅速地介入相关地区。当面临直接威胁（如恐怖袭击）时，美国还应随时准备使用武力，使自己或盟国免受威胁。实行离岸制衡政策，长此以往会使美国减轻所承受的恐怖威胁，并且减少介入那些遥远的、不受欢迎的地区的几率。通过离岸制衡，美国可以有效地利用权力，以保证其优势地位，并且可以减少其他国家对美国的恐惧。通过明确主次，依赖地区盟友，美国可以降低陷入不必要的冲突的可能性，还可以鼓励这些盟友为美国提供更多的服务。离岸制衡还使美国更好地利用了其有利的地理位置，使其他地区强国彼此相互猜疑，而不是猜疑美国。③

　　与米尔斯海默等学者一样，沃尔特不仅认为"先发制人"（preemption）是必须应该放弃的，而且他还区分了"先发制人"与"预防性战争"二者含义的区别。沃尔特认为，G·W·布什提出的"先发制人"，实际上是不允许世界上任何国家拥有超过美国的权力。这里的"先发制人"与先发制人一词的本来含义有较大出入。先发制人的本来含义是，当一国对自己即将遭受到的

---

①　Stephen Walt, "In the National Interest: A New Grand Strategy for American Foreign Policy, in *Boston Review*, Vol. 30, No. 1, 2005, p. 6.

②　Ibid.

③　Ibid., pp. 6–7.

进攻有足够根据的时候,以先下手的方式来防止即将发生的进攻。而布什所说的"先发制人",准确地说,应该叫做"预防性战争"(preventive war)。这里所要预防的是"权力的转移(shift)",或"权力平衡的变动",它与其他国家是否要进攻自己无关。即当权力平衡发生有利于他国的变动的时候,即使这个国家没有攻击美国的意图,美国也有权对其发动预防性战争。先发制人是国际法所允许的合法行为,而预防性战争则不然。①

防御性现实主义认为,美国追求短期目标,实行单边主义和强硬政策,尽管在表面上、短期上风险与代价都很小,但在长远上是危险的、不利于美国的。沃尔特以详细的论述,证明了美国应该实行离岸制衡的战略,既非建立全球霸权,亦非实行选择性接触。沃尔特认为,由于冷战已经结束,美国在欧洲继续保持大规模的军事存在已经失去了理由。在波斯湾地区,美国抛弃了传统的均势政策,转而对两伊实行"双重遏制",因此刺激了基地组织的发展;对以色列和部分阿拉伯君主国的支持,不仅没有使巴以之间实现和平,还导致了阿拉伯世界反美情绪的高涨。②托利弗也认为,美国实行的一系列咄咄逼人的战略,如北约东扩,难免会导致俄罗斯等其他大国的担心,从而加剧安全两难。国家战略导弹防御体系的实施,会颠覆已经形成的"相互确保摧毁"(MAD)的平衡态势,使俄罗斯更需要诉诸战略核武器;与此类似,受此影响,中国也会进一步发展弹道导弹,而这样又会刺激印度。于是这就会导致全球安全局势的新一轮恶性循环,这种结果对美国是极其不利的。③除此之外,选择性接触战略,使美国对世界所承担的义务太多。一方面,对美国来说,想解决所有这些问题,不但非常困难,而且代价极高;另一方面,如果不能解决,

---

① Stephen Walt, "In the National Interest: A New Grand Strategy for American Foreign Policy" in *Boston Review*, Vol. 30, No. 1, 2005, pp. 6–7.
② Ibid.
③ Jeffrey W. Taliaferro, "Security Seeking under Anarchy: Defensive Realism Revisited" in *International Security*, Vol. 25, No. 3 (Winter 2000–2001), p. 160.

就会导致美国信誉的下降和领导能力的衰落。因此也不是最佳选择。①

2. 沃尔特与米尔斯海默两种"离岸制衡"政策的比较

离岸制衡也可以从进攻性现实主义中找到理论依据。而且，从防御性现实主义所推导出的战略扩张性程度，并不一定比进攻性现实主义所推导出的低。米尔斯海默的离岸制衡可以归纳为是一种"霸权均势"②战略，这种离岸制衡必须是基于优势基础之上的，是获得优势前提之下针对异域的收缩战略。同样，沃尔特也不否认权力积聚的必要性。二者都基于美国已经获得的权力份额的事实之上，都有倡导体系内最强大的优势国实行"推诿"（buck-passing）战略的内涵。

二者的区别在于，米尔斯海默所说的"返回异域"的条件是，"当本地制衡者遏制潜在霸主的努力面临彻底失败之虞时"③；而沃尔特则是，"当出现危及美国切身利益的直接威胁时"。换句话说，虽然二者关注的都是如何使用权力这一问题，但对于"返回异域"的条件，前者关注的是权力的对比，后者关注的是威胁。沃尔特所推导出的离岸制衡是与他本人的理论体系一脉相承的，即不关注权力的积聚程度，而只关注权力的使用方法。

此外，米尔斯海默的离岸制衡包含有孤立主义的思想碎片，他认为美国应该趁早从过多、过重而可能过度耗费权力资源的海外义务中全身而退，其核心就是主张美国应从不必要的地方撤军。④与此不同，沃尔特的离岸制衡则显得较为积极的。在必要时候，美国可以全方位地使用其权力，以扩大其核心利益，主要体现在

---

① Stephen Walt, "In the National Interest: A New Grand Strategy for American Foreign Policy" in *Boston Review*, Vol. 30, No. 1, 2005, pp. 6–7.

② 这里所说的"霸权均势"，取自吉林大学黄凤志的提法［黄凤志："东北亚地区均势安全格局探析"（载《现代国际关系》，2006年第10期）］。

③ 李永成：《霸权的神话：米尔斯海默进攻性现实主义理论研究》，北京：世界知识出版社，2007年版，第213页。

④ 同上，第215–216页。

他主张更为明智的联盟政策。在论证离岸制衡之前,沃尔特认为美国无论实行什么政策,都必须达到下列目的:应设法避免其他国家间出现针对美国的联盟,以致降低他国对美国的依赖;美国应该促使这些国家与美国结成联盟,使其在遇到区域安全问题时,尽量优先想到从美国获得帮助,从而保持区域性制衡(regional balancing)。①沃尔特的离岸制衡要比米尔斯海默积极得多。同时,这也鲜明地显示了前面所提到的进攻性、防御性现实主义的国际政治结果理论的特性,以及为什么不能仅仅从字面上理解"进攻性"与"防御性"的含义。

3. 新孤立主义:"最低的防御性现实主义"

新孤立主义是冷战后美国出现的一种战略思潮。它认为,美国对国际事务的过分参与,不仅没有必要,而且常常会产生事与愿违的结果。②实行新孤立主义的道理很简单,一方面,美国的邻国在军事上较弱,另一方面,没有哪个遥远的大国会有能力威胁美国的主权、领土完整与安全。③美国具有战略免疫能力,原因是美国强大的核能力能够有效地威慑任何国家,正因为如此,美国的国防没有被用于对外干涉的理由。④美国不仅不应该为维护世界秩序承担义务,而且它根本做不到那一点,那样做只能招致其他国家对美国的愤恨。⑤与传统孤立主义不同的是,在二战以前美国

---

① Stephen Walt, "In the National Interest: A New Grand Strategy for American Foreign Policy" in *Boston Review*, Vol. 30, No. 1, 2005, p. 6.

② Barry R. Posen and Andrew L. Ross, "Competing Visions for U. S. Grand Strategy" in *International Security*, Vol. 21, No. 3 (Winter 1996 – 1997), p. 12.

③ Alan Tonelson, "Superpower without a Sword" in *Foreign Affairs*, Vol. 72, No. 3 (Summer 1993), p. 179.

④ Eric A. Nordlinger, *Isolationism Reconfigured: American Foreign Policy for a New Century*, Princeton, N. J. : Princeton University Press, 1995, p. 6 and pp. 63 – 91 [转引自 Barry R. Posen and Andrew L. Ross, "Competing Visions for U. S. Grand Strategy" in *International Security*, Vol. 21, No. 3 (Winter 1996 – 1997), p. 12]。

⑤ Barry R. Posen and Andrew L. Ross, "Competing Visions for U. S. Grand Strategy" in *International Security*, Vol. 21, No. 3 (Winter 1996 – 1997), p. 13.

实施新孤立政策是一个很自然的政策,在当时是最符合美国利益的,然而在当代,这不是一个轻易就可以选择的政策,因为其实施的前提是美国有能力在收缩力量之后仍能够保证自己的安全。这也意味着,新孤立主义不会是纯粹的孤立主义,美国表面上的战略收缩对其军力的灵活性提出了更高要求。

新孤立主义认为,如果美国经常卷入世界上的各类争端中,美国的强大实力只能为它带来麻烦。对这些争端无节制地介入,只能导致以下结果:强大的国家会阻止美国,弱小的国家会利用美国,受欺负的国家会怨恨美国。因此,美国应当保持行动的自由性和战略的独立性。甚至连北约那样的政治工具,都是没有必要继续保持,它们只能将美国牵扯到不必要的冲突之中。当面临冲突时,那种传统上的盟友关系只能将美国推向最前线。[1]

实行新孤立主义,意味着美国将放弃所有不合时宜的联盟关系,放弃不明智的扩张政策,将所有的事务留给那些受到威胁的国家自己去解决。[2]例如,将北约未来的事务留给欧洲,将北朝鲜问题留给韩国,将中东事务留给相关国家自己去解决。[3] 以及废除《日美安保条约》,放弃承担整个西半球的防务,将美国的利益集中在北美、中美和加勒比地区,停止一切对外援助,甚至停止对世界银行和国际货币基金组织的拨款。[4]同时,人道主义援助的范围也应仅仅缩小到饥饿、疾病、地震等自然灾害的范畴;而对于其他国家的冲突与战争,美国人道主义援助只能在冲突发生之后才能提供,因为一旦在冲突进行中将援助提供给某一方,意味着冲突的另一方有可能把美国当作敌人。新孤立主义只要求美国保持较小的军事规模。[5]例如,美国只需要保持第二次核打击能

---

[1] Barry R. Posen and Andrew L. Ross, "Competing Visions for U. S. Grand Strategy" in *International Security*, Vol. 21, No. 3 (Winter 1996 – 1997), p. 14.

[2] Ibid.

[3] Ibid.

[4] 《纽约时报》,1992 年 4 月 6 日。

[5] Barry R. Posen and Andrew L. Ross, "Competing Visions for U. S. Grand Strategy" in *International Security*, Vol. 21, No. 3 (Winter 1996 – 1997), p. 14.

力即可，只需要保持适度的空军与导弹防卫能力以应对低级威胁，只需要保持海军、特种部队（削减至现在的三分之一或二分之一即可）以保护美国的海外贸易利益，应对诸如海盗等犯罪活动。只有当欧洲国家被大规模侵略的时候，美国剩余的武装力量才会发挥作用。既然苏联已经解体，美国就应该终止在欧亚地区的军事部署，以减少保卫盟友对自己造成的负担。总之，美国的军事力量仅仅应该是为了保护美国狭义上的利益而存在的。①

笔者认为，波森实际上是将防御性现实主义的概念，缩小到了一个很狭隘的范围。他所理解的防御性现实主义，其实应该被界定为"最低的防御性现实主义"。一些批评者也认为，新孤立主义对美国利益的界定过于狭隘。②虽然新孤立主义的支持者将"美国现在很安全"作为美国从其现有的势力范围中撤出的理由，但一旦美国真的那样做，很有可能会适得其反，导致其更不安全。首先，这种做法将会加剧其他国家为追求安全而进行的竞争，或者为他国谋求地区霸权提供机会，那些以前靠美国保护的国家将只能发展其自身的武装力量；更重要的是，以前靠美国提供核保护的国家，也有可能会发展独立的核力量，甚至发展其他各种大规模杀伤性武器。一旦战争爆发，灾难便可能间接危及美国。③

除了这里所提到的新孤立主义以外，还有一种以否定合作、谋求权力优势为目的的外交政策，也被称之为"新孤立主义"。例如，美国国会否决《全面禁止核试验条约》、发展国家导弹防御体系、拖欠联合国会费、阻碍贸易自由化进程等。这种新孤立主义，其根源是由公众缺乏对国际政治兴趣而导致的"有害的忽视"，这种"忽视"使美国外交受到国内利益集团、党派甚至个人私利的左右。④这仅仅是民众的"孤立"，而反映在外交决策上，

---

① Barry R. Posen and Andrew L. Ross, "Competing Visions for U. S. Grand Strategy" in *International Security*, Vol. 21, No. 3 (Winter 1996-1997), p. 14.

② Ibid., p. 14.

③ Ibid., pp. 14-15.

④ 余万里："解析美国外交中的'新孤立主义'现象"（载《国际论坛》，2001年4月，第7页）。

只能算在单边主义的"优势战略"的范畴之内,不属于笔者所讨论的新孤立主义。

4. "新孤立主义"与"离岸制衡"的非现实性

罗伯特·阿特(Robert Art)等学者认为,孤立主义、离岸制衡具有很大可行性,除此二者之外,选择性干预也有实施的可能。而其他战略,诸如霸权战略、集体安全、合作安全都是根本行不通的。①阿特将孤立主义与离岸制衡看作是相似的政策,他认为在欧亚大陆不会很快出现霸权国家的条件下,这两种战略在实际操作上是一回事,即美国放弃同其他国家的联盟关系,并撤军回国。阿特认为欧亚大陆目前的确没有哪个大国会很快成为霸权国家。②然而,与此不同,波森的观点实际上更代表了国内外学界的普遍看法,波森认为新孤立主义是最不受美国政府欢迎的大战略。③就目前美国面临的国际环境来说,尤其是恐怖主义和那些可能对美国造成安全困扰的国家的存在,加上意识形态的分歧,美国难以真正实施孤立主义和离岸制衡。下面仅以美国在东北亚地区对中、俄的遏制政策为例,说明美国"新孤立主义"与"离岸制衡"的非现实性。

尽管美国是世界上唯一的超级大国,但美国在异域所表现出来的权力却是非常有限的。例如,美国在东北亚地区的霸权,就显得大打折扣。在"北三角"(即中、俄、朝)与"南三角"(即美、日、韩)的对峙中,中俄基于强大的陆缘优势,而美日的前沿军事力量只能推进到韩国和"第一岛链",美国置身于与中俄双方形成的均势格局之中。美国与东北亚其他大国的任何一方,都不是占支配地位的霸权国家,大国间权力彼此大体均衡。

实际上,离岸制衡既不像沃尔特所说的那样是美国的传统政

---

① 〔美〕罗伯特·J·阿特著,郭树勇译:《美国大战略》,北京:北京大学出版社,2005年版,第106-107页。
② 同上。
③ Barry R. Posen and Andrew L. Ross, "Competing Visions for U. S. Grand Strategy" in *International Security*, Vol. 21, No. 3 (Winter 1996-1997), p. 9.

策,也尚未被冷战结束后的历届美国政府真正实行过。从冷战后美国的政策看,美国从来都是将对中、俄的遏制,而非"霸权均势",作为其基本外交政策。东北亚地区地缘政治格局一超三强的特点,并不意味着美、中、日、俄会以均势战略作为自己的基本政策。尽管美国历届政府或许都主张过均势政策,但"美国的强大实力必须用于促进有利于自由的均势"①。言外之意,就是帮助所谓的"自由国家"提高实力,遏制那些被认为是非"自由世界"的国家,关键是要通过扶植日本及其他"第一岛链"国家和地区来遏制中、俄。美国所制造的均势格局,只是其通过美日强强联合,辅以联韩控台的结果而已,并不等于说美国要通过"离岸制衡"的角色有意制造出这样一种均势格局,来实现其"霸权治下的秩序";只不过由于地缘的阻碍,加上朝鲜的极端反美政策,美国不得不反过来寻求中俄的帮助,最后形成了均势状态的这样一种结果而已。

　　冷战结束后,东北亚形势明显缓和,但美国仍未放弃对中、俄的遏制战略,一方面东北亚政治形势得到了缓和,另一方面美国的前沿军事存在并未实质性减少。美国是通过在东北亚同中俄已经形成的均势态势来谋求优势,更准确地说,这是冷战时期遏制政策、霸权政策和优势政策三位一体的延续,只不过随着冷战后地区形势的缓和,强度有所减弱而已。美国大战略的性质基本没有变化,美国现阶段在东北亚的主要战略选择,仍然是尽最大可能地削弱俄罗斯,以及遏制中国崛起。对于冷战时期支撑美国在东北亚霸权的两大支柱——同盟关系和军事存在,美国并未放弃。此外,无论采用哪种计算方式,日本的综合国力都和中、俄持平或略高,而对于"意识形态高于一切"的美国来说,它对日本的信任程度远远高于中、俄,美国不会认为日本在除经济以外的其他方面对自己有任何挑战。从必要性来说,在美国的东北亚战略中,化解中国崛起可能带来的威胁的途径也只能是联日制华。

---

① "The National Security Strategy of the United States of America: 2002", http://www.whitehouse.gov/nsc/nssl.html.

此外，美国拉拢日本和印度作为遏制中国的最重要的战略伙伴，离间周边国家同中国的关系，充当冲突调解人。①在亚洲最有影响力的三个大国无非是中国、日本和印度，拉拢日、印两国共同对抗中国，无疑对美国有巨大的战略意义。从这些内容上看，所有的离岸制衡政策，都只不过是一种幻想。

以下是以美国具体军事政策为基础的证据分析，主要是对冷战结束后美国的《国防报告》、《战略框架》以及《中国军力报告》等文件的分析。在苏联解体、俄罗斯大幅收缩其在远东地区的军事部署情况下，美国在太平洋地区的军事优势无可匹敌，而G·W·布什政府对美国亚太安全战略的调整则是以不损害这种优势为前提的，即"甩掉尾巴，保留牙齿"。②美国虽然少量削减了驻军，撤走了在韩国的进攻性战略武器，但美国的军事调整非常有限，其遏制中、俄的战略并无实质性变化，基本维持现状。美国渐进的军事调整既不会改变美军过去前沿部署的基本态势，也不会对美军的战斗力产生实质性的影响。美国将中国收复台湾、保卫南海群岛等正当的捍卫领土主权的要求歪曲成为中国进行武力扩张的证据，美国通过维持朝鲜半岛的分裂状态，为其在东亚地区的大规模驻军和众多双边军事同盟的存在制造"合理"的借口，通过加强在亚太地区的五个双边军事同盟（美日、美韩、美菲、美泰、美澳），巩固了以遏制中国海上军事威慑能力、压缩中国海域活动范围为目的的扇形军事力量辐射网。自2000年起，美国国防部每年公布一份《中国军力报告》（Chinese Military Power Report），作为G·W·布什政府对华决策的依据之一。透过这些报告，我们可以清晰地发现美国正在以"均势"为名行"遏制中国"之实，《中国军力报告》等文件中所谓的"亚太均势"政策

---

① 〔美〕沈大伟（David Shambaugh）："美中关系的新稳定：原因与结果"（载《世界经济与政治》，2003年10月，第44–48页）。
② 吴心伯：《太平洋上不太平：后冷战时代的美国亚太安全战略》，上海：复旦大学出版社，2006年版，第17页。

本质上仍是沿袭了冷战时期的"遏制"战略。①尽管美国还将继续鼓励中国成为对国际社会"负责任的利益攸关方"（responsible stakeholder），但美国仍然认为中国的发展将会带来很多不确定因素，尤其在军力扩张与运用方面，表示担忧与警惕。②

就冷战结束后的历届美国政府的外交政策来看，克林顿倾向于选择性接触，G·W·布什热衷于优势战略，奥巴马对合作安全较为青睐。而新孤立主义与离岸制衡则基本未被真正实施过。新孤立主义与离岸制衡是从防御性现实主义中推导出的外交政策理论的一个可能性选择。例如，新孤立主义认为，过度的扩张会使美国的国势日渐衰落，收缩回来可以保住美国的霸主地位，可以集中精力解决国内问题，增加国力。③但从非现实主义的角度看，新孤立主义与美国传统的"天定命运"、民族主义、国际主义、和平及民主等理想不符。④从现实主义的角度看，权力的"备而不用"仍然不符合常理，成为世界霸主的美国，要想重回孤立状态恐怕也是身不由己，即使让它卸下一些海外负担，退回几步，也殊非易事。新孤立主义与离岸制衡远远不能在美国外交政策中占据主导地位。

三、防御性现实主义与东北亚格局：国际政治结果理论的视角

这里将以两节篇幅把防御性现实主义理论具体应用到对东北

---

① 李仕燕："美国'亚太遏制'战略与中国'和谐世界'外交的博弈：评2008年美国《中国军力报告》"（载《东南亚研究》，2008年4月，第61页）。

② Office of the Secretary of Defense, in *Military Power of the People's Republic of China*, 2008, p.1.

③ 董亚军、沈丰："冷战后的新孤立主义思潮与美国外交政策"（载《国际观察》，2002年第4期，第60页）。

④ Arthur A. Ekirch, *Ideas, Ideals and American Diplomacy*, New York: Appleton-Century Crpfts, 1996, Chapter xi.

亚国家间关系的案例分析中。①本节以现实主义范式中典型的"结构层次分析"为研究方法，对东北亚相关国家权力配置与战略关系的结构进行宏观分析。本节主要体现的是防御性现实主义作为宏观国际政治结果理论的一面，并以案例展示沃尔兹理论中"结构性"与"防御性"之间的因果逻辑关系。目前国内以宏观结构理论研究国际关系的论文，数量一直较少，因为宏观分析毕竟缺乏对行为体本身特征的具体研究，解释效度有限，因此显得缺乏"学术价值"。但宏观分析有较强的预测能力，易于把握国际关系发展的大方向与结果。

随着冷战的结束，东北亚地区的权力转移和变化使本地区的均势发展呈现出新的特点，即出现了地区范围内的双层次均势结构。英国学者赫德利·布尔（Hedley Bull）在《无政府社会：世界政治秩序研究》一书中首次提出了均势形态的层次分析法。②他认为，总体均势及局部均势的存在，为维持国际秩序所必须依赖的制度发挥作用创造了必要条件。③根据布赞的"国际次体系"④定义，东北亚依其历史传统、互动关系可成为一个地域性的国际次体系。

东北亚双层次均势格局有其特殊的结构性矛盾，主要分为外层均势格局的稳定性和内层均势的不稳定性。二者相互作用，决定了本地区局部动荡和有限安全的双重性，即朝美之间"不战不

---

① 衷心感谢外交学院梁晓君副教授、高飞教授对本部分提出的修改建议，使本节写作避免了一些疏漏，但行文完全由笔者个人承担。

② 布尔一共提出了四种均势形态的区分：A.简单均势与复杂均势的区分；B.总体均势与局部均势的区分；C.主观均势与客观均势的区分；D.偶发均势与人为均势的区分〔〔英〕赫德利·布尔著，张小明译：《无政府社会：世界政治秩序研究》（第二版），北京：世界知识出版社，2003年版，第80－84页〕。

③ Hedley Bull, *The Anarchical Society: A Study of Order in World Politics*, Macmillan Press Ltd, 1995, p. 102.

④ 布赞的地区安全复合体（regional security complexes）理论认为，决定一个地区安全结构的最主要变量是结构内行为者间的力量排列关系和社会意识关系。〔〔英〕巴里·布赞、理查德·利特尔著，刘德斌主译：《世界历史体系中的国际关系研究的再构建》，北京：高等教育出版社，2004年版；参见 Kenneth N. Waltz, Theory of International Politics, NY: The Mcgraw－Hill Companies, Inc, 1979, Chapter 5〕。

和"的"安全两难"的持久性。美朝矛盾的根源在于冷战后东北亚国际关系的结构性矛盾,而并非完全是均势格局自身的机制缺陷。按照传统的现实主义理论,均势是实现和平与较为理想的国际秩序的方式,然而在朝鲜半岛,各方均势诉求的差异造成了长期的相互紧张关系。

冷战结束以后,东北亚地区的政治权力结构出现重大改组,其安全环境也发生了重大变化,本地区整体态势趋于缓和,但美朝关系却逐渐趋于紧张。即外层均势格局趋向稳定,而内层均势格局的不稳定性增加。本节将外层均势定义为美中俄日四大国间的均势关系,四大国都是朝核问题有关各方,但彼此并无根本的安全利益冲突,在未来相当长的一段时期内爆发直接冲突的可能性不大;将内层均势定义为,在朝鲜半岛范围内,朝鲜与美国及其支持的韩国之间暂时的对峙关系,虽然朝鲜的实力远不如美韩,但双方毕竟达成了不稳定的战略均势状态,只是尚未形成有保证的持久和平。本节拟从防御性结构现实主义逻辑入手,以结构层次分析(structural level)为研究方法,通过研究东北亚权力结构中单位的排列方式,探析朝核问题的根源。

1. 东北亚双层均势格局特点分析

(1) 外层均势格局的稳定性

有学者认为,美中俄日四国构成了六种双边关系和四种三边关系,这种复杂的关系形成了相互牵制作用,维护着东亚地区的和平与相对稳定。①虽然美日的综合国力要超过中俄,但在外层均势格局的相关国家间却呈现出一种力量相对均衡的态势。严格地说,东北亚地区尚未有一个国家能称之为地区霸权国。单从量化的军事力量和综合国力上看,美国在全球范围内是当之无愧的超级大国,但中俄可以基于强大的陆缘优势,使美日的前沿军事力

---

① 这种说法被简称为东亚和平的"复杂因素决定论"[〔日〕富本信生:"东亚的安全与威胁:不协调的'日美中俄'四重奏"(载《国外社会科学文摘》,2001年3月)]。

量只能推进到韩国和"第一岛链"。结果是,冷战后美国仍然置身于与中俄双方形成的均势格局之中,任何一方都不是游离于东北亚军事体系之外的占绝对支配地位的霸权国家,双方权力彼此大致均衡。东北亚地区形成了大致稳定的建立在大国"权力分配"基础上的安全结构。①这种国家间的权力均衡机制导致权力进攻行为易于遭到遏制和挫败。

核时代最重要的特点就是,在任何层次的国际关系体系中都没有真正的在军事上占绝对优势的霸权国,国家只能追求相对优势。防御性现实主义的分析逻辑是:理性国家可以通过对扩张政策的收益进行权衡,认识到在现代条件下,侵略和征服往往得不偿失,攻防平衡总是有利于防御一方。②在现代国际环境下,战争费效比的增大使常规战争也难以起到政治延续的作用。

值得注意的是,防御性现实主义者沃尔兹和埃弗拉都是"核和平论"的倡导者,沃尔兹提出核武器"越多越好"及核武器"有限核传播有利于和平"的假设与结论就是对核武器维持和平作用的笃信。③也就是说,核威慑可能增强了大国之间的安全性。阎学通更为全面地指出,冷战后东亚和平体系是以非均势核威慑

---

① 相关代表性论述,参见 Thomas J. Christensen, "China, the US – Japan Alliance, and the Security Dilemma in East Asia" in *International Security*, Vol. 23, No. 4 (Spring 1999), pp. 29 – 80。

② Carl Kaysen, "Is War Obsolete? A Review Essay" in *International Security*, Vol. 14, No. 4 (Spring 1990), pp. 42 – 64。

③ 防御性现实主义者沃尔兹和埃弗拉同时都是"核和平论"的倡导者,因为"核和平论"更有利于支持防御性现实主义的许多理念,如为国家对安全的首要关切提供论证基础。但如果认为"朝鲜拥核也属于有限核扩散,因此朝鲜拥核有利于稳定区域性冲突关系",就会导致朝美间更为严重的安全两难。对于"核传播",沃尔兹难以从经验上给出较为信服的论证,这也是沃尔兹理论中的自相矛盾之处。

为基础的，这在短期内仍能有效地避免美中日俄之间发生战争。①美国作为强势一方，它在东亚的安全目标是绝对安全，需要进行有限的军事扩张，中俄对美国在东亚的军事扩张都采取了容忍态度，即只要美国的军事扩张不直接威胁它们的生存安全，它们就不会采取军事对抗策略。②笔者认为，非均势核威慑理论可以看作是防御性现实主义理论发展的一个方面。中俄两国的对美政策更多采取了趋利避害方针，抗衡方式选择了软制衡手段。③例如，俄国东北亚政策的重点是确保其东部地区成为稳定的后方，避免出现腹背受敌的态势。④而对美国来说，如果它过于追求拥有超过实际需要的权力，仍然是有风险的，因为这样可能会刺激中俄，使二者联合起来制衡美国，降低美国的安全系数。沃尔兹曾明确提出了关于国家对安全的首要关切的观点，即国家会理性地将安全最大化而非权力最大化作为追求的目标。⑤虽然目前中俄只是处于全面战略协作伙伴关系，远远不是结盟或"准结盟"关系，但这反过来说明了美国对中俄的权力投入尚未达到促使中俄结盟对抗美国的程度，美国的遏制政策是有限度的，中俄是否选择以结盟

---

① 阎学通认为，在非均势状态下，核威慑的对立强国的安全目标是不同的，双方都不追求对等安全。强势一方把自己的安全目标提升为绝对安全，而弱势一方将其安全目标降为生存安全。由于弱势一方不追求对等安全，一方面它避免卷入小国之间或小国内部的冲突，另一方面它对强势一方军事扩张的容忍度提高，强势一方军事扩张引发战争的危险也下降了，双方的军备竞赛也随之减少。但弱势一方容忍的最大限度是，强势一方的军事扩张不直接威胁其安全。中俄在与美国的相互威慑中都是弱势国家，依据非均势核威慑原理它们的安全目标是生存安全而非对等安全，因此它们采取防御性安全战略（阎学通、金湘德主编：《东亚和平与安全》，北京：时事出版社，2005年版，第25页）。其他相关内容参见 Robert S. Ross, "The Geography of the Peace, East Asia in the Twenty – First Century" in *International Security*, Vol. 23, No. 4 (Spring 1999), pp. 49 – 80。

② 阎学通、金湘德主编：《东亚和平与安全》，北京：时事出版社，2005年版，第25页。

③ 黄凤志："东北亚地区均势安全格局探析"（载《现代国际关系》，2006年第10期，第16页）。

④ 王晓泉："普京政府的俄罗斯东北亚政策特点及影响"（载《当代亚太》，2005年第4期，第50页）。

⑤ Kenneth Waltz, *Theory of International Politics*, Addison – Wesley, 1978, p. 126。

方式对抗美国，决定于其受到美国威胁的程度。根据沃尔兹的权力逻辑，维护国家安全的最佳途径是获取并握有适当的国家权力。①本来远离亚洲的美国，通过前沿军事存在和双边同盟关系来积累在东北亚的权力，但权力本身是服务于国家安全的手段，国家权力的积聚如果超过了自身安全的需要，就有可能损害其安全。美国的现有政策可用防御性现实主义来解释，且与防御性现实主义的主张相吻合②，无论从地缘政治条件上看，还是从美国本身的实力限度上看，或者是从其权力服务于安全的基本需要上看，美国对中俄的总战略仅仅是在维持现有权力平衡，而非无限积累权力。但这也并不意味着美国一定要通过实施"离岸制衡"战略，才符合防御性现实主义的主张。只要美国的权力积聚尚未危及其安全，哪怕是它不断地对中俄进行遏制，防御性现实主义仍然认为其政策是合理的。

　　中俄全面战略伙伴关系和上海合作组织并不具有积极防御的特征，因为它不仅合作级别较低，而且其目标较为分散，军事战略合作意义并不突出。中俄之间的协调合作只能形成针对美国的"软均势"。③中俄基于明显的陆缘优势，在力量相对薄弱的情况下，仍然同美、日形成了均势状态，美国的力量只能推进到"第一岛链"却难以继续深入，限制了其权力的发挥。中俄在东北亚的安全空间要远远好于俄罗斯在其欧洲地区的境况，因为美日的力量只是基于"第一岛链"和韩国的"封锁型遏制"而发挥作用，而非像北约在欧洲遏制俄罗斯那样的"嵌入型遏制"。随着中俄国力的增长，未来东北亚均势安全格局将建构在大国力量对

---

① 〔美〕肯尼思·沃尔兹著，信强译：《国际政治理论》·序言，上海：上海人民出版社，2003年版，第2页。

② 沃尔兹认为，虚弱固然可能会使国家遭遇侵略，权力的增长可以阻止敌人发动袭击，但过多的力量可能促使其他国家增加军备并聚合力量对抗自己。权力的增长不是在任何情况下都有用的，明智的政治家会设法掌握适量的权力（Kenneth Waltz, "The Origins of War in Neorealist Theory" in *Journal of Interdisciplinary History*, Vol. 18, No. 4, *The Origin and Prevention of Major Wars* (Spring 1988), pp. 616）。

③ 焦世新："'软均势论'及其实质"（载《现代国际关系》，2006年第8期，第59页）。

比关系更为均衡的基础上。①

(2) 内层均势的不稳定性

不稳定原因之一：威胁导致美朝双方实施"权力扩张"

在第三章·三我们提到过，防御性现实主义并不完全否认国家扩张权力的合理性，但这只局限在当一国能够主观地感受到威胁确实存在的时候，至多是正常程度的为增加安全而进行的扩张。这里的威胁有两种含义：A．真正的、切身感受到的威胁；B．刻意渲染的"威胁"。后者的目的是为了达到某种战略目的②。美国对朝鲜的外交政策尤显特殊，朝鲜对它的"威胁"介于以上两种含义之间。一方面，基于"9·11"事件的警示，布什政府认为，"流氓国家"和恐怖主义的确在谋求对美国的"非对称性威胁"③。但这种"国家恐怖主义"行为发生的可能性仍然缺乏现实依据。从地缘政治角度分析，由于距离遥远，美国在朝鲜半岛并无直接和现实的重大利益，只有派生利益。④朝鲜也并非敢于向美国挑衅。美国实际上是在借用朝鲜的所谓"威胁"，向亚太地区搞军备扩张，通过维持半岛的分裂现状，继续维持在这一地区的前沿军事存在。因为无论北边吃掉南边，还是南边吃掉北边，无论是以韩国主张的"民族共同体"为统一方案，还是以朝鲜的"高丽联邦制"为统一方案，统一以后的朝鲜半岛并不符合美国的整体利益和长远利益。即使是南边吃掉北边，中国的实际获益都要多于美日，美国所得到的只是朝鲜的市场，而那时它从韩国撤军，只是一个时间问题。美国很难将统一的朝鲜半岛纳入自己的全球战略体系。对于朝鲜来说，它感受到的来自美国的威胁是切身的，

---

① 黄凤志：东北亚地区均势安全格局探析（载《现代国际关系》，2006 年第 10 期，第 10 页）。

② 例如，所谓的"中国威胁论"就是刻意渲染的"威胁"，其本质是美、日在为强化其权力扩张战略而寻求的借口。

③ Peter R. Lavoy, Scott D. Sagan and James J. Wirtzeds, *Planning the Unthinkable*: *How New Powers Will Use Nuclear, Biological, and Chemical Weapons*, Cornell University Press, 2000; Robert S. Litwak, "New Calculus of Preemption" in Survival, Vol. 44, No. 4, 2002–2003, pp. 153–180; Ariel E. Levite, "Never Say Never Again: Nuclear Reversal Revisited" in *International Security*, Vol. 27, No. 3, 2002–2003, pp. 159–188.

④ 叶自成主编：《地缘政治与中国外交》，北京：北京出版社，1998 年版，第 385 页。

并且韩国在南北关系上主导作用趋势的增强又形成了对它的软威胁，双重压力的共同作用造成了朝鲜生存上的危机意识。朝鲜传统的和本能的不安全感使其政策具有谋求安全空间的扩张性。朝鲜必须用强硬手段遏止美国的企图，才能与韩国保持相对均衡的地位。现实主义视野下朝鲜核问题的实质是，在冷战时期东北亚区域均势结构被打破的情况下，一个弱国利用极端手段重新恢复势力均衡的努力。①朝鲜发展核武器的动机是希望增强在内层均势中更有利的地位，包括寻求同韩国的战略平衡。

一般认为，在美朝双边关系中，美国总是处于进攻地位，而朝鲜处于防御地位。其实不然，这种进攻和防御只是相对而言。根据防御性现实主义的推导，美朝双方的博弈都没有脱离防御地位。防御性现实主义和"防御性政策"完全是两个概念，防御性现实主义对和平大环境下的危机政治和冲突政治同样适用，同样可以解释持进攻性政策的国家的行为动机，同样可以解释美国的行为，尽管美国时常对朝鲜持相对的"进攻性"政策，但美朝双方本质上都是实行的防御性战略，只是方式不同。②

不稳定原因之二：安全驱动导致美朝双方实施"权力扩张"

从地缘政治的视角分析，朝鲜半岛的地位要么受制于一国强

---

① 于海洋："体系转换理论视角下的朝鲜半岛安全问题"（载《东北亚论坛》，2008年第1期，第18页）。

② 美国对朝鲜实行的仍然是防御性政策，是完全的、纯粹的拒止性（积极性）防御战略（即制止敌国对其安全造成损害的战略）；朝鲜是典型的惩罚性（消极性）防御战略（指尽可能提高敌国实现这一目标所付出的代价，进而遏制敌国企图的战略），它并不指望能够克敌制胜，但可以让美国只有在付出相当高的代价时，才能达到一定企图。这样，朝鲜便可通过宣传和实际的行动，尽量抬高美国需要付出的代价来威慑美国。美国希望使对朝鲜原有的拒止性防御更深一步；而朝鲜想拥有核武器的目的，就是为了实现由惩罚性（消极性）防御向拒止性（积极性）防御的转换。尽管这个目标是几乎不可能实现的，但在朝鲜整体面临威胁的环境下，转换的程度和安全有可能大致是呈正比的。关于对拒止性防御和惩罚性防御的介绍，参见李小华："进攻现实主义与防御现实主义的争论及其对中国的启示"（载《世界经济与政治》，2001年第6期，第14页）。

权的优势，要么由强权之间的均势来决定。①虽然朝鲜不可能追求到同美国相等的权力，但美朝之间仍然形成了一种暂时的均势状态，只不过美国处于"有利的均势"地位。所谓"有利的均势"，指的是在均势状态中，一方的力量处于优势地位，另一方处于劣势地位的实际状态。必须指出，虽然美韩一方与朝鲜一方处于明显不对称的权力结构分布状态，但朝鲜半岛分裂的持久性又直接说明，在外层均势构造的作用下，内层国家关系也形成了暂时的均势状态。表面上，美朝均势和美韩均势分别是两个国家之间的关系，但内层均势不是孤立的，它的平衡与外层总体均势的走向有着密切的关系。

冷战期间，核威慑在客观上成为维护国际和平与安全的关键性因素，核扩散也得到较为有效的控制。②苏联解体后，原有的单层均势格局被打破，虽然东北亚地区整体上明显趋向缓和，但在内层格局中，美日韩与朝鲜之间权力对比严重失衡。美国力量的威胁和朝鲜安全保障的消失，刺激了朝鲜寻求权力扩张战略的动机。朝鲜的最初均势诉求只是想同美国签订互不侵犯条约，或者和平条约；但美国却一直对与朝鲜缔结和平条约持消极态度，认为和平条约会冲击美国在韩国军事存在的合法性。久之，朝鲜的不安全感更加增强。朝鲜从冷战时代可以同他国共同面对美国的战略压力，变成了冷战后朝鲜自认为不得不独自面对美国的战略威胁。③加之它又与韩国在常规武器上的差距越来越大，因此它获

---

① 〔美〕汉斯·摩根索著，卢明华等译：《国际纵横策论：争强权，求和平》，上海：上海译文出版社，1995年版，第233-234页。

② 邱永丰、张妍："核扩散的逻辑：兼论朝鲜核危机爆发的必然性因素"（载《国际论坛》，2003年第4期，第8页）。

③ 参见朱锋："六方会谈：'朝核问题'还是'朝鲜问题'？"（载《国际政治研究》，2005年第3期，第30页）以及 Daid Kang, "Acute Conflicts in Asia after the Cold War: Kashmir, Taiwan, and Korea" in Muthiah Alagappa, ed., *Asian Security Order: Instrumental and Normative Features*, Stanford, CA: Stanford University Press, 2003, pp. 349 - 379。

取核武器作为"杀手锏"的倾向也就更加强烈。①在这种情况下,朝鲜必然认为核威慑是抵消军事威胁和平衡所谓"周边大国"的战略压力的最有效办法。②

进攻性现实主义者常常指责防御性现实主义所界定的"安全"过于模糊,因此国家无法确定什么时候自己是安全的。美朝两国以本国的利益出发,导致了对均势的不同理解。双方中,一方所认可的均势格局,在另一方看来确实是一种威胁,从而导致误判形势。如果朝鲜通过核试验证明了自己是核武器国家的事实,那么,未来的谈判将是如何将核武器国家朝鲜转换为非核武器国家的谈判,朝鲜在谈判中的地位和要价都将明显增强。③但是,最危险的是,内层均势中的主要国家,容易对力量不平衡的趋势和后果做出偏差性的判断,并最终基于这种判断去制定对外政策,从而加剧不利于和平稳定的因素的增长。

不稳定原因之三:朝韩关系对美朝关系的结构性影响

在内层均势格局中,朝韩均势的稳定程度是朝美均势稳定程度的重要变量,朝韩关系始终制约着美朝关系,增加了美朝关系的不稳定性。金大中和卢武铉时期朝韩关系的缓和说明,相对于美朝均势格局,朝韩均势格局要独立得多,朝韩均势的不稳定性可以影响到美朝均势,而美朝均势却不一定影响到朝韩均势。阎学通认为,韩国的统一政策是维持东北亚和平特别是朝韩、美朝之间暂时和平的一个关键性因素。④从李明博政府对朝鲜的强硬政

---

① 邱永丰、张妍:"核扩散的逻辑:兼论朝鲜核危机爆发的必然性因素"(载《国际论坛》,2003年第4期,第8页)。

② Robert Carlin and John W. Lewis, "What North Korea Really Wants" in *The Washington Post*, January 27, 2007.

③ 例如在2006年美国和印度就核合作协议进行的谈判中,布什政府不仅确认了印度有核武器国家的事实,而且在接受这一事实的前提下开始了双方的核合作与军事战略伙伴关系的进程。印度对朝鲜的启示很可能是,只有展示了自己的核能力,才能在谈判中赢得真正的"平等"和"利益"[转引自朱锋:"核扩散与反扩散:当代国际安全深化的困境"(载《欧洲研究》,2006年第6期,第42页)]。

④ 阎学通、金湘德主编:《东亚和平与安全》,北京:时事出版社,2005年版,第25页。

策中可以看出，布什政府后期的相对缓和政策，并没有挽救2008年美朝关系逐渐紧张的趋势，即使奥巴马政府更加温和的政策也无济于事。因此朝韩均势的稳定是美朝均势稳定的前提和基础。

2. 东北亚安全结构中双层均势的互动关系

从第五章的分析中我们可以看到，国家间的和平与稳定并非一定是由"权力平衡"导致的，至少说后者不是前者的必要条件，防御性现实主义的"平衡论"，正是从包括"权力平衡"在内的多个角度探寻稳定格局形成的原因。东北亚格局整体相对稳定的原因较为复杂，一方面，如下文所述，美朝之间的有限安全，是由大国之间的权力相对"平衡"所规制的；另一方面，在权力极不对称的情况下，美朝仍然能够维持半个世纪的相对稳定。防御性新古典现实主义诸流派可以从不同角度给与充分的解释，即两国之间的威胁、武力、利益、攻击的决心的对比以及决策者对成本-收益的权衡，都不足以使任何一方以战争的方式来解决问题。

学术界有一种观点，认为东北亚安全结构的双层特性在20世纪70年代以前处于"隐性状态"。这种观点认为，在双层结构中，朝鲜和韩国各自组成的同盟是由大国和小国结成的不对称同盟（asymmetric alliance）组成的，力量大小的不同决定着结盟者战略目标上的差异，美苏以阻止对方集团的权力扩张为目的，从东亚甚至世界层次上看待同盟价值；朝鲜和韩国则以维护各自政权的生存为目的，从半岛层次着眼评估同盟价值。[1]对此笔者表示赞同。但接下去这种观点认为，进入20世纪70年代，虽然美苏中日之间关系有所变化，但由于同盟关系的不对称性，大国关系的变化没有能够带来它们与朝鲜和韩国关系的根本性变化，结构的

---

[1] 韩献栋："结构、行为、朝核危机和东北亚安全"（载《现代国际关系》，2007年第1期，第39页）。

双层性呈"显性状态"。①笔者认为,这种观点不能解释为什么20世纪70年代朝鲜半岛南北局势同样也逐渐趋于缓和,为什么冷战时期朝鲜没有对原子武器有迫切需要感,以及为什么冷战后朝鲜的安全空间突然减少等一系列问题。事实上,在20世纪70年代以前,这种结构上的双层特性根本不存在,完全是单层均势对峙关系,至少说双层性一直是前面所说的"隐性状态"。单层军事对峙关系,即美日韩组成的南方半同盟与苏中朝组成的北方半同盟②之间的均势对峙关系,这个对峙关系是一个纯粹的"相互敌对的不稳定的冷战架构"③,朝韩关系是随着冷战大趋势的变化而变化的。

  冷战后,外层均势格局对内层的制约是双向的。一方面,外层均势的稳定性制约了内层均势的不稳定性发展,使内层均势的不稳定性和不确定性不至于发展成为危机、冲突甚至战争。东北亚地区一超三强间的弱势均势制衡大致维护了东北亚地区的和平与稳定,冷战后东北亚地区热点问题在大国的相互制衡中尚未失控。④另一方面,由于外层对内层不稳定性的制约,大国不能在冷战结束后像在其他地区那样轻易地决定用战争方式来解决安全冲突问题。在这种情况下,美国遇到了一个比萨达姆更难对付的对手。⑤美国只能把单纯的以"政权更迭"为目标的对朝强硬政策调整为借助多方力量、多边框架来解决朝核问题。⑥因此大大延缓了

---

① 韩献栋:"结构、行为、朝核危机和东北亚安全"(载《现代国际关系》,2007年第1期,第39页)。

② 中苏关系实质性破裂(1965年左右)之前,苏、中、朝为同盟关系,之后到中国采取不结盟政策之前为半同盟关系。

③ M. Shanmsul Haque, "Environment Security in East Asia: Critical View" in Quansheng Zhao ed. *Future Trends in East Asian International Relations*, London: Frank Cass, 2002, pp. 203 – 229.

④ 黄凤志:"东北亚地区均势安全格局探析"(载《现代国际关系》,2006年第10期,第16页)。

⑤ Gary Samore, "The Korean Nuclear Crisis" in *Survival*, Vol. 45, No. 1 (Spring 2003), p. 24.

⑥ Richard N. Haass, "Regime Change and Its Limits" in *Foreign Affairs*, Jul/Aug 2005, p. 67 and p. 74.

东北亚安全问题的解决，增加了这一地区不稳定性的持久性。

与此相反，在外层均势格局中大国间没有因内层的不稳定而导致大国间的冲突。朝核危机打破了美国的如意算盘，不得不对中俄有所求，导致美国放松了遏制的力度，客观上有利于东北亚均势天平向中俄一方倾斜，这使外层竞争态势更为稳定。

笔者提出的是关于朝核问题爆发原因和美朝之间在冷战后矛盾增加原因的一种新观点。导致朝核问题的根本原因是东北亚均势体系结构的复杂性。根据结构理论，体系中单元的权力份额及单元在体系中的位置，决定了其行为方式。美国利用置身于其中的东北亚外层均势格局，在其基础上追求优势，并联合日本，延续冷战时期对中俄的遏制政策。但美国又在内层均势格局中企图维持"不战不和"的现状，迟滞解决冷战遗留问题，以保持先前的军事同盟和前沿部署。朝鲜希望"修正"在双层均势格局（尤其是在内层均势格局）中的整体劣势地位，将核武器作为实现对韩美战略均衡的手段。朝核危机正是由于东北亚双层均势格局的结构性矛盾，特别是美朝均势诉求的冲突而引发的。①

以上结论可以通过两组比较来论证：A. 和冷战时期与朝鲜类似的德国相比较；B. 和冷战结束以前的朝鲜半岛局势相比较。冷战时期，无论是联邦德国还是民主德国，它们的安全感都明显高于冷战后的朝鲜，原因很简单，就是因为冷战时期欧洲的均势结构较为单一，没有出现复杂局面，北约、华约两大军事阵营相互对抗，彼此泾渭分明。虽然有两次柏林危机，但西德与东德、西德与苏联、东德与美国之间的直接军事冲突危险很小，两大阵营呈集体对峙形态。

同样，冷战时期东北亚均势格局总体上为单层性。1949 年以后的东北亚均势格局可以分为以下三个阶段：第一阶段（从新中

---

① 以前的关于朝鲜发展核武器原因的假说，大概有以下几种：A. "打牌"说；B. 自卫说；C. "节约"说（即朝鲜认为，发展核武器要比发展先进的常规军事力量便宜和有效得多）；D. 满足国内政治需求；E. 朝鲜领导人自尊心所致。笔者的观点不同于以上五种假说，但影响朝核问题的因素是复杂的，没有一种原因可以涵盖其全部内容。

国成立到20世纪70年代初），虽然"北三角"与"南三角"之间两大阵营尖锐对立，但这仅仅是单层均势格局；虽然朝鲜没有得到中苏的核保护，但它是置身于社会主义大阵营中的，南北对峙结构非常简单清晰，因此朝鲜感到自己的安全空间充裕。第二阶段（从20世纪70年代初到80年代末），虽然中国加入到两极体系中的美国一极，共同制衡苏联的扩张，但"北三角"关系只是断裂了其中的一条"边"，即中苏关系破裂，而朝鲜在中苏之间奉行"等距离外交"，仍然同时获得中苏的坚定支持；美国从越南、中国台湾相继撤军后更加重视朝鲜半岛的地缘战略作用，因此在朝鲜半岛问题上，实际上还是南北对峙的格局；第三阶段（冷战结束后），东北亚原来的两极对峙格局仅仅缩小到了朝鲜半岛上，朝鲜半岛成为了冷战的最后一块后遗症，由于中俄、中朝、朝俄间不再是盟国关系，朝鲜的安全失去强势保障，从以前的敌对关系仅仅缩小到内层均势中的朝韩关系和朝美关系，而在外层却实现了前所未有的缓和，于是就形成了上面所说的双层均势格局，结构性矛盾日益凸显，朝核危机成为必然结果。

3. 结构性矛盾与美朝均势诉求的冲突

冷战结束后，由于雅尔塔体系解体，虽然东北亚整体趋于缓和，但朝鲜半岛南北两侧原有的稳固均势对比严重失衡，使得冷战结束后内层均势的安全系数大大降低。从防御性现实主义诸流派的各个角度看，当代美朝之间的关系比冷战期间趋于紧张，一定有多种原因。例如，朝鲜对美、韩威胁的恐惧，或者美国对朝鲜发展核武器威胁的恐惧。但美韩之间联盟的决心以及美国对战争风险的评估，又可以使二者将发动战争作为次优选择。防御性现实主义不同流派的视角，正好可以解释东北亚格局中相对动荡与相对稳定共存的局面。冷战后半岛均势被打破的一个重要表现就是"权力落差"现象的出现，也就是处于弱势地位的国家无法有效抵御强势地位国家施加的压力，维护自己的利益。[1]但是，如

---

[1] 于海洋："体系转换理论视角下的朝鲜半岛安全问题"（载《东北亚论坛》，2008年第1期，第21页）。

果朝鲜所寻求的这种平衡一旦形成，就又会打破东北亚地区既有的核平衡，紧接而来的将是国家之间危险的核军备竞赛。如果美国坐视不管，承认朝鲜的"部分拥核"地位，东北亚地区既有的安全平衡就会被打破，这也会刺激韩国和日本发展核武器，就会开创一个恶劣的先例，将会挑战美国主导的核不扩散体制，甚至可能会出现核扩散的"多米诺骨牌"效应，地缘安全形势将受到重大冲击。总之，双方都是要实现自己一方所界定的均势标准，而这两个标准彼此间存在很大差距。

图 8 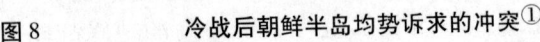冷战后朝鲜半岛均势诉求的冲突①

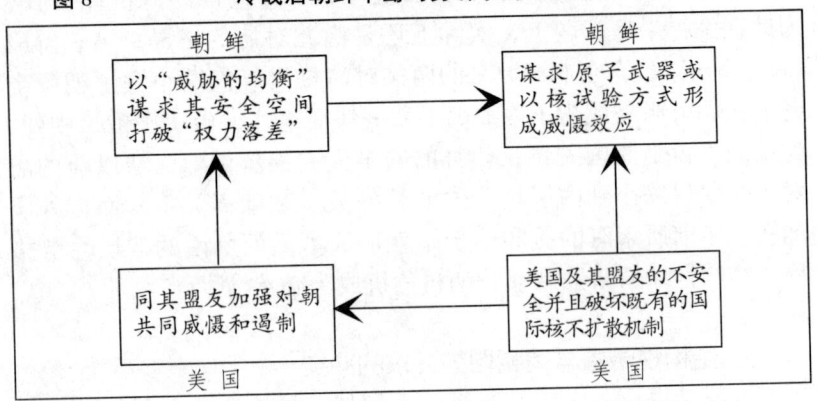

---

① 说明：朝鲜谋求的是打破冷战后的"权力落差"，重新恢复它所设想的安全均衡，而美国必须维持既有的核平衡与核不扩散机制。这两种均势诉求的矛盾，使朝鲜半岛安全两难以缓解。此外，朝鲜在安全目标的驱动下，努力实施对美国的权力扩张战略，目的是扩展安全空间，并寻求与韩国的战略平衡。朝鲜认为，既能维护安全，又能节约开支的方式，就是拥有核武器，至少通过核威慑谋求"威胁的平衡"。这种做法，必然会导致美国及其盟友的不安全感，并且会破坏美国努力维护的既有核不扩散机制，导致核武器的横、纵向扩散。美国的唯一选择，是同盟友加强对朝鲜的威慑和遏制，但这又会导致朝鲜承受更大的威胁，因此更加刺激朝鲜寻求权力扩张战略。包括联合国安理会对朝鲜的制裁决议，都会实质性地使朝鲜经济发展进一步陷入困境，客观上削弱了朝鲜的安全能力。朝鲜将会承受"威胁导致的权力扩张"和"安全驱动下的权力扩张"的双重压力，美朝两国关系陷入恶性循环。因此，在构建东北亚新安全机制的过程中，必须使新安全机制能够缓冲或平衡半岛南北失衡态势。

4. 结论

防御性现实主义认为，当代国际体系中安全空间并不缺乏充足性。①冷战后东北亚权力结构经历了重组，虽然导致了内层均势中安全的稀缺，但这种稀缺状态并不是固定不变的，并且外层大国间的权力互动为内层安全带来了新的补偿性因素，坚持六方会谈就是限制内层均势不稳定性发展的重要途径。甚至在必要的时候，中俄应该同美日韩一致行动，对朝鲜恶化局势的行为进行实质性的干预，而非单纯地寻求彼此利益的平衡。对于在建构东北亚安全体系中一国出现的"违规"行为，其他各方应共同商议，以集体方式实施"惩罚"。②

美朝两国相互理解和深入探究对方实施进攻性权力扩张政策的根源，可以为朝核问题的解决提供积极意义。美朝双方，如果说克服"威胁导致的权力扩张"的方式在于给对方以安全感，那么克服"安全驱动导致的权力扩张"则需要对己方的外交决策进行合理评估。解决前者的关键在于减少威胁，增加互信；解决后者的关键在于缔结和平条约，以取代停战协定，双方给予相互的和平承诺。

在建构东北亚安全机制过程中，中国既应当合理利用外层均势对内层均势的制约作用来限制朝核危机的恶化，维护周边安全，并且发挥负责任大国的作用；又完全可以适当利用内层均势的相对不稳定因素对外层均势稳定性的促进作用，增加制衡美日的筹码，实现在大国关系中利益的最大化。朝核问题对中国既是挑战，更是战略机遇。

---

① Kenneth Waltz, *Theory of International Politics*, Addison – Wesley, 1978, p. 126.
② Barbara Koremenos, Charles Lipson, and Duncan Snidal, "The Rational Design of International Institutions" in *International Organization*, Vol. 55, No. 4 (Autumn 2001), p. 762.

四、防御性现实主义与东北亚格局：外交政策理论的视角

这一节将从防御性现实主义的微观视角，即从其外交政策理论的方面分析美国和朝鲜的双边关系。①根据笔者前述，防御性现实主义理论同样可以用于对"持进攻性政策国家"的分析，例如可以运用到对美朝合作安全机制构建的分析中。本节仍然以防御性现实主义为分析架构，分析美朝追求积极性防御政策与实施两种权力扩张政策的动机，指出一系列导致美朝"安全两难"的重要原因，强调东北亚安全的不可分割性，以及建立强有力的危机约束机制和危机管理机制的必要性。

朝鲜核问题与我国的周边安全和生存环境息息相关，可以说是当前最能影响到中国外交安全和与其他大国关系的国际性问题。中国在解决朝鲜核问题的过程中，固然发挥着调解、斡旋的重要作用，但朝核问题主要矛盾的对立双方，还应该是美国和朝鲜。美朝双方的态度和外交决策对问题的进展方向至关重要。防御性现实主义对于解释美朝两国的外交动机和目的提供了重要的研究思路，当然很多地方也显有缺憾。本节拟对美朝双边关系作简要分析并结合以前的研究成果，对东北亚合作安全机制的构建重新做综合性分析。

一般人可能会有这样的错觉，认为在美朝双边关系中，霸权主义的美国总是处于进攻地位，而朝鲜处于防御地位。其实不然，这种进攻和防御只是相对而言。事实上，根据防御性现实主义的推导，双方都没有逃离防御地位。防御性现实主义的基本适用范围是现代和平国际社会。它对和平大环境下的危机政治和冲突政治同样适用。当今国际社会没有一个国家会实行纯粹的进攻性政策。即使一个国家对另一个国家在某方面实行的是进攻性政策，但通过对其行为和动机的研究，我们仍然可以将其归入防御性现

---

① 感谢外交学院梁晓君副教授对本节提出的修改建议，但行文完全由笔者负责。

实主义的范畴之内,即防御性现实主义同样可以解释"持进攻性政策国家"的外交决策。在现代国际环境下,由于国家间物质制约机制对战争的限制作用,即使是常规战争也难以起到政治延续的作用,"总体战争"已经过时,这就为各国提供了充裕的安全空间,因此防御性现实主义更适于解释当代所有国家的外交政策。

1. 美朝合作:构筑东北亚合作安全机制

在全球化时代,国家间交往力度的增强会形成复杂的物质性制约机制,并推动国家就有关问题进行合作。为维护地区的长久稳定与和平,东北亚需要建立一个符合地区格局现状和未来发展趋势的区域合作制度来加以保障。防御性现实主义认为,即使是从现实主义的基本假设——国际无政府状态推导,国际无政府状态也未必会导致冲突和战争,在国际无政府状态中,国家完全有可能采取温和、慎重和有节制的政策。[①]杰维斯、格拉泽、米勒仅从大国角度论述了无政府状态与安全两难条件下国家合作的理论基础与可能性,埃弗拉的攻防平衡理论为大国与小国之间的安全合作提供了理论准备。

冷战结束后,朝鲜半岛在东北亚地缘关系中的战略价值仍然非同一般,美中日俄四大国重新调整各自在东北亚的外交战略。有的学者指出,亚洲特别是东北亚是我们这个世界五大力量中心中的四个力量相互影响的地区,是世界上唯一一个四个大国的利益直接交汇的地区。[②]与冷战后世界多极化的趋势相适应,东北亚地区也逐步形成了一个以美日俄中为战略四角的多极格局,在今

[①] 于铁军:"进攻性现实主义、防御性现实主义和新古典现实主义"(载《世界经济与政治》,2000年第5期,第32页);钟振明:"防御性现实主义:对国际安全的一种乐观分析"[载《同济大学学报》(社会科学版),2006年10月,第60页]。

[②] G. R. Sloan, "Geopolitics in United States Strategic Policy: 1890 – 1987" in Wheat Sheaf Books, 1988; Don Oberdorfer, The Two Koreas: A Contemporary History, New York: Basic Books, 2001.

后相当长的一段时期内,这种战略四角格局都将维持下去。①根据历史进程的"合力"理论,这里的任何一个大国都难以单独主宰东北亚安全合作的进程,但是也不可能将任何一个大国排斥在外。大国间的安全合作是维护东北亚安全的切实保障。

在东北亚的地缘政治板块中,实际上存在着两种安全合作体系主张:A.以美国为主导的以美日、美韩同盟为核心的同盟体系,主张在同盟体系的基础上建立包括非同盟国中国、俄罗斯、朝鲜等国在内的多边安全合作体系;B.中国倡导、俄罗斯赞同的东北亚多边合作体系主张,即参与合作的每一方都是平等的伙伴,不赞成建立针对第三方的同盟体系。六方会谈正是这两种基点不同的东北亚安全合作体系主张相妥协的产物,反映了东北亚的地缘政治现实和东北亚各种力量间的均衡。②中、俄能够容忍美、日、韩同盟体系的存在,是因为在双边、多边的安全合作中,合作的主动权同权力大小成正比。

美国态度的转变是实现朝鲜半岛安全的关键,在此基础上,建立东北亚合作安全机制,是解决朝核问题的重要步骤和保障,多边合作是缓解东北亚"安全两难"的途径之一。作为一种非对抗模式,安全合作为东北亚走出"安全两难"提供了切实的和有利的选择。建立在安全合作基础之上的安全共同体,其重要表现就是对国际组织作用的承认。虽然同古典现实主义一样,防御性现实主义对新自由主义大力鼓吹国际组织(国际机制)不以为然,并不太看好国际组织的作用,认为国际组织的作用有限。但不可否认的是,国际组织的存在,本身也是大国间权力互动的产物,是当代国际间物质制约机制的产物,因此防御性现实主义还是有限地肯定了国际组织存在的价值,特别是它承认国际组织对安全的获得具有一定的作用。目前,六方会谈是构建多边安全合

---

① Kim Gye-Dong, "Outlook for Relations Between the Two Koreas and Their Neighbours" in *Korean Observations on Foreign Relations*, Vol. 3, No. 1 (June, 2001), pp. 91–97.

② 石源华:"后朝核阶段东北亚安全合作的走向"(载《国际问题研究》,2008年第6期,第56页)。

作模式的有益尝试，应是实现东北亚安全的较好途径。

2. 防御性现实主义的派生概念——认知及其对美朝关系的作用

古典现实主义一般将国家间关系区别于国内政治，但现实主义关于国家同质性的假定始终面临着其他理论的挑战。① 防御性新古典现实主义虽然并未完全否定"国家同质性"的假设，但它强调对"国家如何反应国际体系"的研究，还从国内政治角度打开了国家的"黑箱"。前者即为认知理论，后者则为国内政治理论，它们是防御性新古典现实主义的两大理论支柱。在此以前，有的学者从朝鲜内部政治权力结构角度入手，认为是朝鲜军方少壮派的强硬势力影响了朝鲜领导人的决策；有的从政治心理学角度分析，认为是朝鲜领导人的心理倾向导致了朝鲜核试。尤其对于朝鲜来说，朝鲜领导人的外交就是朝鲜的外交，这一点不需要任何论证。同样，冷战结束后，美国也没有对朝鲜形成一个清晰连贯的政策，美国对朝政策的最大特点就是"人亡政息"，无论总统与国会的多数是否属于同一个政党，总统在决策中仍占主导地位，只需看总统的外交政策和基本政治价值观，就可以直接判断美国对朝的基本外交取向。有什么样的总统，就有什么样的政策。

某些"非理性"的国家（也包括某些所谓的民主国家）之所以追求本国权力最大化（如过度扩张），从个人层次上看，是由于错误认知导致的，这是杰维斯、埃弗拉的观点；从国内层次上看，这是国内制度的"病理"导致的，这是斯奈德的观点。因此，防御性现实主义者主张通过国内政治层面而不是国际政治层面的变革，来消除造成国家过度扩张的诱因。即使在美国这样自诩为民主制的国家，总统的认知也是具有关键作用的。奥巴马上台后的"无核世界"设想，就是典型例证。奥巴马对朝鲜的有限接触政策，实际上体现了心理活动对安全两难的影响，即前面所

---

① 李巍、王勇："国际关系研究层次的回落"（载《国际政治科学》，2006年第3期，第121页）。

说的"单元诱因"。

防御性现实主义者十分强调改变领导者的认知条件,这同新自由主义和建构主义存在共通之处。①朝鲜的全部外交政策完全由领袖一人掌握,这也为朝鲜外交的转变开启了方便之门。这种政治"病理",既可以恶化半岛局势,又可以很容易使形势随时好转。朝鲜领导人在政治上的决定性影响,使其外交政策能够灵活转变。同时,这也是防御性现实主义脆弱的环节,因为它将对国际关系的规划建立在呼吁和倡议之上。

3. 安全两难与朝鲜半岛多边安全合作机制的重建

(1) 朝鲜半岛的"安全两难"

从美国的安全层面上看,第二次朝核危机爆发的体制原因是布什政府的对朝强硬政策。美国长期坚持核威慑政策(从冷战时期的进攻性核威慑到今天的防御性核威慑,如 NMD、TMD),以此来巩固自己的核优势,试图以发展核力量、运用核威慑来制止核扩散、对抗核威胁,尤其是针对不友好国家,这就是所谓的"核种族主义隔离"。②2003 年,布什在《国情咨文》中提出:"美国和全世界面对的最严重危险是寻求和拥有核生化武器的非法政权。"③布什上台后大量任用具有"鹰派"背景的官员主管国防及外交事务,对朝政策趋于强硬,使美朝关系的一度缓和瞬间即逝。大规模杀伤性武器特别是核武器的扩散问题,被美国列为对其外交与国防挑战的首位,反对核扩散成为美外交政策的头等大事。④特别是在"9·11"事件之后,布什政府的"邪恶轴心"论和"先发制人"论使得第二次朝核危机具有了与上一次危机不同

---

① 钟振明:"防御性现实主义:对国际安全的一种乐观分析"[载《同济大学学报》(社会科学版),2006 年 10 月,第 63 页]。

② Jaswant Singh, "Against Nuclear Apartheid" in *Foreign Affairs*, Vol. 77, No. 5, 1998.

③ Joseph Cirincione, "How will the Iraq War Change Global Non-Proliferation Strategies?" in *Arms Control Today*, Apr. 2003, p. 5.

④ Michel J. Mazarr, "Going Just A Little Nuclear" in *International Security*, Vol. 20, No. 2 (Fall 1995), p. 92.

的性质。应该说,朝鲜开发核应用能力的意图,很大程度上的确是美国逼迫出来的。有的学者和评论家认为,布什政府的对朝政策实质是想通过经济扼杀、政治孤立和军事威慑,迫使朝鲜改变政策,甚至促使朝鲜政权更迭,并非是将核问题作为当务之急去加以解决,这种无重点或多重点的政策不可避免地冲淡了美国解决朝核问题的外交努力,湮灭了美朝互动的希望。①总的来说,布什总统第一任期初期,对朝鲜采取全面压制的强硬政策,导致了美朝关系和半岛局势陷入紧张状态,并导致朝鲜试验核武器。

从朝鲜的安全层面看,由于其身处东北亚地缘政治漩涡的中心,冷战之后原有同盟的不复存在,导致它的不安全感;韩国的崛起又导致了它在发展模式上的危机感和不平衡感;同时美国的强硬政策,对朝鲜意识形态和体制的攻击,和来自于美国"倒萨战争"的刺激,使朝鲜的不安全感更加增强。朝鲜国际盟友的消失以及其内部所遭遇的严重"经济危机"和"粮食危机",更促使朝鲜将维护自身政权的生存视为其国家对外战略的第一需要。②朝鲜国内的先军体制就是其受困于"安全两难"而采取的自保政策。评估一下朝鲜核试的各种目的,无论是"打牌"说,还是"自卫"说,都有一定的相似之处:朝鲜的目的是为了实现国家安全,朝鲜认为只有获得安全保证,才有可能创造出有利于国家安全和经济发展的内部和外部环境。

冷战后,朝鲜半岛出现的两次核危机和一次导弹危机不仅是美朝"非对称威胁"的现实反映,并构成了对美国在东亚的前沿驻军、战略利益以及盟国安全的重大"威胁",而且也是对美国"防扩散"战略最严重的挑战。③美国的强硬态度促使朝鲜开始将核武器研发视为能够与美国威胁相抗衡并维系其生存的最为有效

---

① 王联合:"朝核问题解决路径的三个层次选择"(载《现代国际关系》,2009年第1期,第21页)。

② Yang Byung Kie, "Changes in North Korea's Military Policy and East Asian Security" in *Korea Focus*, January – February 2003, p. 67.

③ Balbina Y. Hwang, "The Implications of Anti – Americanism in Korea for the Future of the US – Rok Alliance" in *Korean Observer*. Vol. 34, No. 1 (Spring 2003), p. 2.

的手段之一。朝鲜看中核武器的"节约"效用和威慑效用，美国以"先发制人"对朝进行现实性威慑，非但不能解决核危机，反而只会使之激化。朝鲜认为，美朝和平的基础是美国放弃对朝鲜的敌对政策，并开启美朝对话，以及给予朝鲜以安全保证。

总的来说，朝核危机的实质是：朝鲜希望借助核危机迫使美国改变对朝政策，彻底解除朝鲜的安全两难，以实现其他利益；美国希望牢牢掌握住朝鲜半岛及东北亚安全的主动权，并在以后可能形成的东北亚安全机制与东亚合作机制中居于主导地位，同时维持前沿军事存在，将其作为围堵中国的战略手段。

(2) 美朝构建安全机制的分歧

如何解决安全两难是防御性现实主义者思考的重要课题。杰维斯、格拉泽都力图从理论上解决这个问题。从对武器性质的区分，和对进攻性、防御性力量对比的评估，可以判断安全两难的紧张程度。防御性现实主义认为，安全两难虽然不能根除，但能在一定程度上得以缓解。

学界一般认为，朝鲜发展核武有三种可能的目的，即"打牌"说、"自卫"说和"节约"说。无论哪种最接近朝鲜的真实动机，还是说三者均有，朝鲜都不可能把核武器作为进攻性武器来使用。同样，对于美国来说，它阻止朝鲜拥有核武，其目的也不是要通过武力手段来实现朝鲜的"政权更迭"，以求一劳永逸。双方的目的都是要实现自己一方所界定的安全，只是双方的界定彼此存在差距。朝鲜半岛新和平机制的构建就缺乏最基本的结构性基础。美朝双方的底线一方面都不完全明确，另一方面尚未有明显的、富裕的、双方都满意的共同空间。但是，这并不意味着半岛新和平机制的构建无望。因为从目前的状况来看，构建的希望不是来自于相关各方共同的"原则和规范"，而是来自于交换，即朝鲜以核设施去功能化换取美国对新和平机制构建的积极态度，一旦双方中任何一方将半岛新和平机制的构建与其更远大的目标联系在一起，双方关系中的合作成分就有可能会胜过冲突成分。①

比较来说，美国的短期安全目标是相对明确的。它既不想一劳永逸地推翻朝鲜政权，也不想同朝鲜达成全面和解，只要不受到朝鲜的袭击即可。而朝鲜却没有明确的安全目标，因为朝鲜至少有双重安全目的：A. 不被美国消灭；B. 不能甘拜韩国下风，而且前者或许比后者还要更容易把握，因为后者没有量的界定，并且后者会成为前者的因变量，最终还会加剧美朝矛盾。朝鲜从伊拉克战争中吸取的一个教训就是不能放弃核武器这张牌。从朝鲜外交行为观察，朝鲜谋求核武器的首要动机在于迫使美国采取行动，开启美朝互动或参与双边谈判，以实现朝美关系正常化，进而最大程度化解朝鲜面临的安全压力；再就是借此机会融入国际社会，借助外援来改善国内经济状况。②为此，在核问题的博弈中，朝鲜一方面表示愿意在美国保证其安全和经济利益的前提下放弃核计划，另一方面拒绝美国提出的"不可逆转"的弃核要求，以"切香肠"的谈判战术尽可能多地获得实惠，一点点抬高价码。最理想的结果是保持一定的核威慑力，让美国既承认它的核国家地位，又相信它不会首先使用核武器。美国前常驻联合国代表、前副国务卿内格罗蓬特认为，朝鲜将其核项目看作"威慑超级大国美国和韩国力量的最好办法，和确保其政权安全的最好办法，以及获取经济利益及荣誉的来源"。③

美朝双方或是由于对彼此政策的误判，或是想得陇望蜀，虽然在每次达成实质性协议后，双方都会以象征性行动来摆出高姿态，但是很快又会再次出现僵局。长期反复，人们不由得对六方会谈的作用失去信心。从朝核问题的反复中可以看出，在同美国

---

① 韩献栋："朝鲜半岛和平机制的构建：国际政治和国际法的视角"（载《当代亚太》，2003年第3期，第90页）。

② 王联合："朝核问题解决路径的三个层次选择"（载《现代国际关系》，2009年第1期，第20页）。

③ John D. Negroponte, "Annual Threat Assessment of the Director of National Intelligence for the Senate Armed Services Committee," Feb. 28, 2006 in http://www.dni.gov/testimonies/20060228/testimony.htm.

的紧张与缓和的不同阶段,它认为核武器可以起到不同的作用。同美国关系紧张的时候,它将其视作防御和自卫的武器;而当缓和的时候又作为争取援助的筹码。

(3) 东北亚安全的不可分割性

传统的现实主义忽略了国家间安全的相关性和不可分割性。特别是在东北亚"安全两难"广泛而深刻的地区,各个国家竞相追求自身的安全利益,必须以一个带有"安全共同体"性质的组织来缓解安全两难,使其作为规范各国行为的机制。六方会谈基本上体现了这个"安全共同体"的共同利益需求。

朝鲜的地缘政治背景和大国的存在为朝核危机的化解提供了回旋的余地,使得危机升级的可能性不大。朝鲜之所以能够"以超强硬对强硬",地缘因素起着重要作用。朝鲜虽然有因地处大国矛盾中心而带来的不安全感,但美国绝不敢以冒犯中俄为代价独自实现朝鲜的"政权更迭"。各大国相互依赖使东北亚地区一旦爆发冲突,成本将十分巨大。美国只能和其他相关国家协调政策,竭力要求这些国家向朝鲜发出明确信息以求联合向朝鲜施加压力,希望通过孤立的方法、大力压缩朝鲜保留核计划的外交和国际空间,迫使朝鲜放弃核计划。[①]所以大国的博弈使朝鲜处于一种相对安全的状态,但这也决定了朝美"不战不和"的"安全两难"的长久性与持续性。

美国和东北亚各国之间的安全是难以分割的,任何一方不可能追求绝对安全,即使是实力最强大的美国也不例外。美国追求其绝对安全,只能减少他国的安全系数,结果反而使自己变得更加不安全,追求绝对安全在当代是行不通的。对于朝鲜来说,追求过度的"安全驱动下的扩张"也是行不通的。在从朝鲜开始研制核武器以后的大多数时间里,朝鲜并没有真正受到核威胁,而朝鲜领导人却一再通过坚持独立发展核武的方式,来尽可能扩大已经得到的安全。实践证明,这样做朝鲜只能失去使自己利益最

[①] Glenn Kessler, "U. S. Seeks Regional Pressures on N. Korea" in *Washington Post*, December 31, 2002

大化的机会。

与安全两难相应的一个概念是建构"安全共同体"①,这也是六方会谈的一个短期目标。安全两难实际上是一种互不信任、互相敌视的螺旋式效应。相反,如果朝美双方互相信任,都有和平解决冲突的愿望,则会形成安全共同体,以缓解安全两难。安全共同体符合防御性现实主义的主张,因为安全共同体本身不是一个国际组织,是非制度性的。互信是美朝双方建构安全共同体的关键。所谓安全共同体,既包括临时的谅解或协定,也包括一段时期里双方的缓和状态,更包括长期的和平机制或双方签订的和平条约。在实践上,建构安全共同体,可以通过正式或非正式的各种层次方式达到。卡特对朝鲜的非正式访问就是一种寻求安全共同体的努力,在一定程度上减缓了安全两难的不利局面。近来美国的对朝政策已经开始重新缓和。作为这一政策调整的具体体现,美国已经部分解除了对朝鲜的经济制裁,并实现了双方高级别官员的互访。美国更认为,朝鲜半岛是一个具有爆炸性的潜在热点,从全球战略考虑,它希望该地区保持稳定与和平。②此外,通过安全共同体,美国还可以将朝核问题国际化,形成对朝压力,并让东北亚各国一起分担安全责任,以减少自己的负担。对于朝鲜,如果在建构合作安全的过程中不能改变自己被地区国家边缘化的可能,也就无法最终使朝鲜脱离自我认识的安全两难,同样不能解决朝核危机。③

安全共同体中的较高层次是构建和平机制和签订和平条约。对于解决半岛新和平机制的谈判与六方会谈二者,可以采取交叉模式。最理想的选择是使六方会谈与构建和平机制的谈判相连结,

---

① "安全共同体"本是建构主义学者温特的提法,参见〔美〕亚历山大·温特著,秦亚青译:《国际政治的社会理论》,上海:上海人民出版社,2000年版,前言第24页。

② 陈峰君:"朝鲜半岛在亚太国际关系中的战略地位"(载陈龙山主编:《朝鲜半岛问题研究文集》(第4辑),吉林省朝鲜、韩国研究会(长春),2001年版,第91页)。

③ 何志工、安小平:"朝核六方会谈:从应对危机到东北亚安全机制"(载《和平与发展》,2008年第3期,第39页)。

将朝鲜的弃核过程与半岛新和平机制的构建过程相连结,使其相互制约、相互推进,最终使得两个问题全部得以解决。①

4."威胁导致的扩张"与"安全驱动的扩张"

美朝两国相互理解和深入探究对方实施进攻性的扩张政策的根源,可以为朝核问题的解决提供积极意义。

(1) 威胁导致的扩张

前面提到,防御性现实主义认为,一国正常的权力扩张必须是以权力的实际需要为标准的。但事实上,很多威胁是国家可以主观制造出来的,这体现了防御性现实主义解释能力的不足。布什政府盛行的理论是,必须以"先发制人"的攻击,消除"流氓国家"和恐怖主义所谋求的对美国的"非对称性威胁"。②此外,美国并非希望同朝鲜完全和解,因为它想借朝鲜的所谓"威胁"向亚太地区搞军备扩张,继续维持在这一地区的前沿军事存在。对于美国来说,"9·11"事件后,反恐和防扩散成为美国国家安全战略的首要议题,"拥有核武器"且在对外政策上颇具"挑衅性"的朝鲜在美国对海外威胁的评估中被列为最大威胁之一。③对于朝鲜来说,冷战结束后,一方面美国成为唯一超级大国,其单边主义政策和对朝敌视态度使朝鲜感到不安;另一方面韩国在南北关系上的主导趋势更加明显。这两方面压力的共同作用造成了朝鲜政权生存上的危机意识,因此维持政权的生存便成了朝鲜领

---

① 韩献栋:"朝鲜半岛和平机制的构建:国际政治和国际法的视角"(载《当代亚太》,2003年第3期,第91页)。

② Peter R. Lavoy, Scott D. Sagan and James J. Wirtzeds, *Planning the Unthinkable: How New Powers Will Use Nuclear, Biological, and Chemical Weapons*, Cornell University Press, 2000; Robert S. Litwak, "New Calculus of Preemption" in *Survival*, Vol. 44, No. 4, 2002 - 2003, pp. 153 - 180; Ariel E. Levite, "Never Say Never Again: Nuclear Reversal Revisited" in *International Security*, Vol. 27, No. 3 (Winter 2002 - 2003), pp. 59 - 88.

③ Assistant Secretary of State James A. Kelly's Testimony before the Senate Foreign Relations Committee on March 2, 2004 in *The Washington File*, Mar 4, 2004.

导人的当务之急。①如果套用乔治·凯南对苏联的"遏制理论",可以很好地解释朝鲜行为动机的根源,即朝鲜传统的和本能的不安全感使其政策具有谋求安全空间的扩张性,这实际上与"安全两难"的观点类似。朝鲜必须用强硬手段遏止美国的企图,才能与韩国保持彼此均衡的地位。

美朝双方相互避免威胁,有利于减少对方的进攻性政策。但美国对朝鲜的威胁并不能减少,这只会加强朝鲜的敌视心理和拥核信念,从而进一步深化朝核危机。

(2)"安全驱动的扩张"

对东北亚的大国来说,朝鲜的战略地理位置固然十分重要,但就朝鲜本身来说,大国必争之地的环境必然会使这个民族产生强烈的生存危机感。朝鲜的国土面积狭小,海岸线很短,战略防御纵深不长,不利于防守,发展核武器本身是为了提高自身对美国的威慑力,尽最大可能谋求安全。况且朝鲜现在与美国的关系还只停留在停战协定阶段,没有签订正式的和约与建立正式的外交关系,这意味着朝鲜的和平不能得到有效保障。地缘的劣势加上心理上对安全感的缺乏,进一步促使朝鲜大力发展核武器。

对于美国来说,关于核武器能够维持"持久的和平"的观点一直受到各种挑战,②沃尔兹的"有限核传播有利于和平"的理论还未受到广泛认同。即使说一个国家有了核武器会增加其责任感,但由于意识形态和社会制度的因素,美国绝不会认为朝鲜拥有核武器不会对自己构成安全威胁。美国认为自己必须以最低的成本,更有效、更成功地维护美国的国家利益和"霸权地位"。

如果说克服威胁导致的扩张,其方式在于给对方以安全感,那么克服"安全驱动的扩张",则需要对己方的安全与权力进行

---

① 韩献栋:"结构、行为、朝核危机和东北亚安全"(载《现代国际关系》,2007年第1期,第41页)。

② Lawrence Ziring, Robert Riggs and Jack Plano, *The United Nations: International Organization and World Politics*, Belmont, CA: Wadsworth Pub Co, 2000, p. 274.

合理的评估。解决前者的关键在于减少对他国不必要的威胁，增加互信；解决后者的关键在于缔结和平条约，取代停战协定，彼此间给予相互的和平承诺。

5. 美朝间的约束机制

在防御性现实主义者看来，既然过度扩张和威胁是导致他国联合起来对抗自己的原因，那么一国就应该尽量减少对他国不必要的威胁，以维护自身的安全。防御性现实主义认为，国家在对外交往中应该尽量利用其价值观和文化中善意和自我约束的一面，让别国不觉得其权力的增加会对自己构成威胁，这样才能塑造别国对其政策的认同。①

美国对朝敌视政策和朝鲜的反复无常引发了一系列恶果。双方最应该做的是尽最大努力保持克制，假若失去克制，半岛的缓和局面甚至还有可能出现较大的波动。这里的克制，或约束，可以从三个方面来理解：A. 双方减少辞令上的冒犯；B. 决策者应保持冷静，保持理性，不使矛盾转化成危机，不使危机发展为冲突；C. 建立客观上的约束机制，六方可制定各方必须遵守的游戏规则和共同行为规范以及强有力的约束与制裁机制，加强危机预防和管理。在客观方面，有三个途径可供选择：A. 充分发挥国际原子能机构及国际核禁试机制的约束作用；B. 以和平协定替代停战协定，使约束规范化；C. 建立危机管理机制，为朝核问题各方提供统一的行为规则。根据历史经验，和平条约或和平协定本身就能够成为一种危机管理机制。在这样的机制框架内，国家将会回避

---

① 钟振明："防御性现实主义：对国际安全的一种乐观分析"［载《同济大学学报》（社会科学版），2006年10月，第63页］。

短期收益。①

布什政府 2001 年上台伊始,便在国情咨文中提出了"邪恶轴心"的概念,认为与朝鲜谈判是对"专制"的、"独裁"的、"失败"的国家的一种奖励。②布什政府在对朝政策上完全否定了前任政府的做法,采取无视朝鲜立场的"进攻性接触政策"和遏制政策,放弃了克林顿时期对朝鲜的"接触和扩大政策"(engagement and enlargement policy)。③这事实上关闭了对话的大门,使一度颇有进展的美朝关系回到了冷战后的原点。就政策的实质而言,克林顿政府实行的是一种相对'妥协性'的政策,而布什政府是一种强调朝鲜必须单方面让步的'对抗性'政策。④ 这种"对抗性"政策的唯一结果就是朝鲜核风波的交替发生。

图 9 克林顿政府时期美朝缓和与紧张关系走势 (1993 - 2001 年)⑤

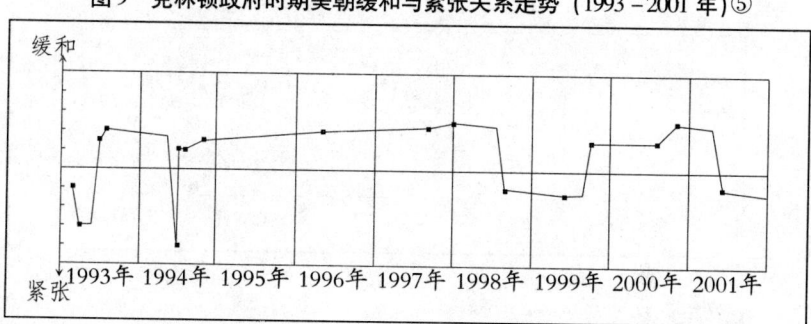

① David Youtz and Paul Midford, "A Northeast Asian Security Regime: Prospects After the Cold War" in *Public Policy Paper*, The Institute for East West Studies, 1992, p. 3.
② Bob Woodward, *Bush at War*, New York: Simon and Schuster, 2002, p. 340; Glenn Kessler, "Impact From the Shadows: Cheney Wields Power With Few Fingerprints" in *The Washington Post*, October 5, 2004, p. A01.
③ "North Korea Says It Now Possesses Nuclear Arsenal" April 25, 2003 in http://quary.nytimes.com/gst/abstract.
④ 朱锋:"布什政府的半岛政策与朝鲜核危机"(载《现代国际关系》, 2003 年第 2 期, 第 2 页)。
⑤ 本图由笔者整理绘制。资料来源见刘长敏著:《论朝鲜核问题解决中的国际斡旋与调停》,北京:中国政法大学出版社,2007 年版,第 263 - 270 页。

图10　布什政府第一任期美朝缓和与紧张关系走势（2001 – 2005年）①

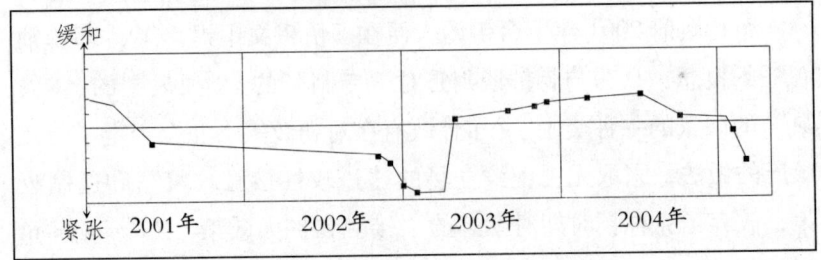

直到2005年以后，布什政府才开始寻求改变过去的僵化的路线，重新尝试与朝鲜进行双边接触，愿意给予朝鲜主权和安全保证，因而收获了六方会谈的实质性突破——"9·19"共同声明。

图11　布什政府第二任期后美朝缓和与紧张关系走势（2005年 – 2009年4月）②

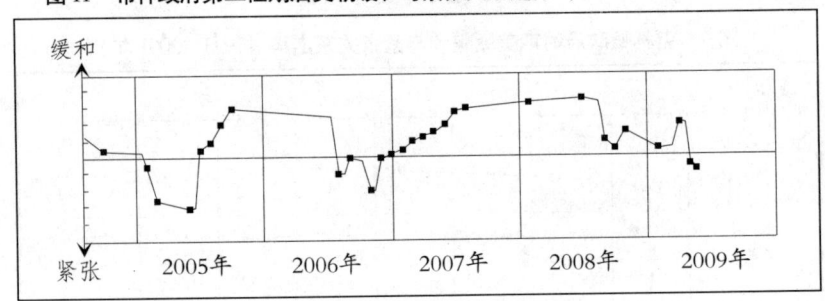

6. 结论

以上将防御性现实主义理论具体应用到了对朝核问题及东北亚合作安全构建问题的分析中后，笔者得出了如下结论。

根据防御性现实主义的推导，美朝双方的博弈都没有脱离防御地位。美国实行的仍然是对朝鲜的防御性政策，是完全的、纯粹的拒止性（积极性）防御战略，朝鲜是典型的惩罚性防御战略。防御性现实主义和防御性政策完全是两个概念，防御性现实

---

①　本图由笔者整理绘制。资料来源见刘长敏著：《论朝鲜核问题解决中的国际斡旋与调停》，北京：中国政法大学出版社，2007年版，第263 – 270页。

②　资料来源：2005 – 2009年《人民日报》报道。

主义对和平大环境下的危机政治和冲突政治同样适用,但它更适用于研究双方均采取防御性政策的当代国家之间的关系。美国希望使对朝鲜原有的拒止性防御更深一步;而朝鲜想拥有核武器的目的就是为了实现由惩罚性(消极性)防御向拒止性(积极性)防御的转换。

朝鲜的地缘特点决定了其危险和安全的两重性,也决定了美朝"不战不和"的"安全两难"的长久性与持续性。在同美国关系紧张的时候,朝鲜将核武器视作防御和自卫的武器;而当缓和的时候,又将其作为争取援助的筹码。朝鲜缺乏明确的安全目标,但根据推测,朝鲜最理想的目标是保持一定的核威慑力,让美国既承认它的核国家地位,又相信它不会首先使用核武器。朝韩之间的安全均衡水平是美朝安全两难的因变量之一。

权力失衡所带来的消极后果可以用有利于合作因素的增长加以平衡[1],朝鲜半岛均势力量的不平衡客观上有利于合作因素的增长。美国是推动东北亚区域合作的主导力量。中俄之所以能够容忍美日韩同盟体系的存在,是因为在双边、多边安全合作中合作的主动权同权力大小成正比。美国的态度转变是建构朝鲜半岛安全的关键,在此基础上,建立东北亚合作安全机制是解决朝核问题的重要步骤和保障。

决策者的心理活动是导致安全两难的重要因素。美朝的领导者应努力改变认知条件,正确地解读国家安全的充裕性,认识到追求权力最大化只会导致别国联合起来制衡自己,以避免采取进攻性政策。美国对朝政策应该以清晰性、连贯性和一致性为目标。朝鲜政治的特殊性既可以恶化半岛局势又可以很容易使形势随时好转,朝鲜领导人在政治上的决定性影响,使其外交政策能够灵活转变。由于安全的不可分割性,东北亚利益相关国家间形成了一个安全共同体,其中任何一方都不可能追求绝对安全。美国想进一步压缩朝鲜的安全空间并不能使自己的利益最大化。建构安

---

[1] 于海洋:"体系转换理论视角下的朝鲜半岛安全问题"(载《东北亚论坛》,2008年第1期,第20页)。

全共同体可以通过正式或非正式的各种层次方式达到,六方会谈基本上体现了这个安全共同体的共同利益需求。

  美朝两国相互理解和深入探究对方实施进攻性扩张政策的根源可以为朝核问题的解决提供积极意义。追求过度的"安全驱动下的扩张"不是朝鲜最理想的选择。对美朝双方而言,如果说克服"威胁导致的扩张",其方式在于给对方以安全感,那么克服"安全驱动的扩张",则需要对自己的安全空间进行合理评估。解决前者的关键在于减少不必要的威胁,增加互信;解决后者的关键在于缔结和平条约,彼此给予相互的和平承诺。朝核问题有关六方可制定各方必须遵守的游戏规则、共同的行为规范,构建强有力的约束制裁机制和危机管理机制。

第七章
反思与结语

21 世纪初,防御性现实主义理论被引入中国。近十年来,它已多次被国内学者用于国际关系的分析与研究,取得了一定的成果。最近一段时间,无论是在国内期刊上,还是在学术研讨会中,防御性现实主义愈加受到重视。例如,在2009年4月召开的中国国际关系学会第七届理事会第五次会议上,部分学者对防御性现实主义进行了建设性的、深入的讨论,提升了其在国内学界的重视程度。[①] 从学理上说,防御性现实主义给中国国际关系理论发展带来了重要机遇,我们应结合国内理论建设的现状,对包括防御性现实主义在内的中国国际关系理论进行更深入的反思。然而,我们还刚刚起步,这将是一个极其漫长的过程,需要几代学者的共同努力。

---

① 此次会议上,于铁军、宋伟、李巍等学者各抒己见,做了关于防御性现实主义等理论的精彩发言,苏长和、周桂银、李滨教授进行了点评,相关会议论文已被《外交评论》等期刊收录。

1. 防御性现实主义有其深厚的学理基础

现实主义的理论基础在于承认物质资源在国际权力分配与国家间关系中的首要地位。尽管防御性新古典现实主义的两大理论支柱（即认知理论和国内政治理论）分别是从建构主义和自由主义那里借鉴而来的，但其理论基础仍然是对物质能力的强调。防御性现实主义创造的相关变量，如威胁、风险以及攻防对比等，都是调节物质资源效果的"二级变量"，它们仍然是研究国际政治结果的重要工具。无论是对冲突与战争，还是对和平与合作，防御性现实主义都能够较为信服地给与解释。前者固然不用说，因为现实主义都认为，各个国家对利益的追求和这种追求造成的"你争我夺"的国际关系性质始终不会改变。①在防御性现实主义的视野中，国家间和平与国际合作的关键原因并不在于制度或共有文化的作用，而是在于物质制约机制对冲突的限制。根本上说，物质制约机制使"无政府"下的有序状态成为国际关系运行的常态，其表现就是和平与合作，在此基础上才能看到制度和文化的作用。

防御性现实主义理论的构建与完善掀起了现实主义理论在哲学层次上的多重革命。从本体论上说，极端的物质主义、极端的理念主义都难于适应变化了的国际关系环境，温和的物质主义成为了现实主义发展的趋势。从认识论上说，防御性现实主义不仅旗帜鲜明地继承了理性主义传统，而且注重从"不完全理性"的角度探寻国家非正常外交行为的原因，同时也有限地加强了对"认知"（即国家反应体系的方式）的研究，尽管这不同于建构主义、反思主义中的认知。从方法论上说，防御性新古典现实主义继承了沃尔兹的结构理论，但更注重对单个国家的单元层次分析，这是从整体主义到个体主义的革命。宏观上，现实主义的新发展使现实主义范式变得更为破碎了，但人们的视野毕竟不可能永远停留在单元理论的层次上，必然要寻求对具体事物的具体逻辑分

---

① 王逸舟：《探寻全球主义国际关系》，北京：北京大学出版社，2005年版，第368页。

析。元理论只能是认识上的一个阶段，而从各种理论范式内各种视角进行的有限分析，显得更为可贵，国际关系理论的发展不应逃避这个否定之否定的过程。总之，如果说现实主义理论想要在21世纪仍然大有作为，不论是纯粹学理上的还是实践上的，其发展方向只能是防御性现实主义。

2. 本书研究的不足和未来研究的展望

在本书中，笔者重点研究的是作为国际政治结果理论的防御性现实主义，而对于防御性现实主义作为外交政策理论来说，包括笔者在内的中国研究者对此都十分吃力。我们非常希望可以从防御性现实主义中得出一些具体政策，用以指导中国的外交战略。这样看来，中国的防御性现实主义研究还有广阔的余地。

遗憾的是，将防御性现实主义运用到对中国的外交实例分析中需要一项必要的前提，即对中国国家利益观的准确把握。新中国的独立自主外交始终坚持和平共处五项原则，特别是从20世纪70年代以后，中国与越来越多的国家建立了友好关系，可以说当代中国在国际上并没有一个真正的"敌国"。这说明了中国这些年的外交并没有违背防御性现实主义的主张。但由于前面提到的这种理论对政策指导作用的宽泛性，防御性现实主义的大部分内容还难以为当代中国外交提供具体的、细微的指导。然而，这并不是说我们只能将其局限在国际政治结果理论的方面，从长远上说，在宏观上它对中国外交一定会有所指导。但防御性现实主义对中国外交发挥巨大指导作用的前提是中国学界、政界先对中国的国家利益进行一番彻底的、明晰的界定，必须先明确什么是我们的利益，什么是我们的威胁，哪些威胁触及了我们的利益，并且我们应该对此达成一定的共识。只有那时，防御性现实主义的政策性一面才能有大的用武之地。防御性现实主义绝不是字面意义上的"防御性政策"，它要求一国在国际舞台上积极追求利益最大化，在国家利益面临损失时必须通过联盟政策等方式进行坚决的、实质性的回击，不能有任何妥协。

在没有充分挖掘防御性现实主义基本学理价值的情况下，就盲目地将其过分地"中国化",是十分不可取的,这将导致原有的西方国际关系理论与"中国化"后的西方国际关系理论之间出现严重"断裂",使"拿来主义"的研究停留在肤浅层次。当然,我们提出原创性的中国国际关系理论依然是非常重要的,但绝不能将防御性现实主义从字面上简单地理解为"防御性的现实主义政策"。

3. 防御性新古典现实主义有利于中国学者提出原创性理论

防御性新古典现实主义的每一个流派都在分析某一种国际关系发生变化的根本原因之上又提出了一种次重要原因,即从单元层次上的不同角度来解释国际关系的结果。每个流派其实都是在以不同的视角对国际关系的结果进行解释,体现的是从宏理论到对具体问题的关注以及从不同的视角对现实主义的深化。这使得防御性新古典现实主义作为一个理论群,具有多元化、具体化、零碎化的特征。

关于防御性新古典现实主义在权力之外的"二级变量",相关学者没有统一的定论,即使在未来也难以发展出一个统一的、具有普遍解释力度的"二级变量"。目前已有的"二级变量"主要有:国家意图、决策者认知及风险预期、国内政治结构、对攻防平衡的判断等。其中每一个解释变量都对应着一个防御性新古典现实主义的流派。这意味着中国学者有机会在现实主义的基础上,以现实主义基本"硬核"为基础,提出一些小的"假设",继而再寻找出有价值的因变量,重新整合出新的研究路径,这至少可以解释国际关系运行的某一方面。尽管防御性现实主义理论群没有形成一个单一的理论,但这意味着中国学者也可以从中"分一杯羹",提出自己的见解,以自己的新视角来解释当代国际政治。

这种在现实主义范式内部构建简单理论的方式,显然不可能缔造出能与美国学派相匹敌的中国国际关系理论学派,不可能创造出有影响的中国特色的理论范式。但这也为提升中国国际关系学的影响力提供了机遇,或者说这是短时期提升中国国际关系学影响力的一个捷径。遗憾的是，中国学者尚未提出较为成熟的可与攻防平衡、风险平衡等理论相匹敌的"小现实主义学派"。在国内这种较有原创性的、引用率较高的理论，有阎学通的"非均势核威慑"，还有秦亚青在《霸权体系与国际冲突》一书中对霸权理论的发展和修正等。但总体上说，这些理论尚未十分成熟。

同时不可否认的是，这种机遇也可以用来检验中国国际关系理论缺乏原创性的一些原因。例如，是由于中国学者只善于学习、不善于创新，还是由于现有政治体制、学术机制不利于创新，还是由于国际关系理论的普适性使中国学者不需要再创新？但不管怎么说，现实主义理论的多元性可能会加速中国特色国际关系理论的诞生。本书的写作不是要为中国外交提供政策性建议，主要是想挖掘一下理论的学理价值。就这种机遇来说，笔者在此仅仅是想为国内学界做一下提醒而已。

4. 把握中国国际关系理论创新的突破口

防御性现实主义虽然体现了国际关系理论解释途径多元化的发展方向，但它仍然是构建在西方传统哲学思维基础之上的，仍然忽视不同国家矛盾的特殊性，这一点不容置疑。假如我们试图在防御性新古典现实主义的框架内，构建自己的原创性理论流派，我们不仅要在简约性与全面性之间寻找平衡，更要结合中国传统哲学和当代中国人的思维模式。

在保持理论简约性、可操作性的同时，重视不同国家外交决策的内在不同点，是一个很好的突破口，而这一点中外学者均未建立起好的理论。例如，当代西方政界、学界所热炒的"中国威胁论"，可以从几种不同的理论中找到其依据，如霸权战争论、文明冲突论、进攻性现实主义等。从直觉上，包括中国学者在内的几乎所有中国人，都会感到"中国威胁论"是很荒谬的，是美国等少数国家"以小人之心度君子之腹"，但为什么中国学者偏偏提不出令人信服的理论，来驳倒"中国威胁论"呢？无论是我们带有强烈感情的言辞，还是乏味的重复性辩解，似乎都苍白无力。如果我们有一套较为完整的理论，并且可以得到西方学者的认同，

"中国威胁论"则可能会变得软弱几分。

  事实上,在中国人的思维中,"防御性"的成分远远要多于西方。我们的传统文化倡导求同存异,倡导和而不同,我们是否可以成功地提炼出这些"防御性"的因素,进而融入到自己的原创性理论中?长期以来,西方在国际关系研究中总未能将历史文化因素放到应有的位置,但许多国际冲突都有历史文化因素在起作用。①当西方学者用西方国际关系理论来研究中国外交时,会出现解释与预测失灵的情况,了解中国文化特点和社会发展趋势,对于解释和预测中国外交是必不可少的。②当代世界各国外交上的意识形态因素逐渐淡化,而"文化属性"变得更加突出,事实上,"文化属性"一直是重要因素,只不过它时常被权力、制度、意识形态等其他因素所掩盖。西方国际关系理论的三大范式,只是将国家原子化,均缺乏对"文化属性"的分析。笔者以为,中国学者分析不同国家"文化属性"的差异对外交行为的影响,既有建立不同于传统西方理论体系的可能性,也有被西方学者所认同的可能性。笔者的这一建议,或许接近于倪世雄、王义桅提出的比较国际关系学,比较国际关系学有利于纠正国际关系理论只反映西方思维的倾向,能够超越西方国际关系理论的一元性。③

  国际关系理论本身具有一定普适性,我们不必非要搞出纯粹的"中国学派"。防御性新古典现实主义诸流派的建构过程给我们的启示是,我们仍然可以在现实主义范式框架之内,参考中华文明的固有属性,继而融入中国传统文化中的"防御性"哲学因素,最终创造出原创的理论流派。中国学者完全可以以此开辟出一条捷径,早日创造出自己的有价值的国际关系理论!

---

  ① 袁明主编:《跨世纪的挑战:中国国际关系学科的发展》(修订版),北京:北京大学出版社,2007年版,第193页。
  ② 王缉思:"国际关系理论与中国外交研究"[载袁明主编:《跨世纪的挑战:中国国际关系学科的发展》(修订版),北京:北京大学出版社,2007年版,第322页和第339页]。
  ③ 王义桅、倪世雄:"论比较国际关系学及国际关系理论的中国学派"(载《开放时代》,2002年第5期,第19页)。

附录

参考文献举要

一、中文部分

1. 论文

(1) 防御性现实主义研究论文

- 范勇鹏:"相对收益、绝对收益和对外援助:二战后援助国收益偏好的历史演变"(载《欧洲研究》,2008年第5期)。
- 高尚涛:"理想主义、现实主义、自由主义与规范研究"(载《外交评论》,2005年第5期)。
- 胡宗山:"现实主义的内部分歧与外部批判"(载《世界经济与政治》,2005年第8期)。
- 江帆:"制度变迁视角下解决'相对收益'和'绝对收益'问题的尝试"(载《国际论坛》,2009年第4期)。
- 蒋建忠:"论邓小平国家安全战略的特征"(载《前沿》,2005年第4期)。
- 〔美〕杰克·斯奈德、于铁军:"杰克·斯奈德教授访谈录"（载《国际政治研究》，2007年第4期）。
- 孔昊："美国扩张动力探源：政府中心型现实主义——扎卡里亚《从财富到权力》评介"（载《国际论坛》，1999年第3期）。
- 李彬："绝对获益、相对获益与美国对华安全政策"（载《世界经济与政治》，2002年第11期）。
- 李斌、聂宏毅："中美战略稳定性的考察"（载《世界经济与政治》，2008年第2期）。
- 李开盛："威胁与安全共同体的形成：对沃尔特理论的几点修正"（载《世界经济与政治》，2008年第10期）。
- 李巍、王勇："国际关系研究层次的回落"（载《国际政治科学》，2006年第3期）。
- 李巍："从体系层次到单元层次：国内政治与新古典现实主义"（载《外交评论》，2009年第5期）。
- 李小华："进攻现实主义与防御现实主义的争论及其对中国的启示"（载《世界经济与政治》，2001年第6期）。
- 李永成："结构理论的两种权力政治逻辑：沃尔兹vs.米尔斯海默"（载《国际政治研究》，2005年第4期）。
- 李志刚："攻防理论及其评价"（载《国际论坛》，2004年第6期）。
- 林民旺："规避损失与大国的过度扩张：读杰弗里·W·托利弗《制衡风险》"（载《美国研究》，2007年第2期）。
- 林民旺："国际关系的前景理论"（载《国际政治科学》，2007年第4期）。
- 刘丰、张睿壮："现实主义国际关系理论流派辨析"（载《国际政治科学》，2005年第4期）。
- 刘丰："从范式到研究纲领：国际关系理论的结构问题"（载《欧洲研究》，2006年第5期）。
- 刘丰："如何看待现实主义理论内部的论争"（载《世界经济与政治》，2004年第7期）。
- 刘丰："现实主义理论的内部论争及其发展方向"（载《国际论坛》，2006年第3期）。

- 刘青建、刘杨军："国际合作的相对收益问题：对西方主流国际关系相关理论的评析与修正"（载《中国人民大学学报》，2009年第2期）。
- 慕建峰："新经典现实主义述评"（载《国际论坛》，2000年第4期）。
- 潘忠岐："现实主义范式的困境与出路"（载《世界经济与政治》，2004年第7期）。
- 任晓："现实主义理论及其超越"（载《太平洋学报》，2004年第9期）。
- 申玉庆："外交决策的微观认知视角：对杰维斯认知理论的几点评价和思考"（载《外交评论》，2005年第5期）。
- 宋伟："从国际政治理论到外交政策理论：比较防御性现实主义与新古典现实主义"（载《外交评论》，2009年第3期）。
- 宋伟："国际关系领域的理论、战略与政策"（载《国际政治研究》，2009年第3期）。
- 宋伟："国际结构与国家行为：'内斗的现实主义'"（载《外交评论》，2007年第1期）。
- 唐世平："国际政治的社会进化：从米尔斯海默到杰维斯"（载《当代亚太》，2009年第5期）。
- 唐世平："国际政治理论的时代性"（载《中国社会科学》，2003年第3期）。
- 唐世平："理解中国的安全战略"（载《国际政治研究》，2002年第3期）。
- 唐世平："作为信仰的国际政治理论"（载《国际经济评论》，2003年第1期）。
- 唐小松："进攻性现实主义及其'修正主义国家论'"（载《世界经济与政治》，2004年第3期）。
- 唐小松："论现实主义的发展及其命运"（载《世界经济与政治》，2004年第7期）。
- 唐小松："外交政策理论建构的新发展：'新古典现实主义流派'评介"（载《国际论坛》，2000年第4期）。
- 王公龙："新古典现实主义理论的贡献与缺失"（载《国际论坛》，

2006年第4期）。
- 韦宗友："对大战起源的另一种现实主义解读：评《大战的起源》"（载《美国研究》，2002年第4期）。
- 韦宗友："攻防理论浅析"（载《现代国际关系》，2002年第6期）。
- 韦宗友："制衡、追随与冷战后国际政治"（载《现代国际关系》，2003年第3期）。
- 吴其胜："国际关系研究中的跨层次分析"（载《外交评论》，2008年第1期）。
- 吴征宇："结构理论、地理政治与大战略"（载《国际观察》，2007年第5期）。
- 吴征宇："论'安全两难'：思想渊源、生成机理及理论缺陷"（载《世界经济与政治》，2004年第3期）。
- 于铁军："进攻性现实主义、防御性现实主义和新古典现实主义"（载《世界经济与政治》，2000年第5期）。
- 于铁军："进攻性现实主义·防御性现实主义·新古典现实主义：冷战后现实主义理论内部的诸分支"（载《国际政治研究》，2000年第1期）。
- 余建军："悲观来源于何处：进攻性现实主义的现实简化与权力逻辑"（载《欧洲研究》，2005年第1期）。
- 余潇枫："安全哲学新理念：'优态共存'"［载《浙江大学学报》（人文社会科学版），2005年第2期］。
- 张立平："对美国在世界上的作用的一点看法：评法里德·扎卡里亚的新著《从财富到权力》"（载《美国研究》，2000年第1期）。
- 钟振明："防御性现实主义：对国际安全的一种乐观分析"［载《同济大学学报》（社会科学版），2006年第5期］。
- 周陶沫："政府能力与大国崛起：评扎卡利亚《从财富到权力》"（载《国际政治科学》，2008年第3期）。
- 朱明权："领导世界还是支配世界？分析美国国家安全战略的一种视角"（载《国际观察》，2004年第1期）。
- 邹明皓、李彬："美国军事转型对国际安全的影响：攻防理论的视角"(载《国际政治科学》,2005年第3期)。

(2) 其他论文

- 陈寒溪:"论华尔兹纲领的硬核与问题转换"(载《世界经济与政治》,2007年第4期)。
- 董亚军、沈丰:"冷战后的新孤立主义思潮与美国外交政策"(载《国际观察》,2002年第4期)。
- 韩献栋:"朝鲜半岛和平机制的构建:国际政治和国际法的视角"(载《当代亚太》,2003年第3期)。
- 韩献栋:"结构、行为、朝核危机和东北亚安全"(载《现代国际关系》,2007年第1期)。
- 〔德〕汉斯·莫尔:"未来全球安全与经济秩序中的欧盟"(载《世界经济与政治》,2009年第2期)。
- 何志工、安小平:"朝核六方会谈:从应对危机到东北亚安全机制"(载《和平与发展》,2008年第3期)。
- 黄凤志:"东北亚地区均势安全格局探析"(载《现代国际关系》,2006年第10期)。
- 焦世新:"'软均势论'及其实质"(载《现代国际关系》,2006年第8期)。
- 李少军:"如何看待国际关系理论中相互争论的学派?"(载《世界经济与政治》,2003年第4期)。
- 李仕燕:"美国'亚太遏制'战略与中国'和谐世界'外交的博弈:评2008年美国《中国军力报告》"(载《东南亚研究》,2008年4月)。
- 李永成:"被误读的米尔斯海默:也谈进攻性现实主义与单边主义的关系"(载《国际观察》,2004年第5期)。
- 倪世雄、许嘉:"论冷战后新现实主义面临的挑战"(载《欧洲》,1997年第4期)。
- 秦亚青:"国际体系的无政府性"(载《美国研究》,2001年第2期)。
- 秦亚青:"权力·制度·文化:国际政治学的三种体系理论"(载《世界经济与政治》,2002年第6期)。

- 秦亚青:"现代国际关系理论的沿革"(载《教学与研究》,2004年第7期)。
- 邱永丰、张妍:"核扩散的逻辑:兼论朝鲜核危机爆发的必然性因素"(载《国际论坛》,2003年第4期)。
- 〔美〕沈大伟(David Shambaugh):"美中关系的新稳定:原因与结果"(载《世界经济与政治》,2003年10月)。
- 石源华:"后朝核阶段东北亚安全合作的走向"(载《国际问题研究》,2008年第6期)。
- 汪伟民、张爱华:"单极体系下的联盟理论与实践"(载《世界经济与政治论坛》,2006年第2期)。
- 王栋:"双重超越的困境:中国国际关系理论与政策刍议"(载《国际政治研究》,2009年第3期)。
- 王联合:"朝核问题解决路径的三个层次选择"(载《现代国际关系》,2009年第1期)。
- 王晓泉:"普京政府的俄罗斯东北亚政策特点及影响"(载《当代亚太》,2005年第4期)。
- 王义桅、倪世雄:"论比较国际关系学及国际关系理论的中国学派"(载《开放时代》,2002年第5期)。
- 韦宗友:"制衡、追随与不介入:霸权阴影下的三种国家政策反应"(复旦大学博士学位论文,2004年4月)。
- 吴征宇:"制衡'的困境:均势与二十一世纪的世界政治"(载《欧洲研究》,2006年第2期)。
- 许嘉:"进攻性现实主义的悲剧"(载《世界经济与政治》,2004年第7期)。
- 杨向峰:"从富国到强国的蜕变:扎卡利亚《从财富到权力》介评"(载《世界经济与政治论坛》,2001年第6期)。
- 叶江:"'安全困境'析论:兼谈'先发制人战略'与进攻性现实主义的关系"(载《美国研究》,2003年第4期);
- 尹树强:"'安全困境'概念辨析"(载《现代国际关系》,2003年第1期)。
- 于海洋:"体系转换理论视角下的朝鲜半岛安全问题"(载《东北

- 余万里:"解析美国外交中的'新孤立主义'现象"(载《国际论坛》,2001年4月)。
- 张睿壮:"现实主义的持久生命力"(载《世界经济与政治》,2004年第7期)。
- 张曙光:"冷战国际史与国际关系理论的链接:构建中国国际关系研究体系的路径探索"(载《世界经济与政治》,2007年2月)。
- 赵可金:"进攻性现实主义的理论逻辑及其批判"[载《复旦学报》(社科版),2004年第5期]。
- 周方银、王子昌:"三大主义式论文可以休矣:论国际关系理论的运用与综合"(载《国际政治科学》,2009年第1期)。
- 朱锋:"布什政府的半岛政策与朝鲜核危机"(载《现代国际关系》,2003年第2期)。
- 朱锋:"核扩散与反扩散:当代国际安全深化的困境"(载《欧洲研究》,2006年第6期)。
- 朱锋:"六方会谈:'朝核问题'还是'朝鲜问题'?"(载《国际政治研究》,2005年第3期)。
- 朱锋:"伊拉克战争后布什政府的朝核政策:变化和调整"(载《国际政治研究》,2003年第3期)。
- 朱锋:"伊拉克战争与国际战略格局的新态势"(载《世界经济与政治》,2003年第11期)。
- 朱锋:"中国国际关系理论:分析与思考"(载《世界经济与政治》,2003年第3期)。
- 朱明权:"科索沃战争对世界稳定的危害"(载《探索与争鸣》,1999年9月)。

2. 专著、编著

(1) 防御性现实主义研究著作

- 倪世雄、刘永涛主编:《美国问题研究》(第3辑),北京:时事出版社,2004年版。
- 唐世平:《塑造中国的理想安全环境》,北京:中国社会科学出版社，2003年版。
- 余潇枫、潘一禾、王江丽：《非传统安全概论》，杭州：浙江人民出版社，2006年版。
- 朱锋、〔美〕罗伯特·罗斯主编：《中国崛起：理论与政策的视角》，上海：上海人民出版社，2008年版。
- 朱明权：《领导世界还是支配世界？冷战后美国国家安全战略》，天津：天津人民出版社，2005年版。

（2）其他著作
- 白云真、李开盛：《国际关系理论流派概论》，杭州：浙江人民出版社，2009年版。
- 陈龙山主编：《朝鲜半岛问题研究文集》（第4辑），吉林省朝鲜-韩国研究会（长春），2001年版。
- 高尚涛：《国际关系的权力与规范》，北京：世界知识出版社，2008年版。
- 胡宗山：《国际关系理论方法论研究》，北京：世界知识出版社，2007年版。
- 金鑫、辛伟主编：《世界热点问题报告》，杭州：浙江人民出版社，2004年版。
- 李少军：《国际关系学研究方法》，北京：中国社会科学出版社，2008年版。
- 李少军：《国际政治学概论》（第二版），上海：上海人民出版社，2008年版。
- 李永成：《霸权的神话·米尔斯海默进攻性现实主义理论研究》，北京：世界知识出版社，2007年版。
- 梁守德主编：《国际政治新视角》，北京：中国社会出版社，2005年版。
- 梁守德主编：《冷战后国际关系中的"彼"与"己"》，北京：当代世界出版社，2002年版。
- 刘长敏：《论朝鲜核问题解决中的国际斡旋与调停》，北京：中国政法大学出版社，2007年版。
- 刘永涛：《安全政治视角的新拓展》，北京：长征出版社，2002

年版。
- 秦亚青：《权力·制度·文化：国际关系理论与方法研究文集》，北京：北京大学出版社，2005年版。
- 任晓：《国际关系理论新视野》，北京：长征出版社，2001年版。
- 阮宗泽：《中国崛起与东亚国际秩序的转型：共有利益的塑造与拓展》，北京：北京大学出版社，2007年版。
- 沈丁立、任晓主编：《现实主义与美国外交政策》，上海：上海三联书店，2004年版。
- 苏长和：《全球公共问题与国际合作：一种制度的分析》，上海：上海人民出版社，2009年版。
- 孙德刚：《多元平衡与"准联盟"理论研究》，北京：时事出版社，2007年版。
- 王缉思、袁明、陈志瑞主编：《北大国际论丛2008》，上海：上海人民出版社，2008年版。
- 王鸣鸣：《外交政策分析：理论与方法》，北京：中国社会科学出版社，2008年版。
- 王浦劬：《政治学基础》（第二版），北京：北京大学出版社，2006年版。
- 王义桅：《超越均势：全球治理与大国合作》，上海：上海三联书店，2008年版。
- 王逸舟：《探寻全球主义国际关系》，北京：北京大学出版社，2005年版。
- 王逸舟主编：《国际政治理论与战略前沿问题》，北京：社会科学文献出版社，2007年版。
- 王逸舟主编：《中国国际关系研究：1995－2005》，北京：北京大学出版社，2006年版。
- 吴心伯：《太平洋上不太平：后冷战时代的美国亚太安全战略》，上海：复旦大学出版社，2006年版。
- 许嘉：《美国国际关系理论研究》，北京：时事出版社，2008年版。
- 阎学通、金湘德主编：《东亚和平与安全》，北京：时事出版社，

2005 年版。
- 阎学通、孙学峰：《国际关系研究实用方法》，北京：人民出版社，2001 年版。
- 阎学通主编：《中国学者看世界·国际安全卷》，北京：新世界出版社，2007 年版。
- 叶自成主编：《地缘政治与中国外交》，北京：北京出版社，1998 年版。
- 袁明主编：《跨世纪的挑战：中国国际关系学科的发展》（修订版），北京：北京大学出版社，2007 年版。
- 赵可金、倪世雄：《中国国际关系理论研究》，上海：复旦大学出版社，2007 年版。
- 中国国际关系学会编：《评价国际关系理论：积累与进步》，北京：世界知识出版社，2008 年版。
- 周丕启：《合法性与大战略：北约体系内美国的霸权护持》，北京：北京大学出版社，2005 年版。
- 周琪主编：《意识形态与美国外交》，上海：上海人民出版社，2006 年版。

3. 译著

- 〔澳大利亚〕格雷克·斯奈德等著，徐纬地等译：《当代安全与战略》，长春：吉林人民出版社，2001 年版。
- 〔加拿大〕罗伯特·杰克逊、〔丹麦〕乔格·索伦森著，吴勇、宋德星译：《国际关系学理论与方法》，天津：天津人民出版社，2008 年版。
- 〔美〕大卫·A·鲍德温主编，肖欢容译：《新现实主义和新自由主义》，杭州：浙江人民出版社，2001 年版。
- 〔美〕戴尔·科普兰著，黄福武译：《大战的起源》，北京：北京大学出版社，2008 年版。
- 〔美〕法利德·扎卡利亚著，门洪华、孙春英译：《从财富到权力》，北京：新华出版社，2001 年版。
- 〔美〕汉斯·摩根索著，卢明华等译：《国际纵横策论：争强权，求和平》，上海：上海译文出版社，1995年版。
- 〔美〕汉斯·摩根索著，徐昕等译：《国家间政治：寻求权力与和平的斗争》，北京：中国人民公安大学出版社，1990年版。
- 〔美〕杰克·斯奈德著，于铁军等译：《帝国的迷思：国内政治与对外扩张》，北京：北京大学出版社，2007年版。
- 〔美〕肯尼思·沃尔兹著，胡少华、王红缨译：《国际政治理论》，北京：中国人民公安大学出版社，1993年版。
- 〔美〕肯尼思·沃尔兹著，信强译：《国际政治理论》，上海：上海人民出版社，2003年版。
- 〔美〕罗伯特·J·阿特、罗伯特·杰维斯编，时殷弘、吴征宇译：《国际政治：常在概念和当代问题》（第七版），北京：中国人民大学出版社，2007年版。
- 〔美〕罗伯特·J·阿特著，郭树勇译：《美国大战略》，北京：北京大学出版社，2005年版。
- 〔美〕罗伯特·基欧汉主编，郭树勇译：《新现实主义及其批判》，北京：北京大学出版社，2002年版。
- 〔美〕罗伯特·吉尔平著，武军等译：《世界政治中的战争与变革》，北京：中国人民公安大学出版社，1994年版。
- 〔美〕罗伯特·杰维斯著，秦亚青译：《国际政治中的知觉与错误知觉》，北京：世界知识出版社，2003年版。
- 〔美〕乔治·H·奎斯特著，孙建中译：《国际体系中的进攻与防御》，上海：上海人民出版社，2008年版。
- 〔美〕斯蒂芬·范·埃弗拉著，何曜译：《战争的原因》，上海：上海人民出版社，2007年版。
- 〔美〕斯蒂芬·沃尔特著，周丕启译：《联盟的起源》，北京：北京大学出版社，2007年版。
- 〔美〕亚历山大·温特著，秦亚青译：《国际政治的社会理论》，上海：上海人民出版社，2000年版。
- 〔美〕约翰·米尔斯海默著，王义桅、唐小松译：《大国政治的悲剧》，上海：上海人民出版社，2003年版。
- 〔美〕詹姆斯·多尔蒂、（小）罗伯特·普法尔茨格拉夫著，阎学通、陈寒溪等译：《争论中的国际关系理论》，北京：世界知识出版社，2003年版。
- 〔英〕巴里·布赞、理查德·利特尔著，刘德斌主译：《世界历史体系中的国际关系研究的再构建》，北京：高等教育出版社，2004年版。
- 〔英〕赫德利·布尔著，张小明译：《无政府社会：世界政治秩序研究》（第二版），北京：世界知识出版社，2003年版。

二、英文部分

1. 经典著作与论文

- Christensen, Thomas J. and Jack Snyder, "Chain Gangs and Passed Bucks: Predicting Alliance Patterns in Multipolarity" in *International Organization*, Vol. 44, No. 2, Spring 1990.
- Christensen, Thomas J., "China, the US–Japan Alliance, and the Security Dilemma in East Asia" in *International Security*, Vol. 23, No. 4, Spring 1999.
- Christensen, Thomas J., "Perceptions and Alliances in Europe, 1865–1940" in *International Organization*, Vol. 51, No. 1, Winter 1997.
- Christensen, Tomas J., *Useful Adversaries: Grand Strategy, Domestic Mobilization, and Sino–American Conflict, 1947–1958*, N J: Princeton University Press, 1996.
- Copeland, Dale C., "Neorealism and the Myth of Bipolar Stability" in *Secure Studies*, Vol. 5, Spring 1996.
- Copeland, Dale C., *The Origins of Major War*, Ithaca, NY: Cornell University Press, 2000.
- Evera, Stepen Van, "The Cult of the Offensive and the Origins of the First World War" in *International Security*, Vol. 9, No. 1, Summer 1984.
- Evera, Stephen Van, "Offense, Defense, and the Causes of War" in

International Security, Vol. 22, No. 4, Spring 1998.
- Evera, Stephen Van, *Causes of War: Power and the Roots of Conflict*, NY: Cornell University Press, 1999.
- Glaser, Charles L. and Chaim Kaufmann, "What is the Offense – Defense Balance and Can We Measure It?" in *International Security*, Vol. 22, No. 4, Spring 1998.
- Glaser, Charles L. and John C. Matthews III, "Current Gains and Future Outcomes" in *International Security*, Vol. 21, No. 4, Spring 1997.
- Glaser, Charles L., "Realists as Optimists: Cooperation as Self – Help" in *International Security*, Vol. 19, No. 3, Winter 1994 – 1995.
- Glaser, Charles L., "The Security Dilemma Revisited," in *World Politics*, Vol.50, No.1, Fiftieth Anniversary Special Issue, Oct., 1997.
- Grieco, Joseph M., "Realist Theory and the Problem of International Cooperation: Analysis with an Amended Prisoner's Dilemma Model" in *The Journal of Politics*, Vol. 50, No. 3, Aug., 1988.
- Grieco, Joseph M., *Cooperation among Nations: Europe, America, and Non – Tariff Barriers to Trade*, Ithaca, NY: Cornell University Press, 1990.
- Grieco, Joseph M., Robert Powell and Duncan Snidal, "The Relative – Gains Problem for International Cooperation" in *The American Political Science Review*, Vol. 87, No. 3, Sept., 1993.
- Jervis, Robert, "Cooperation under the Security Dilemma" in *World Politics*, Vol. 30, No. 2, Jan., 1978.
- Jervis, Robert, "Rational Deterrence, Theory and Evidence" in *World Politics*, Vol. 41, No. 2, Jan., 1989.
- Jervis, Robert, "Realism, Game Theory, and Cooperation" in *World Politics*, Vol. 40, No. 3, April, 1988.
- Jervis, Robert, "Realism, Neoliberalism, and Cooperation: Under-

standing the Debate" in *International Security*, Vol. 24, No. 1, Summer 1999.
- Jervis, Robert, "Security Regimes" in *International Organization*, Vol. 36, No. 2, International Regimes, Spring 1982.
- Jervis, Robert, *The Meaning of the Nuclear Revolution: Statecraft and the Prospect of Armageddon*, Ithaca, NY: Cornell University Press, 1989.
- Lipson, Charles, "International Cooperation in Economic and Security Affairs" in *World Politics*, Vol. 37, No. 1, Oct., 1984.
- Lynn-Jones, Sean M. and Steven E. Miller eds., *The Cold War and After: Prospects for Peace*, Cambridge, Mass.: MIT Press, 1991.
- Lynn-Jones, Sean M., "Review: Realism and America's Rise: A Review Essay" in *International Security*, Vol. 23, No. 2, Autumn 1998.
- Miller, Benjamin, *When Opponents Cooperate: Great Power Conflict and Collaboration in World Politics*, Ann Arbor: University of Michigan Press, 1995.
- Powell, Robert, "Absolute and Relative Gains in International Relations Theory" in *The American Political Science Review*, Vol. 85, No. 4, Dec., 1991.
- Powell, Robert, *In the Shade of Power: States and Strategy in International Politics*, NJ: Princeton University Press, 1999.
- Snidal, Duncan, "Relative Gains and the Pattern of International Cooperation" in *American Political Science Review*, Vol. 85, No. 3, Sep., 1991.
- Snyder, Jack, *Myth of Empire: Domestic Politics and International Ambition*, Ithaca, NY: Cornell University Press, 1991.
- Taliaferro, Jeffrey W., "Power Politics and the Balance of Risk: Hypotheses on Great Power Intervention in the Periphery" in *Political Psychology*, Vol. 25, No. 2, Apr., 2004.

- Taliaferro, Jeffrey W., "Security Seeking under Anarchy: Defensive Realism Revisited" in *International Security*, Vol. 25, No. 3, Winter 2000 – 2001.
- Taliaferro, Jeffrey W., *Balancing Risks: Great Power Intervention in the Periphery*, Ithaca, NY: Cornell University Press, 2004.
- Walt, Stephen M., "Alliance Formation and the Balance Power" in *International Security*, Vol. 9, No. 4, Spring 1985.
- Walt, Stephen M., "In the National Interest: A New Grand Strategy for American Foreign Policy" in *Boston Review*, Vol. 30, No. 1, 2005.
- Walt, Stephen M., "Testing Theories of Alliance Formation: The Case of Southwest Asia" in *International Organization*, Vol. 42, No. 2, Spring 1988.
- Walt, Stephen M., "Why Alliance Endure or Collapse" in *Survival*, Spring 1997.
- Walt, Stephen M., *The Origins of Alliance*, Ithaca, NY : Cornell University Press, 1987.
- Waltz, Kenneth N., *Theory of International Politics*, NY: The Mcgraw – Hill Companies, Inc, 1979.
- Waltz, Kenneth N., "Structural Realism After the Cold War" in *International Security*, Vol. 25, No. 1, Summer 2000.
- Waltz, Kenneth N., "The Origins of War in NeorealismTheory" in *Journal of Interdisciplinary History*, Vol. 18, No. 4, The Origin and Prevention of Major Wars, Spring 1988.

2. 其他相关著作、论文及报刊文章

- Alagappa, Muthiah, ed., *Asian Security Order: Instrumental and Normative Features*, Stanford, CA: Stanford University Press, 2003.
- Allison, Graham T. and Pilip Zelikou, *Essence of Decision: Explaining the Cuban Missile Crisis*, Reading, Mass.: Longman, 1999.
- Axelrod, Robert, *The Evolution of Cooperation*, NY: Basic

Books, 1984.
- Barth, Aharon, *American Military Commitment in Europe: Power, Perceptions and Neoclassical Realism*, Ph. D. disseetation, Georgetown University, 2004.
- Bausch, Andrew W. , *Simulating a Waltzian World*, Ph. D. dissertation, Villanova University, 2006.
- Becker, Gray S. , "Irrational Behavior and Economic Theory" in *Journal of Political Economy*, Vol. 70, No. 1, Feb. , 1962.
- Blainey, Geoffrey, *The Causes of War*, New York: The Free Press, 1973.
- Brecher, Michael and Frank P. Harvey eds. , *Realism and Institutionalism in International Studies*, Ann Arbor: University of Michigan Press, 2002.
- Brooks, Stephen G. , "Dueling Realisms" in *International organization*, Vol. 51, No. 3, Summer 1997.
- Brown, Michael E, Sean M. Lynn – Jones and Steven E. Miller eds. , *The Perils of Anarchy: Contemporary Realism and International Security*, Cambridge, Mass. : MIT Press, 1995.
- Brown, Michael E. , Owen R. Cot Jr. , Sean M. Lynn – Jones and Steven E. Miller eds. , *Offense, Defense and War*, Cambridge, Mass. : MIT Press, 2004.
- Brown, Theodore Roosevelt Coots, *Accounting for Changes in United States Military Intervention Patterns*, Ph. D. dissertation, University of Verginia, 2005.
- Bull, Hedley, *The Anarchical Society: A Study of Order in World Politics*, Macmillan Press Ltd, 1995.
- Buzan, Barry, *People, States and Fear: An Agenda for International Security Studies in the Post Cold War Era*, 2nd Edition, Boulder: Lynne Rienner; Hemel Hempstead; Harvester Wheatsheaf, 1991.
- Carlin, Robert and John W. Lewis, "What North Korea Really Wants" in *The Washington Post*, January 27, 2007.

- Doyle, Michael W. and G. John Ikenberry eds., *New Thinking in International Relation Theory*, Boulder: Westview Press, 1997.
- Ekirch, Arthur A., Ideas, *Ideals and American Diplomacy*, NY: Appleton – Century Crpfts, 1996.
- Elaman, Colin and Miriam Fendius Elman, *Progress in International Relations Theory: Appraising the Field*, London: MIT Press, 2003.
- Elman, Colin, "Horses for Courses: Why Not Neorealist Theories of Forrign Policy?" in *Security Studies*, Vol. 6, No. 1, Autumn 1996.
- Evans, Peter B., Harold K. Jacobson and Robert D. Putnam eds., *Double – Edged Diplomacy: International Bargaining and Domestic Politics*, Berkeley: University of California Press, 1993.
- Fieldhouse, D. K., "Review: Myths of Empire" in *The English Historical Review*, Vol. 110, No. 436, April 1995.
- Frankel, Benjamin ed., *Realism: Restatement and Renewal*, London: Frank Cass, 1996.
- Gaddis, John Lewis, "International Relations Theory and the End of the Cold War" in *International Security*, Vol. 17, No. 3, Winter 1992 – 1993.
- Gilpin, Robert, *War and Change in World Politics*, NY: Cambridge University Press, 1981, p. 61
- Haass, Richard N., "Regime Change and Its Limits" in *Foreign Affairs*, Jul/Aug 2005.
- Harding, Harry, "Review: *Useful Adversaries: Grand Strategy, Domestic Mobilization, and Sino – American Conflict, 1947 – 1958*" in *The Journal of Asian Studies*, Vol. 56, No. 4, Nov., 1997.
- Holsti, K. J., *International Politics: A Framework for Analysis*, 6th Edition, Englewood Cliffs: Prentice Hall, 1992,
- Hwang, Balbina Y., "The Implications of Anti – Americanism in Korea for the Future of the US – Rok Alliance" in *Korean Observer*, Vol. 34, No. 1, Spring 2003.
- Jervis, Robert, *System Effects: Complexity in Political and Social*

Life, Princeton, NJ, Princeton University Press, 1997.
- Kahneman, Daniel and Amos Tversky, "Prospect Theory: An Analysis of Decision under Risk" in *Econometrica*, Vol. 47, No. 2, March 1979.
- Kaysen, Carl, "Review: Is War Obsolete? A Review Essay" in *International Security*, Vol. 14, No. 4, Spring 1990.
- Kegley, Charles W. ed., *Controversies in International Relations Theory: Realism and the Neoliberal Challenge*, Beijing: Peking University Press, 2004.
- Keohane, Robert O. and Lisa Martin, "The Promise of Institutionalist Theory" in *International Security*, Vol. 20, No. 1, Summer 1995.
- Keohane, Robert O., *Neorealism and Its Critics*, NY: Columbia Univeirity Press, 1986.
- Kessler, Glenn, "Impact From the Shadows: Cheney Wields Power With Few Fingerprints" in *The Washington Post*, October 5, 2004.
- Kessler, Glenn, "U. S. Seeks Regional Pressures on N. Korea" in *Washington Post*, December 31, 2002.
- Kim, Gye – Dong, "Outlook for Relations Between the Two Koreas and Their Neighbours" in *Korean Observations on Foreign Relations*, Vol. 3, No. 1, June, 2001.
- Knorr, Klaus and Sidney Verba eds., *The International System: Theoretical Essays*, *Princeton*: Princeton Univerity Press, 1961.
- Koremenos, Barbara, Charles Lipson and Duncan Snidal, "The Rational Design of International Institutions" in *International Organization*, Vol. 55, No. 4, The Rational Design of International Institutions, p. 762.
- Lakatos, Imre and Alan Musgrave eds., *Criticism and the Growth of Knowledge*, Cambridge: Cambridge University Press, 1970.
- Lakatos, Imre, *The Methodology of Scientific Research Programs*, Vol. 1, London: Cambridge University Press, 1978.
- Lavoy, Peter R., Scott D. Sagan and James J. Wirtz eds.,

Planning the Unthinkable: *How New Powers Will Use Nuclear, Biological, and Chemical Weapons*, Ithaca, NY: Cornell University Press, 2000.
- Layne, Christopher, "From Preponderance to Offshore Balancing: America's Future Grand Strategy" in *International Security*, Vol. 22, No. 1, Summer 1997.
- Lebow, Richard Ned, "The Beginning and Ending of War" in The *International History Review*, Vol. 23, No. 2, June, 2001.
- Lebrow, Richard Ned, "The Long Peace, the End of the Cold War, and the Failure of Realism" in *International Organization*, Vol. 48, No. 2, Spring 1994.
- Legro, Jeffrey W. and Andrew Moravcsik, "Is Anybody Still a Realist?" in *International Security*, Vol. 24, No. 2, Autumn 1999.
- Levite, Ariel E., "Never Say Never Again: Nuclear Reversal Revisited" in *International Security*, Vol. 27, No. 3, Winter 2002–2003.
- Levy, Jack S., "Declining Power and the Preventive Motivation for War" in *World Politics*, Vol. 40, No. 1, Oct., 1987.
- Levy, Jack S., "Prospect Theory, Rational Choice, and International Relations" in *International Studies Quarterly*, Vol. 41, No. 1, Mar., 1997.
- Levy, Jack S., "The Offensive/Defensive Balance of Military Technology: A Theoretical and Historical Analysis" in *International Studies Quarterly*, Vol. 38, No. 2, June, 1984.
- Litwak, Robert S., "New Calculus of Preemption" in *Survival*, Vol. 44, No. 4, 2002–2003.
- Macdonald, Douglas J., "Review: *The Origins of Alliances*" in The *Journal of Politics*, Vol. 51, No. 3, Aug., 1989.
- Mazarr, Michel J., "Going Just A Little Nuclear" in *International Security*, Vol. 20, No. 2, Fall 1995.
- Mearsheimer, John J., "Why We Soon Miss the Cold War?" in *Atlantic Monthly*, Aug 1990.

- Mearsheimer, John J. , *The Tragedy of Great Power Politics*, NY: W. W. Norton, 2001.
- Measheimer, John J. , "Back to the Future: Instability in Europe after the Cold War" in *International Security*, Vol. 15, Summer 1990.
- Morgenthau, Hans J. , *Politics Among Nation: The Struggle for Power and Peace*, 5th Edition, NY: Knopf, 1973.
- Nordlinger, Eric A. , *Isolationism Reconfigured: American Foreign Policy for a New Century*, Princeton, NJ: Princeton University Press, 1995.
- Oberdorfer, Don, *The Two Koreas: A Contemporary History*, New York: Basic Books, 2001.
- Organsky, A. F. K. , *World Politics*, NY: Alfred A. Knopf, 1958.
- Paul, T. V. , James J. Wirtz and Michel Fortmann eds. , *Balance of Power: Theory and Practice in the 21st Century*, Stanford, Calif. : Stanford University Press, 2004.
- Posen, Barry and Andrew Ross, "Competing Visions for US Grand Strategy" in *International Secirity*, Vol. 21, No. 3, Winter 1996–1997.
- Posen, Barry R. , *Sources of Military Doctrine: France, Britain, and Germany Between The World Wars*, Ithaca, NY: Cornell University Press, 1984.
- Powell, Robert, "Stability and the Distribution of Power" in *World Politics*, Vol. 48, No. 2, Jan. , 1996.
- Rose, Gideon, "Neoclassical Realism and Theories of Foreign Policy" in *World Politics*, Vol. 51, No. 1, Oct. , 1998.
- Ross, Robert S. , "The Geography of the Peace, East Asia in the Twenty–First Century" in *International Security*, Vol. 23, No. 4, Spring 1999.
- Sagan, Scott D. , Kenneth N. Waltz. *The Spread of Nuclear Weapons: A Debate*, NY/London: W. W. Norton & Company, 1995.
- Samore, Gary, "The Korean Nuclear Crisis" in *Survival*, Vol. 45, No. 1, Spring 2003.

- Schmidt, Brian, "Review: The Origins of Major War" in *International Affairs* (Royal Institute of International Affairs 1944 -), Vol. 77, No. 2, Apr., 2001.
- Schweller, Randall L., "Bandwagoning for Profit: Bring the Revisionist State Back in" in *International Security*, Vol. 19, No. 1, Summer 1994.
- Schweller, Randall L., "Neorealism's Status - Quo Bias: What Security Dilemma" in *Security Studies*, Vol. 5, No. 3, Spring 1996.
- Schweller, Randall L., "New Realist Research on Alliances: Refining, Not Refuting, Waltz's Balancing Proposition" in *American Political Science Review*, Vol. 91, No. 4, Dec., 1997.
- Schweller, Randall L., "Unanswered Threats, A Neoclassical Realist Theory of Underbalancing" in *International Security*, Vol. 29, No. 2, Autumn 2004.
- Schweller, Randall L., *Deadly Imbalances: Tripolarity and Hitler Strategy of World Conquest*, NY: Columbia University, 1998.
- Shambaugh, David, "Review: *Grand Strategy, Domestic Mobilization, and Sino - American Conflict, 1947 - 1958*" in *The China Quarterly*, No. 153, Mar., 1998.
- Singh, Jaswant, "Against Nuclear Apartheid" in *Foreign Affairs*, Vol. 77, No. 5, 1998.
- Snyder, Glenn H., "Mearsheimer's World: Offensive Realism and the Sruggle for Security: A Review Essay" in *International Security*, Vol. 27, No. 1, Summer 2002.
- Snyder, Glenn H., "Process Variables in Neorealist Theory" in *Security Studies*, Vol. 5, No. 3, Spring 1996.
- Snyder, Glenn H., "Review: *In the Shadow of Power: States and Strategy in International Politics*" in *Political Science Quarterly*, Vol. 115, No. 1, Spring 2000.
- Tetlock, Philip E., Jo L. Husbands, Robert Jervis, Paul C. Stern and Charles Tilly eds., *Behavior, Society, and Nuclear War*, NY:

Oxford University Press, 1989.
- Thompson, William R. , "Review: *The Origins of Major War*" in *The Journal of Politics*, Vol. 64, No. 1, Feb. , 2002.
- Tonelson, Alan, "Superpower without a Sword" in *Foreign Affairs*, Vol. 72, No. 3, Summer 1993.
- Vasquez, John A. , "The Realist Paradigm and Degenerative Versus Progressive Research Programs: An Appraisal of Neotraditional Research on Waltz's Balancing Proposition" in *The American Political Science Review*, Vol. 91, No. 4, Dec. , 1997.
- Walt, Stephen M. , "The Progressive Power of Realism" in *American Political Science Review*, Vol. 91, No. 4, Dec. , 1997.
- Walt, Stephen M. , "Two Cheers for Clinton's Foreign Policy" in *Foreign Affairs*, Vol. 79, No. 2, March 2000.
- Waltz, Kenneth N. , "Evaluating Theories" in *The American Political Science Review*, Vol. 91, No. 4, Dec. , 1997.
- Waltz, Kenneth N. , "Force, Order and Justice" in *International Studies Quarterly*, Vol. 11, No. 13, Sept. , 1967.
- Waltz, Kenneth N. , "International Politics Is Not Foreign Policy" in *Security Studies*, Vol. 6, No. 1, Autumn 1996.
- Waltz, Kenneth N. , *Man, the State, and War*, NY: Columbia University Press, 1959.
- Waltz, Kenneth N. , *Theory of International Politics*, Reading, Mass. : Addison – Wesley, 1979.
- Wendt, Alexander, "Anarchy Is What States Make of It: The Social Construction of Power Politics" in *International Organization*, Vol. 46, No. 2, Spring 1992.
- Wendt, Alexander, Social *Theory of International Politics*, Cambridge: Cambridge University Press, 1999.
- William Reed, "Review: *The Origins of Major War*" in *The American Political Science Review*, Vol. 95, No. 2, June, 2001.
- Williams, Phil, Donald Goldstein and Jay Shafritz eds. , *Classic

Readings of International Relations, Beijing: Peking University Press, 2003.
- Williamson, Samuel R., "Review: Myths of Empire" in *Journal of Interdisciplinary History*, Vol. 23, No. 4, Spring 1993.
- Wohlforth, William C., "Realism and the End of the Cold War" in *International Security*, Vol. 19, No. 3, Winter 1994 – 1995.
- Woodward, Bob, *Bush at War*, NY: Simon and Schuster, 2002.
- Zakaria, Fareed, "Realism and Domestic Politics: A Review Essay" in *International Security*, Vol. 17, No. 1, Summer 1992.
- Zakaria, Fareed, *From Wealth to Power: The Unusual Origins of A-mericaíWorld Role*, Princeton, NJ: Princeton University Press, 1998.
- Zhao, Quansheng ed., *Future Trends in East Asian International Relations*, London: Frank Cass, 2002.
- Ziring, Lawence, Robert Riggs and Jack Plano, The United Nations: *International Organization and World Politics*, Belmont, CA: Wadsworth Pub Co, 2000.

AFTERWORD

后 记

随着2010年逐渐走近,我的这本小书渐趋收尾。在本书书稿即将提交出版社之际,我感言颇多。我写作本书只是兴致使然,从选题到提笔,没有经历太多坎坷,内容上也没有什么高明之处。在这将近一年半的时间里,除了按时完成规定的学业,我几乎将所有的零碎时间都投入到了这本书的写作中,花费了两个假期的休息时间,到图书馆搜集资料,向先辈、同行们咨询。2009年恰逢国际关系学诞生90周年,我一直盼望着这本书能早日完成、出版,把它贡献给社会,为中国的国际关系研究出一份微薄之力。

我首先要感谢一代又一代为中国国际关系理论研究做出卓越贡献的前辈们,他们克服各种困难、突破空白,为中国国际关系理论研究带来新气象。我特别要向倪世雄、王缉思、秦亚青、阎学通、王逸舟、李少军、朱锋、赵可金等一大批为中国国际关系理论研究做出杰出贡献的优秀学者们表示敬意。先生们丰富的论著、锐利的思想，早已成为我们的精神食粮。没有先生们对国际关系理论的引入、奠基和铺路，新一代就难有新的领悟。对我个人来说，没有前人研究成果的指导，没有对优秀思想的汲取，我肯定无法完成这本书的写作。

除了北京外国语大学，我还曾经走访过北京大学、外交学院、中国人民大学、北京师范大学等著名学府，以及中国国际问题研究所、中国现代国际关系研究院、中国社会科学院等研究机构，努力吸收前辈、同行们的经验，寻找机会主动请教。不少专家为我这本书的写作提供了宏观和微观的指导，使我避免了很多失误。外交学院梁晓君副教授为本书第六章的写作提供了慷慨的指导，帮我收集了许多有价值的材料。内蒙古大学王建军副教授也一直关注着本书的写作，为本书出版提供了重要建议，最近欣闻王老师获得了在北京外国语大学攻读博士学位的资格，我愉快地对他表示祝贺。外交学院高飞教授也对本书第六章的写作提供了有益的帮助，我在此一并表示感谢。当然，对书中论述中的不当之处，完全由我个人负责。

感谢我亲爱的学校——北京外国语大学。近15年来，北京外国语大学英语学院已经成为了中国国际关系理论研究的前沿阵地，在主流、非主流国际关系理论研究上都取得了重大成果。在北京外国语大学英语学院的这三年中，我从良师、益友那里学到了惠及一生的本领，提高了自己的英语技能，系统学习了科学研究方法，掌握了学术写作的规范。感谢学校为我提供的这次基本科研专项经费的资助，感谢学校学术委员会、英语学院学术委员会的匿名评委和专家们对我的信任。由衷感谢北京外国语大学英语学院院长孙有中教授在本人申请校级科研立项过程中的大力支持，这使我得到了展示自己的机会。感谢李莉文副教授对本书申请立项时的帮助、鼓励，特别是对学术规范的指导。感谢学校团委孟庆琨副书记在我写作过程中的亲切关怀，感谢我的辅导员张春霞、鞠丹老师在立项过程中提供的热心帮助。感谢北京外国语大学科研处、美国研究中心、国际关系学院、国际问题研究所、《国际论坛》杂志社、校团委等部门提供的宝贵支持。

由衷感谢世界知识出版社为本书出版的投资。当今在中国出版学术书籍，不是很容易的事情，而世界知识出版社一直大力支持中国的国际关系研究、出版事业。曾伏华老师所规划的《国际问题文丛》更是为中国的国际关系研究搭建了重要平台。我当初第一次向曾老师咨询时，他当即欣然认同了我的出版计划，至今使我感激不尽。感谢出版社所有为这本书的编辑、校对工作付出辛勤汗水的朋友们。

感谢我亲爱的父亲和母亲对我的深切关怀。为了本书的写作，我已经有两个完整假期没有回家与父母团聚了，他们在家里一直默默地期待，我也十分想念他们。

本人特留邮箱及博客，仅希望获取同仁对本书的批评指正：wzmbfsu@yahoo.cn；blog.sina.com.cn/irstudy。我当前正在撰写初名为《新古典现实主义国际关系理论：

中国研究者的视角》的另一部书，希望它能早日完成，以与学术同仁共同交流。也希望广大青年国际关系研究者一起努力，共同为中国的国际关系研究事业奋斗。

孟维瞻
2009 年末于北外校园

《国际问题文丛》向您征稿

《国际问题文丛》是世界知识出版社隆重推出的一套大型学术品牌图书。内容涉及国际政治、经济、军事、文化和大国关系、各国（或地区）对外政策、国际或地区热点、国际风云人物以及外国风土风情等领域。

丛书宗旨：纵览环球风云　点评天下大势

凡符合下列条件之一者均可投稿
1. 享誉国际的国务活动家、国内外知名学者撰写的专著；
2. 专著作者曾在国内外一级刊物发表论文至少一篇；
3. 专著作者有两名副教授或副研究员以上职称的专家书面推荐；
4. 赞助一定的出版基金。

联系方式

地　　址：北京东城区干面胡同 51 号世界知识出版社
　　　　　《国际问题文丛》编辑部 100010
网　　址：www.iiclub.org
电　　话：65229674
传　　真：65265904
手　　机：13911819978
电　　邮：zfh9712@126.com / zfh9712@sohu.com
联系人：曾伏华

图书在版编目(CIP)数据

权力·合作·平衡——防御性现实主义理论研究/孟维瞻著.——北京:世界知识出版社,2010.7
ISBN 978-7-5012-3862-0

Ⅰ.①权… Ⅱ.①孟… Ⅲ.①国际关系—研究 Ⅳ.①D81

中国版本图书馆 CIP 数据核字(2010)第 122023 号

责任编辑	曾伏华
特约编辑	黄昭宇　曾德才
封面设计	靳　明
责任出版	刘　喆
责任校对	张　琨
书　　名	权力·合作·平衡 Quanli·Hezuo·Pingheng
出版发行	世界知识出版社
地址邮编	北京东城区干面胡同 51 号(100010)
排版印刷	北京创意天使设计排版　北京市后沙峪印刷厂印刷
经　　销	新华书店
开本印张	880×1230 毫米　1/32　11 印张
字　　数	316 千字
版次印次	2010 年 7 月第一版　2010 年 7 月第一次印刷
标准书号	ISBN　978-7-5012-3862-0
定　　价	39.80 元

版权所有　翻印必究